聚焦乡村振兴
推动共同富裕

2021—2022乡村振兴创新案例集 上册

本书编委会◎编

人民日报出版社

·北京·

图书在版编目（ＣＩＰ）数据

聚焦乡村振兴 推动共同富裕.1，2021—2022：乡村振兴创新案例集.上册 /《聚焦乡村振兴 推动共同富裕》编委会编. -- 北京：人民日报出版社，2023.12

ISBN 978-7-5115-8099-3

Ⅰ.①聚… Ⅱ.①聚… Ⅲ.①农村—社会主义建设—案例—中国 Ⅳ.①F320.3

中国国家版本馆CIP数据核字(2023)第222204号

书　　　名：聚焦乡村振兴 推动共同富裕——2021—2022乡村振兴创新案例集（上册）
　　　　　　JUJIAO XIANGCUN ZHENXING TUIDONG GONGTONG FUYU
　　　　　　——2021—2022 XIANGCUN ZHENXING CHUANGXIN ANLIJI（SHANGCE）

作　　　者：《聚焦乡村振兴 推动共同富裕》编委会 编

出 版 人：刘华新
策 划 人：欧阳辉
责任编辑：刘　悦
封面设计：三鼎甲

出版发行：人民日报出版社
社　　址：北京金台西路2号
邮政编码：100733
发行热线：（010）65369509　65369527　65369846　65369528
邮购热线：（010）65369530　65363527
编辑热线：（010）65363105
网　　址：www.peopledailypress.com
经　　销：新华书店
印　　刷：大厂回族自治县彩虹印刷有限公司
法律顾问：北京科宇律师事务所 010-83622312

开　　本：710mm×1000mm　1/16
字　　数：351千字
印　　张：23.75
版次印次：2023年12月第1版　2023年12月第1次印刷

书　　号：ISBN 978-7-5115-8099-3
定　　价：128.00元（全二册）

编委会

主　　　　任：孙海峰

副　主　任：万世成　赵　娟

项目组负责人：李彦增

项目组主要成员：赵敬菡　权　娟　李彦增　李凌宇

　　　　　　　　冯斯正　杨　媚　聂丛笑　温兆轩

　　　　　　　　唐京铎　殷瑞晨

序

全面建设社会主义现代化国家，最艰巨最繁重的任务仍然在农村。世界百年未有之大变局加速演进，我国发展进入战略机遇和风险挑战并存、不确定难预料因素增多的时期，守好"三农"基本盘至关重要、不容有失。以习近平同志为核心的党中央认为，必须坚持不懈把解决好"三农"问题作为全党工作重中之重，举全党全社会之力全面推进乡村振兴，加快农业农村现代化。强国必先强农，农强方能国强。要立足国情农情，体现中国特色，建设供给保障强、科技装备强、经营体系强、产业韧性强、竞争能力强的农业强国。

农为邦本，本固邦宁；务农重本，国之大纲。实现共同富裕，关键在农村，重点在农民，核心在产业。因此，实现共同富裕既要研究乡村振兴与共同富裕之间的内在联系，更要探索共同富裕与乡村振兴的规律性。发展乡村产业，提升"造血"能力，助力打开乡村振兴的大门，带领乡亲们共同增收致富。提升基层治理水平，增强百姓幸福感，把更多精力投入到基层治理、村庄建设和民生服务等方面。依靠青年力量，实现人才振兴，鼓励引导各类人才返乡创业，挖掘培育本土乡村人才。

从脆甜的苹果、细腻的大米，到清香的白茶、爽口的脐橙，一个个依托农业农村特色资源茁壮成长的产业，彰显现代农业发展的强劲动能。落实产业帮扶政策，做好"土特产"文章，强龙头、补链条、兴业态、树品牌，推动乡村产业全链条升级，有利于以产业振兴带动乡村全面振兴，促进农业全面升级、农村全面进步、农民全面发展，不断开创全面推进乡村振兴新局面。

作为党报党网，上连党心、下接民心，服务国家乡村振兴战略是人民网的光荣使命。自2021年起，人民网面向全社会公开征集乡村振兴创新案例，共收到近千份来自各地方、各单位实实在在的成果，内容涵盖党建引领、对口帮扶、产业振兴、数字农业、农村环境、乡风文明、医疗教育等方面。《聚焦乡村振兴　推动共同富裕》精选150篇乡村振兴创新案例，充分展示各地方、各单位在推进乡村振兴工作中的实践，深入探索乡村振兴的新成果、新经验、新样板和新模式，对于总结提炼城乡融合发展和共同富裕经验具有一定的借鉴意义。

《聚焦乡村振兴　推动共同富裕》收录的乡村振兴创新案例不分先后，按照人民网发布顺序编排。人民网愿与社会各界共同分享这些发展经验，为聚焦乡村振兴、推动共同富裕贡献自己的媒体力量。

目录

CONTENTS

01

小蜜瓜大产业　品牌强农推动跨越发展

案例背景

实施乡村振兴战略，产业兴旺是基础，在全国第一批摘掉贫困县帽子的河南省兰考县，兰考蜜瓜产业从小到大，由弱变强，进而带动形成以"兰考新三宝"（兰考蜜瓜、兰考红薯、兰考花生）特色主导产业，推进兰考农业品牌实现跨越发展，探索出一条品牌强农、巩固拓展脱贫攻坚成果同乡村振兴有效衔接的新路子。

兰考地处豫东平原，总面积1116平方千米。2002年被确定为国家级扶贫开发工作重点县，2011年被确定为大别山集中连片特困地区重点县，2014年建档立卡时，全县有贫困村115个，贫困人口23275户共77350人，贫困发生率约为10%。长期以来，兰考的农产品主要是小麦、玉米等传统作物，产业链短、效益差；蔬菜、水果等特色农产品多为初级产品，且品种多、乱、杂，缺少叫得响的品牌带动，市场竞争力一般。品牌建设不足，成为制约兰考农业产业发展的瓶颈。

一、主要做法

（一）出台支持产业发展政策

围绕推进蜜瓜产业发展和打造"兰考蜜瓜"特色品牌，兰考县出台多项政策。一是设施农业奖补，凡成方连片新建的钢架大棚每座补贴6000元，温室大棚每座补贴3万元。二是贷款支持，凡蜜瓜种植农户，均可利用普惠金融政策，通过授信的方式获得贷款，贫困户还享受政府贴息。三是配套基础设施建设，对规模以上产业园区，采用先建后补的方式，对井、路、渠、桥等基础设施进行奖补。四是设施农业统保。从2017年起，县政府出资对全县塑料大棚和日光温室统一购买了农业保险，确保生产主体遇到重大自然灾害后能够迅速恢复生产。

上述措施有效推进农产品生产规模化、标准化和品牌化发展。

（二）建立农业产业发展技术服务体系

一是成立兰考县蜜瓜现代农业产业园建设领导小组，下设蜜瓜产业办公室，办公地点设在县农业农村局。为更好了解蜜瓜产业发展，积极解决种植户蜜瓜种植存在的问题，蜜瓜产业办公室成员分成四组，包乡镇到园区指导种植。

二是建立健全蜜瓜种植三级技术服务体系。省级层面，依托省农科院技术优势，聘请省农科院园艺所专家，为兰考蜜瓜种植提供技术支持。县级层面，充分利用农业部门技术力量，打造一支懂蜜瓜种植，热爱"三农"工作的技术队伍。乡村层面，聘请一批有实践经验的农民专家，积极开展蜜瓜种植培训，达到每户都有一个蜜瓜种植技术明白人，每个基地都有一个技术负责人。

三是定期开展技术指导观摩。依托县农业农村局技术展示棚和新发地技术展示棚，在蜜瓜种植定苗、授粉、定瓜、上纹、成熟及病虫害防治等生产关键节点，根据蜜瓜生产情况，每15—20天，开展蜜瓜种植技术观摩活动，手把手指导群众开展蜜瓜种植。

四是拓宽技术培训渠道。通过微信群讨论、组织开展培训班等方式，迅速普及蜜瓜种植技术；开通12316支农热线，24小时解答群众在蜜瓜种植中遇到的难题。

五是农资配套服务。兰考县蜜瓜协会为协会成员提供农资配套服务，直接对接厂家或经销商，以最低的价格统一采购化肥、农膜、种子等农用物资，降低蜜瓜种植户的生产成本。

（三）健全完善产业发展链条

一是育苗基地建设。兰考县筹资3000余万元，高标准建设3个兰考蜜瓜育苗基地，切实解决产业发展中蜜瓜品种优选、种苗质量和病虫害防治等关键技术问题，并通过育苗基地标准化种植示范，引导蜜瓜种植户更新品种、推广先进生产技术，为兰考蜜瓜产业的规模化、标准化、品牌化发展创造条件。

二是建设储存保鲜设施。兰考县通过整合项目资源，支持种植户建设农产品冷鲜库，已累计建成冷鲜库199座，冷鲜库总储藏能力9500吨，储存蜜瓜能力可达4750吨。

三是加工链条建设。对于蜜瓜生产中的二级瓜、三级瓜，依托五农好食品有限公司、润野食品有限公司和鑫合食品有限公司，加工成蜜瓜醋、蜜瓜罐头、蜜瓜干和蜜瓜饮料等产品，延长产业链条。

四是销售渠道建设。占地300多亩的北京新发地兰考农产品批发大市场建成并投入使用，为兰考对接北京新发地、浙江嘉兴、广州江南等大型农产品批发市场创造了便利条件。同时，以信息进村入户工程和益农信息社为抓手，建立站点350个，开通"果蔬价格"微信公众号，开设网店，培育农村经纪人，打造兰考农产品产供销信息平台。

（四）突出品牌的引领作用

兰考县紧紧抓住河南省农业农村厅开展品牌扶贫的契机，于2017年明确以发展绿色食品为重点，以推进兰考农业品牌实现跨越式发展为目标的发展思路，强力推进农业品牌建设。

兰考县在"三品一标"认证奖补的基础上，将品牌建设纳入对全县驻村工作队年度考核和稳定脱贫奔小康红旗村考核项目。在对全县驻村工作队发展产业项目考核评分时，主导产业产品获得无公害、绿色食品和有机农产品认证的村，分别赋分0.5分、1分、2分；对稳定脱贫奔小康红旗村考核时，主导产业产品获得无公害、绿色食品和有机农产品认证的村，分别赋分1分、2分、3分，村内主导产业产品品牌入选河南省级品牌名录的村，一个加1分。该举措大大调动了全县各相关部门和乡、村开展品牌建设的积极性。

以兰考蜜瓜为代表，兰考县逐步形成"农产品地理标志+绿色食品+特色产业"的"一标一品一产业"的发展模式，"龙头企业做两端，农民群众干中间，普惠金融惠全链"的产业带贫模式。"兰考蜜瓜""兰考红薯"和"兰考花生"种植面积分别达到3万亩、10万亩和25万亩，累计带动15390户建档立卡户50817人实现稳定增收。

二、案例成果

"兰考新三宝"全部获得农产品地理标志登记保护，并全部入选全国名特优新农产品名录。"兰考蜜瓜"入选全国农产品区域公用品牌，"兰考红薯"入选河南省农产品区域公用品牌。"奥吉特褐蘑菇"等3家企业品牌、"萧美人花生"等7个农产品品牌入选河南省知名农业品牌名录。"拼搏兰考·好产品"区域公用品牌荣获"中国农产品百强标志性品牌"，"兰考蜜瓜"等7个产品先后荣获全国绿色食品博览会金奖，"兰考红薯"等11个产品先后获评河南省"我最喜爱的绿色食品"和"我最喜爱的名特优新农产品"。以奥吉特生物科技股份有限公司为代表的一批绿色食品企业，正逐步发展为全县巩固拓展脱贫攻坚成果、推进乡村振兴的主力军。

三、经验启示

通过蜜瓜产业的发展带动，兰考县立足本地产业优势，统筹整合资源要素，借助外力、凝聚内力，形成合力，全县扶贫产业呈现蒸蒸日上的发展态势。

（一）突出规划先行，优化产业布局

兰考县认真分析本地发展优势，因地制宜找准产业发展路径，坚持以供给侧结构性改革为主线，以产业体系建设和重点项目建设为抓手，以科技创新和智能化制造为引领，以三大产业体系（品牌家居、绿色畜牧、循环经济）与两大特色优势产业（智能制造、文旅培训）为载体，以实现产城融合为目标，建设以国家循环经济产业示范基地、兰考科技园为团组的产业新城，产业体系更加清晰，配套更加完善，竞争力和市场影响力进一步提升。按照"支持有产业发展能力的群众发展产业，帮助没有产业发展能力的群众在产业发展中稳定就业，鼓励没有稳定就业能力的群众勤劳致富"的工作思路，进一步健全完善"龙头企业做两端，农民群众干中间，普惠金融惠全链"的产业发展模式，持续扩大特色产业覆盖面，促进群众增收致富。在总体布局上，以产业体系建设和重点项目建设为抓手，以实现产城融合为目标，产业体系更加清晰，配套更加完善，竞争力和市场影响力进一步提升。

（二）强化政策支持、引领发展方向

一是注重产业发展政策引领作用。兰考通过出台特色种植、设施农业、畜牧养殖、标准化厂房等产业发展奖补政策，提高温室、大棚和冷鲜库建设补助标准，并对设施农业予以统保，有效解决了农户发展产业的后顾之忧。

二是强化金融支持。坚持"政府引导、金融支持、企业发展、风险保障、贫困户受益"的多元化金融扶贫模式，把政策的含金量转变为经济发展高质量。

（三）突出服务保障，提供全面服务

产业发展方面，兰考县成立10个由县级领导任组长的产业发展服务组，统筹协调解决用地、资金、技术、销售等问题。

技术服务方面，打造省、县、乡、村四级技术服务体系，24小时解答群众在产业发展中遇到的难题，实现技术帮扶常态化、全覆盖。

销售服务方面，成立蜜瓜、红薯、蔬菜协会，组织新型农业经营主体与北京新发地农贸批发市场、华润超市对接，完成288个农村电子商务村级服务站建设，实现全县农业信息服务全覆盖，拓宽农产品销售渠道。

（四）突出全产业链发展，促进一二三产融合

在产业发展过程中，注重围绕"农"字，做活"工"字，拉伸产业链条，确保群众既能增产又能增收。

以兰考蜜瓜产业为例，从引进沃森百旺农业发展有限公司在兰考建设育苗基地（北京新发地育苗基地）提供优质种苗，到成立技术团队全程指导管理；从丰富农膜、钢管、铁丝和包装等配套服务，到建设北京新发地兰考农产品批发大市场、参与全国各地特色农产品展览等销售服务；从引进大批农副产品深加工企业，到培育五农好食品有限公司、润野食品有限公司、鑫合食品有限公司等本土农业加工企业，生产蜜瓜干、蜜瓜醋、蜜瓜罐头、蜜瓜饮料等深加工农产品，逐步形成"育苗—种植—管理—加工—销售—服务"完整的产业链条。

02

惠农合作强　农产品销量节节高

案例背景

　　惠农合作项目是中国邮政集团有限公司落实中央一号文件，服务乡村振兴战略，准确研判形势、科学谋划发展新局面的一项重点工作。

　　福建省古田县作为惠农合作项目全国首批6个先行先试地区之一，在中国邮政集团公司的帮助下，在省、市、县三级相关部门的通力配合下，自项目启动以来，产品上线"学习强国"平台，与北京物美等商超对接签约，取得较为显著的工作成效。

一、主要做法

（一）夯基固本，抓好机制建设

　　一是建立工作协同和联动机制。中国邮政集团有限公司宁德市分公司（以下简称"市分公司"）党委高度重视惠农合作试点项目，成立宁德惠农合作项目试点工作小组，细化任务分工，及时对接，为推进惠农合作试点项目把好方向、谋好大局、定好政策、促好发展；按照"省分管总、市分主建、县分主战"的方式，明确职责分工，中国邮政集团有限公司福建省分公司

（以下简称"省分公司"）领导班子全体成员，挂点中国邮政集团有限公司古田分公司（以下简称"古田分公司"），全力指导惠农项目开展，并多次深入古田调研试点工作并与基层员工交流座谈，市分公司领导班子每周驻点古田开展具体工作，市分公司渠道部抽调人员与古田分公司人员组建惠农项目运营中心，现场集中办公，以榜样力量带动项目快速推进。

二是建立政策传导和培训机制。通过启动会、专题会、部署会等方式，第一时间传达中国邮政集团公司及省分公司的会议精神，让全市邮政职工统一思想认识；成立由市场部、金融部、渠道部组成的6人惠农项目宣讲团，在全市范围开展9场惠农项目大宣讲活动，全力营造惠农发展环境；同时建立惠农运营中心，按照指导调研、项目简讯、食用菌企业汇总等类别形成惠农项目资料库。

三是建立挂点帮扶和督导机制。省分公司领导班子挂点帮扶古田，市分公司领导班子、党员干部、青年员工参与合作社大走访，并组建惠农项目运营中心，现场集中办公；市分公司每周下发"周工作责任制清单"和惠农工作情况通报，紧抓推进节奏；古田分公司项目组成员谈体会、找市场、定措施，形成自上而下层层带动、自下而上逐级落实的闭环运行机制。

（二）精耕细作，抓实走访工作

服务惠农、走访先行。宁德市分公司迅速成立市、县两级共计8个小组走访团队，制定专项考核办法，要求每周制定走访行事历，明确每日走访目标，严格按照"54+37"项登记表要求做好客户登记。同时，把此次惠农合作试点项目融入机关作风建设，鼓励和引导各级领导干部和机关人员走出办公室，深入基层一线、深入田间地头、深入企业农户，切实转变机关工作作风，锻造一支"走基层、懂市场、会营销"的干部员工队伍。

（三）聚焦重点，抓紧产品销售

农产品销售是农业生产的最终需求，是助农增收的持久动力。古田银耳基地重点立足干银耳、冻干银耳和鲜银耳三类产品，加强与政府和市场的快速推进，建立了"上线—立项—订单处理—发货—客诉"的全流程支撑体系，全力推进农产品基地实现农产品销售。

二、案例成果

（一）经济效益明显提升

截至2021年10月31日，宁德市通过惠农项目累计销售惠农产品33.32万单，销售金额达582.03万元；开发信贷客户380户，发放金额6732万元；开立对公账户12户，余额5851万元；新增代发单位38家，上账金额583.5万元；新增个人客户1522户，揽收个人存款4375万元；签订寄递协议客户116家，已寄递件数74.58万件，金额360.83万元；保险达成2857单，实收保费56.6万元。

（二）政治效益充分彰显

惠农项目让古田分公司在当地树立了良好的口碑，提升了影响力，掌握了工作主动权，同时，古田县政府主动利用官方媒体为直播活动宣传造势。邮政的品牌价值，也为古田惠农项目基地赢得了北京物美和杭州娃哈哈的合作订单。该基地2021年合同订单量增长3倍，金额达到2000万元，其中线上订单实现10倍的增长，达到450万元，无形中增强了合作社与邮政合作的信心。市分公司与农业农村局签订战略合作协议，在线上电商、线下销售、仓储寄递、品牌推广、农业信贷等方面开展深度合作。市农业农村局将在展示馆建设、农品寄递、标准包装箱和线上直播等方面予以补助，市农业农村局就惠农项目报财政审批补助约200万元。

（三）协同优势有效发挥

2021年6月25日，中国邮政储蓄银行古田县支行成功受理"中邮惠农"App全国第一笔线上贷款，截至2021年底，全市惠农App已下载2197户，一级白名单客户推荐量454户、二级白名单推荐量149户，线上贷款申请111笔，成功审批29单，金额117.5万元，线下贷款受理21笔，成功审批6单，金额97万元，成功开店9家。古田分公司邮银双方共同走访客户，累计走访200个行政村、1466家合作社和家庭农场，3088个农户，双方共同制定惠农政策，对合作社信息共享，移交价值客户清单，开展交叉营销，双方协同的力度空前，共同锻炼了队伍，提升了整体的竞争力。

（四）搭载平台助力销售

为积极响应中国邮政集团公司与"学习强国"联合助力脱贫攻坚而推出的农产品换购服务，加快惠农合作项目试点工作的落地实施，2021年4月29日，邮政惠农古田银耳正式上线"强国商城"，仅4天时间销售量近4000单，销售额3.78万元，截至2021年12月累计实现订单两万多单，实现销售额近50万元。

（五）整合资源构建渠道

有基地的保障，放心高效利用福建九个地市和其他兄弟省份的资源，福建所有市县邮政共同合力打造线下销售网络，并重点抓好"防暑降温"等工会关怀、员工食堂等市场，实现销售额近45万元；全力推广到兄弟省市邮政，对接海南邮政，价值15万元的银耳产品走向海南，价值8万元的干银耳落地甘肃；与中邮恒泰、合生鸣、绿帝等6家分销合作供应商组建商家联盟，共同向古田县惠农项目基地批量采购银耳产品，2021年6月初启动，首批订单近5万元；另外，利用邮政自有渠道网络和营销队伍，全面开展营销活动。

三、经验启示

福建古田惠农项目基地的成绩来之不易，未来将继续夯实基础，从提升仓储能力，构建产销体系，强化品牌推广能力入手，进一步提升发展成效。

一是加强和政府的沟通，向政府争取仓储用地支持，建设自有仓储和冻库，强大的自有仓储能力是抢占寄递市场的保证，同时通过自建仓储开展仓储质押，推动农产品供应链金融、寄递发货、货品贷款、资金归集等可持续发展。

二是充分用好总部提供的集采平台、积分兑换、学习强国等各项内外部资源，定位干银耳、鲜银耳、深加工银耳三类产品，形成银耳系列产品，做好包装设计，加强自有品牌运营推广，通过文创升级文化品牌，通过活动带动销售规模。

三是通过古田银耳基地示范，结合宁德当地农特产品产业特点，继续打造白茶、葡萄等邮政农品基地，培育农产品精品项目。

03

建设产业基地　打造优质农产品

案例背景

中国邮政集团有限公司赣州市分公司，坚持以服务三大攻坚战和服务乡村振兴战略为工作主线，大力推进"电商扶贫"工程，以赣南脐橙为抓手，加快邮政农村电商品牌基地建设及供应链打造工作，提升电商扶贫实效；以"协同战略"为目标，在推进邮政农村电商融合发展生态圈建设方面，开展有益尝试并取得初步成效。

赣南脐橙是江西省赣州市特产，年产量达130万吨，是国家地理标志产品。随着贫困户脐橙种植规模逐年攀升，自2016年起，中国邮政集团有限公司江西省分公司、赣州市分公司积极对接政府，深入果业贫困户种植基地，优先收购贫困户脐橙，为贫困户提供就业平台，持续推进邮政电商扶贫工作。

2017—2018年，赣州市分公司累计销售脐橙500万斤；2019—2020年，赣州市分公司创新运营模式，线上以邮政自有电商平台为主、外部电商平台为辅，线下以召开"赣南脐橙"扶贫农品跨省协作研讨暨项目推介会为契机，深化全国邮政系统协作，不断拓展团购福利、渠道批销市场。

一、主要做法

（一）集中推介，拓展销售渠道

2019年10月，在中国邮政集团公司电商分销局的支持下，中国邮政集团有限公司赣州市分公司（以下简称"赣州市分公司"）在于都县召开邮政助力乡村振兴优质农品交流会暨赣南脐橙推介会，通过现场推介的形式，与山西、广东、黑龙江、天津、江苏、江西、北京、陕西、山东、安徽、宁夏、天津、河北13个省（区、市）达成合作协议，其中安徽省订货额突破200万元，陕西、宁夏两个省份突破100万元。

（二）拓宽平台，丰富线上活动

一是拓展外部平台，在邮乐平台基础上，将产品上线至阿里巴巴、拼多多、有量等平台；二是创新全员营销模式，将产品上线至邮乐小店，引导店主积极转发推广；三是抢占线上销售市场，在10月下旬开展脐橙试吃预售等活动，并结合集团公司、邮乐网开展双十一、双十二等活动，积极推进线上销售。

（三）强化管控，做好服务支撑

自2008年起，赣州市分公司正式运作赣南脐橙项目，积累了近10年运作经验。2019年，省市分公司层面成立专职项目团队，举全省之力推动项目运营，由各县分公司开展"一对一"对接和主动客服，中国邮政集团公司电商分销局也安排人员对果品筛选、品质把控、仓储配送、客户服务等环节进行专业指导，为项目的有效落地和品质提升提供坚实的保障。

（四）互惠共赢，保障合作利益

逐年增长的销售规模保证了项目的价格优势，赣南脐橙项目销售价格在市场上有较强的竞争力，保证了销售方30%以上的毛利润，最大限度提高了合作单位的经济效益。

（五）深化融合，助力专业协同

赣州市分公司以脐橙项目为抓手，进一步发挥板块优势，探索"金融助力+电商引流+寄递提速"协同发展模式，构建了充满"邮政元素"的赣南脐橙产业生态圈。

在寄递方面，一是对标行业竞争对手，出台全市赣南脐橙专项包快和标快寄递资费；二是针对脐橙种植和销售大客户制订了个性化营销服务方案，明确了服务承诺、理赔时限和免赔规则，提升邮政寄递服务品质；三是市分公司出台了标准箱补贴政策，引导各县分公司重点向客户推广标准箱业务；四是利用自有及邮乐购站点渠道，在大型果品加工厂、电商物流园等脐橙主发货区设置快递揽收点，提供上门收件、代封发打包等服务，并同步开展特惠专线寄递促销活动。

在金融方面，一是要求网点逐户走访脐橙种植户，送农技知识上门的同时向种植户宣传邮政金融政策；二是重点营销当地大型果品供应商到网点开立对公结算账户，办理工资代发业务。

通过以上做法，赣州市分公司进一步拓宽了获客渠道，助力协同发展。

（六）强化宣传，营造营销氛围

一是借力政府资源宣传。结合精准扶贫工作，积极向地方政府汇报，借助传统主流媒体、政务新媒体等资源进行宣传报道，扩大影响力，联合地方政府采取召开项目启动会、消费扶贫展销会等方式，共同做大规模，助力精准扶贫。

二是用好线上平台宣传。首先，在邮乐平台开辟专区，对"一县一品""邮政基地农品"等产品作曝光展示，在全国微信群进行宣传推送；其次，利用短信推送平台，向邮乐小店用户、老客户点对点推送产品；最后，借助新媒体传播，利用微信公众号、尚邮生活等平台进行产品发布、扶贫人物推广，穿插互动小游戏，增强信息推广互动性，扩大宣传范围。

二、案例成果

（一）协同政府资源，全面扩大扶贫影响力

一是中央和省级媒体大力支持。品牌宣传如同产品销售一样，至关重要。赣州市分公司积极对接政府相关部门，针对赣南地区的重点产品，提供邮政参与运作的扶贫案例、故事、成果等素材。2021年以来，赣州市分公司的扶贫案例在中央媒体报道9次，省级媒体报道7次，全面提升邮政影响力。

二是搭建爱心助农场景。中国邮政信丰县、安远县分公司连续3年参与赣南脐橙网络博览会，成为赣南脐橙产业智慧物流建设、仓配能力建设等综合解决方案服务商；中国邮政寻乌县分公司与"学习强国"用户中心达成合作意向，实现"邮乐"和"学习强国"平台有效衔接，并将夏橙上线"学习强国"平台，实现销售额50万元。中国邮政赣州市南康区分公司联合当地政府以网络直播方式举办了"2020年南康区赣品网上行"消费扶贫活动，当天直播粉丝量突破了3万人。

（二）协同金融资源，全链条涉足金融场景

将赣南脐橙项目嵌入金融场景，实现源头获客。

一是针对脐橙合作社农场主，联合中国邮政储蓄银行开发"惠农贷""信用贷"等信贷产品，锁定基地源头客户精准投放，以信贷产品为切入点营销其对公账户、代发工资等业务。

二是针对电商大客户，开展"免费送包裹箱""办理业务减邮资"等活动，实现资产沉淀。

三是针对脐橙种植户，把握资金回笼高峰期，集中组织"理财沙龙""金融产说会"等活动，实现资产转化。通过赣南脐橙项目，累计发展商客530

户，脐橙种植客户1089户，化肥、运输物流、实体销售等脐橙产业链客户1790户，为金融引流总资产1.02亿元，有效拉动金融业务发展。

（三）协同寄递资源，全流程提升客户体验

利用自有及邮乐购站点渠道，赣州市分公司在大型脐橙果品加工厂、农品基地等主要发货区设置快递揽收点，提供上门收件、代封发打包等服务；对标行业竞争对手，出台全市农产品专项包快和标快寄递资费；组建专职客服团队，明确服务承诺、理赔时限和免赔规则，提升邮政寄递服务品质，多措并举拉动寄递业务发展。2019—2020年，全市赣南脐橙寄递项目揽收近737.9万件，实现寄递收入近4700万元。

农村电商扶贫和邮政品牌塑造是一项"打基础、管长远"的工程，是一项需要跨专业协同推进的项目。赣州市分公司将在中国邮政集团有限公司和省分公司的坚强领导下，始终保持"锲而不舍，金石可镂"的定力，加快推进农品基地建设，做强扶贫品牌，以"协同战略"推进农村电商融合发展生态圈，为实现邮政高质量发展作出更大贡献。

04

数字引擎　领创乡村未来

案例背景

　　为深入贯彻习近平总书记关于"打造乡村振兴齐鲁样板"的重要指示精神，认真落实中共中央办公厅、国务院办公厅印发的《数字乡村发展战略纲要》，以及农业农村部等部门联合印发的《数字农业农村发展规划（2019—2025年）》《数字乡村建设指南1.0》等指导意见，淄博市委市政府充分发挥淄博央居齐鲁、组群分布、交通优势明显、城镇化率高、工业基础好、信息基础设施支撑能力强、现代高效农业成效显著等优势，坚持全域打造、统筹推进、融合发展，探索改革引领、理念升维、换道超车，以数字化赋能农业产业、农村治理、农民生活，走出一条"数字+农业农村"发展新路子，不断促进农业高质高效、乡村宜居宜业、农民富裕富足，奋力开创淄博乡村振兴新局面。

一、主要做法

（一）开辟新通道，以"数字+"打通农业产业"完整链路"

发挥"产业互联网+消费互联网"双重优势，实现农业发展模式迭代升级，进一步提升农业产业生产力和竞争力。

在生产环节，推行"党支部+合作社+农户+数字技术"模式，发展数字田园、数字果园、数字牧场、数字加工业，推动农产品优质优产。比如，山东七河生物科技股份有限公司携手"华为云"，创建中国首个食用菌行业云平台，依托各种现场传感器和5G通信网络，对公司全资源要素进行组织上和空间上的优化整合，推动全产业链智能化决策、智慧化生产。

在储运环节，逐步构建形成从田间地头到商超餐桌的绿色智慧冷链物流体系，推动农产品高质快速通达。山东省城乡冷链物流产融生态平台项目依托淄博特色农产品和果蔬优势，创新"1个中心园区+5个特色冷库园区+N个移动冷链设施"模式，打造辐射全国的果品、蔬菜和净菜、冻品的仓储加工、交易配送中心。

在销售环节，灵活运用线上电商平台，培育体验中心、社区服务中心等线下载体，推动农产品优品优价。比如，山东纽澜地何牛食品有限公司与盒马鲜生合作，雪花黑牛肉入驻24个城市盒马鲜生270家门店，服务6000万名"盒区"用户，成为盒马鲜生鲜品肉类销量领先的国内品牌。

（二）塑造新生态，以"数字+"涵养数字农业发展"丰沃水土"

按照"紧盯前沿、打造生态、沿链聚合、集群发展"的产业组织理念，坚持市场化方式和平台思维、生态思维，以政策激活发展动力，以改革减少发展阻力，投入实打实的资源、展现实打实的诚意，为数字农业农村建设集聚最优质的资源要素、提供最优化的发展生态。

一是以产权改革激活土地。作为全国农村承包土地确权试点市，淄博市首创"确权确股不确地"的方式，搭建承包土地确权登记信息管理系统和产权交易抵押融资平台，开发"地押云贷"，累计发放农村各类产权抵押贷款65亿元。深化农村集体产权制度改革，量化集体资产196亿元，激活的土地让数字农业多种业态成为可能。

二是以支持政策激发热情。重磅推出财政专项资金支持政策、数字农业农村发展基金引领政策、土地流转奖补政策、建设用地专项保障政策、数字化改造资金支持政策、场景应用拓展支持政策、企业项目招商引资落地奖励政策、专业人才及团队支持政策、工商资本下乡鼓励政策、数字农业农村担保支持政策等十项政策，以最大力度推动农业农村发展全领域数字化。

三是以创新模式集聚资源。淄博市以创新推动新模式、新业态渐成气候，山东齐贸通国际贸易有限公司利用俄罗斯公共海外仓资源，搭建跨境电商平台，采用"海外仓+专业物流+商超系统"方式成功打入俄罗斯市场。纽澜地何牛食品有限公司、淄博忆当年农业发展有限公司等龙头企业率先对接阿里巴巴、京东等电商平台，培育"电商+直播+网红"发展模式。

（三）丰富新场景，以"数字+"培植农业产业"热带雨林"

分类开展四个"一批"改革创新，推出一批产业熟化场景、展示场景，催生一批精致农业、体验农业、订制农业等新业态，打造一批农旅融合发展项目和乡村游学研学目的地，培育一批以手机为新农具、数据为新农资、直播为新农活、网红为新职业的新农人，让更多农业企业、农业园区、农村群众感受到数字技术突出的赋能效应。

一是在数字农业优质项目招商引资策划上出实招。重点盯牢创新型、品牌型、高成长、高税源的优质项目，提高招商引资精准度。加快实施阿里数字农业产业中心、现代农业产业园大数据中心等20个数字农业农村重点平台项目。

二是在农业农村融资平台组建汇聚上出实招。2021年市级财政预算设立1亿元数字农业农村专项资金。举办全市数字农业农村政银企对接活动，推介数字农业农村融资需求项目48个，市级银行、省农业发展信贷担保公司、淄博市鑫润融资担保有限公司等单位与13个数字农业农村项目实施主体完成对接，创建适配"数字+农业农村"的良好金融生态。

三是在营商环境打造优化上出实招。实施优化营商环境改革攻坚行动，促进要素资源以"数字+"形式高效配置，对数字农业农村重大项目实行专班推进、顶格接洽、顶格协调、顶格督导，提供全方位、全天候、"店小二"式服务，充分展现淄博效率、淄博速度、淄博服务。

（四）构建新机制，以"数字+"打造农村社会治理"智慧方案"

运用数字平台新理念、新技术，进一步做实网格化管理，把人、事、地、物、组织等要素纳入数字化管理平台，聚力打造基层社会治理的"智慧方案"。

一是打造"智慧大脑"。建设"一云、一网、一库、一体系"数字农业农村大数据应用平台，整合数据精准采集、行业监测、建模分析、综合展示等功能板块，建立跨部门、跨区域、跨行业一体化运转机制，推动实现"三资"管理、便民服务、生态环保等领域的智慧化。

二是擦亮"智慧天眼"。加快构建市域数字农业农村天地空一体化观测体系，依托遥感、导航、通信卫星等空间基础设施和各类商业卫星资源，整合无人机等常规监测设备和市内物联网数据采集设施，形成统一的地面物联网数据调用体系，建成后可覆盖全市300亩以上农业园区和规模以上养殖场。

三是建设"智慧基座"。以社会治理云平台、智慧绿色村居建设和"智慧党建""智慧满意民生"品牌打造为切入点，建设一批智慧小镇、智慧村居样板。

二、案例成果

（一）初步形成一批可复制推广的典型案例

一是数字牧场。围绕黑牛、奶牛、肉猪、蛋鸡等建设数字牧场11家。山东纽澜地何牛食品有限公司利用"黑牛管家"平台，实现一牛一码，精准管控肉牛繁育、育肥、宰杀等全过程。山东得益乳业股份有限公司集成提升挤奶、饲喂、繁育、生长、环境等智能设备系统与牧业管理系统，原奶质量各项指标达到欧盟标准。

二是数字果园。围绕苹果、大樱桃、石榴、猕猴桃等主导品种建设数字果园22家。山东中以果业全套引进以色列技术，发展"数字果园"2800多亩，实现"一果一码、一园一端"。山东黛青山生态农业科技有限公司（软籽石榴）通过智能灌溉与温控系统，实现温室大棚自动管理，节省人工30%，节省水肥和农药20%，产量增加20%。

三是数字加工车间。建设酿造、肉牛加工、饲料、酱菜等类型数字车间18家。山东七河生物科技股份有限公司建成了国内领先的香菇菌棒智能控制生产线，生产效率提高4倍，运营成本降低30%，成为领先的香菇菌棒出口供应商。山东川鹰食品公司（酱油、醋）引进智能化制曲设备、控温系统、智能机器人，产品出品率提高20%，每年可节粮580吨，节电1.6万度，综合增效1200万元。

四是数字大田。依托中化MAP等平台，在桓台县、高青县提升数字大田30万亩。淄博禾丰种业与山东理工大学兰玉彬教授团队共同打造了全国首个生态无人农场，实现耕种、管收、运储等关键环节无人化操作。桓台县泓基农业合作社建成数字农业大数据可视化管理平台，建立涵盖产地信息、成长档案、物流过程、质检报告等信息的二维码追溯体系。同时，推行粮食生产社会化服务，节水节肥节药40%以上。

（二）打造京津冀和长三角之间的绿色智慧冷链物流基地

一是建设淄博智慧城乡冷链仓储物流综合示范产业基地。一期投资48亿元，在淄博市临淄区、博山区分别建设园区，两园区冻品、净菜年加工能力分别达到24万吨、160万吨。

二是建设阿里巴巴数字农业产业中心（山东仓）。该项目全部建成后将成为阿里在全国布局的大型冷链物流枢纽，一期投资16亿元、占地600亩，投产后可实现年产值200亿元。阿里数字农业沂源产地仓2020年10月开仓运营，带动沂源70万吨苹果增收2亿元，张家坡双义农场苹果价格从原来的每斤2.5元提高到4.5元，中以果业苹果出仓价格达到每斤6.8元。

三是初步形成冷链仓储物流集群。淄博智慧城乡冷链仓储物流综合示范基地、淄博内陆港及其配套冷链设施、高青正茂农产品仓储及冷链物流等3个项目入选2021年度山东省重大项目，京东（云仓）海月龙宫物流港项目被列入山东省优选项目。

（三）打造特色农产品"线上+线下"双节点城市

一是围绕"卖什么"，聚力打造"齐品·淄博数字农谷"区域品牌。沂源苹果、山东黑牛分别入选全国、全省特色农产品优势区，全市获地理标志认证农产品11个、省级以上知名农产品品牌49个、"三品一标"认证农产品440个，产地认证面积占80.5%，淄博农产品品牌形象逐年提升。

二是围绕"谁来卖"，加快培育电商矩阵。引进阿里巴巴、京东等知名电商平台，培育乐物、忆当年、极有鲜、沂蒙山旮旯、众得利等本地电商平台，年销售额超过1000万元的涉农电商平台达到15个，发展电商店铺8万余家。

三是围绕"卖得好"，加快发展营销新模式。依托方达电商直播、山东寻声电商直播等，率先在淄博市周村区、桓台县、沂源县推进直播电商集聚化建设，举办"寻味淄博 网上过年"等网上年货节活动近300场，直播零售额达3.27亿元。

（四）打造智慧乡村文旅目的地城市

一是"淄博文旅云"供需精准对接。开创"群众点单、按需制单、政府买单"服务模式，全市248个民间剧团的节目单发布上云，2021年送戏进村2908场次。

二是加快推进农文旅重点项目建设。着力打造玉黛湖花灯小镇、红叶柿岩、沂河源等精品片区，高青县蓑衣樊村获评"全国美丽乡村"，全市创建国家级、省级农业旅游示范点81个，省级旅游强乡镇28个，省级旅游特色村79个。

三是开展"好客山东·乡村好时节"系列活动。策划包装乡村旅游精品线路,打造淄川青未了、博山中郝峪、沂源玲珑山居等一批精品民宿。看山看水看文化,感受绿水青山,搜寻乡愁记忆,全市乡村旅游年接待游客超过100万人次。

(五)打造智慧村居样板城市

一是推广数字乡村新应用。强化党建引领乡村治理,开发智慧党建、你"钉"我办、"云公章"、邻里圈等应用功能,打造智慧小镇10个、智慧村居50个,全面推行"党建引领、一网三联、全员共治"乡村治理模式,干部联村组、党员联农户、积分联奖惩,用数字化技术提升乡村治理效能。

二是夯实数字乡村新基建。全市建成5G、4G基站10792个、数字视频3万余路、益农信息社3054家,农村宽带覆盖率达到100%。

三是构建数字乡村新平台。全市"雪亮工程"平台和综治分平台汇聚各类基础数据510万余条,开展"块数据+网格化+部门应用"试点,推动村居视频图像、感知数据共享。桓台县与钉钉合作建设开发数字乡村治理平台,推广"党建+网格"积分制乡村治理模式。

三、经验启示

(一)推进数字农业农村建设,必须强化组织推动

推进数字化转型是发展方式的重大变革。淄博市把数字农业农村中心城市建设摆到全市经济社会发展大局和全局的重要位置来抓,强化组织领导和工作推动。市委主要负责同志着力部署推动,仅用两个月时间就与阿里巴巴签订战略合作协议,全国首个"盒马市"落户淄博。市委市政府分管负责同志全程靠上,组建工作专班,专人专责抓组织、抓协调、抓推进。市直牵头部门成立14个专项工作组,承接任务、建立台账、分线作战、集中攻坚。市县镇村上下联动,紧盯目标任务抓落实,形成数字农业农村改革攻坚强大合力。

（二）推进数字农业农村建设，必须强化统筹规划

淄博市高水平研究制定《关于打造数字农业农村中心城市的行动方案（2020—2025年）》，确定农产品生产加工、仓储物流、市场营销、农旅融合、智慧村居五项重点任务，实施信息基础设施建设、农业生产加工融合、绿色智慧冷链物流、智慧乡村治理等十项带动工程，专门制定十大支持政策，不断完善数字化建设制度框架和政策体系。制定《淄博市国家农村改革试验区建设实施方案》，全力抓好智慧共享"云大脑"、高效优质"云产业"、区域中心"云市场"、便捷普惠"云金融"、有效治理"云乡村"建设工程，搭建起数字农业农村改革发展"四梁八柱"。

（三）推进数字农业农村建设，必须强化数据支撑

数据是重要的生产要素，但农业农村各领域基础数据分头管理，横向融合度不高，"信息孤岛""数据烟囱"阻碍数据要素的价值开发利用。淄博市着力建设"齐农云"农业农村大数据综合服务平台，采取市、县、镇、村、经营主体"五位一体"共建共享模式，完成大数据库基底和种植业、畜牧水产、产业发展、农田建设、农村经济、农业机械、质量监管、美丽乡村、科教服务、政务服务等十大主题"一张图"设计，与51个国家级业务系统、42个省级单位的数据系统和全市部分数字农业企业园区数据平台对接，营建"一云统揽、多维一体、一网通办"的数字化生态。

（四）推进数字农业农村建设，必须强化技术保障

新一代信息技术创新空前活跃，不断催生新技术、新产品、新模式。淄博市强化平台思维，坚持招大引强、靠大联强，与中国农科院农业信息研究所和北京中农信达信息技术有限公司合作建设"齐农云"数字大脑，与中国农科院合作建设新型现代农业产业研发机构，与阿里巴巴集团、中国建材集团、中国供销集团、中化集团、京东集团等23家企业合作，组织实施数字农业农村项目，引才引智引项目，夯实数字农业农村发展人才智力和技术支撑。

05

电商+消费扶贫　产销对接促发展

案例背景

　　江西省安远县是内陆山区县、传统农业县，曾是国家级贫困县，是赣南脐橙的主产区，也是全国生态文明先进县。长期以来，受地理区位等因素的制约，安远县农业产业发展较为滞后，脐橙、蜂蜜等绿色农产品"藏在深山无人知"。农产品分散、小规模种养方式和销售难，一直是安远脱贫攻坚的难题。

　　在决战决胜脱贫攻坚的关键时期，安远县大力实施"电商+消费"扶贫，积极落实产业扶贫"五个一"机制，探索"三级联动、四位一体"的"电商+消费扶贫"产销对接模式，推动农产品供应链体系建设，最大限度减少流通环节，拉近市场与产业基地的距离，直接连接生产端和消费端，让特色农产品销往全国各地。

　　全县发展脐橙、红蜜薯、紫山药、百香果等农产品好网货近8万亩，2019年全县网络销售额达20亿元。仅2018年、2019年包销贫困户红蜜薯、紫山药7779万斤，销售额达3.11亿元，直接带动3691户贫困户脱贫，户均年增收3000多元。2019年3月，安远县顺利通过江西省脱贫攻坚成效考核和专项检查评估。

一、主要做法及成效

（一）一套体系，破译消费扶贫难点

安远县组建了赣州市首个正科级事业单位电商办，统筹推进"电商+消费扶贫"工作，在生产端、流通端和消费端出台配套政策和措施，切实有效地推动消费扶贫工作。

一是在生产端，出台农业产业及基地、合作社扶贫奖补政策，鼓励建档立卡贫困户发展农业产业，培育特色明显、规模较大、效益显著的扶贫支柱产业，形成"春瓜、夏桃、秋薯、冬橙"四个拳头扶贫产品。

二是在流通端，推出快递补贴、农商行电商贷等惠民政策。规划建设县电商产业园，建成农资连锁配送中心和顺丰、中通县级快递分拨中心，引进总投资8亿元的北控中农·赣南脐橙交易中心。整合邮政、供销、快递企业等运力资源，建设乡级物流服务站18个、村级物流服务点105个，各类邮乐站点覆盖全县18个乡镇，实现电商服务体系和物流服务体系全覆盖，基本解决了物流成本高、配送时效慢等问题，打通工业品下乡、农产品进城"最后一公里"。

三是在消费端，申请注册了"三百山"品牌，形成扶贫产品统一、清晰标志，方便社会各界和消费者购买。同时，出台消费扶贫政策，鼓励各帮扶单位工会每年集中采购帮扶贫困村的农产品。

（二）双向发力，打通消费扶贫上行渠道

一是在线上搭建"去扶贫"消费扶贫电商平台。平台依托微信公众号设计了多层级架构，上至总部总号，以及市、县、乡镇级区域总号，下至每村一个村号，通过多个运营层级的联动，以社交电商转发分享的方式调动干群协作，共同挖掘村庄一村一品，推广本地产品，赋能乡（镇）、村成为农产品上线主体，精准对接市场需求。各帮扶单位、爱心企业和人士通过公众号访

客可在线进入消费扶贫商城选购建档立卡贫困户农产品，实现产品、服务与消费行为的无缝对接。

二是在线下成立县级电商学院和电商技能培训中心，组建专业电商讲师团。通过开展"电商培训进乡（镇）""万名电商扶贫培养计划"等行动，将电商技能培训拓展到村组一线。许多农民不再"提篮叫卖"，而是一手拿锄头、一手握手机，将自己种的农产品通过手机源源不断地销往全国各地。特别是每年的赣南脐橙、百香果、红蜜薯等农特产品的丰收季，"全民电商""全民代言"成为安远的一道独特风景。同时，在线下开展"三百山"赣南脐橙电商扶贫销售大赛、电商扶贫产品全网推介会、中央党校扶贫展销等系列节会活动，特别是县委主要领导在电商扶贫活动上分别为红蜜薯和"三百山"赣南脐橙代言。2021年，全县乡村发展网店1800多家，3万多农户直接参与电子商务。

（三）三级联动，构建消费扶贫服务网络

一是在县级组建消费扶贫服务中心，统筹抓好扶贫产业开发指导，扶贫产品的包装设计、产品宣传推介及电商培训等工作。

二是各乡镇组建本乡镇消费扶贫服务中心，落实好农产品上架、采购、配送及销售后端统计等工作。

三是村级成立电商扶贫合作社，贫困户通过资金、技术、土地、劳动力、机械等方式入股，由合作社组织开展农产品无害化生产加工。每村合作社配备一名责任心强、懂电商运营的消费扶贫专干，购置一辆三轮车，为社员提供农资、日常生活用品和快递包裹等服务。由县、乡服务中心指导合作社直接对接市场需求，扶持引导贫困户因地制宜种植紫山药、红蜜薯、百香果等"短平快"网货产品，由过去的"生产什么卖什么、生产多少卖多少"的粗放化模式，向"消费者需要什么就生产什么、消费者需要多少就生产多少"的精准化模式转变。同时，由合作社优化组合，统一流转土地、统一供种、统一品牌、统一标准，成片推进种植基地建设，一定程度上解决了贫困户自行

种植产业难成规模的难题，有效拓宽电商农产品供应链，还让贫困户农产品销得出、卖得好。县、乡（镇）、村三级联动服务，形成农产品从田间到餐桌的完整供应链体系。安远县凤山乡东河村，通过组建紫恋紫山药电商扶贫产业合作社，紫山药种植面积从2015年的400亩发展到2019年的3000亩，种植规模扩大7倍多，单价从0.8元/斤提高到2.5元/斤，价格提高3倍多，销售期缩短1—2个月，贫困户实现每亩净增收4500元，直接带动凤山乡减贫457人，占该乡贫困人口的23%。

（四）四位一体，建立消费扶贫利益链接机制

建立"电商企业+电商扶贫基地+电商扶贫合作社+贫困户"四位一体的包销订单利益链接机制，该模式以电商龙头企业为带动，以合作组织为纽带，以基地建设为基础，一手抓产业推动和农产品电商供应链体系，一手抓合作组织建设和电商服务体系，发动电商企业包村扶贫、包销合作，让合作社贫困户直接成为电商企业的供货商，并按标准集中规模化生产可供网络销售的产品，实行保护价收购，确保贫困户利益，让贫困户吃下定心丸，打造贫困户、电商企业、电商扶贫合作社、电商产业基地为一体的利益联结体。

2019年，引导近20家企业、10000名爱心人士，通过爱心购、订制化种植、认购订养等电商消费扶贫模式，帮助3691户贫困户通过发展产业脱贫增收。同时，积极引导合作社及贫困户对农产品进行加工，开发了百香果糕、红薯干、紫薯饼、红薯粉丝等产品，创响了薯小妞、臻果然、薯满园等一批"土字号""乡字号"的"三百山"系列特色产品品牌，延长了农产品的销售期和产业链，增加了贫困户收入。

二、经验启示

（一）上下重视、协力推进，方能见实绩、显实效

贫困地区做电子商务，必须提升相关的基础设施。交通条件、宽带上网、

贫困村产业生态等条件相对更差，挑战更多，难度更大。因此，不能急功近利，欲速则不达。一定要按照市场规律和扶贫规律，扎扎实实去做，从免费培训、扶贫贴息、小额信贷、信息服务等多方面、多角度帮助贫困群体实现电商创业就业，实现电商销售在本地、服务在本地、就业在本地、造富在本地，增强脱贫攻坚发展的内生动力，激发创新动力、创造潜力、创业活力，真正通过电商达到促进创业、壮大产业、助力攻坚、助推乡村振兴的目标。

（二）解放思想、创新思路，方能破解难题，柳暗花明

安远是一个山区农业县，曾经经济结构单一，工业企业数量少，增长方式粗放，财政十分薄弱。安远县敢于创新，勇于把电子商务作为新兴产业、战略产业来培育发展，大力推动网络经济与实体经济互动发展、电商与产业扶贫融合发展；既有行政引导，更有市场思维，勇于打破现状、突破常规、快人一步，抢占优质资源，获得更多的政策支持，一定程度补齐产业扶贫销售难的短板、促进产业转型升级，为脱贫攻坚、乡村振兴打好坚实的基础。

（三）内外兼修、积极谋划，方能抢抓机遇、借势发展

消费扶贫是一个系统工程，需要"先天优势"加"后天努力"。在大力推进电商扶贫的工作中，要提前谋划，学会算长远之账、要效果导向。开展销售扶贫，打造少量的亮点并不难，难在"成规模、可持续、见实效"。在销售扶贫的产业依托上，要效果导向，接二（产）连三（产），不拘一格，大规模覆盖。

06

党建引领消费帮扶　支部带动四方共赢

案例背景

　　国家粮食和物资储备局定点帮扶工作队深入贯彻习近平总书记关于"开展消费扶贫行动"的重要指示精神，在国家粮食和物资储备局的大力帮助下，助力安徽省阜南县农产品打开市场，推动形成消费帮扶"人人皆可为、人人皆愿为、人人皆能为"的良好氛围。

　　帮扶工作队创新帮扶思路，支持两个脱贫村党支部成立"村社合一"合作社，进行粮有袋、菜有篮、油有瓶、蛋有盒、果有箱、蜜有罐"六个有"小包装初加工，短短一年销售优质农产品金额达169万元，实现党支部增强、村集体壮大、脱贫户增收、农产品畅销"四方共赢"，有效破解脱贫地区帮扶产品少、销售渠道少的共性问题，在实践中积累了一些有益经验。

一、主要做法

（一）坚持问题导向，在深入调研中发现突破点

国家粮食和物资储备局定点帮扶工作队（以下简称"帮扶工作队"）认

真落实《国务院办公厅关于深入开展消费扶贫助力打赢脱贫攻坚战的指导意见》，扎实开展消费帮扶行动取得积极成效，但在具体实践和深入调研中发现一些突出问题，具体表现为三个方面。

一是交通不便、缺少销路，优质农产品销售难。帮扶工作队深入阜南县28个乡镇专题调研农产品销售情况，坐在田间地头与农民促膝交谈，发现阜南优质农产品并不少——阜南芡实、曹集蛭蚌、洪河大米、田集萝卜、会龙辣椒、苗集蓝莓、新村芦蒿、中岗牛肉、郜台板鸭、张古粉丝等特色农产品，其中阜南芡实和曹集蛭蚌还被农业农村部评为"全国名特优新农产品"。但是，阜南地处豫皖两省交界，物流不畅运不出去，冷链缺乏无法保鲜，没有固定销售渠道导致优质农产品时常滞销，无法实现优质优价和助农增收。

二是信息闭塞、供需脱节，消费者买不到优质农产品。阜南县挂职副县长、帮扶工作队队长张涛到国家粮食和物资储备局科学研究院召开座谈会，调研农产品需求；洪河桥镇盛郢村挂职第一书记谢志刚看望机关离退休干部，推荐试吃村里农产品；县农业农村局挂职副局长丁虎、乡村振兴局挂职副局长蒋青松、苗集镇党委挂职委员宋凯强主动对接原单位需求，提供丰富多样的农产品；等等。帮扶工作队队员纷纷利用假期回原单位开展农产品需求调研，发现大家最想吃的还是绿色优质的、有机无公害的农产品，但却不知道在哪里能买到。

三是"提篮叫卖、披头散发"，许多优质农产品没有品牌。调研还发现，阜南县农产品到了收获季节，都是拖泥带水在田间地头批发、在路边叫卖零售，没有梳妆打扮，"披头散发"地进入市场，造成农业产业链条比较短，农产品附加值普遍不高，对农民收入的带动作用发挥得不够。农产品收获以后，农民想得最多的还是尽快卖个好价钱。如何给自己的农产品起个具有特色和区域产品特性的名字，或者进行农产品包装、再加工，打造品牌，进入高端农产品市场实现优质优价，大家缺乏这种品牌意识。

（二）坚持目标导向，在党建引领中促进三个转变

帮扶工作队依靠盛郢村和张店村党支部抓帮扶，抓好帮扶促党建，充分发挥基层党组织的战斗堡垒作用和党员先锋模范作用，不断提高自我发展内生动力，促进定点帮扶与党建工作的良性互动，在党建引领中促进"三个转变"。

一是帮扶方式由"输血式"向"造血式"转变，努力实现可持续发展。盛郢村、张店村人均耕地不足0.6亩，青壮年大多到外面打工，导致村经济发展落后。国家粮食和物资储备局先后援助近400万元，用于帮扶脱贫户、改善基础设施等，随着帮扶项目陆续完工，后续发展又陷入困境。这样的发展经历让帮扶工作队意识到，单纯的"输血"解决不了问题，但盲目上产业项目存在投资风险。经过调研，帮扶工作队决定先从农产品小包装初加工入手，根据订单需求指导两家合作社发展特色农业，从运送零散土货进城到发展绿色产业形成品牌，逐步夯实产业根基，激发脱贫户和社员自身内生动力，实现长期稳定增收，具备一定的"造血"功能，探索出一条村集体壮大与村民共同富裕的可持续发展道路。

二是帮扶产品由"卖产品"向"卖品牌"转变，实现优质优价。过去，洪河大米论袋卖，买一袋百十斤吃到生虫子；红薯粉条论捆卖，买一捆几十斤半年吃不完；黄心大白菜论车卖，一百斤起批让全家吃上一冬天……阜南县农产品价格低廉不说，还经常卖不出去烂在地里。现在，张店村合作社围绕"谷河湾"商标，开发出谷河蔬（秋葵干、红枣干、薯干、玉米花）、谷河油（纯芝麻油、纯花生油、纯大豆油、纯菜籽油）、谷河谷（虾田米、芡实米、花生米、绿豆、玉米糁）、谷河禽（板鸭、咸鸭蛋）、谷河味（萝卜干、西瓜酱豆、辣白菜、剁辣椒）等五大系列19种小包装农产品。帮扶工作队以品牌担保品质，以品质支撑品牌，真正实现农业由生产导向、产量导向，向消费导向、质量导向的转变。

三是帮扶对象由"帮个人"向"扶集体"转变，奋力实现共同富裕。帮

扶工作队从简单给钱给物帮扶贫困户渡过难关转变为支持村集体发展产业带动脱贫户就业增收，先后为村集体援建60千瓦和80千瓦光伏发电站各1个，1000平方米、600平方米车间各1个，捐赠自动化大米包装机1台等，动员全系统根据职工福利需求，制定小包装农产品标准，采取定向采购、以购代捐、以买代帮方式，助力两家合作社顺利起步。优先吸纳脱贫户入社分红，优先聘用脱贫户进社打工，优先高价收购脱贫户农产品，带动脱贫户和社员共同增收。同时，帮扶工作队首创消费帮扶产品全程溯源系统，产品贴上二维码，手机扫一扫、帮扶信息全知晓，让消费者明明白白去帮扶、脱贫户实实在在得实惠，实现了智慧帮扶。

（三）坚持需求导向，在消费帮扶中实现四方共赢

众多优质农产品如何出村进城，直达消费者的餐桌？帮扶工作队针对调研情况，认真研究分析，提出创建"党建+产业+合作社+脱贫户"消费帮扶新模式，有效带动农民增收、促进消费者受益，在消费帮扶中实现"四方共赢"。

一是打造"村社合一"示范村，建强党支部。2020年6月，帮扶工作队选择洪河桥镇盛郢村和苗集镇张店村两个脱贫村做试点，分别成立"村社合一"合作社，形成党支部引领创办、村集体资产入股、党员干部和脱贫户自愿入社、村民积极参与的新型农业经营主体。同时，坚持党支部领导、村集体控股合作社，党支部书记兼任合作社理事长，接受镇党委政府的领导监督。社员由脱贫户、村民和党员干部、致富带头人组成，全面推行村干部和合作社管理人员"双向进入、交叉任职"。充分发挥党员先锋模范作用，引导党员加入合作社并将其培养为致富带头人，把合作社致富带头人培养成党员，确保基层党建在农村经济工作领域不断得到加强和拓展。

二是当好农产品中间商，壮大村集体经济。帮扶工作队指导盛郢村和张店村两个合作社制定章程和规范财务制度，树立"感恩扶贫、优质农产、良心工程"办社理念，分别注册"洪河味""谷河湾"商标，根据订单情况，立足本村、辐射全县，筛选虾田米、芡实、蜂蜜、香油、咸鸭蛋、红薯、花生、

粉条等优质农产品，推进分级、包装、追溯标准化，坚持高质量备货、高标准验货、高效率发货，进行线上线下订单销售，当好中间商，让优质农产品逐步走出小乡村、走进大市场，促进村集体逐步发展壮大。比如，洪河桥镇盛郢村集体经济由2016年不足6万元发展到2020年的101.2万元，短短四年时间让村集体收入突破百万元大关。

三是精心"梳妆打扮"农产品，实现脱贫户增收。帮扶工作队注重对优质农产品在产后分拣、包装、仓储、营销等方面下功夫、做文章，带领盛郢村和张店村两家合作社脱贫户和社员开展粮有袋、菜有篮、油有瓶、蛋有盒、果有箱、蜜有罐"六个有"小包装初加工，开展阜南县农产品的标准化、品牌化建设。2020年下半年，盛郢村合作社农产品销售收入达79万元，带动脱贫户就业12人，每户平均增收1500元，村集体增加收入11.8万元。村委会拿出4.9万元为全村村民购买水稻、小麦种植保险，实现全员分红受益，在阜南县尚属首例。张店村合作社2020年下半年销售农产品收入28万元，带动脱贫户就业7人，平均增收2000元，村集体增收2.8万元并全部用于扶危济困、敬老助残等公益事业。

四是打通产销"最后一公里"，农产品畅销了。帮扶工作队组织盛郢村和张店村两家合作社参加中国粮食交易大会，提供"免费参展、拎包卖货"一站式便捷服务，安排视频直播带货、产品推介和集中签约等产销对接活动；为两家合作社开辟绿色通道，办理卫生食品许可证，申报为扶贫企业，成为脱贫地区农副产品网络销售平台（832平台）供应商，开设阜南县帮扶产品专区，长年售卖"洪河味""谷河湾"优质农产品，同时依托中化农业公司建成两家阜南好粮油直营店，长期免费展示和销售两家合作社的优质农产品。帮扶工作队队员在休假期间回原单位推介宣传，主动到全国展销会站台代言，阜南优质农产品逐步打出知名度、美誉度，部分品种供不应求、不愁销路。

二、案例成果

帮扶工作队通过党建引领消费帮扶，把产业根植于乡村，带动盛郢村和张店村脱贫户增收致富，得到阜南县的肯定，并在全县推广复制，中央广播电视总台、经济日报等主流媒体对此进行专题报道。2021年6月，盛郢村党支部作为阜南县唯一代表，被安徽省委组织部授予"五个好"村党组织荣誉称号。

帮扶工作队深入贯彻落实习近平总书记2020年8月到阜南视察时的重要讲话精神，认真落实国家发展改革委等30个部委联合印发的《关于继续大力实施消费帮扶巩固拓展脱贫攻坚成果的指导意见》要求，巩固拓展党建引领消费帮扶、支部带动"四方共赢"成果，推动形成以市场机制为主导，政府、市场、社会协同推进的消费帮扶可持续发展新模式，多渠道解决农产品销售难的问题，促进帮扶对象稳定增收致富，实现生产端、消费端互利共赢。

07

二十多年坚守　携手共创振兴

案例背景

　　甘肃省文县地处青藏高原、四川盆地、黄土高原三大地理单元的交会处，岷山与西秦岭两大山脉横亘文县。文县总面积为4994平方千米，可用耕地面积不足10%，人口约24万，人地矛盾较为突出。由于交通建设长期迟滞、自然灾害频发，农特产品和文旅资源开发不足、产业发展滞后，文县曾长期被列为国家级深度贫困县。

　　1998年以来，中国记协积极响应党中央号召，克服山大沟深、山高路险、条件艰苦等困难，注重发挥自身在宣传领域的优势，在消费扶贫、产业扶贫等方面做了大量工作。2020年2月，甘肃省人民政府批准文县退出贫困县序列，文县历史性地解决了绝对贫困问题，同全国人民一道迈入全面小康社会。

　　脱贫攻坚收官，乡村振兴启航。2021年以来，中国记协聚焦巩固拓展脱贫攻坚成果、全面推进乡村振兴，坚持对口帮扶文县工作机制不变、结对关系不变、人员派遣不变、资金标准不减和帮扶措施不减，与文县一道书写乡村振兴新篇章。

一、主要做法

（一）发挥行业优势，宣传推介文县

中国记协发挥行业优势，采取"走进去"和"请出来"相结合的方式，在宣传方面做了大量工作。2019年10月，中国记协组织中央广播电视总台、新华网、北京时间、东方网、东南网、中国江苏网、新蓝网、南方新闻网等多家新闻媒体，深入文县纹党参种植基地和多家农特产品加工企业进行为期3天的采访活动，制作纹党参宣传广告——"纹党参文县生"。中央广播电视总台多个频道于11月15日至30日连续播放16天，协调减免3356.93万元的广告拍摄及播出费用，改变了文县地理标志产品纹党参"处在深山无人知"的局面。

2021年9月，在中国记协的组织下，来自美国、巴西、意大利、匈牙利、日本、朝鲜和越南等国家的10名驻华记者赴文县采访，详细了解文县天池景区开发、易地扶贫搬迁群众后续生产生活和稳定增收等情况。同时，中国记协积极推动文县与华铁传媒签约，将文县的宣传广告送上高铁；积极协助文县在北京召开推介会，进一步宣传推介文县文旅资源和农特产品，提升文县知名度。

（二）组织直播带货，扩大农特产品销售

2019年7月，中国记协扶贫办和新媒体专委会组织湖北长江云、湖南红网、重庆华龙网、四川封面新闻和快手平台赴文县开展农特产品直播助力农产品销售工作，6场直播在线观看量超过5200万人次。湖北长江云推出直播《"椒"个朋友吧》，直播当天，仅长江云平台点击量就达211万人次，快手总观看量达443.9万。湖南红网充分利用电脑端页面、时刻新闻App、LED新闻联播网等"网报端微视屏"六位一体传播矩阵，开展大型全媒体助农千屏直播《宝贝出山》，分别走进文县农产品加工车间、体验中心和食用菌种植基

地，两场直播全网观看量达1469.7万人次。四川封面新闻走进文县，直播《探秘古老白马部族　传承千年火圈舞》，一个多小时的节目吸引793万名网友关注，为当地文旅产业发展营造巨大声势。快手直播每场400多万人次的观看量也让文县特色民俗被越来越多的世人了解。几场直播活动总时长近10个小时。直播期间，重庆德庄火锅与文县签下200余吨花椒购销合同，湖北周黑鸭企业发展有限公司、湖北味顶记餐饮管理有限公司、武汉市餐饮协会与长江云、文县人民政府签订战略合作协议，购买花椒超2300斤。

2020年6月下旬，天津津云新媒体集团策划推出"老乡别急，我们帮你"网络直播带货活动，在为文县开展的专场直播扶贫活动中，津云客户端和抖音平台津云直播间2小时的节目累计观看量近10万人次，扶贫产品销售额超过24万元。

（三）发挥智力扶持优势，积极开展多种培训

近年来，中国记协把培训包括文县在内的陇南市基层新闻工作者作为定点扶贫任务加以推进，组织190人次到北京或者其他省市，参加马克思主义新闻观培训班、全国宣传思想工作会议精神培训班和新媒体培训班。2020年10月、2021年5月，中国记协连续两年在全国实施东西部县级融媒体中心协作项目，将甘肃省文县纳入其中，由山东博山融媒体中心结对协作，互派驻点记者交流1个月。

中国记协把扶智作为乡村振兴阶段重点工作之一，加强对文县的乡村振兴、文化宣传、品牌营销等方面专业人才的培养，把扶贫与扶智有机地结合起来。2021年6月28日至7月14日，分三期举办中国记协助力文县乡村振兴培训班，帮助文县各级领导班子提升综合治理能力水平，培训县乡村干部和致富带头人214人，邀请中国人民大学中国乡村振兴研究院专家教授到文县就乡村振兴战略进行专题讲座，推动文县派员参加中国人民大学中国乡村振兴研究院的自主学习网络平台，组织50名学员赴成县、徽县和两当县学习观摩，到两当兵变纪念馆开展党史学习教育。

（四）开展项目捐赠，助力文县发展

结合党史学习教育，中国记协于2021年9月在文县开展"为民办实事"活动，关爱文县留守儿童，联合戴尔科技集团向文县东坝中学、东峪口小学捐建"戴尔学习中心"。东坝中学的留守儿童比例占到70%，约1600人；东峪口小学是一所农村小学，前身是2000年由中国记协投资建设的记协小学。中国记协根据两所学校的实际需求，捐赠台式电脑60台、笔记本电脑3台，价值32万元。同时，戴尔集团计划帮助文县培养计算机编程教师2名，提高文县教育信息化水平。

2016年至2020年，中国记协直接投入资金224.13万元，用于帮扶文县特殊困难群众支持项目、捐赠文县义务教育阶段残疾儿童助学基金项目、文县同济中医康复医院医疗设备支持项目、配套建设何家湾村约1100多平方米应急避难广场一处；引进中国红十字会总会博爱家园（农村）项目资金40万元。2021年，中国记协向文县融媒体中心捐赠单反相机、摄影机和录音笔等采访设备，有力推动文县新闻事业的发展。

（五）开展消费扶贫，助力农民增收

2016年至2020年，中国记协累计直接帮助文县销售农特产品收入237万元。

一是干部职工福利优先从文县采购，每年的主要节假日采购发放文县的农特产品。二是发动职工销售文县农副产品，号召全体职工参与定点扶贫工作，充分发挥各自能量，购销农副产品。

2021年，中国记协工会采购价值13.6万元的文县农特产品，挂职干部联系沈阳日报社采购价值9万元的文县橄榄油。

（六）加大无偿资金投入，助力文县灾后重建

中国记协2019年、2020年每年向文县投入的无偿资金都超过100万元。

2018年、2020年，文县遭遇暴洪泥石流灾害，中国记协尽自身之力，第一时间捐赠慰问资金共计30万元，出资11万元为文县"8·17"暴洪泥石流的重灾区群众采购过冬棉褥。2020年初，中国记协在做好自身防疫工作的同时，出资10万元帮助文县购买防疫物资，缓解了文县当时的防疫物资短缺问题。协调中国人寿文县分公司向奋战在疫情防控新闻报道一线的文县融媒体中心19名编辑记者捐赠专项人身意外险，每人可享25.2万元的保额。

二、案例成果

多年的帮扶让文县人民明白了新闻宣传的价值，提升了文县的知名度和影响力。中国记协不断整合资源，立足全国讲好文县故事，为文县精准传播，实现特产信息对接，推动山货成"网红"，同时带动培养文县本土的电商企业和带货达人；通过产业扶持、驻村帮扶、劳务输转、扶智扶志等一系列举措，助力当地百姓致富，助推文县在决战决胜脱贫攻坚战中取得胜利。

2020年8月，中国记协组织部分中央、行业类及甘肃省内重点媒体，赴文县集中开展"巩固脱贫攻坚成果，实现高质量发展"主题采访活动，25名媒体记者冒雨深入扶贫一线实地采访。8月17日，文县全境遭遇特大暴洪泥石流灾害，正常采访受阻。中国记协将采访主题变更为抗洪抢险救灾报道，采访团刊发50余篇反映文县抢险救灾情况的新闻报道，让全国人民及时了解文县受灾情况，捐赠救灾物资。

三、经验启示

中国记协是中国新闻界的人民团体，本身的财政预算资金有限，编制人数较少，但中国记协始终把文县人民当亲人，从实际出发，20多年持续帮扶，尽最大努力满足文县发展所需。

一是中国记协党组高度重视对口帮扶工作，主要领导多次到文县调研，召开中国记协帮扶文县工作座谈会，慰问挂职干部。

二是挑选精干力量，参与定点帮扶。2013年至今，中国记协先后从机关挑选7名优秀干部挂职开展扶贫工作，其中副局级干部2名、处级干部4名、普通干部1名，分别挂任文县县委县政府的副职领导职务和驻何家湾村第一书记。2021年，中国记协选派80后干部到县里挂职、90后干部担任驻村书记，充分发挥年轻干部的闯劲儿，把到帮扶一线工作当作培养干部的重要途径。这些干部的辛苦付出和忘我工作，为定点帮扶工作顺利开展提供保障。

三是援文县之所需，尽记协之所能。根据乡村振兴阶段性目标和任务，围绕产业、人才、文化、生态、组织等方面，中国记协立足工作实际，结合文县发展所需因地制宜采取有力措施，进一步帮助文县优化营商环境和提升品牌营销力，进一步帮助文县做大做强文旅产业，着力推动文县做好巩固拓展脱贫攻坚成果同乡村振兴有效衔接。

08

全面构建"185"智能服务生态

案例背景

自2020年5月上线以来，中央企业消费帮扶电商平台坚决贯彻落实党中央、国务院关于脱贫攻坚和乡村振兴的决策部署，落实国务院国有资产监督管理委员会党委工作要求，在科技创新局的指导下，在多家中央企业的大力支持下，国网电子商务有限公司（以下简称"国网电商公司"）聚焦消费帮扶主战场，整合央企电商资源，打造统一帮扶品牌，搭建起农产品销售的网络，凝聚起巩固拓展脱贫攻坚成果、助力乡村振兴的央企力量。

国网电商公司基于国家电网电商帮扶平台建设运营经验，依托央企电商联盟资源优势，建设央企消费帮扶电商平台，以"拓展农民增收渠道、稳定农村脱贫成果、提升央企扶贫成效"为目标，推动帮扶资源共享共建、帮扶数据互联互通、线上线下全面对接，实现帮扶工作的广域、高效协同。

一、主要做法

中央企业消费帮扶电商平台搭建"三农"领域数字新型基础设施，综合运用区块链、大数据、人工智能、5G等技术，采集"产地—产品—物流—订单—结算—客户"全链条海量数据，形成精准溯源、精准匹配、精准画像的消费帮扶数字经济综合体，撬动数字农业革命。

全环节在线交易，协同高效。贯通农产品生产、加工、交易、物流、结算多个环节，实现定制化农业生产管理，催生数字化、智慧型农业产销模式，实现订单、物流、结算、客服全流程在线服务，配送、结算时效提升15%。实现中央企业、上下游中小企业、对口帮扶地区多主体广域协同，提供多地融合、多品拓销、高效联动的一体化在线交易服务。

多场景精品推介，塑造品牌。挖掘、孵化具有区域特色、文化特色的农产品精品，聚合中央企业优势资源，线上线下多场景开展农产品营销推介，展示农产品形象故事，讲述农产品文化底蕴，增强消费者对央企定点帮扶区特色农产品的认知；打造区域特色品牌，传递消费帮扶正能量，构建基于客户画像的精准营销品牌服务。

全链条产品溯源，精准可靠。基于人工智能、5G、区块链等技术，实时动态采集生产、加工、检验等环节信息，汇集"农产地、合作社、商品、客户"多维度数据，实现农产品产销多环节、全过程追溯管控，提升农产品质量，保障农产品安全，真正使绿色生态农业惠及百姓。

互动式助农惠农，扶志扶智。打造开放互动式电商云课堂，开通"互联网+党建+帮扶"专属通道，采用短视频、直播等方式，提供农技知识查询、专家点对点线上农技支持，通过种植、养殖、政策、电商技能知识培训，带动平台生产、加工、运营、物流多环节多元化辅助岗位劳务输出，培育知识型新农人，实现助农惠农与智农相结合，建立消费帮扶长效机制。

多元化互通互惠，开放融合。综合运用数据和业务中台，实现多家央企多元化电商平台互联互通，统一权限应用、统一积分流通，实现总计超过3万家企业、1700万职工的资源信息共享，激活释放消费积分的红利价值，实现多平台流量互惠，形成跨行业、跨平台、跨领域的帮扶助农有效力量。

二、案例成果

中央企业消费帮扶电商平台面向农产地、农户、合作社、产品、客户，全面构建"185"智能服务生态，建设央企帮扶统一窗口，打造央企消费帮扶统一平台，实现"品质管控、在线交易、超级物流、线上结算、产品溯源、积分通兑、直播带货、电商学院"八大核心功能，形成多个环节在线交易、多场景精品推介、全链条精准溯源、互动式助农惠农、多元化互通互惠五大应用场景。

（一）合力帮扶效果显著，创建精准帮扶"央企范式"

统筹各中央企业优势资源，构建多地融合、多品拓销、高效联动的一体化在线交易服务，平台开设央企馆95家，拓展部委馆7家、地方馆18家，上架产品6471款，全面覆盖央企对口的246个帮扶县，为农产品提供稳定持续、辐射面广的电商销售渠道。上线以来，平台累计交易规模突破3.2亿元，中央广播电视总台《新闻联播》《朝闻天下》《晚间新闻》和多家省级卫视新闻栏目专题报道，新华社、人民网等中央媒体刊发动态消息20余次，平台获评中国电商乡村振兴联盟"优秀项目奖"，工作成绩得到多方充分认可，赢得社会广泛赞誉。

（二）品牌价值快速提升，铸就央企帮扶"金字招牌"

推动帮扶资源向深度贫困地区聚集，先后组织国家电网、中交集团等8家央企开展"三区三州"电商扶贫日活动，东航集团、中国电建等12家央企开展"大爱无疆、央企同行"消费扶贫活动，鞍钢、中国商飞等13家央企走进贵州帮扶县，全力帮助当地农民解决生产生活困难。主动拓展多元合作模式，联合国务院国资委新闻中心开展"百县百品央字号"央企负责人带货、"党建+扶贫县长带货"活动，与"国资小新"公众号互动式引流拓销，平台社会影响力持续扩大。创新应用O2O服务模式，建成央企消费帮扶产品体验馆，集中展示定点帮扶地区1400余款农产品，中国海油、南方电网、中国大唐、中储粮集团等28家央企参加现场品鉴活动。在地铁站等人流量大的区域铺设"消费帮扶产品直通车",推出帮扶产品自动售货机,基本形成线下体验+线上购买的一体化服务体系。

(三)科技赋能作用彰显,激活乡村振兴"数字引擎"

催生数字化产销模式,提供"产地—产品—物流—订单—结算—客户"全流程在线服务,配送结算时效提升15%。建立平台产品官方溯源体系,支持脱贫地区培育绿色食品、有机农产品、地理标志农产品,成功培育"神农架蜂蜜"等区域公用品牌,获得消费者广泛认可。打造开放互动式电商云课堂,推出"新农业"讲座263期,累计培训农户1.4万余人次。释放消费积分红利价值,打通与中国石油、中国石化、国家电网、南方电网、中国联通、中国移动、鞍钢、东航集团、南航集团、国投等10家央企电商平台和建行善融商城积分兑换帮扶产品通道,实现多平台流量互惠。主动适应互联网消费新趋势,联合中国石化、中国节能、中盐集团等23家央企开展"6·18电商直播节"活动,为帮扶产品拓展社会化销售渠道做出积极探索。

(四)赈灾济困有心有行,构筑同舟共济"爱心防线"

2021年7月,河南遭遇历史罕见极端强降雨天气,引发严重洪涝灾害,国网电商公司坚决贯彻习近平总书记关于防汛救灾工作的重要指示精神,迅速启动"情系河南"专项行动。一是发挥线上平台优势,第一时间同受灾地区取得联系,首页上线河南地区消费帮扶物资采购专区,开设应急物资供需信息对接入口,开展专题营销推广活动,1个月内累计销售价值140万元的河南地区物资,帮助受灾企业及群众解决燃眉之急。二是多方筹措应急物资援助灾区,携手中国节能助力洛阳嵩县,协调平台资源向当地紧急驰援价值13万元的应急物资,共同帮助受灾群众渡过难关,嵩县人民政府专门发函致信感谢;向国家电网河南电力对口帮扶的卫辉市许慢流村捐助生活物资,村委会向平台发来摁满26名村民代表指印的感谢信。灾情发生以来,平台联合有关央企和入驻商户累计捐献矿泉水3000箱、方便面1300箱、白菜5万斤、土豆5万斤、面条500箱、大米500袋，总价值近50万元，平台资源聚合优势全面显现，以实际行动彰显央企电商的自觉担当。

三、经验启示

中央企业消费帮扶电商平台将在国务院国资委的指导下，协同各央企单位，秉持初心、接续奋斗，不断提高精准帮扶效果，激发农村发展内生动力，在全面推进乡村振兴中彰显支撑力量。

第一，全心抓好平台服务升级。中央企业消费帮扶电商平台主动对接中央企业、帮扶商户和平台用户，听取各方意见建议，对标市场主流电商平台，持续迭代完善平台功能，全面打造升级版智能服务生态。降低帮扶商户经营门槛，优化平台物流、支付、运营、客服等管理，提供一揽子代运营解决方案。强化科技赋能，加大研发投入，用好短视频、直播、VR、AR等手段，实现帮扶产品购买"所见即所得"，彰显"国字号"消费帮扶平台成效特色。

第二，全面拓宽农产品销路。拓展帮扶产品市场化销售渠道，积极对接主流电商平台，凝聚多方力量，共同助力乡村振兴。深度挖掘定点帮扶地区的爆款精品，动员央企采用订单模式，分季节、分场景打造平台产品组合套餐，实现进食堂、进工会。常态化开展营销推广活动，组织线下展销会、推介会，推进央企积分通兑互换，形成线上+线下融合销售模式，扩大平台品牌影响力和市场带动力。

第三，全力提速乡村产业振兴。实施乡村特色旅游帮扶，打造对公"职工疗养+红色教育+定点帮扶"、对私"休闲度假+田园体验+专属路线"等多元化产品，带动当地农民致富增收。构建农业产业数字化服务体系，建设推广平台自营品牌，迭代全流程溯源系统，实现多渠道产销对接，切实提升农产品附加值，推动形成特色突出、产销互通、订单农业的发展格局，助力定点帮扶地区高效完成创品牌、多卖货、强产业的目标。

09

携手共育"幸福菇"

案例背景

安徽省金寨县境内多起伏山地，昼夜温差大。受益于山区得天独厚的自然条件，金寨香菇营养丰富，味道鲜美，香菇种植占地面积小、产出高、效益好、劳动强度低，能够为贫困户提供持续稳定的收入，是该县产业扶贫的重点项目。

金寨香菇主要产地集中在汤家汇和铁冲两个乡镇，年产量160万棒，约400万斤，年产值2000万元。过去，香菇销售主要是走批发渠道，以及少量的学校食堂和福利采购渠道，产品线单一，价格卖不上去，产业扶贫成效不显著。

中国邮政集团有限公司金寨县分公司切实履行国企担当，积极助力新型农业经营主体高质量发展，围绕金寨香菇产业链的转型升级，为合作社提供信贷、寄递、电商、保险等惠农服务，帮助研发香菇脆、香菇酱等地方特色系列产品，借力邮乐小店、无实物超市、学习强国商城、邮乐农品馆等平台，拓展销售渠道，和村民携手共育"幸福菇"。

一、主要做法

（一）强化领导，明确目标任务

对接政府，争取政策资源。政府推荐具有一定资质的农业专业合作社、金寨分公司与其签订合作协议，明确双方责任和义务。合作社负责金寨香菇产品的统一管理，对香菇种植、生产、加工予以支撑保障，对产品的品质负责。

确定"精准扶贫"目标。金寨香菇销售的新增量，由贫困户进行种植供货。有生产能力、技术的农户，在合作社的帮扶下，自主发展食用菌产业；没有生产能力但有发展意愿的农户，在合作社的组织下，通过参与生产劳动，领取薪资报酬的方式，分享金寨香菇成果。

金寨分公司抽调市县骨干力量，成立金寨香菇项目工作组。明确线上、线下、内部三个渠道销售管理工作，负责各条线项目落地实施和运作。按照项目管理的方法落实落细各项工作，逐一做好项目规划、计划编制和进度控制。在产品品控、产品要素、货源组织、产品运输、售后服务等环节做好支撑保障工作。

（二）基地打造，严把质量关

树立乡村振兴产业标杆。政府规划金寨香菇乡村振兴产业脱贫试点区域，由"大水漫灌"转变为"精准滴灌"。采取"公司+扶贫基地+贫困户+三包（包技术指导、包统一收购、包统一销售）"模式推广，鼓励农村党员干部、能人大户积极参与，采取集中与分散相结合的方式，带领群众发展食用菌产业，成为乡村振兴产业脱贫的突破口。

全程跟踪建立可追溯体系。第一，对经营主体的生产、加工、销售等全链条进行全面监督管控，真实记录信息；第二，对相关生产批次的农产品进行抽检，并送检专业的第三方机构，做好品控管理。

邮银协同全力保生产。中国邮政储蓄银行金寨县支行注重把扶贫同扶志、扶智相结合，加大产业扶贫支持力度，推进贫困地区基础设施建设，提高贫困地区和贫困群众的自我发展能力和脱贫致富内生动力，积极助力打赢精准脱贫攻坚战。金寨县支行不盲目抽贷、断贷、压贷，采取一户一策，通过贷款展期、减免逾期费用、提前做好续贷安排、增加信用贷款和中长期贷款、降低贷款综合费用、适时做好风险缓释等方式支持相关企业。遇到特殊情况，邮储银行金寨县支行按照"特事特办、急事急办、好事快办"的原则，及时帮助两家合作企业拿到145万元贷款。

（三）线上线下，多渠道推进

线上渠道。依托邮乐网资源，重点推广"邮乐小店"电商社会化扶贫模式，为金寨香菇提供专业化电商服务，并在网站首页、App首页及邮政官方微信公众号发布宣传信息，号召全省邮政系统共同推广；借助邮政合作站点与居民联系紧密的天然优势，延伸"扶贫香菇"产业链。抓住"919电商节"机遇，积极向安徽省分公司申报网销大单品，并争取补贴政策，2019年"919电商节"活动，三天销售16万单，销售额达220万元；2020年"919电商节"期间累计销售16万单，销售额达300余万元。

线下渠道。一是成功将金寨香菇申报为中国邮政集团公司50个农产品直供直销基地，2020年已销往外省80余万元的香菇。二是争取将香菇产品叠加进邮政传统销售项目思乡月和家乡包裹，2019年至2021年累计销售香菇价值1000万元。三是结合消费扶贫，将金寨香菇纳入全县工会会员采购农产品目录，累计采购1.5万份，销售额达60余万元。同时，面向合作伙伴广泛宣传，销售渠道全面开花。

（四）优化流程，全环节保障

在生产环节上，践行新发展理念，落实中国邮政集团公司各项工作部署。一是以节能、降耗、减污为目标，推行先进管理和技术手段，以杂木屑、稻麦秸秆等农林生产废弃物为原料，采用新技术，确保物料和能源消耗少、废弃物少、对环境污染小，确保"扶贫香菇"产品达到绿色食品标准。二是融合业务发展。企业、合作社开设邮储对公账户，办理邮储代发工资业务；农户办理邮储绿卡，种植农户销售资金、劳动报酬资金通过邮储渠道进行资金结算。

在加工环节上，共享经营成果，创新开展各项工作。一是邀请中国邮政省市分公司专业电商运营团队，以方便产品使用、包装及储运为前提，落实中国邮政集团公司"绿邮项目"规划，设计绿色环保包装。二是着力打造公益商标品牌"驿路鲜"，免费授予扶贫项目使用，无须他人商标授权，提升邮政助农扶贫的影响力。

在销售环节上，开放各项资源，协同推进项目落地。一是与政府签订战略合作协议，以"邮政定制+企业、合作社+农户"的模式进行产品包销，展现邮政运作"扶贫香菇"项目的决心和信心。二是在邮乐购、邮乐小店等邮政电商平台销售的基础上，采取直播带货等形式助力销售。金寨县领导亲自上阵为金寨香菇代言，通过微信、抖音等自媒体渠道进行宣传推广，带动机关企事业单位共同参与消费扶贫。

二、案例成果

（一）政治效益

金寨香菇项目销售渠道的扩张，带动生产、加工、制造等链条不断完善。因为销路较好，贫困户敢于贷款投入资金，乐于参与产供销全过程，真正体现了邮政企业助力精准脱贫的价值所在。

（二）社会效益

统一使用"驿路鲜"商标，打造公益品牌，采取"公司+基地+农户+电商"的项目扶贫模式，解决贫困劳动力就业，实行保底价回收，帮助贫困户增收。该项目在汤家汇、铁冲、南溪3个乡镇带动400余户发展香菇种植。按贫困户户均种植香菇3000棒计算，大约需要每户投入资金1.6万元。其中，政府补助3000元、企业垫付3000元、贫困户自己掏1万元。户均年收入能达2万多元，纯收益4000元以上。

自项目启动以来，金寨香菇累计销售额达2223多万元，稳定的销量和收益保障了合作社和种植户的积极性。

（三）协同效益

金寨香菇项目的溢出效应，极大地促进惠农合作的持续深入。金寨分公司累计寄递包裹45万余件，寄递费用132万元，上下游企业开设对公账户12户，金寨县支行代发工资406户，新增金融总资产，惠农贷款645万元。2020年，金寨邮政销售农产品金额1867万元，邮政农产品进城受到社会各界的一致认可。

三、经验启示

首先，做强做大是提升竞争力的基础。改"撒胡椒面"式分散使用资金为集中资源办大事，变扶贫部门单打独斗为全社会共同参与，凝聚起脱贫攻坚的强大合力。金寨县依托得天独厚的自然资源，突出特色，精准发力，不断发展壮大具有县域比较优势的产业，培育品牌，规模化发展，实现了金寨产业由小到大、由弱到强、由强到精的跃升。

其次，集中资源是做强做大的关键。省、市、县三级邮政公司的领导，多次前往基地调研，了解相关情况，提出宝贵意见，还成立了专门的金寨香菇项目组，以互联网视角对金寨香菇进行产品定位和品牌塑造，助推金寨香菇走向市场化。邮政公司介入之后，金寨香菇在原本走量批发的基础上，新增网上平台、线下站点与节庆采购等销售方式，在销售环节为金寨香菇提供新的销售平台和销售思路，为满足不同渠道的需求，产品种类、包装等都发生了翻天覆地的变化。

再次，创新拓展渠道是做强做大的增量。疫情期间，民营快递停止营业，邮政发挥自身优势，迅速行动、统筹资源，全力保障疫情期间线上销售渠道通畅。一是推动金寨香菇上线"学习强国"扶贫助农专区、联通商城、邮储信用卡等平台，进行积分兑换销售；二是紧跟流量资源，依托政府，搭上直播快车，邀请政府领导助力；三是抓住消费扶贫契机，推荐金寨香菇入选扶贫产品包。

最后，邮银协同是做强做大的保障。邮银双方联合成立协同发展领导小组，进一步加强大板块协同组织领导，完善机制，以优势互补、资源整合为原则，全力推进市场协同。银行充分发挥信贷资源和产品优势，通过信贷、信用卡等业务加大对邮政综合开发客户的支撑力度，补齐代理面对同业竞争中的短板，提高代理金融的综合竞争力。邮政充分发挥渠道、客户、物流优势，弥补银行在县域机构覆盖不足的短板，为打开银行县域业务发展空间提供有效的服务支撑。

10

为基层培养健康"守门人"

案例背景

　　农村医疗卫生条件薄弱是实现全面小康的短板,也是因病致贫返贫的重要因素。乡镇卫生院是我国医疗服务体系的基础,对于实现乡村振兴、分解就医压力有重要意义。由于基础设施、资金投入、医务人员等方面有所不足,乡镇卫生院在实际运行中所发挥出的作用相对有限,与广大人民群众的医疗需求难以匹配,影响我国总体医疗服务水平的提升。

　　中国有着数量庞大的乡镇,这意味着有大量的乡镇卫生院分布在全国各个地区。鉴于地位的重要性,如何在当前形势下创造良好的环境以实现乡镇卫生院的可持续发展,成为一项非常重要的课题。中国农工民主党开展"同心全科医生特岗人才计划"示范项目,在帮助乡镇卫生院医生提升业务水平的同时,带动项目地区基层医疗卫生整体服务水平提升。

一、主要做法

为进一步探索让全科医生"下得去、留得住、用得好、能发展"的有效路径和工作模式，农工党中央原主席陈竺首先倡导，2014年与陈赛娟院士及曾益新院士共同捐赠其院士津贴与科学技术奖金，作为"同心全科医生特岗人才基金"的第一笔发起资金，随后基金汇集了爱心企业家捐赠。2015年，农工党中央设立"同心全科医生特岗人才基金"，共筹集资金2430万元，先后在贵州毕节、广西百色与河池、福建宁德、甘肃兰州等地开展了"同心全科医生特岗人才计划"示范项目，招聘以本科医学毕业生为主的同心特岗医生126名，与当地医学院校达成"成立全科医学系、培养全科医生"的相关协议，在国家卫健委和地方党委政府的共同支持下，通过多重政策措施，激励和引导医学院校毕业生选择做全科医生，投身基层服务群众，收到了明显成效。

突破原有管理模式，实行"县管乡用"，为同心全科特岗医生提供良好的职业发展前景。该计划招聘的特岗医生编制确定在县级医疗机构。服务期内，分配到乡镇卫生院岗位；服务期满，根据个人意愿选择继续在乡镇卫生院工作或是回到县级医疗机构工作。

保证薪酬待遇和生活待遇，实行差别化补助，让特岗医生享有体面的工作生活条件。服务期内，按照各乡镇卫生院的边远艰苦程度、服务人数多少，特岗医生每人每年分别享受由"同心全科医生特岗人才基金"提供的3～5万元差别化补助，确保特岗医生年度总收入不低于其人事关系所在县级医疗机构同类人员平均收入水平。

加大培训培养力度，实行"双导师制"，努力提升同心全科特岗医生的医技服务能力。一方面，在县内聘请导师与特岗医生建立一对一帮带制度，每个季度到县级医疗机构与导师跟班学习15天以上，并保持畅通的联系和信息交流渠道。另一方面，农工党中央聘请北京医院、北京协和医院、复旦大学上海医学院、复旦大学附属中山医院等全国知名医院、医学院的29名专家组成导师团队，建立了专家与特岗医生经常性联系指导和咨询机制。

综合多种激励措施，实行"晋升有奖"，使特岗医生产生较强的职业成就感。在职称晋升、培训教育等诸多方面给予优待和帮助。特岗医生可提前一年申请晋升职称。

倾听心声适时关怀，给予"精神激励"，让特岗医生具有较强的职业荣誉感。农工党中央和地方政府领导及有关部门通过走访、慰问、座谈等多种方式，关心帮助特岗医生。

二、案例成果

（一）有效推动同心全科医生特岗人才快速成长

大多数全科医生，在国家级医疗卫生机构的指导支持下，在当地导师的直接指点下，在基层医疗工作岗位上安心学习、勤于工作、不断提升，逐渐成长为当地乡镇卫生院的技术骨干、群众信赖的好医生。

广西35名同心全科特岗医生中，有3人成长为乡镇卫生院副院长，有13人年度考核优秀，有30人取得中级以上职称。农工党中央定点扶贫县——贵州大方县同心全科特岗医生丁梅在复旦大学上海医学院祝墡珠教授精心指导下，已经成为深受当地百姓信赖的好大夫；罗丽红医生从刚毕业时不敢独立接诊看病，到现在成长为独当一面的全科医生；王永鹏医生在勤于业务的同时，通过个人努力被提拔为星宿乡卫生院的院长助理；胡明前医生不仅业务能力强，更兼医者仁心的情怀，很快成长为六龙镇卫生院院长，2018年更是获得国家心血管中心基层高血压管理办公室颁发的"优秀讲师"荣誉称号；赵密、王凯和张应礼三名医生在2018年首个医师节被大方县委县政府表彰；李贞、陈亚、刘玉斌等一批医生，通过同心全科医生特岗人才计划，快速提升自身的专业技能和服务水平，成为当地百姓称赞的好医生。他们不忘初心、扎根基层，守护了一方百姓的健康。

（二）全方位提升当地基层医疗服务能力和水平

同心全科医生特岗人才计划的实施，帮助医生提升业务水平，增强项目地区基层医疗卫生整体服务能力。就大方县而言，6年间，全县同心全科特岗医生共接诊门诊34万余人次，收治住院病人1.8万余人次，随访病人2.8万余人次，参与家庭医师签约服务6.6万余人次，实现县域内就诊率达90.05%、基层首诊率达65%，为基层医疗、健康扶贫、疫情防控等作出积极贡献。

促进全科医师队伍不断壮大。在同心全科医生特岗人才计划试点示范效应带动下，项目地区通过全科医生转岗培训、乡村全科执业助理医师考试和全科医生招录等多渠道加强全科医生培养。大方县自实施该计划以来，全县全科医生增加到285人，城乡每万名居民拥有3.56名全科医生。

带动全科基地建设不断加强。大方县人民医院成为贵州省第一批助理全科医生规范化培训基地，贵州省县级医院唯一一个全科医师转岗培训基地。达溪镇卫生院成为毕节市中医院国家级中医住院医师规范化培训全科专业基层培养基地，达溪镇卫生院和长石镇卫生院成为县人民医院助理全科医生规范化培训基层实践基地。

推动全科医学教育不断发展。同心全科医生特岗人才计划与相关医学院校达成"成立全科医学系、培养全科医生"协议。比如，助力广西医科大学建立全科医学学院，并在全科医学人才培养方面取得可喜的成绩。

（三）探索吸引人才下沉基层之路

基层卫生健康事业发展离不开人才支撑。吸引人才下沉乡村、扎根基层，最重要的就是创造好的机制、环境、氛围、条件，以鼓励引导更多优秀人才到基层一线工作，让愿意留在基层、扎根基层的人才得到更好的待遇和更多的成长机会。农工党中央通过同心全科医生特岗人才计划不断摸索实践，初步探索出基层医疗卫生机构引进人才、培养人才、留住人才的有效路径，为吸引和留住优秀全科医生下沉基层理出一条路子：一是"县管乡用"的用人机制，为特岗医生提供良好的职业发展前景；二是实行县导师一对一帮带、全国导师团队咨询指导的"双导师制"，提升特岗医生医技服务能力；三是提供差别化补贴，保证薪酬待遇和生活待遇，确保特岗医生年度总收入不低于其人事关系所在县级医疗机构同类人员平均收入水平；四是在申请职称晋升、执业医师考试培训等诸多方面给予优待，保障晋升通道，增强特岗医生职业成就感。

（四）助力建立全科医师培养使用激励机制

"同心全科医生特岗人才计划"试点工作，对全国范围建立全科医师培养使用激励机制起到很大程度的推动作用。

在项目实施中，农工党中央向国务院报送了《关于总结实施同心全科医生特岗人才计划的经验，加强全科医生队伍建设的几点建议》，提出实行"县管乡用，双导师制，差别化补贴，晋升有奖，精神激励"等5个方面的建议。这些建议在2018年国务院办公厅印发的《关于改革完善全科医生培养与使用激励机制的意见》中得到采纳。

农工党中央通过同心全科医生特岗人才计划，探索让全科医生"下得去、留得住、用得好、能发展"的有效路径和工作模式。目前的试点成效表明，健全制度机制强化基层全科医生队伍建设，对于补齐基层医疗短板、提高基层医疗服务水平，推进分级诊疗、带动县域医疗服务综合实力提升作用显著，是实现"大病不出省，一般病在市县解决，日常疾病在基层解决"这一目标的有效路径。

11

打造"永不关门的银行"

案例背景

贵州省大方县是中国农工民主党中央的定点帮扶县，要整体退出贫困县行列，45个深度贫困村，覆盖贫困人口近3万人，是最难啃的硬骨头，也是最需要扶持的对象。为助力大方县打赢脱贫攻坚战、确保如期实现整县脱贫摘帽，2018年，农工党中央联合中国红十字会、中国初级卫生保健基金会，在大方县45个深度贫困村，全面实施"同心圆博爱家园精准扶贫项目"。

"同心圆博爱家园精准扶贫项目"是农工党开展脱贫攻坚工作的创新举措。项目通过向贫困群众"发放生计金—收益返还—滚动使用"形式，创新扶贫资金的使用方式，打造"永不关门的银行"，将精准扶贫与扶志、扶智结合起来，激发群众脱贫的内在动力，探索一条有别于传统救济扶贫的路径，增强了民主党派和群团组织开展脱贫攻坚"造血式"扶贫模式，同时对巩固拓展脱贫攻坚成果同乡村振兴有效衔接具有十分重要的借鉴意义。

一、主要做法

（一）全党总动员，多方齐参与

农工党中央把定点扶贫工作作为参政党发挥新型政党制度优势最重要的实践之一，农工党中央历届领导班子高度重视，倾全党之力，认真践行"不脱贫不脱钩，脱贫不断线"的庄严承诺，持续加强定点帮扶工作。农工党中央原主席陈竺带头捐出瑞典皇家科学院舍贝里奖奖金，支持项目发起。农工党中央多次召开主席办公会议、主席会议、常委会会议，专题研究项目实施工作，成立以农工党中央、中国红十字会领导担任组长、常务副组长、副组长的联合推动组。

农工党中央动员全党的力量参与定点扶贫工作，确定了23个省级组织、15个副省级城市组织、中央12个专委会"一对一""多对一"，全覆盖结对帮扶大方县28个乡镇（街道）的帮扶机制。在此结对帮扶机制下，广大农工党员积极捐款，迅速完成项目资金的筹集，支持项目实施，农工党各级组织各领自己的责任田、自留地，直接下乡进村，有针对性地促进项目在各个深度贫困村的开展。

项目由农工党和中国红十字会、中国初级卫生保健基金会联合开展。在项目实施过程中，农工党发挥自身政治性强、组织性高等优势；中国红十字会、中国初级卫生保健基金会在项目的技术操作层面上体现了专业性。项目开展过程中，吸引广大社会力量参与，如法国生物梅里埃公司的积极参与和资金投入。项目的落地和实施，更离不开当地党委政府的帮助、支持、参与和具体推动。多方协作，形成强大扶贫合力，保障项目扎实推进。

（二）扎实推动，"授人以渔"

农工党中央对45个深度贫困村各村项目无偿投入资金40万元，采取"5+X"模式扎实推动项目开展，即建立一个村级红十字会，设置一个40平方米的村级服务站，建设一个同心圆博爱家园文化广场，设立同心圆博爱家园生计金，建立同心圆博爱家园励业帮扶基地，"X"是一事一议项目，用于对困难村民的人道主义救助。

项目着重以生计金突出成效，规定了每个村生计金不低于15万元，也可40万元全部用于生计金，通过无息借款、鼓励捐赠、透明运作、循环使用的方式，帮助有发展愿望又有发展能力的贫困户劳动致富，激发了贫困群众内在脱贫动力，使生计金成为项目"永不关门的银行"，将"授人以渔"落在实处。

例如，为绿塘乡牛场社区村民杨华提供的1万元生计金，用于种植魔芋，种植面积从10亩发展到50亩，纯利润达30万元。在杨华的带动下，牛场社区20余户贫困户也开始借村红十字会的生计金种植魔芋。许多农户不再种植传统的玉米、洋芋等农作物，转为种植魔芋。绿塘乡政府顺势将发展魔芋种植作为产业结构调整的重要内容，发展魔芋种植8000亩，带动绿塘乡种植业转型升级。

凤山乡店子村贫困户周凯用1万元生计金买了6头仔猪，白天割猪草、晚上巡猪圈，悉心照料。通过半年的辛劳，6头仔猪全部出栏，在留下一头能繁母猪之后，周凯将其余5头猪全部卖出，还了1万元生计金借款后，剩下5000元盈余。拿着卖猪的钱，周凯激动地说："感谢同心圆博爱家园项目，有了你们的好政策和帮助，我们才看到了希望，才有了脱贫的信心和决心。"

羊场镇新田村生计金借款人田基国，在没有到村红十字会借款之前，只种了100平方米的冬苏，年收入在2000元左右。借到2万元的生计金之后，自己又增加一些本金，将冬苏种植面积扩大到1000平方米。田基国说："借款到期后，我有信心把这笔钱还上。我的冬苏烘干后1斤能卖到250元的价格，我不愁还不了借款。并且，我还款之后还会捐不低于200元的爱心款，献出自己的爱心。我得到社会的帮助，也应该回馈社会，去帮助需要帮助的人。"

二、案例成果

据统计，2018年至2020年，"同心圆博爱家园精准扶贫项目"在大方县

19个乡镇45个深度贫困村无偿投入资金总计1864万元。其中，生计金使用1272.48万元，占项目全部投入的68%。自项目实施以来，共有2185户6954名建档立卡贫困群众通过生计金的支持，发展了生产，扩大了产业，逐步走上脱贫致富的路子，第一轮生计金回收率达94.99%。部分群众归还生计金时，还自愿回馈捐款，合计5万余元，推动生计金滚雪球式发展。

"同心圆博爱家园精准扶贫项目"不仅留下了"永不关门的银行"生计金，还留下一支带不走的工作队。根据项目要求，45个深度贫困村都组建了村红十字会组织，目前已发展会员1295名、志愿者322名，建成红十字会村服务站45个、健康文化广场33个，解决了村红十字会办公和群众文化娱乐的场所问题。45个村已开展生计技能培训、红十字会知识培训、防灾减灾演练培训120余场，受益13000人次，"人道、博爱、奉献"的红十字会精神得到传播，"人人为我，我为人人"的和谐社会氛围得到增强。2019年，依托"同心圆博爱家园精准扶贫项目"的帮扶，大方县45个深度贫困村全部出列。

2020年底，为助力巩固拓展脱贫攻坚成果同乡村振兴有效衔接，充分发挥生计金作为激发内生动力"催化剂"的作用，农工党中央再次增加投入200万元，同时协调法国生物梅里埃公司捐赠100万元，全部用于同心圆博爱家园项目，项目投入资金总额达到2164万元。

目前，我国脱贫攻坚取得全面胜利，接续推进乡村振兴任重道远。作为农工党社会服务工作的创新举措、工作载体和具体实践，同心圆博爱家园项目必将在新阶段作出新贡献、取得新实效。

12

培训人工智能训练师　打通信息高速公路

案例背景

　　清涧县位于陕西省榆林市最南端，是黄河和无定河交汇之地，东与山西省石楼县隔河相望，西、南与延安市子长、延川县接壤，北与绥德、子洲县为邻，是革命老区县、国家吕梁扶贫片区贫困县。该县总面积1881平方千米，耕地面积40.46万亩，基本农田面积47.8万亩，林地面积186.5万亩；辖9个镇1个办事处5个便民服务中心。

　　全县共有建档立卡村100个、建档立卡户18613户49037人，已经全面脱贫，整县摘帽。2020年，完成地区生产总值63.08亿元，固定资产投资73.22亿元，地方财政收入8007万元，社会消费品零售总额16.26亿元，规模以上工业总产值32.23亿元，城镇居民人均可支配收入29226元，农村居民人均可支配收入11467元。

一、主要做法

　　清涧县人工智能数字产业扶贫项目，紧紧抓住我国人工智能产业和互联网经济蓬勃发展释放出的大量就业机会，带动欠发达地区破除资源劣势，打通"信息高速公路"，分享数字经济成果。通过培训"人工智能训练师"

（2020年2月人力资源和社会保障部公布的新职业）人才梯队，承接国内人工智能数字产业订单，清涧县探索出产业扶贫和乡村振兴的新模式、新路径。

成立于2019年12月的清涧县爱豆科技有限公司（以下简称"清涧爱豆公司"），是清涧县政府直属国有企业，公司源起于国家卫生健康委协调引进的阿里巴巴集团"AI豆计划"，由国家卫健委健康暖心基金、中国妇女发展基金会、支付宝公益基金会、蚂蚁金服人工智能部联合孵化。2020年5月，公司被授予"阿里巴巴数字产业扶持基地"。

清涧爱豆公司选址在全县最大的移民搬迁小区附近，覆盖小区贫困户929户、3066人，并辐射带动县内其他劳动力就业。截至2021年9月，共有员工170人，其中残疾人占6%、困难群众（贫困户、低保户、零就业家庭、单亲家庭等）占61%、返乡就业人员占43%，月平均薪酬超过3000元。

二、案例成果

在国家卫健委扶贫办、阿里巴巴集团支持和清涧县委县政府领导下，公司以清涧为基地，积极带动周边县市发展数字产业。目前，已在山西永和县、陕西子洲县成立公司，分别招聘90人、100人。协助阿里巴巴集团孵化铜川宜君公司，现有员工160人。

清涧爱豆公司秉承"公益+商业"，以坚持社会公益性为导向，以提升市场竞争力为根本，致力于为更多群众特别是低收入群体、女性和弱势群体等提供在家门口的就业机会，分享数字经济成果，同时着力探索欠发达地区产业就业扶贫的新模式、新途径，破除资源劣势，打通"信息高速公路"，为脱贫攻坚和乡村振兴贡献力量。

13

提振村民精神风貌　产业兴旺生态美

案例背景

　　郭土楼村位于河南省虞城县城郊乡东北角，距离县城2.3千米，耕地2958亩，辖五个自然村——郭土楼、杨庄、范庄、三官庙、杨善庙，于2015年脱贫。曾经，全村主要以种植小麦、玉米等传统农作物为主，生活困难，还是脏乱差的落后村，打架斗殴、赌博打牌、家庭吵架、邻里不和等现象时有发生。

　　如今，郭土楼村不仅有竹园、百鸟园、百草园、玫瑰园、芍药园、杂果园等生态园林，还有传统的酿造作坊：醋坊、酒坊、酱坊、豆腐坊。这些具有年代感的传统技艺，正是游子们儿时的美好回忆、现在的浓浓乡愁，更是值得发扬和传承的传统酿造工艺。

一、主要做法

（一）创办"以孝治家"全国示范基地，解决"志"的问题

扶贫先扶志，挖掉穷根，首先要提振村民精神面貌。

郭土楼村以建强基层党组织、成立村民自发的义工队伍和本地的慈善企

业家队伍为架构，吸纳大学毕业生党员、返乡创业人员，强化党支部建设；组织本村村民组成70人的义工队伍，防疫抗灾走在前，扶危济困走在前；汇聚慈善企业家对特困人员进行救助，对有就业能力的贫困户进行援助。

建立健康家园，2000多名村民均建有健康档案；建立乡村书院，确保全村留守儿童假期、周末作业有人辅导，放学后有人照顾；建立乡村大食堂，保证每周一至周四80岁以上的老人在大食堂免费用餐，每周五70岁以上的老人免费聚餐。

扶贫先扶志带来了翻天覆地的变化，《拿住拿不住》等电影先后在郭土楼村拍摄，2020年，郭土楼村荣获全国乡村治理示范村、全国文明村。

（二）壮大村集体经济，解决"扶"的问题

多次组织贫困群众代表外出考察，以贫困劳动力为主体，先后组建村集体经济为主导的"两公司三基地五作坊"，即郭土楼村鸿图广告公司、豫东大竹海旅游开发公司，脐生堂中医康养基地、鹦鹉观赏繁育基地、思远杨善庙研学基地，石磨坊、酒坊、酱坊、油坊、醋坊五大作坊。2019年12月，郭土楼村被授牌为国家AA级旅游景区。通过村集体经济的发展，郭土楼村实现了贫困群众有业可扶，有力脱贫。

（三）探索"三位一体"带贫新模式，解决"稳"的问题

充分发挥基层党组织的政治优势、组织优势，创建了"村集体—本村经济能人—贫困户"的带贫利益联结机制。党支部聚集本村经济能人，创建村集体注册带贫专业合作社或企业，利用自有资产、扶贫资金、金融扶贫贷款等注入资金主导经营管理，本村经济能人以技术和资金入股，贫困人口以土地、小额扶贫贷款、到户产业扶持资金入股的协作模式。目前，全村138户脱贫户，有132人在村集体企业或股份制企业务工，2人股份制参与经营，6人依托乡村旅游做餐饮、小商品经营。通过产业带动，郭土楼村实现了脱贫人口持续稳定增收。

二、案例成果

产业旺，有钱赚，村民干劲足；生态美，生活富，乡风更淳朴。郭土楼村坚持壮大一个产业，带动一方农民，激活一片的发展思路，成立"高效农业示范园"，形成生态产业带，不仅吸引一些特色农产业在此落户，而且慢慢形成产业高地，缓解乡村空心化问题；同时，进一步优化创业环境，发挥乡贤能人的带头作用，鼓励青年人回家创业。郭土楼村组建村集体经济，拓宽村民增收渠道。

村西头的天元湖，水波荡漾，垂柳依依，繁花盛开，小白河从旁边绕过，并与天元中学古典风格的北门相映衬。数百年的天元湖见证了多少历史兴衰，如今，在新时代的感召下，见证乡村焕发的第二次青春。

郭土楼村遵循记住乡愁融入自然，保住农村淳朴美、自然美原则，充分利用文化推动乡村旅游发展，家家户户各有特色，有看不完、道不尽的美景和故事。目前郭土楼已经种植800多亩竹林，依托竹林发展乡村生态游、文旅游。

如今，郭土楼村已成为周边休闲旅游的首选之地。每年暑假期间，游客有1万人之多，停车场每天都停满，仅停车费一项就为郭土楼村增收8万余元。特色小吃街、小商贩摊位摆放井然有序，游客人山人海，一边欣赏景色、一边品尝各色小吃。村民在家就有钱赚，收入最多的农户一天能赚2000元，村集体日均收入近万元。

三、经验启示

虞城县按照中央、省、市脱贫攻坚和乡村振兴工作精神，以产业兴旺、生态宜居、乡风文明、治理有效、生活富裕的总要求实施乡村振兴战略，建立健全城乡融合发展体制机制和政策体系，加快推进农业农村现代化。在虞城县郭土楼村实施的乡村旅游，就是推进一二三产业融合的有效渠道，是实施乡村振兴战略的重要抓手。近几年，特别在巩固拓展脱贫攻坚成果同乡村振兴有效衔接中，乡村旅游已成为拉动农村经济发展、增加农民收入的新的增长点。如何把乡村旅游产业做大做强，进一步巩固拓展脱贫攻坚成果，是郭土楼村未来继续探索的课题。

14

依托天然资源宝库　发展中药材产业

　　滦平县毗邻京津，位于河北省东北部，素有"北京后花园"之称，地处燕山腹地，是华北地区多种动植物资源的天然宝库，境内野生中药材资源420余种，是热河黄芩、北苍术、北柴胡的道地产区，尤以热河黄芩最负盛名，畅销海内外。

　　2014年以来，滦平县紧紧抓住被省政府确定为河北燕山中药材经济核心示范区的发展机遇，把中药材作为特色农业主导产业给予政策资金支持，形成较为完整的产业链条，打造"河北省十大名优区域公用品牌"（滦平中药材），获得"河北省十大道地中药材产业大县"荣誉称号。重点建设的产业项目热河中药花海小镇位于滦平县金沟屯镇下营子村，属承德市万亩花海小镇项目子项目。该项目集中药材品种展示、生态种植、良种繁育、科技研发、产地加工、电商物流、观光休闲、扶贫带贫于一体，融入滦平民俗文化、养老养生、健康旅游等多元化发展要素，致力于实现农区变景区、田园变公园、农房变客房、劳动变运动、农产品变商品的美好愿景，为全县巩固拓展脱贫攻坚成果同乡村振兴有效衔接蹚出新路、作出贡献、提供样本。

一、主要做法

（一）调整产业结构，培育龙头企业

聚焦振兴发展五大产业，做大做强五个小镇发展思路，以乡村振兴为统领，加快推进农业为旅游服务发展步伐，扎实做好中药农业发展工作。

以中医药产业作为调整产业结构、推动转型升级的切入点，大力实施"正宗国医、道地药材"项目，持续深化滦平燕山中药材经济核心示范区建设，确定以药为根、以医为本、医养结合的工作思路，全力推动形成中药材种植、生产、加工、销售一体化产业链，通过中药全产业链发展带动经济。

热河花海小镇承建企业承德久财农牧开发有限责任公司，是按照现代化企业制度建立的产学研一体化、农工贸一条龙的综合性生态企业，也是滦平加大项目招商力度，按照产品初加工与精深加工相结合等原则，吸引来滦投资的重点企业。该公司侧重以道地中药材为主的中药材品种保护、人工栽培、技术研发、新产品开发等多项业务，现有热河黄芩、黄芪、射干、桔梗、板蓝根、苦参、瞿麦、百合、知母、山桃等50多个人工栽培的中药材品种，项目总生产面积2024亩，其中山地中药材人工栽培面积1524亩，平地中药材人工栽培面积500亩。

（二）制定扶持政策，提供坚强保障

将中药材产业列为全县产业扶贫的支柱产业，通过制定一揽子扶持政策，引导扶持中药材产业发展。

实施补贴政策。制定出台《滦平县燕山中药材经济核心示范区建设方案》等政策文件，对发展中药材产业的合作社、家庭农场、龙头企业及种植大户等新型农业经营主体，集中连片流转土地50亩以上和利用景区、园区周边等重点区域零散地块发展中药材产业的，每亩每年补助300元，连续补助3年；对新增草本类中药材种植集中连片50亩以上的，每亩种子补贴300元；对新增木本及藤本类药材，集中连片5亩以上的，每亩给予1000元种苗补贴；对中药材加工企业，给予土地调规政策倾斜。

提供基础配套服务。对购置直接用于中药材生产的机械设备，给予购置费全款的50%补贴；对新建、改扩建中药材晾晒场、仓储、保鲜库等加工设施、设备给予投资总额20%补贴；对新开发的千亩以上重点沟域，给予"三通一平"扶持政策。

强化科技支持。编写并颁布实施《热河黄芩仿野生栽培技术规程》《北苍术仿野生栽培技术规程》等省市级地方标准11项；建立覆盖全县的中药材质量追溯系统；联合中国中医科学院、中国农业大学、中国科学院南京土壤研究所、河北农业大学、北京中药研究院、中国医学科学院药用植物研究所和承德医学院等教学研究机构，构建强有力的科技支撑体系。

（三）推动融合发展，增进人民福祉

坚持开门办园、多方参与，"有边界、无围墙"，发挥农业产业化龙头企业和农民合作社等新型经营主体的带动作用，注重吸引多元主体、全社会力量参与园区建设。工作中坚持以制度、技术和商业模式创新为动力，以加工、休闲农业为载体，通过产业间相互渗透、交叉重组、前后联动、要素聚集、机制完善、跨界配置，推进一二三产业的融合发展。

充分发挥农村的独特优势，深度挖掘农业的多种功能和多元文化的潜在价值，以创建"三生融合"示范区为重点，大力构建农村美、生活富、环境好、产业强的发展新局面。

始终把提高农民收入、增进人民福祉作为工作的核心常抓不懈。不断建立完善"公司+基地+农户""公司+合作社+农户"等形式，建立企业与农户之间紧密的联结机制，带动农民就业增收，让农民分享园区发展成果，使产业扶贫项目真正成为惠民增收的农业主导产业。

二、案例成果

（一）一个产业富裕了一个村

热河中药材花海小镇项目不断延长产业链条，拓展产业范围，成功培育了三项主导产业。

一是发展道地中药材种子种苗繁育，年生产药材种子1.8万千克、优质药材种苗240万株，年销售额1000余万元。通过土地流转促进全村213户476人增收，人均增收3000元。

二是建设中药材生产加工和药茶生产车间，扩展产品种类，提升产品质量，实现了"一包药一盒茶卖出一亩地"的效益。

三是借助生态资源优势，依托红色游、中药游、康养游、研学游、特色民宿游，累计接待游客10万余人次，实现旅游收入800余万元，既带动本村民宿产业的发展，又带动本地农产品就地销售。

（二）一个产业改变了一种生活方式

以产业发展为依托，带动农户本地就业、创业，促进群众生产生活方式逐步改变，掀起"劳动就业光荣、自主创业光荣、服务创业光荣"的社会风尚，让群众有事做、谋事做。

以企业务工、发展乡村游的方式，吸引农民返乡发展，让孩子享受父母的温暖，让老人感受亲情的慰藉，让夫妻团聚，有效解决了农村"三留守"问题，村民精神面貌焕然一新。

几年来，热河花海小镇项目所在地金沟屯镇下营子村未发生一起治安刑事案件，没有发生一起邻里纠纷。

（三）一个产业创新了一种增收模式

凭借优良的自然环境和中药材种植基础，热河花海小镇项目将中药材产业与旅游产业融合发展，形成花卉观光、科普研学、乡情体验、餐饮住宿等多种旅游业态，吸引大批游客前来体验。几年来，国家AAA景区热河中药花海小镇接待游客数量达到3万余人次。同时，在项目发展过程中，企业与群众建立了稳固的利益联结机制，形成新的"一地生四金"（土地流转收租金、入园打工挣薪金、农户入股分股金、农家民宿得现金）方式，拓宽贫困群众就业增收渠道，走出一条中药材农业全产业链扶贫新路子，促进乡村振兴战略有效实施，逐步达到共同富裕目标。

（四）一个产业形成了一批地方品牌

以热河花海小镇项目为基础，滦平县统筹利用全县中药材项目资源，着力打造滦平中草药区域品牌，扩大品牌效应，助力产业发展壮大、农民致富增收。2016年、2017年连续两年成功举办中药材产业发展大会，区域品牌"皇家药庄、绿色药都"影响力显著提升。依托热河花海小镇电子商务中心、乡村级电子商务中心，滦平县实现网上年销售中药材3.6万吨，所有产品均实现品牌化营销。县域内注册的"奇滦""山知话"等商标逐渐成为有一定影响力的品牌。

三、经验启示

2021年2月，河北省政府办公厅印发《关于持续深化"四个农业"促进农业高质量发展行动方案（2021—2025年）》，传递出发展中药材产业的积极信号，为滦平增添了信心、鼓足了干劲。滦平将加强对中药材产业的组织领导和工作指导，进一步完善中药材产业扶持政策，在资金、土地、技术等方面予以大力支持，全面推进中药材产业提质增效、转型升级，着力打造中药材产业集群，为"生态强县、美丽滦平"社会主义现代化建设提供坚强的产业支撑。

（一）着力优化中药材产业发展布局

紧紧围绕河北省燕山道地中药材产业带建设，滦平继续坚持"一核、一带、五板块"的总体布局，不断优化中药材产业结构。一核，即"燕山药研谷"河北燕山中药材经济核心示范区；一带，即滦河沿岸金沟屯、张百湾、大屯种植带；五板块，即科技支撑板块、良种繁育板块、中药材种植板块、产地加工板块、旅游观光养生板块。当前重点工作任务是要加快解决科技支撑作用发挥不够、良种繁育基地建设滞后、龙头企业和项目辐射带动不强等问题。

（二）着力壮大中药材产业种植基地

要始终坚持绿色高质量发展理念，突出道地品种，推动种源良种化、基地规模化、种植标准化。抓住滦平县被列入河北省15个标准化基地的机遇，在张百湾镇和金沟屯镇建设滦平中药材省级示范园区，面积规模1.3万亩，推进规模化、标准化、专业化种植，实现面积200亩以上规模园区全部实现订单生产、产品质量可追溯；同时，建设1个面积不低于100亩的省级中药材良种繁育基地，推广生态种植、野生抚育和仿野生栽培模式，打造中药材精品，带动中药材产业基地规模达到12.9万亩。

（三）着力培育中药材产业龙头企业

截至2021年，县域共有中药材种植新型经营主体48家，具有中药材初加工能力的企业13家，年可加工中药材产品1.95万吨。滦平县计划在加大扶持久财、奇滦、济世、国行融投等市级以上重点龙头企业的同时，在滦平高新技术产业园区预留了1000亩的中药材加工产业园，加大招商引资力度，积极与国药集团承德药材有限公司、颈复康药业、药都制药集团、河北美威药业等大中型药企对接，年内力争引进1—2家亿元以上中药材加工企业入驻。

（四）着力推进中药材产业融合发展

滦平县打造中药材特色产业集群，必须抢抓中医药传承创新发展机遇，按照"规模化、集约化、融合化"发展思路，创新"产业发展+科技支撑+精准扶贫+美丽乡村"融合发展模式，与本地中药材种植大户建立稳定的利益连接机制。

2021年，滦平县深挖中医药文化背景，完善配套设施建设，拓展中药材产业功能，打造集中药材标准化种植、产地加工、休闲观光、健康养生于一体的中医药养生基地10个，推动中药材产业实现经济效益、生态效益、社会效益。

15

产业矩阵同发力　民生举措齐落实

案例背景

　　夏潭村位于江西省赣州市赣县区五云镇，面积10平方千米，人均耕地1.05亩，2014年人均年收入3600元，是一个典型的赣南贫困小山村。自2015年起，自然资源部（原国土资源部）开展定点帮扶工作，先后派出五名干部担任驻村第一书记，持续奋斗在一线。近年来，夏潭村发生很大变化，在乡村振兴的道路上初步实现可持续发展。

　　虽然夏潭村在自然资源部定点帮扶下成功实现整村脱贫，但问题具有易复发性。乡村要实现可持续发展，必须坚持固本培元和强筋健骨相结合，走稳扎稳打和推陈出新并重之路，要结合村实际情况，进行一系列有益探索和实践，努力实现预期目标。

一、主要做法

　　党中央对乡村振兴提出"产业兴旺、生态宜居、乡风文明、治理有效、生活富裕"二十字方针。村第一书记带领党支部和村民，将党中央要求和村实际自然资源特色和优势结合，创新和总结"12345"工作法，全力推动实现五大振兴。

（一）一部村庄规划做引领

乡村振兴，规划先行。要实现可持续，就必须客观分析村庄实际，明确村庄发展目标，合理安排农业生产、产业发展空间、住房、基本公共服务设施等用地规模和空间布局，这就需要有专业部门和行政村共同科学编制一部村庄规划，作为底版和蓝图。

曾经，夏潭村先后寻求两家单位编制规划，但均因资金、技术等原因未果。现任第一书记2021年6月到任，7月8日即赴江西省国土空间调查规划研究院协调村庄规划编制事项，该院积极支持，同意免除工作费用30余万元，无偿编制村庄规划。7月19日规划院副院长带队实地开展工作，进行航空遥感、地形测绘等现场作业，召开座谈会、发放调查问卷，收集十个村民小组、两家现有企业、国土所、林业所等多方意见。10月10日，村庄规划初步成果完成，随后公开征求各方意见。该规划凝结了两届村两委班子的期盼，凝结了全体村民的共识，凝结了各级专家领导的智慧。

《自然资源部办公厅关于2021年支持定点帮扶县实现巩固拓展脱贫攻坚成果同乡村振兴有效衔接意见的函》明确提出，"村庄规划批准后作为用地审批和核发乡村建设规划许可证的依据"，赋予夏潭村村庄规划实际效力，有力保障了乡村振兴产业项目落地。

（二）两家现有企业助发展

夏潭村目前有人和集团和淦龙集团两家企业在村投资经营。人和集团2013年投资1亿元建设祥云湖紫薇小镇旅游度假区。淦龙集团2016年投资5000万元建设云啸植物乐园。招商引资完成后，村未能与两家企业保持密切对接，村集体和村民没有因此明显增收。为解决脱钩问题，现任第一书记到任后，带领村两委班子主动到两家企业走访调研，详细介绍村发展规划，共同研究如何发挥村两委作用帮助企业排忧解难，将企业发展与乡村振兴目标有机统一，得到两家企业的认可与支持，两家企业积极履行社会责任。祥云湖紫薇小镇主动提出每年赞助村重阳节敬老活动、免费组织村幼儿园参观游览、解决脱贫户就业问题。云啸植物乐园主动提出资助村3名学生求学、免费组织村幼儿园参观市动物园、解决脱贫户就业问题。夏潭村在十一国庆旅游高峰时期，开放村委会场地供游客停车，组织村民志愿者进行交通疏导等义务服务，形成相互支持、搭台补台良性互动关系。

（三）三大产业矩阵共发力

产业单一意味着抗风险能力较弱，一旦面临突发情况或产业迭代，极易出现"归零式"打击，突如其来的新冠疫情就让夏潭村旅游业遭受重创。因此，必须巩固农业、打造工业、发展旅游业，提升产业多样性、稳定性。

坚定巩固农业主体地位。作为赣州重要蔬菜产区，夏潭村承担着保障市民菜篮子的重要使命，以空心菜、茄子、辣椒、冬瓜等为主的蔬菜种植业，仍是村民的主要收入来源。为保障国家粮食安全，2021年，村水稻种植面积增加了20%。夏潭村改善引水灌溉设施、建设蔬菜大棚、进行土壤改良，使农作物产量不断提升，村民收入显著提高，农业主体地位切实巩固。

着力构建工业支柱产业。2017年，夏潭村在江西省自然资源厅、江西省地质勘查基金管理中心和赣南地质调查大队支持下发现矿泉水，经过储量评审和质量检测，偏硅酸含量为30.75mg/L—47.10mg/L，自然边界条件下允许开采量805.37m³/天，感官指标、限量指标、污染指标均符合国家标准，为高品质中型偏硅酸型饮用天然矿泉水矿。四年来，夏潭村虽然对矿泉水开发有过简单论证，但由于招商困难不了了之，宝贵资源长期闲置。现任第一书记到任后，将矿泉水开发作为未来村乡村振兴的支柱产业，多次赴省会南昌市拜访江西省自然资源厅、江西省矿产资源保障服务中心和江西省水利投资集团有限公司，就矿泉水开发事宜进行洽谈对接，江西省水利投资集团有限公司初步意向投资5000万元在村建设矿泉水厂。2021年7月19日，省水利投资集团派团队赴夏潭村实地调研建厂选址，并与赣州市赣县区人民政府签订投资意向协议，投产后村集体年收入增加80万元，并带动当地村民就业。

大力推动旅游业深入发展。以祥云湖紫薇小镇旅游度假区为代表的"旅游+民宿"产业正稳步发展，在赣州市乡村旅游和团队拓展市场份额不断提高。以云啸植物乐园为代表的"研学+旅游"产业雏形初显，栽种的各类珍贵树种长势良好，每年4月左右进入花期，可打造为网红景区。

（四）四项民生举措齐落实

和大多数乡村一样，夏潭村面临年轻人大量外出务工，留守村里的多为老人、妇女和儿童的问题，这样的客观现状短期内很难改变。现任驻村第一书记到任后，通过开展入户走访、座谈调研，最终确定将民生的重点聚焦于真正长期生活在村庄里的老人、妇女和儿童，以及具有较大返贫风险的贫困边缘户，多措并举，切实提升四类人群生活水平，提高他们在乡村振兴中的获得感、幸福感、荣誉感。

弘扬重孝敬老传统。以往敬老活动主要是重阳节安排村里老人在村食堂聚餐，形式较为单一。现任第一书记协调祥云湖紫薇小镇旅游度假区支持，邀请村里老人免费参观度假区，并在度假区大戏台前安排孝老地方戏和孝老宴，让村里老人度过一个欢乐热闹的重阳节。以往没有评选和表彰尊老孝老榜样，现在村史长廊中单独安排"孝老榜样"版块，将个人照片和事迹上榜入史，弘扬传统美德。

关爱留守儿童成长。村幼儿园的孩子多为留守儿童，和城市儿童相比，外出参观拓展机会较少，村篮球场没有儿童娱乐设施，放学后孩子们只能在公路上玩耍或是使用成年人健身器械，存在安全隐患。现任第一书记到任后，协调祥云湖紫薇小镇和云啸植物乐园，由两家企业分别安排车辆，组织幼儿园儿童和陪同家长，免费参观度假区和赣州市动物园，开阔视野。同时，经与自然资源部乡村振兴办申请，争取10万元专项资金用于在篮球场周围添置大型多功能儿童滑梯、儿童户外秋千等娱乐设施。同时，购置无人机、无线摄像头等设备，暑期定时巡查水库。夏潭村儿童从此告别了无处可玩的历史，远离了危险的水库和公路，享受安全童年、快乐时光。

帮助贫困边缘户就业。部分贫困边缘户由于就业能力较差，工作、收入不稳定，面临返贫风险。现任第一书记通过公益性岗位和祥云湖紫薇小镇、云啸植物乐园支持，已安排贫困边缘户的4位村民签订长期就业合同，大大降低返贫风险。

改建文化广场设施。村广场年久失修、破损严重，加之周围道路路基抬高，广场低洼经常积水。现任第一书记积极与自然资源部乡村振兴办沟通，争取35万元专项资金用于广场地面抬升修复、村史长廊建设、LED显示屏购置等。修复后的"夏潭村自然资源乡村振兴广场"将成为村民休闲健身、村史教育、村务公开、露天电影放映的重要公共空间。

二、案例成果

中共中央、国务院印发的《关于实现巩固拓展脱贫攻坚成果同乡村振兴有效衔接的意见》明确提出"产业振兴、人才振兴、文化振兴、生态振兴、组织振兴"等五大振兴目标，夏潭村围绕五大振兴取得明显成效。

产业振兴有项目。已初步形成矿泉水厂、祥云湖紫薇小镇旅游度假区、云啸植物乐园为代表的三个重点产业。特别是矿泉水厂作为典型的资源开发助力乡村振兴项目，通过自然资源的合理开发利用，唤醒深埋地下的沉睡资源，引入社会化资本，村集体建设用地作价入股，最终形成村集体优质资产，为夏潭村振兴提供源源资金，实现"资源—资本—资产—资金"的有效转化，实现乡村与产业同成长、共振兴。

人才振兴多渠道。2021年8月12日，举行"自然资源部利用司党支部奖助学金"颁奖仪式，为2021年考入大学的5名学子发奖金、颁奖状、授绶带，鼓励他们努力学习，建设家乡。9月27日，自然资源部赣南乡村振兴中心在赣州市举办"基层干部、技术人员和乡村振兴带头人培训班"，夏潭村组织46名村脐橙、蔬菜种植户参加，接受高产栽培及病虫害防控培训。10月11日，赣州市赣县区就业局在五云镇举办"高级家政培训班"，夏潭村组织15名妇女参加，学习产后护理和婴儿照料技能。这些举措，进一步提升村民就业水平和致富能力。

文化振兴厚乡风。现任第一书记满怀热情，创作了《夏潭村歌》，"我们把贫穷踩在脚下，跟着党一起走向振兴"，激发了村民的进取精神。通过建立村史长廊，将"孝老榜样""致富榜样""乡贤榜样""夏潭村大学生"等上榜展示，记入村史，培育文明乡风、良好家风、淳朴民风。

生态振兴山水秀。2017年投入96.17万元，建成污水处理项目，全村生产生活污水均通过集中处理达标后排入河流。2018年开展生猪养殖环境整治，拆除猪栏4800多平方米，减少了无序散养导致的水污染和空气污染。2020年开展户厕改造工作，全村旱厕全部取消，人居环境极大改善。

组织振兴做保障。2021年7月1日，现任第一书记带领全村党员重温入党誓词、讲授党课、发展预备党员正式入党。组织拍摄《夏潭村自然美》宣传片，记录脱贫攻坚成果，献礼建党100周年。片中，百名村民组成党徽形状，以100张村民笑脸形式汇聚成建党100周年字样，抒发对党的由衷热爱。党员带队招商，争取支持无偿编制村庄规划。在村森林救火队、防溺水巡查队等承担急难险重任务的队伍中，党员占70%以上，充分发挥先锋模范作用。第一书记和村书记遇事共同议、工作共同干、责任共同担，配合默契，相互支持；党支部委员有凝聚力和战斗力；村民对党支部工作积极支持、真心拥护。2020年村党支部获评五云镇先进基层党组织。

三、经验启示

乡村振兴使命光荣艰巨，不能一蹴而就，一劳永逸，奋斗永远在路上。回顾夏潭村乡村振兴的实践，主要有三方面深刻体会和收获，要在今后工作中牢记和坚持下去。

（一）乡村要振兴，村庄规划是龙头

"凡事预则立，不预则废。"夏潭村很幸运，顺利争取到江西省国土空间调查规划研究院无偿编制村庄规划，技术层面在省内最高，制作费用也得到

免除。但这只是夏潭村的个案，绝大多数行政村面临的是亟须村庄规划，但既没有充足的资金，也找不到专业单位支持的困境，需要配套资金保障和技术保障。

（二）乡村要振兴，帮扶部门是特色

村矿泉水资源丰富，现任第一书记来自自然资源部，因此从探矿到开发，再到形成支柱产业，体现了行业特色，发挥了部门优势。行政村情况千差万别，第一书记也来自不同行业部门，如何因地制宜、根据实际需求精准选配第一书记，充分发挥第一书记行业优势带动乡村获得比较发展优势，需要从乡村具体情况分析和第一书记遴选两方面进一步优化。

（三）乡村要振兴，精准帮扶是保障

扶贫开发"贵在精准，重在精准，成败之举在于精准"。脱贫攻坚向乡村振兴过渡阶段，做好脱贫户动态监测是防止返贫的重要手段。自然资源部设置赣南乡村振兴中心，动态监测原有致富产业发展状况，及时对接村需求。但国家部委在帮扶地单独设置乡村振兴机构目前仅此一家，如何精准掌握情况，提供支持，仍是对口帮扶单位需要不断提升的重要方面。

16

粮优菜绿果美花香　建设田园综合体

案例背景

2017年中央一号文件首次提出"田园综合体"理念，中华人民共和国财政部在全国开展首批田园综合体试点项目建设。经过多轮角逐，四川省都江堰市天府源田园综合体脱颖而出，获评全国首批、四川省首个国家级田园综合体。

天府源田园综合体位于成都市都江堰市，面积36.6平方千米。项目充分用好各级农业综合开发专项资金3亿元，整合其他财政资金5.6亿元，撬动社会投资31亿元，成功打造以粮优菜绿果美花香为特色的田园综合体，建成生产、产业、经营、生态、服务和运营等六大体系，有效促进都江堰市全域乡村产业、人才、文化、生态、组织"五大振兴"。

一、主要做法

充分遵循生态价值转化理念，创新建管运营机制，深化农商文旅体融合发展路径，以田园综合体引领县域"三农"全面升级，在乡村振兴路上分享都江堰的经验。

（一）立足区域比较优势，精准定位发展方向

将田园综合体定位为"美丽乡村示范区、农旅融合引领区、绿色农业典范区、农村改革先行区"，打破行政区划，依据产业基础、资源禀赋等条件，科学规划胥家镇8个社区和天马镇5个社区作为田园综合体建设范围，以域内红心猕猴桃、优质粮油、绿色蔬菜、玫瑰花特色产业种植区为核心，高标准规划建设"四园三区一中心"，即红心猕猴桃出口示范园、优质粮油（渔）综合种养示范园、绿色蔬菜示范园、多彩玫瑰双创示范园，灌区农耕文化体验区、农产品加工物流区、川西林盘康养区和综合服务中心，8个功能组团，每个组团控制在2—3个社区的规模，差异化布局生产、生活、旅游配套设施，实现错位式联动式发展。

（二）创新优化组织架构，凝聚联动发展合力

成立市委、市政府主要负责同志为双组长的工作领导小组，组建天府源田园综合体管理委员会，构建"领导小组+管委会+双创中心+投资公司+合作社"五方联动机制，充分发挥院校、企业、合作社各自在科技、资本、劳动力等要素投入的互补优势，形成发展合力。制定印发《都江堰市促进现代农业高质量发展的政策意见》和配套实施细则等支撑政策，优先集成投放猕猴桃价值指数保险、农业融资保证保险、财政资金"补改股"、农村户厕改造整村示范、农业设施颁证确权等多个改革试点。制定印发《天府源田园综合体高效推进工作方案》和《天府源田园综合体工程质量监督管理暂行办法》《天府源田园综合体项目资金管理办法》等多个管理办法，定期开展重大项目调度，协调解决问题，确保项目按期、高效、廉洁完成。

（三）深化农商文旅融合，筑牢产业发展基础

全面落实粮食安全战略，推动传统农业向内涵丰富、类型多样、价值提升的乡村产业转变。

一是巩固现代农业本底。建成和提升高标准农田5.5万亩，整治渠道68千米，新（改）建田间道路100余千米，粮食平均亩产从2017年的471千克提升至2020年的498千克，规模化绿色蔬菜基地从2017年的3000亩提升至2021年的8000亩。

二是延伸"农业+"产业链。在全市延伸布局田园综合体主导产业的上下游、左右岸产业链，吸引花蕊里·灌县川芎产业园和国家农业公园等26个总投资292亿元的农商文旅融合项目签约落地，培育拾光山丘、向荣花里等一批农事体验、乡村度假、精品民宿等新业态，开发"灌米"、"灌油"、猕猴桃面膜等13种精深加工农产品。

三是放大农产品品牌效应。构建"区域公用品牌+企业品牌+产品品牌"三级农业品牌体系，培育出天赐猕源、稻米家、圣寿源等11个优质农业品牌，创建85个"三品一标"、7个全国名特优新农产品和6个生态原产地保护产品。

（四）实施生态保护修复，做优乡村发展环境

实施"以文化为灵魂、以田园为肌体、以林盘为特质、以绿道为脉络"的农村综合体提升打造，呈现"岷江水润、茂林修竹、美田弥望、蜀风雅韵"的诗意栖居图。

一是优化田水林院农村形态。通过"理水、亮田、护林、改院"，将13千米原乡绿道和68千米生态渠系纵横交织于5万亩高标准农田，实现优质粮菜基地、猕猴桃园区、玫瑰花溪谷等大地景观连线成片，全面展现"绿道蓝网、水城相融、清新明亮"的生态格局。

二是激活闲置沉睡农村资源。通过就业带动、股份合作等形式，引导农户将闲置农房和宅基地等资源与社会资本、合作社等联营共建，盘活闲置集体资产2699平方米，创造集体经济收入近40万元。禹王社区集体经济组织与绿沃农业公司合作，将千亩"四荒地"打造成四季美艳的玫瑰花海，将12亩闲置宅基地打造为陌见山高端民宿。

三是弘扬千年天府灌区文化。贯穿"文化为魂"的理念，深入挖掘易家

大院、石龙津码头、老人桥和天马轿房唢呐音乐等30余处物质文化和非物质文化资源，并依托首届"中国农民丰收节""中国田园诗歌节"等主题活动，讲好本土故事，凝聚区域文化认同感和归属感，推进地方文化挖掘保护传承和利用。

（五）构建人才培育模式，提供持续发展动力

构建"引育留用"四向并进的人才培育模式，推动农户变专家、带头人、项目股东，共建共享田园综合体。

一是提高农民技能水平。构建"院校+企业+农户"合作机制，吸引10余名专家学者直接参与田园综合体建设，全市培育1452名农业职业经理人，领办的合作社和家庭农场超600家。多位"乡村领头羊"落户田园综合体，创建两家四川省级、成都市级龙头企业。

二是推动农民增收致富。创新"五维共生"猕猴桃产业联合体、"七统一"蔬菜质量安全联盟等模式，带领上万户农户融入产业链，金胜、圣寿、禹王等社区集体经济组织每年收入达40万元以上，田园综合体区域2020年户均增收2.8万余元。

三是提高农民综合素质。以融入式党建为引领，创建"事项联商、活动联办、问题联解、人才联培、资源联享"的"五联"机制，形成"凝心聚力共建田园综合体"的群众共识，及时化解土地租赁、协议签订和坟地搬迁等方面的问题。

二、案例成果

（一）现代农业实力增强

培育出1个成都市级猕猴桃科技示范现代农业产业园区，1个粤港澳大湾区"菜篮子"基地、1个省级特色农产品优势区、1个国家级猕猴桃出口质量安全示范区，天马镇因此获评全国农业产业强镇，并承接成都市唯一国家绿

色优质高效循环项目。猕猴桃协会获评成都市级知识产权优势单位，天马镇获评省级知识产权特色小镇。都江堰市入围四川省有机产品认证示范（创建）区，获评全国农产品质量安全市、全国农村电商十强县。作为全国首批农产品质量安全追溯示范县，相关工作受到农业农村部领导肯定，都江堰市作为四川省唯一代表在全国食用农产品合格证制度工作推进会上发言。猕猴桃避雨栽培和猕猴桃溃疡病防治两项关键技术，获批农业农村部重大技术协同推广试点，并通过2019年四川猕猴桃产业发展技术研讨暨重大技术协同推广交流培训会议向全省推广。"都江堰猕猴桃"成功入选中国农业品牌目录2019农产品区域公用品牌和2020年中国农产品百强标志性品牌。

（二）乡村价值不断提升

田园综合体现有9个社区中有4个获评四川省级或成都市级乡村振兴示范村。玫瑰花溪谷获评省级农业主题公园。青城道茶、安龙盆景等4个特色产业上榜第一批四川省级、成都市级农村生产生活遗产名录。培育成都市级10个A级川西林盘（全成都市最多），拾光山丘有机体验示范园成为成都市生态价值转化现场示范点位，李家院子入列成都市2020年"十百千"场景示范工程名单，金胜社区荣获中国美丽乡村百佳范例奖、全国乡村"一村一品"示范村。

（三）农民收入不断提升

2020年，都江堰市农村居民可支配收入达到25980元，同比增长8.9%，收入比全国平均水平高8849元，增幅比全国平均水平高2个百分点。2021年上半年，农村居民人均可支配收入15910元，同比增长13.6%。

三、经验启示

（一）探索乡村振兴新路径，守住两条红线

一是坚守好"姓农为农"的宗旨，立足保护农民利益，充分发挥农户、农民合作社、农村集体经济组织的主体作用，构建"政府+社会资本+农民"的

共建共享共荣共兴机制，这是保障田园综合体成功建设和可持续发展的基础。

二是守住生态红线，严控开发规模，将绿色发展理念贯穿于田园综合体建设始终，切实防止将田园综合体异化为城市房地产项目，将"绿水青山就是金山银山"的理念深植于田园综合体的后续发展中，让乡村成为寄放乡愁的目的地。

（二）深刻理解内涵，全面协调发展

在田园综合体建设中，都江堰市运用系统性思维，按照补短板、强弱项的原则，推动农业、农村、农民的全面发展。农业方面，因地制宜构建"农业+文化+旅游"产业体系，用新业态、新经济提升农业的综合效益；农村方面，对照城市标准，同时提升农村基础设施和公共服务水平；农民方面，重视乡村人才振兴和乡村文化振兴，特别是返乡人才的带头作用，提升农民综合素质，推动基层善治。

（三）大胆探索，先行先试

在三年的建设过程中，天府源田园综合体大胆地将改革创新纳入建设内容，开展了财政资金"补改股"、农业设施确权颁证、农业融资信用保证保险、闲置宅基地有偿退出等改革试点，为如何高效运筹资源要素投入乡村振兴探索出一些有益的经验，也探索出区域化党建联盟猕猴桃产业化联合体、蔬菜质量安全联盟、全域农产品质量安全监管等可借鉴、可推广、可复制的基层发展路径。

17

智慧平台促发展　科教赋能育人才

案例背景

南京邮电大学作为"五方挂钩"成员单位之一，积极响应党中央关于脱贫攻坚和乡村振兴的号召，认真贯彻省委省政府和上级教育主管部门的决策部署，选派学校优秀干部参加省委驻淮安市淮阴区帮促工作队。2020年3月，派驻队员正式入驻帮促地，充分发挥高校资源优势，大力扶持特色农业产业，吹响脱贫攻坚"冲锋号"，筑牢精准帮促"主战场"，打响乡村振兴"攻坚战"，多措并举走出一条高校帮促乡村振兴的新路子。

以"智慧+传统"产业振兴，以"云端+线下"科教赋能，南京邮电大学充分发挥双一流高校科创资源和信息行业优势，积极探索江苏省脱贫地区乡村振兴推进机制，并在淮安市淮阴区丁集镇实践产生效益。

一、主要做法

（一）"党建+社工"促共同富裕

南京邮电大学（以下简称"南邮"）社会工作专业为省一流专业建设点，省民政厅将社工项目放在丁集镇，与专业社工一道走进乡村学校课堂、课外，深入挂钩村部、百姓家中，开展各类社会工作20余次，有效助推乡村文明建设。同时，利用自身渠道资源，对接学校、企业和爱心人士捐赠电脑、净水器、空调、图书、公益网课等。

帮钱帮物，不如帮助建个好支部。作为丁集镇对口帮促挂钩单位，南邮派驻队员深知基层党组织是脱贫攻坚与乡村振兴的关键，为充分发挥学校人力资源优势，初步确定以"党建+产业"和"物联网+"思路助推丁集镇产业转型升级的思路。在全面了解村貌民情，定期与挂钩村干部群众谈心谈话，加强村两委班子建设基础上，开展了驻村"一心跟党走 乡村振兴路"、庆祝中国共产党成立100周年等主题活动，强化村级党组织功能，发挥了领导核心作用。

促进全民共享改革发展成果，创造美好生活，实现共同富裕。帮促队员走访全镇21个村，尤其是挂钩的刘洼村116户以及胡庄、宗楼村低收入家庭，确保一户不落、一个不少，制订针对性帮促方案，确保无一返贫。每逢节日慰问困难户、特殊群体等，累计17次近百余户，送达物资价值近10万元。

南邮以"互联网+大数据"为特色MBA项目与丁集乡村振兴项目碰撞出火花。一方面，南邮MBA项目需要构建具有鲜明行业特色的产学研合作平台，支持MBA学员创新实践活动。另一方面，丁集乡村振兴项目需要具备数据管理、信息管理能力的信息化人才，积极扩大产品影响力，利用各种资源拓展营销渠道。南邮MBA开展的移动课堂，探索大学教育助力乡村振兴的尝试，固定学员定期调研的模式，拓展了市场营销思维，实现课程教学、课程建设、学科竞赛与当地农户的现实需求相结合，也为驻地建设MBA中心淮阴实践基地创造了条件，以南邮MBA项目为依托，丁集乡村振兴项目拥有无尽的空间。

（二）"智慧+传统"产业振兴

产业振兴是乡村振兴的物质基础，要形成绿色安全、优质高效的乡村振兴产业体系，为农民持续增收提供坚实的产业支撑。"智慧+传统"产业振兴，就是充分发挥信息高校数字化、智慧化人才科技优势，利用海内外专家技术智库优势，传统农业与智慧平台相融合，为帮促地打造产业链，培育新产业。

南邮发挥资源优势，强化全局思维，带动帮促地产业整体发展，主动将乡村振兴工作纳入学校全局部署之中。南邮党委主要负责同志到淮阴推进帮促工作时强调，要充分发挥"五方挂钩"机制优势，有效整合学校学科、科技、人才和校友资源，着力搭建淮阴智慧产业发展平台，推动当地产业特色化、品牌化和科技化发展，高质量完成淮安市淮阴区脱贫攻坚和乡村振兴目标任务。

一是做强特色产业链。丁集黄瓜是当地种植较多的蔬菜，是群众脱贫增收的主要渠道，却面临品种落后、组织化程度不高、销售形式单一等困难。2020年，南邮联合多方出资273万元援建3栋智慧农业示范大棚，由淮安恒晟达公司统一运营，促进镇村经济和产业发展，带动群众创业就业。放大黄瓜产业辐射效应，推动一二三产融合发展，助力丁集黄瓜小镇建设，将丁集打造成集蔬菜繁种育苗、农产品批发、冷链仓储、分拣加工等于一体的淮安市北部重要农产品片区。

二是培育新兴产业群。产业发展是稳定脱贫和产业振兴根本之策，是巩固脱贫成果、防止返贫和实现乡村振兴之关键。围绕生猪产业，南邮联合投资226万元建设两间养猪舍，由淮安爱康生态牧业公司运营，打造种养一体化循环高效农业。围绕淮安市淮阴区建立解决相对贫困长效机制试点，又在丁集镇培育金银花产业，成立上佳金银花合作社，建设金银花培育基地，打造高效农业产业园、观光农业产业带。

三是拓宽销售多渠道。消费帮扶是社会各界通过消费帮促地的产品与服务，帮助当地农民增收致富的重要方式，是乡村振兴重要直接实践活动。首先，以购代捐，南邮将教职工福利采购与帮扶地农副产品销售相结合，建立消费帮扶长效机制。其次，以买代帮，食堂采购与帮扶地农副产品销售对接，加大消费帮扶广力度。最后，借力造势，南邮将工会活动与农产品促销活动相结合，扩大其影响力。2021年3月8日，第一届淮阴（丁集）黄瓜节召开前夕，省委驻淮安市淮阴区帮促工作队在南邮仙林校区联合举办"巾帼红心向党 共话乡村振兴"主题活动，邀请巾帼代表为淮阴农产品代言带货。4月25日，江苏"好黄瓜"品鉴推介暨第一届淮阴（丁集）黄瓜节在淮安举行。派驻队员协助镇状元里农业公司、菜之鲜公司通过线下线上渠道为基地销售新鲜果蔬近200吨；在淮安市开设两家门店，在苏果、大润发超市均设专柜；积极探索"全域推进、双向组合、互利双赢"的企村联建模式。

（三）"云端+线下"科教赋能

教育是阻断贫困代际传递的根本之策。教育帮扶就是通过普及教育，使农民有机会得到所要的教育，提高思想道德意识，掌握先进科技文化知识，实现较高质量发展。"云端+线下"科教赋能，南邮积极发挥高等教育信息化、国际化教学课程优势，利用国内外双师力量，线下辅学与云端支教相融合，开展教育帮促，为脱贫地区培养人才，助力乡村教育协调发展。

一是线下走访科教帮促。校领导率队到帮扶村开展"爱心助圆梦、情暖开学季"帮扶慰问活动，对即将进入大学校园的莘莘学子表示祝贺，并送上慰问金和行李箱等慰问品。帮促队员牵头驻镇开设公益性助学、个性化辅学培育点，坚持每周三晚蹲点辅导，跟踪留守儿童学习成长状态和爱好特长。一年多来，成效显著，辅导对象学习主动性和积极性大幅提升，课内外表现和测评也有长足进步。

二是线上双师公益网课。实现乡村振兴，教育是重中之重。携手南邮校友企业睿泰集团在丁集中心小学开设双师公益课堂，捐赠一学期15节课程，并安装配套设备。公益课堂从英语教学入手，学生与外教互动交流，拓宽了视野。这是一次为留守儿童筑梦圆梦所作的有益尝试和探索。此外，南邮学子还在暑假期间开展丰富多彩的线上支教活动。

三是助力改善办学条件。为进一步做好驻镇帮促工作，尤其是义务教育阶段学生的教育帮促，南邮派驻队员积极发动后方单位优势和各方社会资源力量，对丁集镇，特别是中小学进行捐资助学，改善办学条件，助力乡村振兴。捐赠资金修缮危桥，为当地群众生产生活和孩子上学出行提供有力保障。

二、案例成果

丁集黄瓜被农业农村部认证为绿色食品并获国家地理标志产品认证。丁集镇2020年获批国家农业产业示范强镇、江苏省农村一二三产融合发展先导区，2021年入围首批江苏省绿色蔬菜产业特色镇。全镇黄瓜种植面积已超过万亩，年销售鲜食黄瓜20万吨，正在打造黄瓜小镇，建设农业产业强镇、商贸物流中心和生态宜居新城。全镇脱贫攻坚任务如期高质量完成，乡村振兴正在稳步推进。经过帮促，乡村学校办学条件和教育水平稳步提升，产业结构不断优化，人居环境不断改善，百姓幸福指数节节攀升。

作为教育部与江苏省共建的"双一流"建设高校，江苏省"五方挂钩"帮促成员单位，南邮帮促脱贫攻坚和乡村振兴的相关工作得到当地干群和社会的好评。帮促事迹被《扬子晚报》"第一书记巡礼"栏目专题报道、入选省扶贫办经典案例；帮促经验《"云端+线下"教育扶贫、"智慧+传统"产业振兴》被《生态江淮》收录，并受邀在淮安首届扶贫开发论坛上分享推广；《童梦同行——红色基因点亮儿童梦想，公益实践与梦同行》项目参加江苏省"互联网+"大学生创新创业大赛获三等奖。

三、经验启示

南邮将继续促进传统农业与智慧平台相融合，为帮促点培育新兴产业，带动帮促地产业整体发展，推进乡村全面振兴。

一是立足丁集镇，由挂钩村到全镇、由帮扶到帮促，开展全域性帮促、全要素试点。以乡村学校为据点开展双语双师教育帮促模式；以黄瓜产业为核心，探索绿色蔬菜产业生态发展新模式。

二是继续与南邮办学发轫地山东省临沂市莒南县东甘霖村结对帮促、试点推行，发挥高校资源优势，凝聚力量、精准帮促，扶志扶智、强在固本，进一步完善具有南邮特色的乡村振兴帮促模式。

三是结合南邮承担的农工党中央对口云南脱贫攻坚民主监督重大研究课题，在云南地区开展全域精准帮促实践，优化机制、丰富内涵。待时机成熟后，再向全国乡村振兴推广。

18

人才+资源+N　乡村建设新实践

案例背景

　　融巴蜀灵气，兴天下荣昌。重庆市荣昌区地处成渝主轴黄金联结点上，距重庆90千米，离成都240千米，总面积1077平方千米，辖6个街道、15个镇。

　　近年来，荣昌区以"成渝地区双城经济圈桥头堡"为定位，抢抓区域一体化发展、城乡融合发展的契机，推动人才引进乡村、资源下沉乡村，在招才引智的方式方法上不断创新，助力乡村振兴。

一、主要做法

　　重庆市荣昌区牢固树立"人才是第一资源"意识，着力构建人才强区的格局，形成"人才+资源+N"的良性互动、协同发展的新模式，一方面直接导入乡村振兴论坛等乡村建设行业汇聚的资源平台，另一方面巧用资源库有针对性地引入数十支乡村建设团队、数百名乡村建设专家学者等人才智慧，厚植接续发展潜力，成为该区高质量发展的核心竞争力。

　　目前，荣昌以独特的招才引资新模式，带动几个乡村先发力、探新路，推进整体乡村面貌改善。

（一）河包镇："人才+资源+产业"，推动粉条产业品牌建设

重庆市荣昌区河包镇位于河水环抱地带，其粉条制作有着300多年的悠久历史，拥有川渝地区最大的粉条加工规模，被誉为"中国粉条之乡"。为打响"粉条名堂"，做好"功夫文化"，河包镇为此先后通过各项扶持政策、措施，吸引资本投资带产值、品牌塑造搭形象、建筑规划改面貌、社区营造改思想、民宿运营引流量等，分门别类直接引入或间接吸引外部资源和多个配套服务项目与人才。

第一，引进企业家人才，改进生产工艺，形成产业园区效应。河包镇先是以"企业+合作社+农户"模式，规模化种植高淀粉红薯2000余亩，并带动周边农户种植红薯2.7万亩。在夯实原材料的基础上，该镇积极以"先建后补"等资金政策大力扶持椿林食品、黄海食品等粉条龙头企业打造，积极引进企业家人才，撬动企业投资7600万元修建产业园区、建立标准厂房、做优加工链，带动河包粉条企业整体提质增效，推动河包粉条品牌建设。

第二，引入品牌规划资源，提升价值链，重塑粉条产业品牌生态。为加强"河包粉条"公共品牌宣传，河包镇积极申报并获批河包粉条传统生产工艺市级非遗，与西南大学食品科学学院合作申报湿态粉条生产标准，建设河包粉条网站、开展河包粉条全国连锁店、鼓励企业参加展销和糖酒会等途径，宣传河包粉条品牌。

第三，引入社区营造团队，配套产业发展，助推一二三产融合发展。为支持产业发展，河包镇选取经堂村为典型，围绕"治愈原乡"的理念，实践村民自治之路。通过引进人才与服务的方式，该镇聘请乡村营造的青年团队，与村集体一起展开持续深入的乡村社区化运营。举办"小院讲堂：经堂夜话"活动，探索村民众议机制，实行"日常事小院议、忧难事社区议、众筹事集体议"。

（二）安富通安村："人才+资源+非遗"，营造非遗美育氛围

被称为"中国三大陶都"之一的荣昌区安富街道地处川渝交界之处，盛

产陶器。通安村土地平旷，屋舍俨然，阡陌交通，鸡犬相闻，宁静和谐的氛围与陶渊明笔下的桃花源竟有几分相似。这里以非遗为切入口，不断释放艺术美育的举措，着力打造出一个培养非遗人才、提升艺术美育教育水平的非遗艺术基地。

第一，以建设非遗工坊为抓手，完善非遗陶艺运营。一方面，引入清华大学建筑规划团队对乡村中废弃的矿井场地和房屋进行改建，打造"荣昌陶主题产业园区"，作为"陶艺村"的核心片区。后续引入北京三时生活运营团队，介入非遗馆的运营，深耕"艺术乡村"的全品类落地，助推安富"陶都"之名和通安"陶艺村"相辅相成。另一方面，利用安陶小镇的闲置场地打造"安北陶艺村"，用以开展陶艺体验、陶艺课程培训、陶产品展出等陶产业配套服务，带动农户免费学习陶艺，提升就业技能，将优质的美术资源送到基层。

第二，以培育非遗人才为核心，多主体发力提升乡村艺术美育。近年来，通安村积极对接多所高等艺术院校，促进其在乡村社区营造、风貌改善、文化生态调查、艺术走进乡村等方面开展工作。

通过高校间的带动效应，四川美术学院、景德镇陶瓷学院等高校的青年来此调研创作、艺术下乡，从源头上改善乡村美育志愿服务的品质。村集体趁势主动作为，依托党支部领办合作社邀请本土人才回村创业，打造"青年大学生创业孵化基地"和创客空间；邀请已入驻的陶艺工作室手艺人开展陶艺课堂、作品展等，突出其示范带动作用，彰显本地良好的陶艺术创作环境，打造一批栖居在"陶艺村"的"领头雁"和"主力军"，为陶艺村的文旅产业发展培养配套人才。

（三）清江河中村："人才+资源+政策"，培育本土人才

清江镇河中村四面环水，占地800余亩，自然风光秀美。河中村巧用政策推进"三变"改革，筑巢引凤，吸引本土人才回乡，明确一系列优惠政策。开展了三个"一批"人才振兴工作，即培养一批、回引一批、合作一批。

培养一批本土人才，使干事有平台、发展有空间。给钱给物，不如建个好支部。清江镇历来重视本土人才的培养，为支部建设积蓄后备力量。清江镇分水社区的杨长宁，硕士研究生毕业，2018年因照顾子女回家待业。清江镇党委了解情况后，积极吸收杨长宁到分水社区任职。在分水社区建设百货市场、发展集体经济工作中，杨长宁运用所学知识，积极参与工程建设后期的运营管理，分水社区集体经济年收入从原来的4万余元突破到15万元。

吸引一批技术人才，使创业有机会、创新有动力。清江镇每年至少召开两次清江籍创业人才座谈会，回引清江籍人才创业。截至2021年6月，清江镇引进研学、康养、澳洲龙虾养殖、热带水果引种驯化等新兴业态的返乡技术人员21人，平均年龄不到34周岁，落地项目16个，有效推动清江镇农旅产业融合发展，预计每年实现产值约3000万元。

合作一批专家人才，让人才有舞台，镇村有方向。清江镇先后与西南大学水产系合作，开展水生态治理工作；与重庆文理学院美术学院合作，开展人居环境改造、文旅项目研发工作；与重庆市农科院合作，开展水稻公园建设工作；与中国科学院桂圆研究所合作，开展精品桂圆林建设工作；与北京绿十字团队合作，以高水准打造"稻田艺术剧场"，丰富村民生活，如今"稻田艺术剧场"已经成为村民集体活动中心、婚礼举办地、研学教育实践点。

（四）观胜银河村："人才+资源+社会"，激活村民内生动力

银河村是脱贫村，村庄面积大、社户分布较散落、空心化程度较高，导致留守的村民向心力较弱。2020年8月，银河村被确定为全市开展脱贫攻坚与乡村振兴战略有机衔接试点村。

村两委通过培养社会组织进行共建服务，发挥社会组织调动资源、引入资本、驻地陪伴的优势，进行"陪伴式乡村运营共建计划"，补齐村级党组织人力、智力短板。以集体活动提高村民的社区归属感，以文化激发农民的自尊自信，以引进来、走出去的技能培训丰富村民的就业渠道，促进理想村庄的发展。

引进社区服务团队，共建共生，激发内生动力。引进服务社区的青年团队，以激活村民积极性为第一阶段目标：一方面，增加集体活动频率，一家一户走访调研，邀请村民同庆传统节日；另一方面，以新时代文明实践站小院讲堂为载体，开展好"讲、评、帮、乐、庆"特色实践活动。

调动高校资源，创意共建，构建文明新风。为改善人居环境，共建最美庭院，村集体从人居环境整治着手，号召村民组建"银河环卫队"，初期便有30余名村民加入。每周六下午，村民主动在小院讲堂集结进行环卫队义务服务，逐渐形成村庄文明乡风；同时，通过入户宣传，指导居民进行居室布置、庭院美化、垃圾分类、杂物存放和植树栽花，深入开展"美丽庭院"创建活动。近半年，银河村乡村整治环境大幅度提升，村民精神面貌焕然一新，村庄文明风尚显著提高，村民对村集体的认可度也大大增强。村两委趁热打铁策划"银河村最美庭院设计大赛"，初期就有9名村民主动报名加入；调动高校资源，汇聚中央美术学院、浙江建设技师学院、重庆文理学院等8所院校团队的63个设计作品，把庭院环境改造作为新时代文明实践的重要窗口和美丽宜居乡村建设的主战场，创新开展"校村合作"的共建模式，激发村民自己家园自己建的主动性。

持续吸引民宿规划、技能培训、花园种植等村庄发展资源。社会组织入驻村里后，在协调资源进村的同时，带来大量的年轻人、专业能人进村，包括香薰精油制作人进村开展技能培训，文创产品研发资源就村庄血橙、枇杷、中草药等特产进行研发及文化包装等；送意愿参与农家乐运营的村民"走出去"学习培训；结合本村柑橘种植和肉兔培育的产业特色，请农业技术专家走进"小院讲堂"和田间地头，为村民和村集体开展农村产业发展、农业技术培训、产品销售指导，解决村民遇到的生产发展问题和技术难题。

二、案例成果

荣昌区的实践行动先后吸引、导入300多名建筑规划、民宿运营、乡村治理、文旅投资等领域的专家学者、社会资本和乡村建设者等资源，为荣昌乡村振兴"把脉问诊"。如今，在众多资源和人才的持续涌入下，荣昌的面貌也在持续发生变化。

安富街道通安村、清江镇河中村、河包镇经堂村、观胜镇银河村这四个乡村对标"五大振兴"，走出产业振兴、文化振兴、生态振兴等路子。近年来的发展印证了这四种乡村建设路径在荣昌持续实践的可行性，进一步掀起了荣昌乡村振兴、创新创业、产业转型的波澜，特别是搭建起荣昌对外开放、交流合作、展示形象的平台。2020年，荣昌接待游客817.81万人次，同比增长16.63%；旅游总收入42.38亿元，同比增长39.91%。

经过一系列的打造，重庆市荣昌区乡村振兴取得重要进展，城乡融合发展格局初步形成，推动乡村产业高质量发展，河包镇被农业农村部命名为全国农产品加工示范基地，获批全国首批农业产业强镇示范建设。乡村人才培育进展顺利，累计培训高素质现代农民1800人，培养农村各类实用人才1500人，回引农村劳动力返乡就业创业1.2万余人。乡村文明新风迎来新气象，建设新时代文明实践所29个。乡村治理构建新格局，创新开展"小院讲堂"，建设"新风小院"。农业农村改革取得新突破，农村"三变"改革进展顺利，充分激发农村资产资源活力。

19

构建考评体系　跑出发展加速度

案例背景

安顺市位于贵州省中西部，素有"中国瀑乡""屯堡文化之乡""西部之秀"的美誉，是"深化改革，促进多种经济成分共生繁荣，加快发展"改革试验区。

安顺市全面落实党和国家战略部署，以及省委省政府关于加强统筹整合考核工作的要求，坚持以高质量发展统揽全局，充分发挥考核工作的系统性、整体性和引领性作用，科学构建乡镇高质量发展考核体系，稳步推进乡村振兴战略落地见效。

一、主要做法

（一）精准把握发展背景，系统梳理考核需求

构建乡镇高质量发展考评体系，推动乡村振兴战略实施，安顺市主要基于以下背景梳理考核需求。

第一，加快构建以国内大循环为主体、国内国际双循环相互促进的新发展格局的需要。安顺市作为西部地级市，辖区内共有6个县（区），90个乡

（镇、街道），面对新的发展格局，只有深入贯彻落实习近平总书记对贵州提出的在新时代西部大开发上闯新路、在乡村振兴上开新局、在实施数字经济战略上抢新机、在生态文明建设上出新绩的重要要求，才能实现更高质量、更有效率、更加公平、更可持续、更为安全的发展。

第二，"百姓富、生态美"的区域高质量发展追求给安顺发展提出新要求。习近平总书记强调，贵州要守住发展和生态两条底线，奋力后发赶超，走出一条有别于东部、不同于西部其他省份的发展新路，并提出开创百姓富、生态美的多彩贵州新未来。贯彻落实习近平总书记的重要指示精神，安顺按下"快进键"、跑出"加速度"，对县（区）、乡（镇、街道）的高质量发展至关重要。

第三，探索实现高质量的生态产品价值，促进安顺高质量发展的需要。立足新发展阶段、贯彻新发展理念、构建新发展格局，需要充分挖掘安顺绿色生态所蕴含的巨大价值，改革创新现有体制机制是生态产品价值实现的要求，加快完善绿水青山转化为金山银山的多元实现机制，努力闯出一条新时代绿色发展之路，为推动形成具有贵州特色的生态产品价值实现机制提供新方案。

第四，安顺全市上下全力以赴为乡村振兴开新局的需要。深入实施乡村振兴战略，把乡村建设摆在现代化建设的重要位置，以产业振兴巩固拓展脱贫攻坚成果、带动乡村全面振兴，推动农业农村优先发展，推动乡村建设取得新的重大突破，在巩固拓展脱贫攻坚成果、发展乡村产业、实施乡村建设行动、改善农村人居环境上开创新局面，全面促进农业高质高效、乡村宜居宜业、农民富裕富足，全面推动乡镇高质量发展。

（二）精准定位发展属性，分类确定考核对象

乡镇是县域经济的基础和重要组成部分，是乡村经济发展的中枢，进一步优化和整合乡镇综合考核，事关区域经济社会高质量发展。安顺市坚持以新型工业化、新型城镇化、农业现代化、旅游产业化为抓手，全面聚焦乡镇发展属性特性、效能驱动，在广泛征集摸底、开展实地调研、充分研讨论证、多方征求意见等基础上，科学构建乡镇高质量发展考核体系。

根据乡镇资源禀赋、发展阶段、功能定位等不同特点，安顺市将全市90个乡（镇、街道）分为产业园区型、城市服务型、现代农业型、生态旅游型四类进行考核。例如，旧州镇近年来以发展旅游为驱动，不断擦亮国家级历史文化名镇、"山里江南"等旅游名片，为乡镇发展注入活力，并被列为生态旅游型乡镇；夏云镇大力发展以化工、铸造、机械加工、塑料制品、建筑材料为主的工业体系，被列为产业园区型乡镇。

（三）精准定位发展特性，科学设置考核指标

坚持统筹推进、协调一致的原则，充分结合乡镇发展特性，紧紧围绕"四新"主攻"四化"，将乡镇高质量发展绩效考核指标设置为共性和个性指标。共性指标设置为四新质效、四化建设、民生保障、社会治理、其他工作共5类26项。例如，四新质效类，设置了"民间经营性固定资产投资总额"指标，突出对民间资本的引导，增强乡镇稳投资抓项目能力；四化建设类，围绕推进农业现代化根本目标，将"农产品加工企业数"纳入考核指标，着重考核辖区内从事农产品加工的企业数，引导乡镇做长产业链，形成产业聚集；民生保障类，将"新增创业户数与带动就业人数"纳入考核指标，进一步激发乡镇创业活力，带动劳动年龄段劳动者，稳定就业人数；社会治理类，将"生态环境保护"纳入考核指标，全面贯彻新发展理念，守住生态和发展两条线。同时，分别设置培育性、创新性、重点性和执行力落实力指标，有力地发挥各项指标牵引性作用。个性指标的设置，坚持尊重乡镇发展主体性的原则，由乡镇充分结合自身发展特性，提出需要"扬优补短"进行考核的个性指标，县（区）审核同意后，纳入当年评价，每个乡镇个性指标均为5项。例如，刘官乡充分立足优质稻产业优势，将扩大"稻谷银行"规模，优质稻种植3000亩，总产量达到1600吨，加强同广州市的东西部协作，增强刘官乡优质稻米市场竞争力等5项纳入个性指标进行考核。

（四）精准把握考核内涵，建立完善考核机制

坚持日常、一贯和年终相结合的原则，按照指标确定、季度监测、半年评估、年终评价等基本程序进行。由市考核办牵头抓总，市直有关部门负责制定指标实施细则并作好考核评价工作，县（区）考核办负责组织实施，县（区）有关部门作为对应考核指标责任单位，形成市、县、乡"一盘棋"推动乡镇高质量发展的工作格局。

首先，季度监测。每年4月中旬和10月中旬，县（区）有关部门报送一季度和三季度监测指标数据，县（区）统计部门汇总季度共性指标监测数据，县（区）发展改革部门汇总季度个性指标监测数据。县（区）考核办对未按时序进度推进工作或监测过程中发现存在问题的，及时提醒、动态跟踪落实；需督办的问题，及时组织进行督办。

其次，半年评估。每年7月底前，县（区）有关部门报送监测指标数据，县（区）统计部门汇总半年共性指标监测数据，县（区）发展改革部门汇总半年个性指标监测数据。各乡（镇、街道）报送半年工作总结，县（区）考核办统筹做好半年评估工作，并对突出问题组织督促整改落实。

最后，年终评价。根据考核工作安排，县（区）有关部门按照要求报送乡镇指标数据和数据说明。县（区）统计部门汇总高质量发展综合绩效评价指数。县（区）考核办综合政治素质考核、党建工作成效考核情况，形成推动高质量发展绩效评价得分及等次建议，按程序报县（区）综合考核领导小组办公室。

二、案例成果

（一）凝聚推动高质量发展的思想共识

发挥考核评价"指挥棒"作用。聚焦实施乡村振兴、大数据、大生态三大战略行动，大力推动新型工业化、新型城镇化、农业现代化、旅游产业化

同步发展，准确把握以高质量发展统揽全局的内涵和具体要求，践行新思想、落实新理念，奋力向高质量发展迈进，形成全市各乡镇的广泛共识和自觉行动。通过开展考核评价，考出了差距、短板和弱项，各地对标破题、比学赶超的思想认识更深，努力方向更明，追赶措施更实，为在乡村振兴上开新局凝聚高度统一的思想共识和精神力量。

（二）激励推动高质量发展的担当作为

发挥考核评价"风向标"作用。提振干部群众干事创业的精气神，激发各级干部担当作为的正能量，营造奖优奖勤的好氛围，干部的竞争意识、超前意识、创新意识和求实意识显著增强，为各项工作目标的顺利推进提供保障。全市各乡镇干部运用群众观点、群众立场和群众路线解决问题、推动工作的自觉性、主动性明显改进。增加群众收入、发展社会事业、实施民生工程、加强生态环境保护等事关群众切身利益的重点工作持续提升。实行"六挂钩"模式，将年度综合考核结果与激励先进、绩效分配、选拔任用、教育培养、管理监督、领导班子和领导干部年度考核等挂钩，实现奖惩分明、奖优罚劣、激励担当、推动发展。

（三）形成推动高质量发展的强劲态势

发挥考核评价"助推器"作用。安顺市乡镇高质量发展考核体系的建立，在为乡镇解决"迎考"负担过重的同时，突出乡镇"最近发展区"，不断为乡镇发展注入活力。

紧盯培育性指标，激发发展动力。例如，"农产品网络零售增长率"指标，以点促面，带动"安货出山"。

紧盯创新性指标，释放发展活力。例如，"宜居乡村（社区）建设水平"指标，重点考核"四清两改四严禁"工作，全面提升乡村（社区）人居环境质量；"退役军人创业率"指标，结合"兵支书"建设，重在引导退伍军人在基层一线创业富民。

紧盯重点性指标，凝聚发展引力。例如，"旅游产业化发展水平"指标，旨在引导乡村大力发展生态旅游、体验式旅游，不断夯实全域旅游基础，全力打造乡村旅游升级版；"农畜产品产量增速"指标，重点引导乡镇结合自身发展特点，大力发展粮食、蔬菜、食用菌、水果、茶叶、中药材、生猪、肉牛、禽蛋等乡村产业，为乡村振兴提供强有力的产业支撑。

三、经验启示

乡镇的高质量发展可以提升市县的竞争力，彼此是息息相关的利益共同体，一荣俱荣，一损俱损。市县级政府应当实事求是，考虑不同地方的发展水平、区位特点和资源禀赋差异等情况，实行分级分类考核。既要集思广益、开放包容，注重调动各地的积极性，也要压实乡镇责任，指导和督促乡镇从高质量发展角度合理制定发展指标，除了扬优势，还要补短板，引导各地抓重点、破难题，共同推动高质量发展。

（一）用新思想定位领航高质量的考核

以什么样的发展模式和发展手段来实现高质量发展，是新时代面临的重大课题。应科学把握发展大局，积极探索实现高质量发展的着力点和突破口，探求一个能够统筹各项任务、推动工作落实的有效抓手。将科学考核评价作为践行新思想、推动新作为、实现高质量发展的制度性安排，补短板、强弱项，既给地方对标找差问诊把脉，又给基层减负松绑，更给党员干部传递压力增强动力，奏响推动高质量发展最强音。

（二）用新发展理念强化牵引指标体系的构建

把贯彻新发展理念作为推动高质量发展考核制度建设的行动指南，正确处理定方向与定目标、创新性与规律性、科学性与可行性的关系，进一步完善制度设计，优化指标体系，注重发挥好整个考核体系对全局工作的引领作用，发挥好关键指标对其他指标的牵引作用。通过市带县、县带乡镇，分领域类型开展考核，厘清抓考核、管考核、被考核关系，引导各级各单位用好政策工具，把握考核要义，在"学""干""改""优"上狠下功夫，推动"十四五"高质量发展开好局、起好步。

（三）用新方法推动考准、考出成效的评价

综合考核贵在精准、要在精细。坚持"以评促发展，以改促落实，评改双促进"工作方法，围绕发展规律、管理规律、干部培养使用规律，把精准贯穿于考核的全过程和各方面。

解决怎么考问题。统一相关方面意见，充分听取被考核对象意见，形成高质量发展考核评价共识，确保考核工作稳步顺利推进。

解决考什么问题。既考执行力、落实力，又考创新动力。构建引领性、关键性、创新性和实效性的考核评价体系，切实把干部的心思和精力引导到落实新发展理念、加快转变发展方式上来。

解决考得准问题。围绕中心工作，突出关键核心问题，选择最具综合性、典型性、约束性指标进行考核，做到少而精、重点突出，操作简便易行，确保考出成效。

鸽子笼飞出"金凤凰"

新疆和田市吉亚乡巴什吐格曼村,位于乡政府以南4千米处,下辖4个村民小组,耕地面积900亩,主要种植核桃、小麦、玉米等农作物。农民家庭经济收入以农业、林果业、劳务输出、手工业为主,辅以家庭养殖。

面对脱贫攻坚任务,和田地区税务局组建驻村工作队,同村两委一道坚持"道虽远,不行不至;事虽小,不为不成"的信念,坚信只有走出来的精彩,没有等出来的辉煌。初心不改,回馈一方水土;追梦不止,打造一域产业;守诺无悔,心系全村百姓。

一、主要做法

(一)梳理主要矛盾,准确定位突破点

首先,在产业发展的可持续性上需要再用力。通过近几年的脱贫攻坚行动,巴什吐格曼村虽然有了产业,但是如何让产业发展更有持续性,更有活力,仍然是摆在乡村振兴道路上迫切需要解决的难题。

其次，高质量地预防规模性返贫，消除致贫风险需要再用力。通过近几年的脱贫攻坚，虽然全村人都稳定地摘掉了贫困的帽子，但是在乡村振兴的道路上如何高质量地预防规模性返贫、消除致贫风险，成为亟待解决的问题。

最后，持续激发群众的内生动力需要再用力。近几年的脱贫攻坚工作，政府和全体干部通力合作，不断激发群众的内生动力，全村在2019年摘掉了贫困帽子。要实现乡村振兴，必不可少的就是不断激发群众的内生动力。

（二）初心不改，回馈一方水土

几年来，在后盾单位和田地区税务局的大力帮扶下，驻村工作队统筹协调各方资源，通过和田地区税务局支持、村委会自筹、社会帮扶等方式多渠道筹集资金，完成多项改造工程。

一是累计安装路灯200盏，实现全村主要路段路灯全覆盖。二是累计购买水泥500余吨，用于村级路面硬化和农户庭院改造。三是累计安装路政护栏8千米，实现全村主要路段美化全覆盖。四是帮扶200余户家庭购买家具，改善生活条件，提升农户家庭环境。五是累计购买砂石料300余车、商砼30余车，实现全村庭院改造全覆盖、路面硬化全覆盖。

全体村民的冷暖，工作队和村两委都时刻牵挂在心中。在和田地区税务局的大力支持下，工作队和村两委多方协调为村民累计发放冬季取暖用煤300余吨，确保全村农户都能过一个温暖祥和的冬天。

（三）追梦不止，打造一域产业

要想彻底断绝贫困的根源，就需要"造血"式帮扶，更需要"我将无我，不负人民"的担当。

第一，"走好当前"。面对巴什吐格曼村缺乏稳定增收产业的困境，工作队结合和田地委会议精神，紧紧围绕产业就业双保险双覆盖工作思路摸索出路，找准发展产业带动就业的定位。为了给巴什吐格曼村找对"药方"，工作队积极对接后盾单位和田地区税务局，和田地区税务局选派人员并扶持资金。

经过多方调研论证，巴什吐格曼村发挥区域优势，立足本地实际找准定位，以"农民养鸽小兴趣，撬动脱贫致富大产业"为契机，从零开始摸索合作社注册、鸽场开工建设、鸽子进厂、招聘工人、聘请技术顾问的全流程。2018年底，成立和田市昆和种鸽养殖农民专业合作社，合作社占地总面积100亩，共有6个标准化养殖鸽舍和2个种鸽散养棚。

在科学高效的管理下，工作队以"一个一样"（共产党员的初心和使命）带领合作社探索出"两个不一样"（脱贫成效和管理方式）实现了"两个带不走"（增收产业和技术团队），为巴什吐格曼村的产业发展和乡村振兴留得了"青山"，也赢得了"金山"。

第二，"筹划明天"。为展现大户带头效应，解放家庭富余劳动力，发挥致富带头人优势，实现农户自身价值，激发群众内生动力，在工作队的支持和帮助下，扩建的和田市果海尔孜民养殖农民专业合作社，将全村有托养意愿农户家的羊统一养殖起来，并且按照全和田市最高的分红比例来分红。合作社现存栏羊420只，其中多胎羊10只，牛17头，骆驼5匹。贫困户23户托养160只羊，每只分红150元，每年收益24000元，户均增收1043元，每年分红两次。通过托养解放了富余劳动力，让有劳动能力的人实现外出就业。

第三，"展望未来"。受耕地面积有限和传统养殖业基本饱和等因素的影响，该村产业发展结构比较单一，抗风险能力较弱。2020年7月，习近平总书记在给中国石油大学（北京）克拉玛依校区的毕业生们回信中强调："志不求易者成，事不避难者进。"鼓励高校毕业生志存高远、脚踏实地，不畏艰难险阻，勇担时代使命，把个人的理想追求融入党和国家事业之中，为党、为祖国、为人民多作贡献。本地年轻人受此鼓舞，贡献青年力量，支持家乡建设。

在村工作队的全力支持下，阿卜杜哈力克·艾力克服种种困难进京求学，从北京服装学院毕业后，他回到家乡创办了和田市破茧（CC-b）个人原创服装工作室。该工作室以"民族的就是世界的、世界的就是民族的"为企业理念，以传统艾德莱斯为基础，融合现代化服装设计理念，实现从艾德莱斯纺织、服装设计、缝制、实体店销售的完整链条。

目前，阿卜杜哈力克的工作室月收入约10万元，每月采购艾德莱斯，覆盖全乡150户农户，带动本村4户家庭就业。因其设计服饰理念时尚、服装款式新颖、用料考究，吸引了大批顾客前来私人订制。工作室的成立使全村艾德莱斯产业逐渐回暖，丰富了巴什吐格曼村产业结构，提升了巴什吐格曼村的知名度，工作室的发展理念为突破产业瓶颈增加了更多可能性，更是让人看到了巴什吐格曼村的发展前景。

（四）守诺无悔 心系全村百姓

工作队加强各级宣传和报道，提升全村乡村振兴工作知名度，围绕全村上下齐心协力发展特色产业带动脱贫的故事做文章、搞宣传。

争取各级荣誉和奖励，提升全村乡村振兴工作社会美誉度。2019年和田市昆和种鸽养殖农民专业合作社获得地区级脱贫攻坚先进集体，2021年村民买提亚森·依敏荣获"新疆维吾尔自治区优秀共产党员"荣誉称号。

二、案例成果

2018年，驻村工作队立足长远，在调研上做足"绣花功夫"后，针对巴什吐格曼村缺乏带动产业发展和劳动力就业的龙头企业问题，结合和田地区农民养鸽食鸽的风俗习惯，依托"五个一"全覆盖包联工作体系，特别是"访惠聚"派出单位和包联领导的牵线搭桥，成立了和田市昆和种鸽养殖农民专业合作社。合作社采取"村委会+合作企业+贫困户"的模式，村委会以闲置土地入股、合作企业提供技术指导和服务、贫困户在合作社务工或托养家里的种鸽获得工资或分红收入，从而实现增加村委会集体收入、贫困户脱贫致富、企业见效益三方共赢的局面。

2019年，巴什吐格曼村人均收入达9859元、村集体经济经营性收入达到17.61万元，2020年，人均收入达11346元，村集体经济经营性收入达到22.96万元。

三、经验启示

首先，乡村振兴，振的是心。"巩固扶贫贵在精准，重在精准，成败之举在于精准"。巴什吐格曼村始终坚持精准扶贫基本方略，坚持精准施策。充分发挥第一书记、村两委班子、"访惠聚"驻村工作队和帮扶干部作用，常态化开展入户走访、对全村农户家庭情况实现动态管理，全面准确掌握农户就业、教育、健康等方面情况，丰富扶贫手段、拓宽扶贫渠道，防止因突发状况致贫返贫。依托自治区大数据平台，利用收入监测预警、动态管理、静态展示、监督比对等功能，巴什吐格曼村实现收入动态管控，为精准施策提供依据，坚决杜绝返贫现象出现。

其次，乡村振兴，兴的是业。巴什吐格曼村坚持产业为基，不仅让脱贫人口能够"站起来"而且要能够"走得远"。村工作队一方面注重从本村挑选培养养鸽专业人才，组建巴什吐格曼村养殖技术团队；另一方面走访和田地区大大小小的种鸽养殖基地，从零基础开始，一点一点积累，虚心学习种鸽养殖技术。同时，改革工资模式，增设"绩效工资"，月产量决定工资的奖励模式极大提升了养殖人员的积极性和责任心，真正实现了村合作社由村民自己管理运营。

最后，乡村振兴，用的是情。情为民所系、利为民所谋。工作队的工作很平凡，群众的梦想也很平凡，但是身处这个伟大的时代，当平凡碰撞在一起的时候，往往会迸发出最大的不平凡。在巩固拓展脱贫攻坚成果同乡村振兴有效衔接的道路上，巴什吐格曼将发扬钉钉子精神，以"功成不必在我"的境界、"功成必定有我"的担当、"我们都是追梦人"的情怀和"撸起袖子加油干"的干劲，只争朝夕、不负韶华，围绕"一群鸽子一群羊一片花、一件艾德莱斯一群牛一棵树"实现"同唱一首歌、共圆一个梦"，描绘"农业高质高效、乡村宜居宜业、农民富裕富足"的乡村新画卷。

21

专业化管理　全身心干事

案例背景

近年来，随着山东省寿光市农业产业化、农村城市化的推进，村党组织书记队伍建设方面，显现出干部队伍整体结构亟待优化、农村带头人能力素质亟待提升、人选来源渠道有待拓展和激励保障力度有待增强等问题。寿光市深入调研，积极探索新办法，聚焦村党组织书记"精力靠不上、能力不适应、动力不充沛"等实际问题，着力推进村党组织书记专业化管理，吸引优秀人才加入队伍，激发优秀人才的干事激情与创业活力，激活乡村振兴的"一池春水"。

一、主要做法及成效

寿光市在村党组织书记队伍建设方面大胆探索、积极创新，先后出台《农村主职干部备案管理办法》《村党组织书记专业化管理15条意见》等文件，建立起村党组织书记培养选拔、激励保障、管理监督等全链条工作机制，激活了乡村振兴的"一池春水"。

（一）聚焦有能人干事，选优配强村党组织书记队伍

拓宽选人视野。实施农村优秀在外人才"雁归计划"，组织镇（街道）党（工）委下深水摸排，通过召开座谈会、上门邀请等方式，动员在外能人、退役军人、镇（街道）临时工作人员等回村任职。2020年3月，侯镇草碾村回引在外能人何延发担任村支部书记，他多方筹资117万元，整修出行道路；将村民饮用水接入自来水管网，让老百姓喝上健康的自来水；清理村内"三角债"，村集体增收16万元，村里"一年大变样，旧貌换新颜"。

从严审查把关。强化党组织的领导把关作用，明确不得担任村党组织书记的具体情形，严格落实任职资格市镇联审制度，在镇（街道）党（工）委对拟任人选资格条件全面审查的基础上，市委组织部协调纪委、政法委、法院、检察院、公安、卫生健康、信访等部门单位进行任职资格联审，坚决把不符合条件的人挡在门外。

严格备案管理。村党组织书记任期内需要调整时，镇（街道）党（工）委须提前与市委组织部沟通，拟任人选经市镇联审无异议后，镇（街道）党（工）委再召开会议进行讨论决定，人选调整后10个工作日内报市委组织部备案。

充实后备力量。实施农村后备干部"雏雁计划"，结合"村村都有好青年"评选，择优选聘一批优秀青年人才跟踪培养，组织到山东（寿光）农村干部学院集中培训、到镇（街道）站所或片区跟班学习，条件成熟的安排回村担任村党组织书记助理、村主任助理，为新一轮村两委换届提供源头活水。2021年，村两委换届中，村党组织书记年龄、学历实现"一降一升"，村村都有35岁以下青年，其中"90后"村党组织书记就有18人。

（二）聚焦有能力干事，提升村党组织书记履职能力

开展专题培训。每年组织对全市村党组织书记进行集中轮训，将党务工作知识、党规党纪、集体增收等作为必学内容，市委书记亲自开班动员并作

专题辅导。近年来，先后组织优秀村党组织书记到苏州、杭州、长沙、莱西等先进地区对标学习，引导他们拉高标杆、跨越赶超。

打造培训阵地。高标准建设山东（寿光）农村干部学院，实行"进门是课堂，出门是现场"的培训方式，让学员们听得懂、学得会、用得上。目前已举办17个省市的培训班248期，培训约2.4万人次。同时，以农村社区为单位，每月通过"书记论坛""初心讲堂"，分享强村富民的好经验好做法，搭建起"书记教书记、书记学书记"的互学互促平台。开展强弱村结对帮扶，以镇（街道）为单位动员30个带头村结对帮扶薄弱村，组织村党组织书记以老带新、以强帮弱，通过帮思路、帮资金、帮项目的方式，推动各类资源向薄弱村聚集。洛城街道屯西村帮助尹家村成立绿化管理公司，承接现代中学明德学校园林维护工程，村集体年增收10万元。

（三）聚焦有压力干事，不断加强村党组织书记监督管理

建立定期研判、动态调整机制。以镇（街道）为单位，每季度对村党组织书记履职尽责情况进行一次分析研判，对不称职、不胜任的村干部及时进行调整。2020年至2021年，调优配强村党组织书记45名，对曾受过刑事处罚的村干部进行清理，保持农村干部队伍的纯洁性和战斗力。

对不称职村党组织书记实行停职教育。对不服从镇（街道）党（工）委领导、工作不在状态的村党组织书记，经镇（街道）党（工）委研究决定，将其组织关系转到镇（街道）帮教党支部，停职接受再教育。经教育转化合格的，镇（街道）党（工）委研究同意后，可再转回所在村党组织；仍不改正的按程序予以免职。

全面推行规范化管理。连续5年推行"主题党日"制度，主题党日分3个环节，白天以农村社区为单位举办"书记论坛"，片区总支书记和村党支部书记参加，围绕农村重点难点工作讨论交流，分享治村经验，会诊发展难题；晚上以村为单位举办阳光议事日、支部生活日，全体党员和群众代表参加，对宅基地审批、发展党员等村内重要事务进行民主决策，公开上月村内账目，

规范村干部履职标准。市委组织部班子成员每人分片联系3个镇（街道），每月随机抽取一个村全程参加，成立5个督导组，采取"四不两直"方式随机抽查，推动基本制度落实落地。

（四）聚焦有动力干事，持续激发村党组织书记工作激情

落实基础保障，健全市财政保障村级运转经费正常增长机制。目前，市财政每年列支9800万元，严格按照上年度农民人均可支配收入两倍标准落实村党组织书记报酬，全市村党组织书记平均每年报酬达到4.8万元。对正常离任村主职干部，按规定及时足额发放补贴。圣城街道九巷村党支部书记说："街道对村里各项工作量化赋分，根据得分情况拉开收入差距，去年我考评为优秀等次，每个月收入接近5000元，快赶上科级干部了，现在浑身充满了干劲。"

加大关爱力度，每年组织村党组织书记到市级医院进行一次健康体检。对家庭遭遇重大变故、生活困难的村党组织书记，市委组织部结合实际给予关怀救助，镇（街道）党（工）委领导班子成员上门慰问帮扶。调研中有村党组织书记谈道："市委组织部组织我们进行体检，说明市委心里想着我们、装着我们。特别是读到组织写给我们的一封信，真的很感动、很暖心。"

强化正向激励。每年评选100名左右实绩突出、群众公认的优秀村党组织书记，参照镇（街道）事业编制人员工资标准增发补贴报酬，挂职担任所在农村片区党总支副书记。制定集体增收村干部奖励办法，对村集体增收效果明显的村将奖励直接兑现到村干部个人，近两年累计发放奖励112万元。近两年推选5名优秀村党组织书记挂职镇（街道）班子成员，7名村党组织书记考录为镇（街道）公务员、事业编制工作人员。

突出典型带动。在全市三级干部会议上对50名优秀村党组织书记通报表扬，在《寿光日报》开设"点赞好支书"专栏，大力宣传优秀村党组织书记事迹。近年来，王乐义、李新生、葛茂学被评为全省担当作为好书记，屯西村、九巷村、台后村被评为全省干事创业好班子，东斟灌村、裴岭村党支部被评为全省先进基层党组织，岳寺李村支部书记朱乐阳被评为全省"优秀兵支书"。

二、经验启示

推动乡村振兴战略各项任务落地见效，离不开一支懂农业、爱农村、爱农民的农村工作队伍。寿光市探索实行村党组织书记专业化管理，推动队伍整体优化提升，激发他们干事创业热情，为各地加强村党组织书记队伍管理提供了有益借鉴。

（一）"松散化"向"专业化"转变是村党组织书记管理的必然要求

过去，村党组织书记一直处于不脱产、不在编的状态，"脱了鞋下地，穿上鞋办公"。进入新时代，乡村振兴任务繁重，农村工作千头万绪，"时间靠不上干不好，能力跟不上办不了"。如果仍然沿用原有的管理体制，势必导致来源渠道单一、人员变动频繁、工作干劲不足。寿光市把村党组织书记当成一支专业化队伍来管理，在选任、培训、监督、激励等方面建立起一整套成熟的工作机制，保证他们有精力、有能力、有动力投身农村工作，用"专业化管理"换来了"全身心干事"。

（二）"让能干好的人争着干"是村党组织书记专业管理的关键所在

近年来，村党组织书记岗位面临"能办的人不想干，想干的人干不了"的尴尬境地。究其原因，一方面是新形势对村党组织书记的履职能力提出更高要求，这一岗位更需要能人来当；另一方面是村党组织书记操心受累，待遇偏低，对能人缺少吸引力。为从源头上破解这一问题，寿光市千方百计完善村党组织书记正向激励机制，每年组织村党组织书记到市级医院开展健康体检，对优秀村党组织书记参照事业编制增发补贴报酬，从优秀村党组织书记中考录公务员、事业编工作人员，挂职镇（街道）领导班子成员，实现了支部书记从"没人当"到"抢着干"的转变。

（三）"严管+厚爱"双向激励是村党组织书记专业管理的有效手段

一方面，村党组织书记长期扎根一线，风里来雨里去，起早贪黑，工作长期处于超负荷状态；另一方面，个别村党组织书记放松自我要求，以权谋私、违法乱纪现象时有发生。寿光市坚持严管与厚爱并重，既想方设法提升村党组织书记待遇，让村党组织书记有甜头、有奔头，又对不称职村党组织书记停职教育，实行定期研判、动态调整，引导村党组织书记讲规矩、守纪律，工作上更加卖劲、用权上更加谨慎，确保既能干成事，又能不出事。

（四）"县镇共管、以镇为主"是村党组织书记专业管理的重要机制

选准用好村党组织书记的责任主体在镇（街道）党（工）委。但如果单纯交给镇（街道）党（工）委，受制于主客观原因难免有工作不到位的地方。寿光市坚持上提一级、市镇共管，市级层面出台指导办法，在任职资格上统一审查、补贴报酬上统一保障、教育培训上统一组织，同时把日常监督管理考核工作交给镇（街道）党（工）委，动态掌握村党组织书记履职情况，把每个人的表现摸清吃透，做到宏观指导和精准管理相结合，更好地把专业化管理各项措施落到实处。

22

强产业育新风　乡村振兴谱新篇

案例背景

张北县地处河北省西北部，内蒙古高原南缘的坝上地区，全县总面积4185平方千米，境内地形呈高原丘陵景观，平均海拔1400米，辖18个乡镇、366个行政村，有着约4000年的历史，北依内蒙古、西接山西、南临京津，是京津、晋蒙的重要交通枢纽。

2020年，全县199个贫困村、35639户63180名贫困人口全部实现脱贫摘帽，历史性地解决了绝对贫困问题，与全国、全省、全市一道全面建成小康社会。"胜非其难也，持之者其难也。"取得脱贫攻坚的胜利不是最难的，保持这个胜利、巩固这个胜利成果更艰难。摘帽不是终点，而是新生活、新奋斗的起点，张北县紧扣5年过渡期和3年整合期，对标"产业兴旺、生态宜居、乡风文明、治理有效、生活富裕"的乡村振兴总要求，乘势而上，接续奋斗，扎实推进巩固拓展脱贫攻坚成果同乡村振兴有效衔接，着力推动乡村实现历史性变革，努力谱写新时代乡村全面振兴新篇章。

一、主要做法

（一）夯实产业基础、支撑乡村振兴"大盘子"

特色产业发展是乡村产业振兴的支柱，张北县因地制宜、尊重客观实际的发展方式，抓住战略机遇，大力发展光伏产业、特色农牧、特色乡村旅游、特色生态建设等产业。张北年平均日照时数2897.8小时，属于国家二类优质光伏资源区，具有日照时间长、太阳辐射强、空气纯净透明等特点，是发展光伏产业的理想之地，张北依托光照优势，先后建成光伏扶贫电站181座，其中村级电站174座，地面集中式光伏扶贫电站4座，政府参股或捐赠股权商业电站3座。公会镇大特拉村成功引进适合盐碱地生长的麒麟西瓜、4k西瓜、特色小凤西瓜等品种，种植流程标准化、种植面积大、品种丰富，使过去连树都种不活的盐碱风沙小镇一跃成为特色西瓜小镇。小二台镇德胜村借助地理区位优势，依托良好的生态资源，打造集农业观光、康养休闲、农耕游牧、文化体验、冬季滑雪为特色的田园民宿旅游综合体……

类似这样的例子比比皆是，县、乡、村三级领导班子，充分发挥党建引领作用，探索适宜当地发展的产业，家门口的服装厂、天路沿线的旅游农家乐、藜麦种植基地、蔬菜种植基地、蒲公英种植基地、蘑菇加工厂……一个个乡村产业拔地而起。家门口的产业发展起来了，易地搬迁的群众实现搬得出、稳得住、能致富，外出务工人员也回到家乡，不再外出漂泊，同时解决了留守儿童和孤寡老人问题。九层之台，起于累土。发展现代农业特色产业，既要把握好质又要把握好量，要抓住发展效能变革和动力变革，才会使乡村产业成为真正支撑乡村振兴的"大盘子"。

（二）建设生态宜居乡村，绘就乡村振兴美丽画卷

张北县持续推进乡村建设行动，不断加大"空心村"治理力度，盘活农村闲置资产，实现利用效益最大化。

治理空心村，根据农宅空置率，在尊重群众意愿的基础上，采取易地新建、联村并建和整治提升三种模式，按照"拆、平、修、围、补、清、刷"7字方针，围绕硬化、亮化、绿化、美化，重点实施残垣断壁和危破房屋拆除、基础设施和公共服务设施建设等7大类提升工程，农村面貌焕然一新。例如，台路沟乡22个行政村51个自然村，其中治儿山、郭家村两个自然村采取易地新建模式治理，74户180人搬迁至义合美新城；后大营滩、香杏沟两个自然村采取联村并建模式治理，新建民居280套；还有44个自然村采取整治提升治理。

各村因村因户制宜。例如，小二台镇南泥河村院墙多以石头砌筑，对于破旧的院墙推倒重盖，而对于原有石头院墙统一标准加盖砖帽，既经济实用，又美观大方；台路沟水泉村围绕800多年历史的泉眼文化就地整治。在建设生态宜居乡村过程中，各村加大卫生整治，清理私搭乱建牛栏、猪圈和户外旱厕等、清理积存垃圾、杂物、牲畜粪便，整治院落周围柴草乱堆乱放，同时在绿化、基建方面别出心裁，见缝插绿种植樟子松、金叶榆、丁香等适宜树种及花卉，建设凉亭、花园、健身广场、文化广场，通了路灯，硬化了水泥路，通了自来水，盖了文明村厕。

（三）培育文明新风，巩固乡村振兴精神文明阵地

乡风文明是乡村建设的"魂"，产业和生态是乡村建设的"体"，在产业和生态环境大力发展的前提下，如果乡风文明发展缓慢，就会导致"魂"跟不上"体"，"体"若无"魂"，行将不远。张北县大力培育乡村文明新风，推进移风易俗，全面深化农村殡葬改革，着力破除农村大操大办、封建迷信、薄养厚葬等陈规陋习，充分发挥"爱心超市""五好家庭"的激励示范作用，倡文明新风，扬传统美德。例如，郝家营乡三义美村组织成立"义美健身舞蹈队"，参加乡、县各类文艺演出；两面井玉狗梁村成立瑜伽队，从此玉狗梁村从一个默默无闻的国家级贫困村，变成了被国家体育总局认可的中国瑜伽第一村。无论是舞蹈队还是瑜伽队，均使村民的身体素质及精神面貌显著提

升，改变了村民在农闲时节靠闲聊串门、打牌耍钱打发时间的生活习惯，丰富了村民的精神世界。公会镇落花营村率先通过"道德银行+爱心超市"模式推行乡村文明建设，之后张北县以落花营村的"道德银行+爱心超市"模式为典型，开始在全县乡镇推行，全县各乡镇共开设道德银行136家。

各村庄充分发挥文化墙作用，全县共绘制文化墙8.8万多平方米，打造乡村步步见文明、处处倡新风的新景象。乡风文明是乡村振兴的灵魂和根脉，要延续历史传承，根植文化积淀，留住原乡特色，回应未来期待，巩固乡村振兴精神文明阵地，使乡村变成人们口中的"诗与远方"。

（四）创新乡村治理机制，打造乡村振兴张北样板

治理有效是乡村善治的核心，治理越有效，乡村振兴战略的实施效果就越好。张北县建立网格管理机制，以党员和干部为核心，以卫生保洁、矛盾排查、纠纷化解、信访维稳等为内容，实行"镇、村、户"三级网格化管理责任机制，构建横向到边、纵向到底，层层落实的工作责任体系，实现全员网格化管理。建立群众参与机制，通过设置公益岗位、开设爱心超市、实施积分兑换、先进典型评比等，激发群众内生动力，形成共治共享局面。建立党建引领、党员示范机制，通过主题教育、党史学习教育等，不断增强基层党组织战斗堡垒作用，通过党员述职、双向测评、干部拉练等形式，不断激发党员先锋模范作用。张北县紧扣5年过渡期和3年整合期，对标"产业兴旺、生态宜居、乡风文明、治理有效、生活富裕"的乡村振兴总要求，乘势而上，接续奋斗，扎实推进巩固拓展脱贫攻坚成果同乡村振兴有效衔接，推动乡村实现历史性变革，谱写新时代乡村全面振兴新篇章。

二、案例成果

第一，产业提质增效、脱贫户稳定增收。对标乡村振兴布局产业项目，持续发展壮大各乡镇光伏、农牧、旅游、生态特色产业，持续带动脱贫群众增收致富，使村民能够在家门口就业，易地搬迁的群众真正能够搬得出、稳

得住、能致富，外出务工人员也回到家乡，不再外出漂泊，同时解决了留守儿童和孤寡老人问题，让乡村产业真正支撑起乡村振兴的"大盘子"。

第二，村容村貌改观，乡村美丽，生态宜居。推动农村人居环境整治，推进乡村建设，农村面貌焕然一新。村庄建设外修颜值、内提素质、涵养气质，使曾经道路破损、生活垃圾随意丢弃的村庄，变成山清水秀、家在林中、人在花中的美丽乡村。

第三，乡村精神风貌改观，村民整体素质提升。成立舞蹈队、瑜伽队等文化生活组织，既提升了村民的身体素质，又开阔了村民的眼界、丰富了村民的精神世界；同时制定较为完善的村庄"一约三会"制度，建立了"道德银行"，成立了"爱心超市"，举办"好儿女"等孝老爱亲先进典型和"星级文明户""美丽庭院"等各类评选活动，树文明新风，传统美德更广泛、更有效地动员和激励广大群众积极投身到乡村振兴中，加快建设幸福美好的新生活。

第四，乡村治理有效，乡村社会和谐有序。不断健全党组织领导下的自治、法治、德治相结合的村级治理工作机制和村级事务运行机制，充分发挥村规民约、居民公约、行业规章等社会规范作用，引导村民自觉遵守公序良俗、履行社会责任、敬畏法律法规。建立常态化保洁机制，初步形成了人人有责、人人尽责、人人享有的社会治理共同体。各项机制扎实有效的推进，使县乡村社会和谐有序、充满活力。

23

村民理事会 "理"出人居好环境

案例背景

　　安徽省明光市地处皖东，为滁州市下辖县级市，是新时代文明实践全国试点市、国家园林城市、省级文明城市和省级生态文明建设示范市，文化底蕴深厚、民风淳朴和谐。

　　近年来，明光市坚持党建引领、群众主体，充分发挥"村民理事会"作用，将全市17个乡镇街道划分为南北中三个片区，以"打擂台""大比武"方式，全域推进人居环境整治，广泛发挥党员干部、村民理事会、志愿者的模范作用，充分激发群众内生动力，就地取材减少成本支出、因地制宜传承中华优秀传统文化，在打造宜居环境的同时，提升村民经济收入、满足村民文化需求、培育乡风文明，助力乡村振兴，打造出一批"望得见山水、记得住乡愁、涵养着乡土文化"的美丽新农村，探索出一条"低成本、可持续、可复制、易推广"的农村人居环境整治之路。

一、主要做法

明光市境内山水环绕、风景优美、资源丰富，素有"三山二水四分田，还有一分是庄园；七湖六水老明光，三界四场跃龙冈"之说。为充分保护好、发挥好明光市的环境优势，彰显明光特色，建设生态宜居的美丽乡村，进一步增强群众对人居环境的满意度和幸福感，明光市立足打造"四季有花、四季有绿、四季有香、四季有声"的美丽家园，以党建引领为总抓手，以人民群众充分参与为总基调，坚持因地制宜凸显特色、就地取材降低成本，全域推进农村人居环境整治工作。

（一）党建引领全域推进

坚持"党委发动、支部推动、党员促动"，全域推广以党小组+村民组+村民理事会"的乡村治理模式，推进农村人居环境整治。

坚持党建引领。优秀的领头人在基层社会治理中能够起到组织引领和表率的作用。切实发挥基层党组织"红色引擎"作用和党员干部的头雁效应，建立多种形式的志愿者队伍，带头参与、支持、引导人居环境整治。

统一规划布局。将全市1534个村庄划分为集聚提升类431个、过渡暂留类728个、搬迁撤并类375个，明确应整治村庄1159个，逐村制订整治规划方案，全民动员、全域推进，以期达到"一村一品""一村一景""一村一韵"。

"打擂台""大比武"。围绕建设全域美丽"大花园"，将17个乡镇街道划分为南中北3个片区，由3名县级领导牵头，以"打擂台"方式推进，每月开展"片与片、镇与镇、村与村"之间的"大比武"。

（二）群众主体凝心聚力

创新多种举措增强群众"主人翁"意识，激发内生动力，彻底改变过去"干部干、群众看"的现象。

发挥理事会作用。村民理事会，是新时期群众民主参与意识逐步增强的产物，在基层社会治理中发挥了重要作用。从退休干部、社会能人、村民代表、乡贤、"五老"人员中提名候选人，成立自然村庄村民理事会，带领群众共建美好家园。

保障村民议事权。赋予村民更多的议事权，能更大程度地调动村民的积极性。各乡镇村民理事会全面实行"一事一议"和"四议两公开"工作法，有效保障村民参与权和表达权。

试点物业管理。为确保环境治理常态化，按照城市小区的管理模式，成立村级物业管理公司，村干部作为物业公司负责人，采取村民自愿缴纳一点（每户100元以内）、创业精英捐赠一点、政府资金奖补一点的方式筹集费用，优先录用脱贫户（原贫困户）参与管理，在增强村民责任意识的同时解决保洁问题。

完善相关机制。探索建立"项目资金整合、财政奖补激励、鼓励社会投资"多元化良性投入机制，本着"真干真支持，先干先支持、大干大支持"的原则，对乡镇党委政府真重视、群众积极性高、"五清一改"成效好的自然村庄，市财政分别追加20万元至100万元的定向支持。

创新宣教模式。积极推动新时代文明实践建设与基层党建、乡村振兴等工作相结合，将文明实践站点建到自然村庄，实现教育群众、服务群众"零距离"。目前，已形成市—镇—行政村—自然村庄四级组织架构，实现群众在哪里，文明实践就覆盖到哪里，为整治人居环境、提升乡风文明，凝聚起强大精神动力。

（三）因地制宜复制推广

明光市人居环境整治工作一直坚持成本最小化、效果最大化原则，探索出"低成本、可持续、可复制、易推广"的环境整治路径。

因地制宜显特色。因地制宜进行环境整治，不搞大拆大建，注重保留地方特色。例如，涧溪镇鲁山村侯胡郢依托千年古井打造农耕文化，将村民捐出来的石碾、石磨、石礅等进行合理布局，形成科普露天"收藏馆"；自来桥镇杨港村何郢组依托当地的石资源打造"石头村",村庄整体特色鲜明、古朴宁静。

就地取材低投入。坚持"能修的不拆,能用的不弃"改造原则,就地取材,变废为宝。例如,广场是由村民捐出来的废弃地块改造而成;铺路所用原料是就地取材得来的,人工来自村民志愿者;村庄装饰用的景观和健身器材也多来自村民家中闲置的农具、废旧的轮胎;等等。

(四)释放环境"乘数效应"

宜居环境的打造仅仅是提升群众满意度和幸福指数的第一步。明光市充分发挥环境的"乘数效应",积极发展产业实现群众增收,传承中华优秀传统文化,展现乡村内涵,培育文明乡风提升群众素质,助力乡村振兴。

产业发展。增加农民收入是农业农村工作的关键。在整治环境的同时,鼓励支持农户在房前屋后等空置隙地,大力发展小果园、小菜园、小竹园、小花园、艾草园等"五小园"隙地经济,着力推广发展"百果园、花世界、两用林、农家乐、圈养禽、中草药"等村庄经济,让村民实现增收。

文化传承。环境好了,口袋鼓了,乡村传统文化也焕发出新活力。例如,潘村镇紫阳村南曹组文化底蕴深厚,在环境整治过程中充分运用该村文化元素,用解说、故事、诗歌、绘画等多种形式刻画在墙壁、广场等处;自来桥镇桥镇村的"桥文化"、杨港村的"石文化"等均在村庄环境中得到充分诠释,成为村民重要的精神文化组成部分。

文明提升。环境的打造同样能够带来乡风文明的提升。村民"主人翁"意识的激发,不仅有利于村民文明素养的提升、文明习惯的养成,而且使文明创建的长效化建设得到保障。

二、案例成果

农村环境面貌全面蝶变。全市域复制推广"陆郢模式""腰庄样板""尹集做法"等明光本地成功经验,精心打造了侯胡郢、何郢等特色村、示范点87

个，昔日"脏乱差"村变身"望得见山水、留得住乡愁、涵养着乡土文化"的美丽乡村。2021年全面启动40个农村人居环境整治示范点建设，全市域复制推广"陆郢模式"，着力打造有历史记忆、文化特色、地域特点、个性魅力的人居环境整治示范点升级版。目前，张八岭镇苗韩郢等一批新建示范点打造已初具雏形、闪亮登场。

全省推广整治工作经验。在推进人居环境整治工作过程中，陆续形成了"陆郢模式""腰庄样板""尹集做法""何郢特色"等一系列人居环境整治成功经验，并在全市域复制推广。2020年7月24日，明光市在全国人居环境整治工作现场会上作典型发言；"明光经验"入选新华社智库，"陆郢模式"写入《安徽省2020年全面推进农村人居环境整治工作要点》，在全省范围推广。

全面激发群众参与积极性。坚持以党建引领、以群众为主体的人居环境治理模式获得广大农民群众的支持，群众的"主人翁"意识显著增强，大家踊跃出钱出力，共建美丽家园。例如，涧溪镇鲁山村侯胡郢30多名村民在村民理事会的带动下自发组织起来，运输整治环境所需石材，一天内完成所有材料运输，光拖拉机就来回跑了30多趟；自来桥镇杨港村何郢的村民大多从事育苗行业，在环境整治过程中，纷纷捐出皂角、杏树、梅树、榆树等，为村居环境添彩，彰显了群众对美好生活的向往和积极参与的决心。

全面改善农村邻里关系。为持续维护好村庄环境，人居环境示范点建立"户长制"，由村民理事会成员和党员干部担任户长。户长不仅监督、帮助村民做好房前屋后环境维护，还承担宣传文明习惯、调解邻里矛盾等责任。现在的村庄不仅环境更美，村民间关系也更加和谐亲密，优美的人居环境与舒心的邻里关系让群众的满意度与幸福感得到进一步提升。

环境"乘数效应"全面显现。人居环境整治工作的大力推进，不仅打造了让群众赏心悦目的美丽宜居环境，还实现了正面的"乘数效应"。例如，环境整治整理出许多房前屋后的空置隙地，用以发展"五小园"隙地经济，进一步增加了村民经济收入；各环境整治示范点充分挖掘并展示村庄的特色文化，有助于继承弘扬优秀传统文化；人居环境的提升、基础设施的完善吸引大批人才回流，出现"返乡创业潮"，有助于乡村全面振兴。

三、经验启示

良好生态环境是农村最大优势和宝贵财富，生态振兴是乡村振兴的重要支撑，而人居环境整治是生态振兴的重要举措。明光市坚持党建引领、群众主体、因地制宜、就地取材，全域推进人居环境整治，走出了一条"低成本、可持续、可复制、易推广"的成功之路。

党建引领是坚强保障。党的领导是工作高效开展的坚强保障，坚持以党建引领人居环境整治是明光市人居环境综合整治成功的重要前提。党建引领统一思想认识，让基层党组织成为凝聚党员群众的"主心骨"；党建引领发挥示范带动作用，让党员干部成为推进人居环境整治的"领头羊"；党建引领以动员群众、服务群众为主要任务，密切干群关系，凝聚起群众参与人居环境整治的强大力量。

群众主体是核心要素。人民群众是历史的创造者，坚持以群众为主体是明光市人居环境综合整治成功的核心要素。坚持"以人民为中心"的发展理念，充分发挥村民理事会作用，让群众参与人居环境整治全过程，赋予群众更多的参与权，大大增强群众的"主人翁意识"，充分激发群众的内生动力，让群众从"旁观者"变为"参与者"，彻底改变过去"干部干、群众看"的现象，形成"自己的事自己干、庄前屋后庭院自己清、村庄周围小巷大家修"的良好局面。这种紧紧依靠群众、全面发动群众、全心服务群众的工作方式，为推进人居环境整治工作提供了不竭动力。

因地制宜是坚实底气。因地制宜，是明光市人居环境综合整治成功的坚实底气。坚持因地制宜，根据各村庄建筑风格、乡土风情、村落风貌、田园风光、特色产业等进行个性化指导，打造各具特色的人居环境示范点，做到"一村一品""一村一景""一村一韵"，实现了人们对乡村"望得见山水、记得住乡愁"的美好愿望。

就地取材是巧妙之处。就地取材，可谓一举多得之策，可以实现"成本最小化、效果最大化"的目标，是明光市人居环境综合整治成功的巧妙之处，也是该案例可复制、易推广的重要原因。就地取材，一方面可以保留本地的原貌，凸显本地特色，在扮靓环境的同时，留住了乡愁；另一方面可以变废为宝，让原本闲置或废弃的物品重获新生，节约宝贵资源，减少人居环境整治工作成本支出。

24

创新村级治理体系　激发群众参与热情

案例背景

　　"党建引领、一网三联、全员共治"乡村治理模式，是山东省淄博市在乡村治理方面的一项创新举措。党建引领，即发挥党建在乡村治理中的全面引领、统领作用；一网三联，即村级党组织体系与网格治理体系充分融合成为"一张网"，干部联村组、党员联农户、积分联奖惩；全员共治，即村干部、党员、群众全员参与乡村治理、推动乡村振兴，实现共建共治共享。

　　近年来，按照省委部署要求，淄博市着眼构建党建引领下的基层社会治理机制，在基层网格化治理方面不断探索实践，取得一定成效，也发现一些问题。淄博市推行"一网三联"乡村治理模式，围绕村级网格化治理不细、农村党建工作与网格化治理融合不够、基层治理群众参与度不高等问题，对现有的农村网格化治理进行优化提升，发挥党建在基层治理中的引领作用，实现网格精细化治理，增强村民的集体意识和"主人翁"意识，提升村民积极参与乡村治理的内生动力。

一、主要做法

淄博市最早在桓台县试点"党建+网格"积分制管理。2020年以来，淄博市进一步将桓台县的有关做法总结为"一网三联"乡村治理模式。

（一）坚持党建与网格深度融合，构建村级治理"新体系"

党小组与村民组同步设置，克服党建工作与村级治理"两张皮"。在现有政法系统基础网格的基础上，按照"地域相连、居住相邻、户数相近"的原则，将村民划分为若干个村民组，即微网格，将网格治理单元织密织细。村民组数量一般与村党组织领导班子成员数量一致，每组设组长1名、副组长1名、兼职网格员若干名，构建起"村民组长—副组长—兼职网格员—村民"四级治理体系。其中，村党组织书记和成员担任村民组长，全面负责组内各项事务。比如，高青县田镇街道官庄村立足城中村实际，打破楼栋限制，按照人情相近原则，实行群众和党员双向选择，全村共划分为五个村民组；淄博市临淄区朱台镇陈营村是远近闻名的厨房设备特色产业村，村内小企业多，根据这一情况，村里将企业、外来租户全部纳入"一张网"管理。

党小组建在村民组上，确保党的组织和工作全覆盖。以村民组为单位设立党小组，党小组组长兼任村民组副组长，具体负责传达落实上级工作安排、收集党员和村民意见、化解矛盾纠纷、组织志愿服务等工作，实现治理体系与党组织构架的有机融合，把党的组织和工作覆盖每一个治理"微单元"。

党员编入村民组，明确党员"责任田"。根据村民组内村民数量，由具备履职能力的党员或村民代表担任兼职网格员，分工联系本村民组内所有农户。兼职网格员每月至少进行一次入户走访，做到"四到户、三必联"，即上级政策宣讲到户、"两委"决议传达到户、公益活动发动到户、意见建议征求到户，急难事必联、纠纷事必联、红白事必联。

（二）坚持党员与群众积分联动，建设村级治理"共同体"

深化党员量化积分管理，发挥示范引领作用。为准确衡量党员履职情况，每月依托村民组对党员实行量化积分考核。积分由履职分、奖励分和负面分组成，其中履职分包括履行党员基本义务、组内履责两个方面，主要依据党员带头执行上级决策部署、带头参加主题党日活动、自觉遵守村规民约，以及在组内传达上级决策部署、督促联系户完成村级重点工作、化解组内矛盾纠纷等进行赋分；奖励分主要依据完成急难险重任务、参加志愿服务、参与文艺宣传、反映群众意愿等进行加分；负面分主要依据个人受到党纪政务处分以及矛盾化解不及时，或者所联系户出现违规违法情况等进行扣分。

构建群众积分考核体系，引导群众对标争先进。以村规民约规定内容为主体，以阶段性重点工作为补充，按照基础分、奖励分和负面分对村民进行"1+N"考核记分，逐人建立动态管理台账，计分情况作为奖惩依据。桓台县将群众积分与建立农村社会信用体系结合起来，制定《农村居民信用积分评价办法》，并搭建"爱心食堂""爱心基金""爱心超市"等多种应用场景。

实行党员群众积分联动，构建村级治理硬约束。对于动员家属和其他群众参与村里重点工作或志愿服务活动的党员，给予奖励加分；对于因不落实、不积极协调等原因造成联系户扣除积分的，相应扣减负责联系党员一定比例的积分。

（三）坚持积分与激励挂钩，完善村级治理"硬手段"

严格计分。实行"一人一登记"，为党员和村民逐人建立积分动态管理台账，事事记录、分分对应，保证每一分都有据可查；"一月一公示"，每月对党员和村民进行考核记分，公布上月积分情况，接受群众监督。部分有条件的村还将数字化引入"一网三联"。比如，淄博市临淄区凤凰镇西刘村，村民可通过移动端，自助申报积分，经村党支部审核后，实时生成积分，村民可通过智慧平台，线上查看积分、排名。

奖励评优。实行"一季一评比",每季度按村民组户均积分进行排名,按照一定比例确定"红旗小组",由村集体给予奖励。具体奖励形式由各地根据实际确定,可以是奖金、实物,也可以是"爱心超市"购物券、长者食堂免费用餐,还可以兑换公共服务,等等;"一年一评优",每年按照党员积分多少列出候选人,公开投票评选优秀党员。淄博市博山区八陡镇东顶村实行现金+兑换积分"双奖励",设立精神文明专项资金,根据积分情况直接给予现金奖励,同时设立积分兑换超市,村民可以用积分兑换物品。

二、案例成果

第一,村党组织的组织力明显增强。通过把党小组建在村民组上、党员下沉包组联户,当地构建起以村级党组织为核心、党小组为主体、党员为支撑的精细化网格治理体系,党组织动员群众、组织群众的政治功能明显增强,领导村级治理的能力显著提升。比如,在2020年实施的小清河复航工程中,桓台县荆家镇的15个村党组织,将迁占拆迁工作纳入积分考核,党员主动认领村民组内涉拆建筑,做好群众工作,短时间内就顺利拆除各类建筑60余处、迁坟179座,在全县率先完成迁占拆迁任务,为项目建设赢得宝贵时间。

第二,党员先锋模范作用明显提升。通过实行"一网三联"乡村治理模式,当地用数据为每名党员精准画像,党员先锋模范作用发挥情况一览无余,实现了从年终一次性评价向过程式管控的转变,党员参与村内事务的积极性大大提高。以桓台县果里镇徐斜村为例,2020年全村党员每人参加志愿活动6次以上,最多的一名党员参加43次,带动该村志愿者队伍由最初的12人发展到60余人,在城乡环境大整治等重点工作中发挥了重要作用,成为村级治理的"骨干力量"。

第三,群众参与治理的热情明显高涨。"一网三联"乡村治理模式,把积分与村民奖励直接挂钩,增强积分的"话语权";村民的集体意识和团队精神明显增强,村民从怀揣自己得失的"小算盘"转变为关注全组利益的"综合账",参与村级治理由制度约束变成自觉行动。村干部普遍反映:"过去是党支部忙得团团转，党员旁边站，群众旁边看；现在不一样了，凡事党员跑在前头，全村群众都参加，村里的事真正成了大家的事。"2021年7月，淄博市临淄区金山镇冯家村党支部举办第二季度"一网三联"积分制管理奖励兑现会，村集体出资4.2万元对285名优秀村民进行奖励。获得300元奖励的村民韩翠兰说："钱不钱的不重要，主要是不能丢了人，谁也不想落在后面！"

三、经验启示

（一）乡村治理必须以党建铸魂

《中共中央 国务院关于加强基层治理体系和治理能力现代化建设的意见》明确提出，加强基层治理体系和治理能力现代化建设，要"以加强基层党组织建设、增强基层党组织政治功能和组织力为关键"。实践也充分证明，党建引领作用发挥的程度如何，直接决定着乡村治理的成效。工作中，必须把基层党组织的领导作用、党员的先锋模范作用充分调动起来，真正把党的政治优势、组织优势、密切联系群众的优势转化为提升基层治理的效能。只有做到这一点，乡村治理才有"灵魂"。"一网三联"乡村模式正是聚焦党建引领这一关键，通过组织契合、人员整合、工作融合，以党建助推乡村治理成效跃升。

（二）乡村治理必须充分发动群众

群众既是基层社会治理的参与者，也是基层社会治理的受益者，只有充分发挥党的群众路线，把群众的力量充分发挥出来，基层社会治理的成功之道方能显现。基层党建工作是群众路线在新时代党的基层社会治理中的集中体现。一切依靠群众、一切为了群众，不是单向地一味强调服务，更不是单向地加强管理，应该是共建共治共享的社会治理生态，在党组织强力政治引领下，实现"互动式"的共治，激活基层治理的"微单元"和神经末梢。"一网三联"乡村治理模式，就是通过村民"全员积分+村组对比+激励奖惩"的办法，实现"微单元"的互动管理，让群众从被动到主动，从上级要求到个人自觉，充分参与村级事务，逐步成为乡村治理的主角。

（三）乡村治理必须系统推进

乡村治理是一项系统工程。一方面，必须多部门协同联动，形成工作合力。推行"一网三联"乡村治理模式，纳入市委、市政府"十二大攻坚行动"，列为市委主要领导2021年度抓基层党建突破项目，组织、政法、农业农村、妇联等多部门参与，确保落实效果。另一方面，必须系统抓、综合抓。一般产业基础好、经济实力强的村，治理水平就会比较高。因此，不能就治理抓治理，必须统筹产业、人才、文化、生态、组织五大方面，以综合实力提升带动乡村治理水平。

25

五抓五星亮　产业特色强

案例背景

　　泊尔江海子镇位于内蒙古自治区鄂尔多斯市东胜区西部，辖区总面积1051平方千米，全镇共有11个行政村，152个自然村，耕地9.74万亩、林地91万亩，农牧业企业48家、农民专业合作社34家、种植养殖大户70户，开设农副产品惠民直销店3家，打造电商平台2个。

　　泊尔江海子镇深入贯彻落实"产业兴旺、生态宜居、乡风文明、治理有效、生活富裕"乡村振兴战略总要求，围绕"五星达标、特色培育"目标，坚持以高质量基层党建引领乡村振兴，全面推行"五抓五星亮、产业特色强"工作思路，依托乡村立地条件，聚集现代生产要素，勾画"乡村振兴美丽蓝图"，推进乡村振兴战略以点示范、连线成串、全面铺展。

一、主要做法

（一）抓基层组织建设，培育乡村振兴"领头雁"，点亮"党建引领星"

以"红色引领、生态立镇、绿色发展、振兴乡村"为思路，以强化"两个主体责任"落实为抓手,扎实推进基层党组织全面进步、全面过硬。围绕产业兴旺,聚焦实际搞发展,推动村村联建、村企联建,打造4个党建阵地联动发展区域,切实把党建优势转化为发展优势、把党建资源转化为发展资源、把党建成果转化为发展成果,以组织振兴推动乡村产业振兴、人才振兴、文化振兴、生态振兴。大力推行"企业+党支部+合作组织+农户"产业发展模式,把党支部建在新型农业产业链、农畜产品电商产业链和乡村旅游产业链上,不断挖掘农村农业的新资源、新特色和新风情,以高质量基层党建引领乡村振兴战略全面实施。

第一,指导各村找准本村特色和发展路子,发挥致富带头人、龙头企业、专业合作社引领带动作用,鼓励村两委、能人大户积极整合各类惠农支农项目资金,盘活现有资源,通过土地入股、土地流转、土地托管、联耕联种等多种经营方式,领办创办特色农业项目,助推村级集体经济发展壮大,力争各村集体经济收入突破5万元。

第二,坚持市场导向引领产业调整,大力发展特色农产品加工业,搞好农产品品牌建设,统筹发展特色产业、农村电商等新产业新业态,推进农业高质量发展。

第三,充分挖掘乡土风情资源,打造农家乐、休闲体验、采摘观光等特色旅游项目,将"零星散种"的乡村旅游项目编织成网,巩固美丽乡村建设成果,带动农村旅游向产业化发展。

(二)抓产业转型升级,找准乡村振兴"金钥匙",点亮"生活富裕星"

泊尔江海子镇按照"稳羊增牛"发展战略,积极探索"为养而种、靠养而植"的发展模式,以产业发展为乡村振兴战略切入点,因地制宜、因村施策,确定了包括肉牛、肉驴、黑猪养殖,饲草料和中草药材种植,物流运输及乡村观光旅游等40个计划实施产业发展项目。

第一,充分发挥野良壹号、德鑫、亿茂、羚鲜、长青等龙头农牧企业示范带动作用,发展以肉牛、肉驴、生猪、家禽为主的高效养殖业。宗兑村、城梁村、海畔村、石畔村和泊江海子村与羚鲜食品有限责任公司签订合作协议，共同投入100万元扶贫产业资金，通过企业托养的方式发展肉牛养殖项目；折家梁村打造黑猪散养基地、培育优良种畜；漫赖村投资20万元，通过养殖大户代养模式，发展肉牛养殖项目。

第二，采取土地集中整合流转的方式，发展绿色有机蔬菜、五谷杂粮、沙棘、紫花苜蓿、中草药材等特色种植业。折家梁村流转土地1000亩，打造高标准农田，种植高产有机玉米；泊尔江海子农牧业公司牵头，流转巴音敖包村600亩耕地，发展五谷杂粮种植业；海畔村整合土地100亩，种植优良紫花苜蓿，发展林下经济；漫赖村流转土地500亩，种植水飞蓟中草药材；柴登村流转土地1500亩，种植饲草料，养殖肉牛130头，形成高效产业链，为动物园提供草料。

第三，充分发挥109国道交通运输优势，大力发展现代商贸物流业。海畔村依托银宏煤矿，借助交通便利、人口集聚等优势，发展物流运输、餐饮住宿等沿路沿线服务业，由村委会牵头，农户自筹1200万元，组建90余辆车的煤炭物流运输车队；城梁村包联单位鄂尔多斯市东胜区国资委创新建立"公司+村集体合作社+农户"产业发展模式，联合区直属国有企业投资47万元，成立强农种植养殖专业合作社，创建泊江海绿色无公害农畜产品品牌，为全镇农畜产品搭建展销平台。

第四，有效利用现有旅游资源和原生态环境优势，发展特色乡村旅游业。折家梁村依托现有资源优势，发展农耕体验、休闲观光、农技培训等旅游服务业；由市委办公厅牵头，文旅集团组织实施，在柴登村打造北方亚高原综合训练基地，基础设施、配套宿舍和足球场建设已进入施工阶段。

（三）抓人居环境整治，开启乡村振兴"加速器"，点亮"环境美丽星"

认真贯彻落实农村人居环境整治有关工作要求，以建设美丽宜居乡村为导向，坚持"因地制宜、示范先行、注重保护、建管并重"的原则，扎实推进"厕所革命"和农村垃圾、污水治理工作，持续改善村容村貌。

在2018年折家梁村试点完成149户农户厕所改造的基础上，通过细致摸排，在遵循农户自愿的前提下，2019年计划在折家梁村、柴登村、海畔村等内蒙古自治区"十县百乡千村"示范村，为具备条件的331户农户改造水冲式厕所，通过试点辐射带动，逐步在全镇范围内消除旱厕，不断优化乡村、集镇、道路的厕所布局。结合泊尔江海子镇实际，在人口集聚、交通便利的柴登村、海畔村、巴音敖包村建设水冲式公共厕所；投资570万元分别在柴登村和海畔村建设100立方米和300立方米污水一体化处理设施，3个试点村污水由镇统一抽排转运至以上两处污水厂集中处理；为全镇2358户常住户每户配备两个垃圾桶，用于垃圾分类，距离城镇较近、人口集中的保洁片区实行"户分类、村收集、镇转运、区处理"的城乡一体化垃圾处理模式，地处偏远、人口分散的村，实行农村生活垃圾源头减量政策，引导农民增强环保意识，自觉进行垃圾分类，努力打造天蓝、地绿、水净的美丽乡村。

（四）抓创新社会治理，把牢乡村振兴"定盘针"，点亮"社会和谐星"

积极探索自治、法治、德治相结合的乡村治理新模式，坚持矛盾纠纷调解与司法、行政、仲裁等力量相互沟通衔接，对矛盾纠纷化解机制和力量进行有效整合与重构，形成优势互补、主体多样的新时代多元化信访矛盾纠纷化解新机制，扩大矛盾调处"朋友圈"，切实解决群众合理诉求，打出一套漂亮"组合拳"，走出一条信访、调解"1+1>2"的新路子。

第一，坚持自治为基、法治为本、德治为先。按照"诉求合理的问题解决到位，诉求无理的思想教育到位，生活困难的帮扶救助到位，行为违法的依法处理"工作思路，认真倾听群众意见，努力把矛盾纠纷化解在萌芽阶段，在调解过程中坚持以情动人，以理服人，以法制人，努力构建和谐家园。

第二，打造多元化信访矛盾纠纷化解机制。充分发挥综治中心、司法所、派出所、各村调委会的调解职能，推行矛盾调解"选、进、稳、理、调、出"六步工作法，从现有人民调解员队伍中选派调解水平高、群众工作能力强、有一定信访工作知识或经验的人员参与信访矛盾化解。结合鄂尔多斯市东胜区"律师走基层"活动，充分发挥司法所调解普法双结合的职能作用，完善法律服务专家团，引导法律专业人士为人民调解矛盾化解提供法律支持。

第三，配齐配强"两会一队"（治保会、调委会、治安巡逻队），发挥村民自治功能，引导公众参与。完善以村党支部为引领、以群众自治组织为骨干的基层社会治理体系，建立由村两委成员、护林员、党团员，以及退休干部、教师组成的村级治安、普法、帮教、调解、巡逻"五位一体"的群防群治队伍，开展户户联防、邻里守望等农村"创平安创和谐"活动。

（五）抓精神文明建设，稳住乡村振兴"台柱子"，点亮"乡风文明星"

第一，新引领、展形象，推进新时代文明实践站建设。依托志愿服务队伍和志愿者，打造一支聚合各类人才、有能力、有热情、靠得住、敢担当的文明实践主力军，传思想、传政策、传道德、传文化、传技能。深入开展"讲""评""帮""乐""庆"五字活动。

第二，改风气、破陋习，深入开展移风易俗工作。围绕精神文明建设，开展乡风文明大行动，提倡社会新风尚，开展"一约四会、三村、四榜"传播活动，用制度化的形式引导村民主动转变观念，改正不良思想和陈规陋习。积极营造崇德向善社会氛围，广泛开展身边好人、道德模范、十星级文明户等评选活动，提高典型宣传和表彰力度，发挥模范的引领示范作用。

第三，提颜值、美环境，持续推进农村环境整治。下大力气开展农村人居环境综合整治，推动"厕所革命"工程，开展"美丽庭院"创建，实现村社"颜值"和"内涵"双提升。

第四，评模范、树典型，正向激励群众提高精神追求。组织开展"好家风好家训"教育活动，充分发挥村史文化馆、文化中心户、道德评议台、四德榜的教育引导功能，发挥正向激励作用，引导村民见贤思齐、崇德向善。邀请乡贤人士加入矛盾调处志愿服务队，做到矛盾纠纷不出村，倡导互帮互助的精神蔚然成风。

第五，搞活动、聚人气，不断丰富群众业余文化生活。通过"我们的节日", 举办 "土生土色" 文艺演出, 丰富村民精神文化。依托 "杀猪烩菜节" "农民丰收节", 开展 "杀猪烩菜能手" "乡村美食户" "最受欢迎年货" 等厨艺大比拼, 发掘土专家、培育土专利, 为各村产业发展献计出力。

二、案例成果

按照 "产业兴旺、生态宜居、乡风文明、治理有效、生活富裕" 的总要求, 通过 "五抓五星亮、产业特色强", 泊尔江海子镇农牧业综合生产能力、保障水平进一步提高, 现代农业体系初步构建, 先后荣获自治区 "转移就业工作示范苏木乡镇"、自治区生态乡镇、自治区文明镇等称号。

人才队伍体系更加壮大。打造了一支以新型职业农民、农业科技人才和农村经营管理人才为主的人才队伍, 人才支撑体系初步建立。

农村文化生活更加丰富。农村现代公共文化服务体系初步构建, 乡村优秀传统文化和民俗风情得以传承和发展, 实现乡村基本公共文化服务标准化、均等化, 农民精神文化生活需求基本得到满足。

公共服务水平更加均衡。城乡融合发展体制机制初步确立, 农村基本公共服务水平大幅提升。农村人居环境显著改善, 生态宜居的美丽乡村基本建成。

基层组织建设更加完备。以党组织为核心的农村基层组织建设明显加强, 制约组织振兴的突出问题有效缓解, 乡村治理能力显著提升, 形成领导有力、运转有序、治理有效的乡村组织振兴机制。

26

弘扬家和文化　　建设美丽家园

案例背景

　　江苏省南通市通州区兴仁镇徐庄村总面积2.8平方千米，有12个村民小组。近年来，徐庄村以"家和文化"建设为抓手，立足服务群众、服务民生、服务发展，持续深入一线，积极创新乡村治理方法，推动乡村振兴战略在徐庄村落地生根，经济社会呈现了良好的发展态势。

　　在社会治理创新实践过程中，徐庄村高度重视基本公共服务建设，面对问题不回避、不推诿，按照协商于民、协商为民的要求，通过党内民主推动基层基本公共服务均等化。以扩大有序参与、推进信息公开、加强议事协商、强化权力监督为重点，努力拓宽基本公共服务范围和渠道，丰富基本公共服务内容和形式。始终坚持"徐庄村事、徐庄人议"的原则，把百姓关心的事拿出来让百姓议，以协商倾听民意，以协商破难题，以协商定决议，激发村民参与村庄建设管理的积极性和主动性，提升村民自治的参与能力。

一、主要做法

（一）服务群众，夯实和谐稳定新根基，实现美丽乡村、人人爱护

以和为贵，筑"徐庄之家"。以"和"为主题、"家"为元素打造徐庄服务之家、教育之家、和谐之家。依托一站式服务平台，在村公共服务中心设置150平方米的服务大厅，按一站式办公、一条龙服务、一次性办结的要求，为群众提供热情、便捷、高效的服务。依托"1+N"社区公共服务中心，在配套办公用房内分别设置图书阅览室、电子阅览室、棋牌室、健身室、志愿服务站和300多平方米的多功能活动厅，为群众茶余饭后和精神文化活动提供阵地保障。依托"多室合一"，优化村综治、法治工作室、警务室、调解室、驻村法官（法律顾问）工作室设置，整合多方资源，共同开展矛盾化解等专项服务，推动社会治理从事后处置向源头治理转变、从被动应急向标本兼治转变。

以文化人，促乡风文明。着力打造"家和"文化品牌，"家"是团结的力量，"和"是工作的动力，把"家和"理念贯穿基层治理服务的始终。创立南通市通州区第一家村级月报《徐庄人》，设村庄管理、百姓民生、道德教育、法润徐庄等10余个栏目。自2015年起，徐庄村已编办《徐庄人》月报50期，每期印制1200余份，除在社区公共服务中心定期张贴更新外，还安排村民组长免费发放至每家每户。以"报"传"家和"，以社会主义核心价值观武装村民的思想，涵养家国情怀，建立新型、和谐的人际关系。邻里之间互助友爱，守望相助，党群关系水乳交融，干群关系亲密无间，文明之花处处绽放。

以美动心，享健康生活。老百姓对生活品质的需求越来越高，环境的美丽整洁成了老百姓最大的诉求。近年来，徐庄村紧紧围绕村民需求，打造了一批批民生工程和实事项目。2020年，先后投资320万元，完成了徐庄村中心路提升改造、垃圾分类积分奖励超市、农户生活污水处理设施、绿地生态公园和徐庄"家和"文化园等民生实事项目，满足村民的生活需求和精神文化

需要，推动美丽家园新农村建设。生活垃圾分类收集积分奖励超市的建成，不仅向村民宣传垃圾分类的好处，让村民得到"收益"，更培养了村民的良好习惯，推动村居环境的美化。

2021年，徐庄村继续投资1200万元，建成包括乡村大舞台、分散式污水处理设施，住宅道路拓宽和排水设施完善，以及打造休闲旅游农业等18个乡村振兴项目，建成后大大美化村民生活环境和提升村民生活质量，也为乡村振兴和美丽家园建设打下坚实基础。

（二）服务民生，共议共决民生实事，实现民得实惠、党得民心

改变以往自上而下的管理方式，探索建立民情征集制度。自下而上征集议题，做到村民目光聚焦在哪里，议题就在哪里，村民关心什么，村两委就做什么，真正把问需于民、问计于民落到实处。2021年以来，徐庄村先后从群众中征求并确定了16类45个民生实事工程，既提高了村民参与村庄事务的积极性，又将实事推进协商过程前置化，得到群众一致认可。

徐庄村积极创新社会治理方式，以恳谈倾听民意、以协商破解难题、以规范施行决议，把网格微家建在群众家门口，把矛盾解决在群众家里。村干部在基层治理中始终坚持"腿勤、嘴勤、手勤"，以勤换情。"腿勤"是村干部的工作要求。走遍全村每个角落每条路，走进每家每户，摸清底数是对村干部的基本要求，网格微家建立后，每个村干部每天必须两个小时不离微家。"嘴勤"是村干部的工作方法。村干部通过一个手势、一脸微笑、一席暖心话，把问题解决在现场，把矛盾化解在家门口，把不和谐因素消灭在萌芽状态。"手勤"是村干部的工作成效。四议两公开、有事好商量，通过群众党员代表共同商议，凝聚群众好点子、乡村治理有路子，用更接地气的方法解决问题。要真心抓实群众最盼的事，用心做好群众最难的事，耐心解决群众最需的事。矛盾不可避免，关键就是如何化解。主动迎上去，只要村干部团结一条心，发挥党员、村民组长作用，就没有解决不了的困难。

（三）服务发展，探索强村富民新路径，实现交流创新、互惠互利

得天独厚的区位优势为徐庄村腾飞带来了平台，勇于开拓、勤劳奋进的徐庄人为徐庄的发展注入了恒久的动力。天时地利人和，2010年，南通市通州区第一家村级科创园建成，吸引数十家企业入驻，涉及物流、电子、机械等产业。科创园抓住机会，为企业提供"物管式"服务。

以服务企业创造价值。为企业解决垃圾处理难问题，降低企业的运营成本；建立包括安全生产、社会保障、企业负责人等网络交流群，大家在群里相互交流生产和生活的点点滴滴。村两委不定期举办各种交流活动，包括企业党组织交流会、妇女职工联谊会、安全生产宣传培训会、社会保障联席会等活动。这种线上与线下"双线"结合的方式，促进企业间的相互交流，更好地为企业提供"保姆式"服务。

以服务为群众创造收入。做好群众推荐就业和扶持创业，全村呈现人人有事做，户户有收入，家家忙挣钱的氛围。

以服务为集体得效益。2021年村集体收入245万元，使二三产业经济支持一产发展，延伸产品链，让老百姓口袋鼓起来，日子潮起来。村富带民富，民富赢民心，村集体富了，可以为老百姓带来更多的福利——70岁以上老人免费理发，65岁以上的村民免费体检，年终有慰问。全村890户人家拥有家庭小汽车1150辆，村民过着早上散散步，白天上上班，晚上唱唱歌、跳跳舞的美好生活，满意度和幸福感均得到提升。

二、案例成果

筑梦踏实，砥砺前行。徐庄村通过创新探索和艰苦奋斗，村域社会风气发生巨大的变化，广大村民的文明素质得到快速提升。村集体先后获得"全国文明村""全国民主法治示范村""全国乡村治理示范村"3项国家级荣誉，以及"江苏省和谐社区建设示范村""江苏省生态示范村""江苏省健康村"等10多项省级荣誉，并多次获得南通市、通州区先进集体的嘉奖。

27

发挥传媒优势　践行三全育人

案例背景

乡村振兴，乡风文明是保障。乡风文明能够为产业兴旺提供很好的发展环境，为生态宜居提供优良的人文环境，有助于构建自治、法治、德治的治理体系，提高乡村治理的有效性，也是生活富裕的重要内涵，必须高度重视文化在乡村振兴中的作用，以文化振兴推动乡风文明。

2019年，中国传媒大学作为教育部新增的定点扶贫高校，对内蒙古自治区兴安盟科尔沁右翼前旗进行帮扶，同时把科尔沁右翼前旗察尔森镇察尔森嘎查作为定点帮扶嘎查。中国传媒大学党委对扶贫工作高度重视，整合校内外传媒特色资源真抓实干，探索出一条传媒赋能、文创赋能、人才赋能"三赋能"的文化帮扶新路子。

一、主要做法

中国传媒大学经过两年的帮扶工作，结合自身的相关专业优势及当地工作实际情况，同时深入推进教育部提出的"三全育人"的改革，在察尔森嘎查乡村文化治理中提出"一党史，二育人，三赋能"的新举措。

（一）"一党史"

为响应"学史明理、学史增信、学史崇德、学史力行，学党史、悟思想、办实事、开新局"号召，中国传媒大学驻村第一书记所派驻的科尔沁右翼前旗察尔森嘎查主动联系科右前旗党委，与学校共同开展"光影明心，党史明志"红色电影学思践悟活动。活动通过露天放映经典红色电影，以专家教授、博士生讲解电影背后所反映的相关党史知识的形式，开展党史学习教育，每周派遣中国传媒大学的一位教师及博士生赴科右前旗开展活动。每周五晚上固定在察尔森嘎查进行讲解和放映，周六日赴旗内外各政府部门、社区、学校进行放映。电影放映这一群众喜闻乐见的形式，真正把党史学习教育深入到基层群众中。

（二）"二育人"

打好组合拳，提升亲和力和感染力、针对性和实效性，让学生领会科学理论的实践价值、中华优秀传统文化的智慧力量、中国发展的时代意义。中国传媒大学把察尔森嘎查作为社会实践基地，结合传媒大学学科特长开展一系列实践教学。

开展"全家福"计划。经过多年的精准帮扶，察尔森嘎查已经实现建档立卡户全部脱贫，村民的物质生活得到满足，同时也暴露了一定的社会问题，如不赡养老人、等靠要的现象。经过走访，建档立卡户多为无劳动能力或弱劳动能力的老人，其子女多外出打工不在身边，老人也多独自在家生活，有的家中没有一张全家的合影。为了更好地建立乡规民约，形成尊老爱幼的风气。2021年7月，中国传媒大学派遣暑期社会实践团，在专业教师的带领下为察尔森嘎查37户建档立卡户拍摄全家福。拍摄期间，专门把外出打工的子女召集回家，并为其报销路费。

与专业课程相结合，开展实践采风调研。中国传媒大学戏剧影视学院编剧专业的研究生20人，在其专业教师的带领下来到察尔森嘎查开展为期一周的编剧课程的乡野调查和采风，并创作以"厕所革命"为背景的舞台戏剧。

"五育"并举，强化劳动教育，弘扬劳动精神。中国传媒大学把察尔森嘎查作为社会劳动教育基地，为察尔森中学注资建立STEM课题实践基地，该基地以学生实践课的劳动实践为主，培养学生的农业技能及农业知识。

（三）"三赋能"

结合中国传媒大学专业特长及相关优势，学校提出传媒赋能、文创赋能、人才赋能的长效帮扶机制。

传媒赋能，讲好乡村振兴故事，促进帮扶地区知名度跃升。经过多年的建设和发展，察尔森旅游小镇的建设初具规模。尽管察尔森嘎查周围有察尔森水库、敖包山、锡伯图山等景区，但现在还处在单一的初期景区状态，没有形成精品旅游线路；同时，缺少高品质的旅游栖息地，未能实现由"旅游过境地"向"旅游目的地"转型。结合中国传媒大学导演、摄影、戏美等专业优势，以及相关校友的名人效应，2021年集中打造一批"网红景点"，通过传统媒体，以及抖音、微博等社交平台渠道对嘎查旅游进行大范围宣传，开展一系列的直播助农活动。在教育部指导下，中国传媒大学承办了"我的2020——全国高校师生扶贫微视频征集展示活动"，策划、制作了以教育扶贫一线故事为内容的微视频网络接力活动，引起社会各界的积极反响。同时，相继制作了科右前旗宣传片、兴安盟扶贫办11部扶贫微纪录片、察尔森嘎查扶贫纪实等近20部影片。

文创赋能，注重授之以渔，提高产业帮扶实效。学校充分发挥文化产业管理、广告、经济管理等专业及人才优势，对科右前旗实施"授之以渔"帮扶计划：系统挖掘和保护草原传统文化，协助前旗巴音居日合乌拉祭申报国家第五批非物质文化遗产；举办首届"中国草原文化旅游发展论坛"，引入专家、学者和优质企业，为当地文旅产业发展建言献策；引入社会企业捐建文化书屋"星空坊"，打造草原旅游网红打卡新地标；创办"中传创扶"扶贫车间，助力马头琴、"蒙绣"等草原文化创意产品开发；引入国内知名果酱企业，研发"季小果"沙果酱等产品。为更好地发挥特色和创新帮扶举措，在消费帮扶和直接投入支持方面，开拓性开设了"前旗味道"特色帮扶档口。以科右前旗美食为窗口，对接学校、社会等多方资源，将其向北京外国语大学及其他合作方推广，拓宽科右前旗农副产品销售渠道，开展展销、义卖等活动，促进消费帮扶，探索"前店后厂"帮扶新模式。

人才赋能，打造长效机制，激发帮扶地区内生动力。学校发挥传媒艺术、媒体技术等方面的人才优势，加大智力投入，提升帮扶效能；"光明影院"公益团队将中国传媒大学师生创作的近200部无障碍电影赠予科右前旗，为视障人士修筑"心灵盲道"；影视创作校友团队为帮扶地区量身定制高品质宣传片，提升当地的知名度和美誉度；建设"中传书院"教育扶贫品牌，1593人次接受专家辅导和培训；设立"中国传媒大学科右前旗教育实训基地"，专设3个支教保研名额，选派31名优秀师生前往科右前旗中小学和职业高中支教，形成长短期相结合、基础教育和艺术教育相补充的传媒特色支教品牌。

二、案例成果

"光影明心，党史明志"红色电影学思践悟活动自2021年5月14日开始，放映地点包含科右前旗察尔森嘎查、察尔森镇政府、前旗党校、前旗第二中学、兴安盟党校、前旗巴日嘎思台乡政府、科右中旗新时代文明中心、中旗巴彦呼舒第二中学、中旗哈吐布其嘎查等；参与活动的人员总数达到2100多人，其中农牧民、村民等800人次，村级党员200人次，科级及以上干部450人次，其他干部500人次，中学生150人次，得到当地干部和群众的热烈反响和支持。

在育人方面，中国传媒大学先后派遣专家教授近20人，本科、硕士、博士研究生近70人参与各项工作。拍摄制作的"全家福"得到嘎查村民的热烈反响，很多子女专程回家，其中不乏一些长年外出务工无法回家的子女，留守在家的老人得以与子女团聚。参与各项活动的专家及学生也收获颇丰，并在学校掀起帮扶热潮，教授及学生纷纷报名到帮扶地区工作，对学校整体

"三全育人"起到极大的推动作用。

2020年，中国传媒大学获得中央定点单位扶贫工作考核评价"好"。内蒙古自治区党委书记在考察察尔森嘎查相关工作时对中国传媒大学的基层党建、文化振兴和相关帮扶工作给予高度评价及肯定。2021年挂职干部刘京晶同志（文化产业管理学院副院长，挂任内蒙古自治区科右前旗政府党组副书记）荣获"内蒙古自治区脱贫攻坚先进个人"；挂职干部安明泰同志（戏剧影视学院团委书记，挂任内蒙古自治区科右前旗察尔森嘎查驻村第一书记）所带领的察尔森嘎查驻村工作队获得"内蒙古自治区脱贫攻坚优秀集体"。

三、经验启示

铸牢中华民族共同体意识，大力弘扬中华优秀传统文化，设立"文化村长"。在民族地区要以中华优秀传统文化为根基，以文化人、以文育人，通过学习传统文化中优秀的各类经典，树立风清气正的乡风村风，构建各民族共有的精神家园。为了更好地实现文化振兴，中国传媒大学在察尔森嘎查设立"文化村长"，由驻村第一书记担任，坚持以社会主义核心价值观为引领，积极带领村民学习和弘扬中华优秀传统文化。

坚持"五育"并举，突出劳动教育，设立劳动教育实践基地。察尔森嘎查在之前STEM课程实践基地的基础上，准备把全村打造成学生劳动教育实践基地。计划利用寒暑假和春秋两次读书假开展社会劳动实践，专门派遣学生到嘎查进行种植业、牧业、渔业等劳动技能培训。计划从北京往返搭乘"绿皮火车"，住在村民炕头，参加农牧业生产，真正让新时代的高校学生深入基层了解社会，了解其生产生活情况，根据自己的体会撰写田野报告及心得体会，把论文写在大地上，并创作出一批贴合实际需求，让百姓喜闻乐见的文艺作品。

赋能察尔森假日小镇文旅发展，打造草原旅游新地标。继续通过"三赋能"举措赋能察尔森假日小镇文旅发展，打造精品旅游线路，凝练小镇文化符号，制作察尔森卡通形象标识，基于卡通形象推出一系列文创产品，通过传统媒体和新媒体进一步提升知名度。

28

为乡村振兴提交满意答卷

案例背景

塘前乡位于福建省连城县东北部，土地面积102.8平方千米，其中耕地7500亩、林地面积14.3万亩，森林覆盖率92%，下辖6个行政村，23个自然村，59个村民小组。塘前乡属市级扶贫开发重点乡，脱贫前，全乡共有贫困户144户374人。

绿水青山就是金山银山。地方党委政府从强化组织领导夯实工作机制、摸清底数责任落实到位、攻坚难点落实"两不愁三保障"、强化帮扶激发脱贫动力等方面入手，聚众智，聚群力，打赢脱贫攻坚战，为乡村振兴提交满意的答卷。

一、主要做法

强化领导，建立工作机制。定期研究、部署和推进扶贫工作，乡党政主要领导每月至少1次专题研究脱贫攻坚工作，每月不少于5个工作日用于扶贫工作。乡党委书记、乡长遍访全乡贫困户，各村党支部书记遍访本村贫困户，切实形成党政"一把手"亲自抓，分管领导具体抓，扶贫专干和各部门齐抓共管的良好工作机制。

摸清底数，责任落实到位。2016年以来全乡开展动态调整，认真落实"六个精准"要求，严格开展贫困人口动态调整、边缘户、"七类"人员、脱贫监测户、重点对象摸排等工作，将符合条件的贫困人口及时纳入，不符合条件的及时清退，同时建立健全贫困户挂钩帮扶工作机制。

攻坚难点，落实"两不愁三保障"。全乡贫困户人均纯收入均已超过国家脱贫标准，实现吃穿不愁。2016年以来，共拨付造福工程易地搬迁补助资金520万元。贫困生均享受各类教育补助资金，义务教育阶段入学率达100%、"两免一补"和"营养餐"政策享受率达100%。贫困户全面落实医疗保障，实现贫困人口100%医保参保全覆盖，全乡建设10个集中式供水厂，水质检测均为合格，达到饮用水安全标准，健全饮水安全台账及档案材料。

强化帮扶，激发脱贫动力。鼓励贫困户参加由政府搭台，经营主体补充的激励性产业扶贫项目，2018年以来，开展蜜蜂养殖、河田鸡养殖、莲子种植、蔬菜种植、毛竹种植管护5个激励性扶贫项目，参与率达80.55%，覆盖6个村。全乡共安排公益性岗位13个，累计培训165人次，提高贫困户技术技能。

二、案例成果

2017年，省级贫困村上琴村实现脱贫摘帽；2018年，县级贫困村罗地村、水源村实现脱贫摘帽；2019年，塘前乡通过市级验收退出市级贫困乡；2020年，全乡贫困户人均年收入都在1.8万元以上，超出贫困标准人均年收入4000元，100%实现脱贫退出，贫困发生率降为0。

塘前乡率先在全县打造以"莲"文化、知青文化为主题的文化旅游产业，党建联盟产业区全面恢复重建并已实现部分项目试营业，"豸下莲乡"文旅度假区成功创建国家AAA级旅游景区。烤烟、水稻、白鸭等传统产业稳步发展，莲子、黄桃、芙蓉李、火龙果等休闲农业种植达1000余亩。

全面推进绿亮美工程，河道断面水质等指标位居全县前列，美丽塘前更加生态宜居。大力推进移风易俗，文明风尚日益浓厚，塘前乡连续三届蝉联省级文明乡镇，塘前村、水源村成功创建省级文明村居。

走进塘前乡，处处繁花似锦，道路宽了，环境美了，生活富裕了，老百姓幸福指数不断升高，呈现农村美、农村强、农村富的有温度的幸福塘前。

29

"五型路径"促发展 乡村治理效能强

案例背景

四川省大邑县总面积为1284平方千米,辖11个镇(街道),147个村(社区),其中现存乡村形态的村(社区)共有123个,占比达83%。

近年来,大邑县严格落实"优化资源配置、提升发展质量、增强服务能力、提高治理效能"要求,坚持因地制宜、因村施策、尊重民意的原则,立足文旅大邑发展方向,聚焦雪山大邑公园城市建设目标,充分发挥山丘坝自然生态资源优势,以创新集体经济发展体制机制为抓手,建立集体与个体的利益链接机制,持续增强基层党组织引领村(社区)治理的效能,力促乡村振兴在大邑县走深走实、见行见效。同时,通过发展壮大集体经济培育壮大村(社区)优势产业,以发展促治理,不断营造乡村幸福美好生活场景,实现村美、业兴、人和。

一、主要做法

（一）坚持以党建为引领凝聚工作合力，齐抓共管构建全域推动格局

针对集体经济发展缺统筹、缺合力等问题，大邑县采取"县委统筹+一村一策"方式，探索建立集体经济全域统筹推进工作机制。

完善责任链条。建立责任落实机制，完善党委统一领导，组织部门统筹协调，财政、农业及相关部门支持配合，镇村具体落实的工作体系，将发展壮大村级集体经济列为镇、村两级党组织书记抓党建述职评议考核硬性指标，纳入目标责任考核内容。

强化政策配套。摸清全县147个村（社区）集体经济发展现状，组织县级相关部门在产业扶持、土地保障、政策奖补、金融税收、人才保障等方面统筹出台23项扶持举措，配套政策解读细则，简化登记注册、税收优惠申报等事项办理流程，扭转政策分散、缺乏统筹的状况。制定出台《大邑县坚持和加强农村基层党组织领导　扶持壮大村级集体经济三年规划》等指导性文件，明确指导思想、目标任务、实施路径。

创新工作机制。实施镇村"一村一策"计划，建立"一月一调度"制度，推动国土规划、法律保障等关键政策落地落实，强化县、镇、村三级联动、全域推进。建立帮带机制，组织县域50家规模以上企业党组织与示范村（社区）党组织结对共建，聘请50名党建、经营管理、实用技术等领域专家作为指导员，采取培训辅导、研讨交流等方式助推村级集体经济快速发展。

（二）坚持以市场为导向释放发展活力，因地制宜探索"五型"发展路径

坚持把农商文旅体融合发展作为实现乡村振兴的有效途径，突出"农"的生态赋能、"商"的价值逻辑、"文"的品质浸润、"旅"的聚人引流、"体"的品牌集聚作用，改变过去粗放式、单一化的发展模式，以市场为导向，因

地制宜、因村施策，探索实践五种类型的村集体经济发展模式。

强化抱团发展，走"股份合作型"发展模式。坚持"集体领办、按比分红"原则，把荒山、荒滩、荒地、荒水"四荒"资源作为股份，参与企业经营，获得稳定的经济收益。全县有25个村（社区）集体把"三资"量化为股份，采取股份集中、多村合股等方式发展集体公司参与市场经营。其中，沙渠街道强民公司通过股份合作总资产超5000万元，实现年均利润500余万元。

强化产业支撑，走"资源开发型"发展模式。在坚持开发利用资源与保护生态环境相统一的前提下，充分挖掘村域自然资源潜力，创办集体经济实体，发展经济作物、乡村旅游等产业。

强化盘活利用，走"资产经营型"发展模式。引导和推动村集体盘活闲置、低效使用的各类集体资产，做好存量资产流转租赁经营。建立闲置低效资产处置机制，开展清资核产，对不具备自主经营条件的闲置、低效使用的办公用房、老校舍、厂房、仓库、铺面等集体资产，开展流转租赁经营或入股分红，增加集体收入。全县有51个村（社区）通过集体固定资产出租或入股分红获得稳定收入，年收入300余万元。

强化资产积累，走"项目带动型"发展模式。建立"政府+社会"双向投资机制，用好用活各类惠农政策和财政资金，将财政投入资金进行量化，作为集体资产或收益分成，吸引社会资本积极参与农村土地综合整治、农业基础设施、扶贫开发、产业发展等项目建设，在实现"小钱办大事"的同时积累集体固定资产。2020年以来，全县通过各类项目实施，增加村（社区）集体资产近亿元。

聚焦生产生活，走"服务创收型"发展模式。建立"专业化+市场化"服务机制，针对产业功能区、产业园区和新型社区等多样化生产生活需求，成立70余家集体经济企业和专业合作社，按照"有偿、微利"原则，积极开展劳务用工组织、物业管理、社会组织孵化等各类服务，就近新增就业岗位4000余个。

（三）坚持以效益为纽带激发内生动力，共建共享带动群众增收致富

针对村级集体经济发展群众参与少、缺活力、缺监督等问题，探索建立民事民议、政策激励、过程监督、利益分配等机制。

建立共同参与机制。按照群众认可、群众参与、群众受益原则，推动群众共同谋产业、议项目，先后发动党员群众出资入股近2000万元，腾退闲置农房、水塘等资源资产80余处，推动"资源变资产、资金变股金、农民变股东"，实现从"干部干、群众看"到"干群一起干"的转变。

创新激励奖补方式。统筹省市县各类支农、惠农奖励资金，采取"以奖代补"方式扶持村级集体经济发展。推行村干部"基本报酬+考核绩效+集体经济发展创收奖励"的报酬制度，允许按照不高于当年集体经济经营性纯收入新增部分的20%提取奖励资金，对集体经济组织经营管理人员进行奖励，激发管理人员的积极性、主动性。

健全监督管理机制。严格落实"四议两公开"和村财镇管制度，建立会计委托代理制度，创新账目数据"网上监督""指上监督"，严格对村级集体经济开展监察、审计，确保集体企业收支透明、合法经营。探索研究"容错纠错"机制，增强村党组织引领扶持壮大村级集体经济的信心和决心。

完善共享分配制度。集体经济发展收益实行"留一点、分一点、用一点"，经民主程序讨论决定，按一定比例预留部分收益作为集体经济发展资金，保障村民分红占比，积极发展基础设施维护、公共服务、社区营造等公共服务事务。

二、案例成果

（一）"形态优"是基础，以有效治理营造发展大环境

为了营造集体经济发展良好环境，坚持"设计点亮乡村、社区即景区"理念，充分运用空间美学重塑乡村新面貌。

营造宜居生活场景。实施1.6万亩土地整理，新建38个新型小区，改善2.2万户6.6万名群众居住环境，5个村获评人居环境优美村。引入云上合景、郎基尚善等企业，实施"云上运动康养度假""天府花溪谷"等项目，保护和延续乡村独特空间形态，祥龙社区获评2020年中国美丽乡村。

营造宜游田园生态场景。开展田边、河边、路边"三边"整治，修复林盘651个，创建市级AAA林盘3个，再现美田弥望、茂林修竹自然风貌。践行绿色发展理念，建成湿地公园、滨河公园、"小游园·微绿地"120个，社区绿道175千米，有机串联县域内水系、大田、林盘、小区物理空间。

营造宜业消费体验场景。深挖道源、雪山、温泉、庄园等文化元素，运用文创手法，呈现"南岸美村乡村生态博物馆""稻香渔歌艺术中心""共享书院·左图右史"等社区美空间200余处。

（二）"产业兴"是关键，以主导产业带动集体经济创收

针对大部分乡村产业定位不明确、比较优势不明显、可持续后劲不足等现状，围绕国家城乡融合发展试验区建设和文旅大邑发展定位，培育主题乡村核心IP。

做优农业品牌。着眼高端农业，33个村发展特色果蔬种植、67个村发展绿色生态粮油种植、22个村发展高端康养中药材种植。成功打造"大邑金蜜李"等国家地理标志农产品10个，农业总产值达77亿元。

培育文旅品牌。引进华侨城等市场主体，呈现"今时今日安仁"实景剧等一批消费新品牌，打造溪地阿兰诺等高端民宿、呈现民宿聚落；实施"五个活化"，营造共享院子、街区、服务等场景，太平社区成为游客打卡"网红地标"；吸引人才回流，营建最具烟火气的"幸福公社"，获评第二届中国幸福社区服务范例奖。

发展景区型社区。依托川西林盘自然肌理，建成"水西东"林盘文化中心、庙湾林盘文化创意园，呈现集高端民宿、轻旅休闲、康养餐饮于一体的"南岸美村"，集乡村旅游、农业科创、文化体验于一体的"稻香渔歌"，集康

养、农业、运动于一体的"云上"旅游度假区。全县A级景区型社区14个，实现传统农业社区向文旅社区"蝶变"，年吸引游客300万人次。

（三）"机制强"是保障，以全链条的闭环机制推动高质量发展

针对乡村社区集体经济"弱、小、软"短板，利用本轮村级建制调整，重构空间、重组资源，探索"集体经济+"发展路径。

以组织赋能强化引领。实施集体经济发展三年行动，全覆盖建立村（社区）集体经济组织，全面推行书记、主任、集体经济组织法人"一肩挑"，完善"头雁+骨干"人才培育机制、"企业+指导员"合作经营机制、"奖补+考核"激励引导机制，优化人才、技术、资金等关键要素支撑。

以专业运营探索路径。整合资源、分类施策，组建多村联建公司5家、专业合作社68家、资源开发企业61家、资产经营企业51家，聘请60名职业经理人开展专业运营。探索股份合作、资源开发、资产经营、项目带动、服务创收等五类路径，集体经济发展动力全面增强。

以拓展市场增强造血。精准对接市场，拓宽经营范畴，多渠道提高集体经济收入。因地制宜增加社区导游、劳务输出等服务事项，承接政府公共服务、社区专项资金"微项目"，开展资产租赁、资源开发等业务，成功消除"空壳村"，年均收入30万元以上的村达83个，年均增幅达50%。

30

党建引领致富路　"七村一体化"齐向前

　　阿拉坦额莫勒镇位于内蒙古自治区新巴尔虎右旗中心地带，全镇总面积3200平方千米，辖11个嘎查，6个社区（含1个牧业社区）。其中镇区东郊的东庙嘎查、希日塔拉嘎查、西庙嘎查、赛汗呼热嘎查、巴音德日斯嘎查、海拉斯图嘎查、山达嘎查（以下简称"七村"）和蓝旗庙社区，与中心镇接壤，地理位置优越，交通条件便利，生态资源丰富，生产方式多样，产业发展基础较好且初步融合，区域发展后劲足。

　　乡村振兴战略实施以来，阿拉坦额莫勒镇在旗委旗政府的坚强领导下，紧紧围绕坚持农村牧区基层党组织领导核心地位不动摇，巩固党在农村牧区的执政基础来谋划和实施牧区现代化试点建设。

　　2020年，阿拉坦额莫勒镇严格按照"生态优先、绿色发展"的整体部署，紧紧把握牧区现代化试点建设有利先机，探索推行党建引领、多元融合的"七村一体化"发展模式，发挥基层党组织作用，优化升级产业结构，激发了农牧民渴望发展的干劲，突破了嘎查集体经济的发展瓶颈，走出一条符合当地实际的农牧民持续增收致富的新路子，在实施乡村振兴战略上迈出坚实步伐。

一、主要做法

（一）党建引领一体化

在七村党支部基础上，组建七村党总支，由镇党委综合考评、择优选派有干劲、能带头、有能力的嘎查支部书记、委员到党总支任职，强化组织领导。

（二）生产经营一体化

重新定义发展模式和生产经营方式，打破过去政府过度干预、嘎查发展分散的局面，确立政府全面推行"放管服"、下放行政责权、创新服务监管职能、嘎查产业经济组团创新发展的模式。

（三）生态资源一体化

第一，河、湖等自然资源与生态保护相结合适度利用，通过政府引导、发展河湖休闲观光旅游和沿河沿湖嘎查旅游产业等模式，改善呼伦湖、克鲁伦河沿岸的旅游秩序。

第二，生产资料重组优化，通过政府政策性引导，加快推进嘎查集体产权制度改革，将基本草原、人工草地、耕地、林地等基础生产资料资源进行清产核资、登记、量化。

第三，活畜整合和规模化养殖，在草场资源整合的基础上，培育标准化、规模化养殖生产体系。

第四，提升品牌资源价值，积极申请"六村西瓜""蓝旗庙尖椒"等地标产品审批注册。

第五，传承和发扬游牧、巴尔虎、渔猎、农耕、祭祀等多种文化，打造河湖三角洲文化旅游体验长廊，发展文旅产业。

（四）产业布局一体化

坚持畜牧业为基础，农牧融合发展，文化、旅游贯穿始终的原则，模块布局农牧产业，初步形成东庙—希日塔拉种植养殖基地，蓝旗庙地区种植养殖基地，赛汗呼热—西庙加工服务（物流）基地等三大模块，同时以旅游中轴线和七村旅游环线科学衔接各模块。

（五）人才培养一体化

构建人才发展平台。通过优化干事创业营商环境、净化生活工作生态环境、助推基本公共服务均等、着力产业乡村人才融合发展、年轻人才开发使用、建立健全人才持续发展机制等相关措施，构建"事业吸人、环境诱人、感情引人、政策招人、责任催人、利益留人"人才发展平台，吸引更多农技、牧技、医疗卫生、教育、文化旅游、经营管理、电子商务等领域人才，投身和服务"七村一体化"建设。

促进人才素质提升。会同各职能单位启动新型职业农牧民培养机制，制订职业农牧民培育计划，建立健全职业农牧民数据库。形成地校合作的模式，对接高校、农技部门、融入相关合作关系，特别是农牧医口的专家学者对本地区生产经营的农牧民进行理论知识培训和技术操作指导，先行先试，分批次分季度，以常规视频授课、阶段选派现场听课的形式，培育一批爱农牧业、懂技术、善经营的新型职业农牧民。

（六）城乡发展一体化

第一，加快交通网络建设，启动西庙嘎查至白音德日斯旅游公路建设项目，实现"七村一体"道路直通，同时对七村各主线、支线公路全面改造升级，开通七村公交旅游环线。

第二，加快水电管网设施建设，主要内容包括主水源地建设，以及电力供应、自来水和排污管线铺设。

第三，适应人口结构和经济社会形态的变化，强化公共服务供给水平，形成旗、镇、嘎查三级统筹，推动形成三级功能衔接互补的公共服务体系。在此体系之下充分完善各嘎查社区综合服务、电子商务、医疗卫生、文体娱乐等服务设施。

第四，优先实施4G网络全覆盖和优先考虑推动5G网络架构建设，加快信息平台建设，组建"七村一体"电子商务服务平台，进一步完善市场服务体系，并在大数据服务现代农牧业方面进行尝试，取得突破。

第五，七村联合社下设劳务输出经济体，科学整合和使用富余劳动力，为城乡提供家政、养老和环卫等服务，扎实落实以工代赈惠民政策，积极引入第三方公司，带动建档立卡贫困户持续稳定就业。

第六，针对中心镇生产生活需求，在赛汗呼热嘎查建设现代化物流集散中心，加快七村农畜产品、加工业产品线上线下销售。

（七）环境整治一体化

深入实施农村牧区人居环境整治三年行动，营造宜居、宜业、宜商、宜游的牧区环境。

第一，加快推进呼伦湖周边安全饮水项目实施，实现七村安全饮水全覆盖。

第二，实施养殖废物无公害资源化利用工程，变废为宝，将牛羊粪污转化为有机肥、燃烧颗粒等。

第三，全力推进厕所革命，实现七村水冲式厕所或新型卫生厕所全覆盖。

第四，强化设备设施配置，建立七村环境卫生、生产生活垃圾处理和污水转运体制，实现垃圾、污水高效收集转运处理。

第五，加快牧区宜居宜游环境建设，实施七村美化、亮化、绿化工程，建设特色民宅民宿，建立美丽庭院评比和奖惩机制。

二、案例成果

（一）健全机制，引领活力得到激发

经镇党委综合考评、党员群众选举，在七个嘎查分别成立集体资产为基础的股份经济合作社，"七村"选举产生理事、监事共61人，其中各嘎查书记当选为理事长。

经合作社酝酿推荐、镇党委审核、大会选举，从各合作社理事、监事中产生七村合作联社理事长1名、副理事长2名、理事成员4名、监事长1名、副监事长2名、监事成员4名，均为嘎查党员干部。

从七个嘎查党支部中择优选派有干劲、能带头、有能力的嘎查支部书记、委员组建七村党总支，激发党建工作活力，调动了党员积极性。

紧扣提升组织能力、突出政治功能这个关键，打造"克鲁伦先锋"牧区特色党建品牌，深入实施"思想夯基、红色堡垒、先锋培育、引领振兴、激励保障"五大工程，有效提升基层党组织建设质量。

严格规范合作社和合作联社财务管理制度及公开方式和内容，全面加强对"两社"经营行为的监督检查，为"七村一体化"正向发展保驾护航。

实行"党总支+党支部+党员+产业基地"引领机制，形成在党总支和党支部引领下，联社主要负责产业发展规划、总营销、品牌推广等经营管理，合作社按照联社的统筹主要负责优质农畜产品的种植和养殖。

（二）动真碰硬，牧民利益得到保障

自草畜平衡政策实施以来，所在地嘎查集体草场并未真正意义上执行该政策。由于全嘎查有畜户共同使用集体草场，牲畜数无法固定统计，所以通过集体资产清查及合作社召开全体成员大会的方式，嘎查真正把草场使用权抓在手里，或合作社统一经营管理或有偿租赁给本嘎查牧民使用，从根本上实现以草定畜，也改变了少数牧业大户侵占大多数牧民利益和损害集体资产

的现象。

嘎查农牧民集体成员身份确认后，即成为该嘎查合作社成员，享有合作社集体股的效益分红。成员若有入股，则成为该合作社社员，社员享有资产收益，参与重大决策和选择管理者的权利，按照章程规定或者社员大会决议分配合作社的盈余。若在合作社从事种植或养殖并与合作社签订劳务合同后，身份则成为职业农牧民，合作社支付薪酬，并参加国家规定的社会保险与住房公积金，从而用制度和章程保障农牧民利益，化解群众思想上的顾虑。

（三）外引内联，人才支撑得到强化

依托农牧部门新型职业农牧民培育和人社部门职业技能培训两个平台，培育本土爱农牧业、懂技术、善经营的新型职业农牧民。构建"事业吸人、政策招人、利益留人"等人才发展平台，吸引更多农技、牧技、医疗卫生、教育、文化旅游、经营管理、电子商务等领域人才，投身和服务"七村一体化"建设。与旗牧区现代化办公室，以及浙江大学、黑龙江农科院、内蒙古农业大学、蒙草集团等规划和科研团队有效衔接，专家服务团的作用逐步显现。

作为边疆民族地区，阿拉坦额莫勒镇党委政府坚持党建引领，实现了基层党建工作与产业发展的有机衔接，使集体经济焕发新的活力，促进农牧业生产规模化、集约化、科学化、现代化，找到了一条既适应市场需要，又切合当地实际的发展之路。但是，阿拉坦额莫勒镇"七村一体化"发展模式还需更加理性客观地规划和思考，需要上级持续关注关爱、政策资金支持和各职能部门配合。阿拉坦额莫勒镇将继续巩固拓展脱贫攻坚成果、换届选举成果，勠力同心真抓实干，定会让牧区现代化建设之花开遍这片草原，结出累累硕果。

31

四季柚带来美好生活

案例背景

中魁村坐落于浙江省苍南县马站镇东侧的魁里山脚下，倚山靠海，距沈海高速复线马站出口仅2分钟，离渔寮景区仅5分钟车程，区位优势独特，资源禀赋优越，更是享有"仙家名果"之称的蒲门四季柚的原产地。

近年来，中魁村按照"产业兴旺、生态宜居、乡风文明、治理有效、生活富裕"的总要求，打造"仙家名果·柚香中魁"的金字招牌，在建设美丽乡村方面，走出一条农旅融合独具特色的乡村振兴新路子，相继获评"全国文明村""全国民主法治示范村""国家级生态村"，创浙江省AAA级旅游景区村庄，中魁四季柚被授予"国家气候标志"。

一、主要做法

（一）以品牌活动带动产业发展

1986年，中魁村党支部带领全村种植四季柚300多亩，为全村成规模发展特优产品奠定了良好基础。20世纪90年代以后，中魁村两委发动群众，伐杂木、砍毛竹，建造半山腰机耕路，为进一步大规模发展四季柚创造了良好环境和条件。由于四季柚的知名度不高，在市场中不具备价格优势，1995年，中槐村村民自筹资金，举办了首届中魁村四季柚采摘节，就此打响四季柚的名号，经济效益年年攀升。

在各级党委和政府的重视和支持下，中魁村每年都如期举办规模不等的采摘节活动及四季柚的发展战略研讨会。村两委为中魁村四季柚的发展和销售倾注了全部的心血，同时得到广大群众的大力支持和认可。

（二）以产业融合带动村庄发展

依托自身发展规划及特色农旅产品，充分挖掘生态农业和旅游资源，打造"农业+旅游"发展模式，推动产业发展、群众增收。中魁村大力开展美丽田园建设行动，对村域内的田园进行综合整治，有效提升了田园清洁化、生态化、景观化水平。在整治基础上，投资1200多万元，对村内的125亩土地进行规划设计，以"双魁印象"为主题打造了一个集观光旅游、户外婚庆拍照、亲子活动等于一体的美丽田园精品区。

改造位于果园内的老旧民居，根据四季柚文化进行规划设计，打造以柚子文化为主题的"柚一邨"柳暗花明特色民宿。利用中魁稻田，打造集亲子活动、农耕体验、蔬果采摘、农田认养等于一体的数字化升级改造的开心农场。

（三）以"服务村民"发展美丽乡村

中魁村在立足村内实际，从老百姓最迫切的生活需求入手，率先开展硬化村内道路、旧房改造等居住环境整治工作，并建成多媒体远教广场、古建式文化长廊、花海公园等休闲场所。2005年以后，不断完善四季柚园区的基础设施建设，对半山腰机耕路进行混凝土硬化，在园区架设滴灌、喷灌设备，安装太阳能杀虫灯，不断提高四季柚的品质。

中魁村以"垃圾革命"专项行动为抓手，推进村内环境综合整治，完善生活污水治理、生态河道以及生活垃圾无害化减量化设施建设，全村基础设施得到极大改善，群众生活水平进一步提高。

建设5G网络诊疗平台和智能化终端服务系统，配置AED紧急救援设施，配备1支家庭医生队伍并定期开展服务，实现"20分钟医疗服务圈"，打造"家门口"的医疗服务。

（四）以党建引领激发乡村活力

为切实发挥党员先锋作用，中魁村于村口红色细胞亭设立村级事务代办点，建设志愿服务队伍，进一步提高村党支部凝聚力、号召力、战斗力。同时，中魁村严格实行"三务"公开，扩大村民的监督和参与度，制定和实施村规民约，依法调解群众纠纷，全面推行"网格化"管理模式，大力培育乡村服务性、公益性、互助性社会组织，让"自治、法治、德治"相结合，齐头又并进，大大激发了乡村治理活力。

民之所盼，政之所向。村民对美好生活的向往，始终是乡村为之不懈奋斗的目标。只有生活水平提高了，农民才能成为有竞争力的职业，只有村民幸福感提升了，农村才能成为有吸引力的家园。如今，中魁村已是马站四季柚最主要的生产基地，是苍南县美丽乡村建设的先进典型之一。

二、案例成果

目前，中魁村培育优质园区面积已达700亩，成立20家四季柚专业种植合作社，启用县域公共品牌"苍农一品"，借力电商拓宽营销渠道，走上了"规范化管理、规范化经营"的路子，村民收入大大提高，成功实现"一个产业带动一村人，一个水果致富一方人"。

产业融合发展充分带动了村集体的经济发展，"农业+旅游"发展模式，有效促进美丽田园向美丽经济的转变，推动"绿水青山"变成"金山银山"的可持续发展目标成为现实。

以"服务村民"建设美丽乡村，整治居住环境、完善园区基础设施建设、推进村内环境综合整治，全村基础设施得到极大改善，群众生活水平得到进一步提高，乡村环境明显改善，生态建设稳步推进，名果的经济效益日益突出，村民生活富足，环境舒适整洁、活动丰富多彩、乡风淳朴文明。

32

打造优质农产品基地　建设蔬菜产业强县

案例背景

　　兰陵县位于山东省南部、鲁苏交界，风光秀丽，物产丰富，总面积1724平方千米，辖17个乡镇街道、1个经济开发区，609个行政村（社区）。

　　近年来，兰陵县聚焦乡村振兴战略，率先落实临沂市委市政府乡村振兴"三步走"部署，通过政府引导推进、市场运作经营、基地规模发展，打造提升优质农产品基地，加快推动乡村产业兴旺。

一、主要做法

（一）夯实现代农业发展基础，推动优势产业升级

扛牢粮食生产安全责任。立足传统农业大县基础，加快实现三大主粮农业保险全覆盖，为农民增收"保驾护航"，做到"产业有保障、农民得实惠"；开展吨粮镇建设，实现粮食产量、质量双提升，带动全县粮食生产稳定发展，确保粮食综合产量稳定在13亿斤水平，种植面积149万亩以上。

夯实现代农业发展基础。建设高标准农田，逐步实现高标准农田全县覆

盖，使县内所有的耕地成为"旱能灌、涝能排"的高标准方田，大力推广和使用有机肥料和生物肥料，耕地质量得到全面提高。截至2021年上半年，全县建成高标准农田66.87万亩。

提升种苗统育统供水平。强化集约化育苗，采取政府补贴、项目建设等形式，扶持建设年育苗能力1000万株以上的大中型蔬菜集约化育苗中心；加大引种试验力度，加快蔬菜品种更新换代；与高校、科研院所和种苗企业合作，开展品种研究、试验和繁育。

（二）深入贯彻"三步走"部署，紧密对接长三角地区

立足优势特色产业，率先践行临沂市委乡村振兴"三步走"部署，主动参与"双循环"，力争将兰陵打造成全市对接"长三角"的重要节点。

打造高品质"菜篮子"。出台《关于兰陵县打造长三角地区"菜篮子"的工作方案》《兰陵县2021年优质农产品现代农业基地实施方案》，促进兰陵蔬菜在品类、品牌、品种、品质、品相上的全面改良提升，产运销各环节全面标准化，建设优质农产品基地。以农民专业合作社为基础，打造、提升优质农产品基地，建设叶菜类、茄果类等蔬菜生产基地228个，省级标准化种植基地25家，标准化种植基地面积20万亩。

提升"苍山蔬菜"市场占有率。开展实地对接，先后10余次赴上海、杭州等长三角中心城市进行对接考察、开展推介活动。依托合作社平台，通过建基地直供直销，减少3层以上交易环节，实现了降成本、提利润。

塑造推广蔬菜品牌。树立品牌意识，完成"苍山蔬菜"商标申报注册，规范"苍山蔬菜"品牌背书，并按照最高20万元的补贴标准引导品牌认证，完成"三品一标"有效用标96个，叫响一批"土字号""乡字号"。

（三）打造农产品质量安全示范产地，保障百姓"舌尖上的安全"

强化农产品质量安全可追溯能力，提升农产品质量安全监管水平，增强农业产业竞争力，确保群众农产品消费安全。

加大农产品质量安全监测力度。对农产品基地开展监督抽检、风险检测、例行监测，范围覆盖全县农产品生产企业、农民专业合作社、家庭农场和中小型种养户，及时掌握农产品质量安全状况，排查和消除农产品安全隐患。定期对临近上市前的蔬菜、水果、畜禽、水产品等开展抽样检测，每年定量检测2000多批次，每年定性检测30000多批次，县乡设置农产品速检室18处。

实现农产品质量安全可追溯。以创建省级农产品质量安全县和省级农产品质量安全提升项目为契机，建设县级农产品质量安全监管追溯平台1处，农产品质量安全追溯点52个，逐步实现农产品质量安全可追溯。建立食用农产品合格证制度，食用农产品在上市时必须附具合格证，并纳入合格证系统，确保"带标带码"，树立兰陵农产品的绿色健康形象。

提升农产品质量安全治理能力。推进农产品质量安全信用体系建设，构建"守信激励、失信惩戒"机制，提升农产品质量安全水平。经过宣传指导，2021年上半年，纳入生产经营主体77家，主要是农业生产企业、农民专业合作社、家庭农场，以及种子、肥料、农药等农业投入品生产经营主体。

（四）聚才汇智激发人才活力，强化科技创新支撑能力

搭建交流合作"新桥梁"。组建兰陵县鸿雁现代农业研究院，提供技术交流平台，开展各类线上线下活动。与中国农业科学院、中国农业大学等21家全国科研机构和知名院校建立长期技术支持和合作关系，聘请20余名国内外专家为技术顾问，形成"高校院所+基地+成果推广"的合作模式，引进先进实用技术50余项。发挥垦源、绿沃川等智慧农业龙头示范作用，引进国内外先进农业生产技术和经营模式，发展智慧农业、生态农业，带动兰陵农业上水平。

激活乡土人才"内动力"。在种植养殖、加工、销售等领域遴选优秀"鸿雁"人才1201名，每年举办兰陵县乡村振兴"鸿雁人才"技能大赛，掀起"学鸿雁、赶鸿雁、当鸿雁"的热潮。创建30个"鸿雁人才"示范基地，培育各类高素质农民1万余人；开设"田间课堂"，制作《鸿雁大讲堂》电视专题

片41期、《鸿雁人才说技术》栏目29期，推广农业新技术、新成果、新模式。实行"鸿雁"人才联系户制度，每名"鸿雁"人才联系5—10个农户（示范户），推动实现产业升级。

吸引人才资金"凤还巢"。充分发挥在外人才作用，从政策、资金、用地、用电等方面提供全方位支持，依托在长三角、京津冀地区大中城市设立的38个驻外流动党员党组织，设立驻外人才联络站，宣传家乡发展、推介产业项目、服务外出人才。回引200多名高等院校、科研院所的兰陵籍大学生和高层次人才，吸引636名"归雁"人才返乡创业。

（五）发挥新型经营主体引领作用，增强乡村产业发展聚合力

党建引领促发展。重点培育党支部引领创办合作社，通过"党支部+合作社+农户"方式，农村党支部领办各类标准化种植、养殖、销售合作社449家，占行政村的74.8%。全县农民合作社发展到2563家，形成多业态齐头并进、合作社遍地开花的局面。依托优质农产品基地建设，2020年合作社实现经营性收入1.3亿元，社员亩均增收两万元，村集体通过土地入股、分红等形式增收68万元，实现了合作社、社员和村集体"三增收"。

金融支持强动力。设立1亿元乡村振兴信贷风险补偿基金，整合涉农资金9.1亿元，引导11家银行开发"两证贷"（土地经营权证贷和大棚贷）、强村贷、思乡贷等88款放款快、利率低的信贷产品。制定扶持新型农业经营主体发展的"雁阵工程"，加大对农民专业合作社等新型经营主体的奖补力度，现已发放奖补资金1300余万元，扶持合作社打造标准化基地、创建农业品牌，为打造优质农产品基地提供资金"催化剂"。

精深加工补短板。把农业产业化龙头企业作为培育农产品精深加工的基础，推动农业产业化进程，实现农业全产业链发展。截至2021年，全县农产品加工储藏企业450家，76家成为省、市级农业产业化重点龙头企业，十余系列上百个农产品加工产品销往欧美、日本、韩国等40多个国家。其中，永顺商贸等3家企业被评为"山东省农产品加工示范企业"，金亿发食品有限公司、

鲁春面粉有限公司等11家企业先后被评为省级、市级"新六产"示范主体，瑞泽农业产业化联合体评为省级农业产业化示范联合体。

二、案例成果

兰陵县以"建设优质农产品基地、发展现代品牌农业"助力乡村振兴为主线，建设了一批优质农产品现代农业基地，生产出大量的优质农产品，带动了一批农业龙头企业，农业产业化水平不断提升。

首先，夯实了现代农业发展基础。截至2021年6月，全县建成高标准农田66.87万亩，正在逐步推动高标准农田全县全覆盖；在种苗统育统供水平上也取得重大突破，2021年内将新培育2到3家年集约化育苗1亿株以上企业；粮食安全生产稳定，如今的兰陵实现粮食产量、质量双提升，全县粮食生产稳定发展，粮食综合产量稳定在13亿斤水平。

其次，保障了农产品质量安全。定期对临近上市的蔬菜、水果、畜禽、水产品等开展抽样检测，及时掌握农产品质量安全状况，排查和消除农产品安全隐患；通过建设县级农产品质量安全监管追溯平台，建立食用农产品合格证制度，实现了农产品质量安全可追溯，树立兰陵农产品的绿色健康形象。

最后，树强了"苍山蔬菜"品牌。如今的兰陵蔬菜在品类、品牌、品种、品质、品相上全面改良提升，产运销各环节全面标准化，打造了一批优质农产品基地。其中，13家基地入选全市2020—2021年度长三角中心城市农产品供应基地，与上海蔬菜集团、鼎俊集团等实现长期合作；依托合作社平台，通过建基地直供直销，减少3层以上交易环节，实现了降成本、提利润；完成"苍山蔬菜"商标申报注册，规范"苍山蔬菜"品牌背书，如今的"苍山蔬菜"在长三角地区已颇具竞争力。

33

能人返乡创业　建设幸福新村

案例背景

　　四川省遂宁市蓬溪县常乐镇拱市村地处川中丘陵地带，距离县城25千米，耕地总面积1277亩，辖11个村民小组，是典型的旱山村，四面环山，人多地少、干旱缺水、不通公路、信息闭塞。曾经，村民靠天吃饭，贫困落后；经过14年的艰苦奋战，拱市村村集体收入从无到有，2020年达119万元，村民人均年纯收入由2007年的2300元跃升为2020年的21838元，农村贫困人口67户123人全部脱贫。

　　拱市联村党委重视基层治理人才队伍能力素质培养提升，建设起一支思想作风好、群众感情深、业务能力强、群众信得过的基层治理人才队伍，确保乡村社会充满活力、安定有序、治理有效，为乡村振兴提供了坚实的社会基础。

一、主要做法

（一）坚持党建引领，夯实基层战斗堡垒

农村要脱贫致富，全靠建强党支部。这既是形成吸引人才返乡创业共赢

局面和倍增效应的原动力，也是实现基层党建创新与经济社会发展深度融合的总抓手。

"拱市村能有今天的美景和成绩，离不开党支部。"拱市联村党委书记蒋乙嘉认为，要改变家乡贫穷落后面貌，要让老百姓脱贫致富，关键是要有一支能带领群众致富的队伍。自2013年任拱市村党支部书记以来，蒋乙嘉闲暇之余常常思考，"拱市村单靠'输血'不可行，必须提升'造血'功能，如何发挥好基层党组织战斗堡垒作用和党员先锋模范作用才是关键"。

方向不对、努力白费。为了拱市村有好的发展，蒋乙嘉时常和村两委班子成员研究分析本村自然条件，邀请农技专家实地指导，聘请上海千年城市规划工程设计公司西南设计院、成都英特莱农业项目咨询策划公司等，制定了拱市村新村十年全区规划，明确了"三年打基础、四年强产业、五年建新村"奋斗目标和"巩固养殖业、壮大种植业、发展乡村旅游业"的产业发展方向，确立了"培育先锋队、找准致富路、帮助解难题、增收促民富"的实施路径。让百姓看得见山、望得见水、记得住乡愁。按照产业布局和景观打造要求，对村里的道路、水系等基础设施进行统一规划，统一建设。

在村落布局上不改变原有布局，宜聚宜散，尽可能保留川中建筑风格，持续强化村庄公共环境整治，加强弱项补短板。

第一，党建+联村党委引领。"我一个人富不算富，一个拱市村富不算富，我要带动周边的村一起富起来"。共同富裕是社会主义的本质要求，是中国式现代化的重要特征，随着拱市村的全面发展，蒋乙嘉萌生了带动周边村共同发展的想法。他与县委组织部一道反复研究，成立了拱市联村党委，下辖常乐镇的拱市村、灯会村、花莲村、龙潭村，以及天福镇的先林村、双合村6个村，组建了千叶佛莲、核桃种植等10个产业党小组，确立了"三项机制""六个不变""七项职权""八大职责"，坚持整体推进、促进共同发展，在增强基层党组织向心力和凝聚力的同时，采取村连片开发撂荒地、连片配套农田设施、连片发展农业产业的方式共赢共享，以强弱村联姻、大小村挂靠、好差村互补的联合方式，探索并推行多种村党组织合建共建，2019年村建改制后，产业相近、地域相邻的拱市村、山兴寨村和天福镇的三合村、茶房沟村4个村组建村党委，辐射带动周边乡镇10余个小村弱村强弱结对，组建村党委、党总支等3个，实行"组织联建、主业联抓、队伍联育、治理联创、资源联享、文化联培、产业联营"，把党组织建在产业链上，把党员干部聚集到管理层、产业链、攻坚点上，健全完善村团结协作工作机制、公开民主决策管理机制、科学合理考核奖惩机制"三项制度"，共建《拱市村十年全域规划》，构建"项目推动、区域联动、条块互动、上下促动"的主业联抓工作框架。

第二，党建+人才培养。过去，拱市村外出务工人员达1000人以上，在家的大多数是老人、妇女和孩子。村党支部大力实施农村人才"双引"工程，共吸引100余名优秀人才返乡创业。同时，开展党员干部"一对一"帮带活动，7名回乡创业党员、29名种养大户先后担任技术带头人，培训农民3000多人次，36名人才先后被培养为技术带头人。

第三，党建+文化惠民。参照国内外一线城市社区活动中心的标准，拱市村修建了1幢4层楼面积4000余平方米的党建服务中心，成立村文化产业公司，建成农村书画创作基地、文化大院、便民就业服务中心、文化艺术团、老年志愿者服务队、村卫生室、农家超市等，把党建文化阵地建在家门口。现在，体育广场、观光鱼塘、农家书屋、医疗室、爱心超市、多媒体远程教育中心、党员活动室、书画长廊、产业展示厅一应俱全。硬件有了，不能成摆设，蒋乙嘉又思考起了软件。不到半年，拱市村艺术团、腰鼓队建立起来了，书本上架了，村民的文化生活变得丰富多彩。

同时，拱市村与国家行政学院西南中心、四川省委党校、遂宁市委党校合作，办好基层干部（党性教育）培训基地、遂宁市乡村振兴教育培训基地。打造"百家姓·中华情"中华姓氏文化馆，普及姓氏知识。打造农耕文化体验园，设置糙米加工、手工豆腐、手工粉条、书画创作等10余个体验项目，保存对传统农耕文化的记忆。农民休闲文化广场配套乡村文化大舞台、健身步道、运动场、文化长廊、宣传室等设施，闲暇时，村民白天书屋读书，晚上广场跳舞，形成健康向上、生动活泼的社会风气，推动农旅融合发展，定期开展"拱市春晚""千叶佛莲文化艺术节""啤酒音乐龙虾节"等文化艺术活动。

（二）兴建基础设施，带领村民脱贫致富

2013年11月，蒋乙嘉在当选村党支部书记时对全村1719名父老乡亲作出庄严承诺："让土地充满希望、让鲜花开满村庄、让乡亲们过上城里人羡慕的生活。"按照自己为村民描绘的致富奔康美好蓝图，蒋乙嘉和拱市村党支部一班人一道，开动脑筋，团结带领村民修公路、挖堰塘、兴水利、搞产业、建新房，兴建基础设施，着力突破发展瓶颈，破解发展难题，扫除发展障碍。

找准"穷困"，对症下药精准施策，才能拔掉"穷根"。"拱市村发展受阻，基础设施落后是一大问题，必须彻底解决。"近年来，拱市村先后筹资492.7万元，组织发动党员群众投工投劳1.5万人次，新建水泥公路33千米，实现了水泥路社社通、户户通。在镇党委政府的大力支持下，争取"小农水""土地整理"等专项资金项目，带动村民出资76万元，新建堰塘18口，改建7口，整理土地面积99亩，建蓄水池30口，渠系6千米，彻底改变了农田灌溉"靠天攒""望天收"的现状。

如今的拱市村，交通、水利、农田等基础设施极大改善，90%以上的农户建起"小洋房"，天然气、自来水进村入户，实现"户户通"，村民的生活质量显著提高，大型农耕机械能进出每一块田地、每一片果园，不但解决了机械化耕作和稻田灌溉的问题，也为进一步推广水产养殖和稻田养鱼产业铺平了道路。

（三）发展支柱产业，壮大集体经济

按照县委县政府确定的各村差异化发展产业的规划，依托全市农业园区一体化大环线，基于"环线串园区、园区建基地、基地带农户"的模式，结合村情民情，拱市村本着"重特色、出精品、创品牌、增效益"的思路，以千叶佛莲、核桃、柚子三大特色种植产业为主导，大力发展名、优、特、新

产品和无公害农产品,打造具有拱市村特色的农产品"名片",带领全村群众致富增收、摘掉"穷帽"。

由村党支部牵头建立"公司+农户+合作社"的三方利益联接机制。引导人才回乡创业,立足自身农业优势,发展种养大户、家庭农场、农民合作社、农业企业等新型农业经营主体,做大、做实、做强农村集体经济组织,提高农业规模化经营管理水平,提高农业的市场竞争能力。

为帮助村民就业增收,蒋乙嘉应用商海经验,由村党支部牵头建立"公司+农户+合作社"的三方利益联结机制,推动实现村两委引导、企业拓展市场、村民共同参与一体化经营。村集体与企业签订协议,由村向上争取项目资金,配套用于企业的基础设施等建设,通过财政评审和审计,经双方确认财政总投入,由企业按15年期每年等额偿还财政投入资金给村集体,作为村集体收入。期限满后,基础设施建设经评估属企业和村集体共有。财政资金的投入,使企业降低了投资风险,缓减了资金压力,实现了企业和村集体双赢。

为帮助村民重拾对土地的信心,拱市村党支部采取"政府引导、企业带动、农户参与"的模式,成立农村土地流转合作社,以村集体的名义与农户签订合同,打造以拱市村为核心,辐射周边5个村(龙潭村、灯会村、花莲村、双合村、先林村)的"拱市联村产业示范群",引导土地向种植大户和龙头企业流转,着力发展规模化种植、集约化经营和标准化生产,建立全域立体生态农业产业带。经过艰苦细致的工作和坚持不懈的努力,拱市村基本形成了"一二三"农产品品牌,即一种中药材(三七)、两朵特色莲花(千叶佛莲、观赏彩莲)、三样绿色经果林产品(金佛手、仙桃和柚子)。其中种植千叶佛莲5000余亩,成为亚洲最大的千叶佛莲种植基地。

截至2021年,已成功流转包括拱市村和周边村庄土地5000余亩,种植优质核桃300亩、仙桃500亩、柚子1000亩,莲藕、稻鱼稻虾等绿色水产养殖600亩,初步形成以金佛手、仙桃和柚子为主体的丘陵特色经果林种植带和以三七等中药材为主体的经济作物种植带,预计3年后产值将达到1200多万元。

仅此一项，人均增收近3000元，带领周边2万余名群众致富。

二、案例成果

2007年8月，蒋乙嘉积极响应蓬溪县委县政府关于"在外创业成功人士回报家乡，支援家乡基础设施建设"的号召，毅然回到穷乡僻壤的拱市村。2012年4月，蒋乙嘉成为拱市村第一书记，和村党支部一班人一道，完善村里基础设施、发展产业，带领乡亲们积极建设"兴业、家福、人和、村美"的幸福美丽新村。

经过10多年的艰苦奋战，拱市村从昔日的穷山沟变成远近闻名的富裕村，村集体收入从无到有，村民人均年纯收入由2007年的2300元跃升为2020年的21838元，拱市村先后荣获"四川省优秀基层党组织"，蓬溪县第一批"新农村建设示范村""文明生态村"，遂宁市"市级文明村"，"四川省新农村建设点示范村""四川省依法治村示范村""四川省四好村""四川省百强村""四川省文明村""四川省森林康养基地""四川省实施乡村振兴战略工作示范村""四川省首批乡村治理示范村镇""四川省乡村旅游重点村"，以及"全国农村人居环境示范村""全国文明村镇""全国农村示范社区""全国休闲农庄""国家森林乡村""全国生态文化村"等荣誉称号。

34

产业引领奋进　文化润泽乡风

案例背景

馆陶县地处河北省东南部，全县辖6镇2乡277个行政村，总面积为456平方千米，其中耕地面积48万亩，总人口36万人。

近年来，馆陶县认真落实中央、省、市安排部署，以产业振兴为引领，以美丽乡村建设为抓手，以人才强县和文化润民为支撑，走出一条欠发达地区实施乡村振兴战略的新路子。

一、主要做法

（一）抓党建，固本强基谋发展

提升基层干部能力素质。加强对乡村干部教育培训，发挥好县委党校干部教育培训主阵地作用，聚焦集中换届"后半篇文章"，聚焦省、市、县重点任务，聚焦工作薄弱环节，先后举办新任农村党支部书记履职能力培训班、乡科级干部学习贯彻市、县两级党代会及两会精神培训班等班次，打造一批可堪大用、能担重任的栋梁之材。

全面建强基层党组织堡垒。在全市率先完成村两委干部换届，全县50岁以下村支书占比80%，具有大专以上学历村支书占比43.7%，4名优秀村党支部书记通过考核招聘为公务员，8名优秀村党支部书记通过考核招聘为乡镇事业编制工作人员。此外，还有4名乡镇党委书记获得农村工作特殊贡献补助。

强化党建引领基层治理。创新"党组织＋网格化"模式，将党小组建在网格上，选优配强党小组组长和网格员队伍，整合党建、综治、维稳、应急、城管、环保等各类网格资源，大力发展综合网格，提升精细化管理水平，打造基层治理基本单元。

完善提升新型智慧党建平台。在全市率先打造新型"VR智慧党建"平台，推广"智慧党建＋基层党建"模式，实施常态化基层党支部书记轮训和"万名农村党员培训工程"，受到市委领导批示肯定。

（二）抓产业，强县富民促增收

发展特色产业。坚持精准发力，立足特色资源，关注市场需求，发展禽蛋、黄瓜、黄梨、黑小麦、艾草等优势产业。全县蛋鸡存栏1200万只，禽蛋产业被列入全省107个特色产业集群，金凤市场2020年交易额达137亿元，名列全国农产品批发市场十强。馆陶黄瓜被评为国家地理标志证明商标，是2022年北京冬奥会专供农产品，黄瓜种植面积10万亩，年产值16.12亿元。馆陶晚秋黄梨种植面积1.16万亩，建成全国最大的晚秋黄梨种植基地，年产值1.4亿元，房寨镇被农业农村部正式认定为第十批全国"一村一品"示范村镇。馆陶黑小麦获得农业农村部"绿色认证"，种植面积3万亩，年产值5000余万元。艾草被评为国家地理标志保护产品，种植面积2万余亩，年产值7000余万元，是全国优质艾草基地。

做强优势产业。馆陶县是"中国粮画之乡""中国轻工轴承之乡"。以海增粮艺为龙头的粮画产业辐射带动周边10余个村庄，粮画及相关产业产值5000万元，从业村民平均年收入24500元。魏僧寨镇轴承园区入驻企业100多家，轴承加工专业户2000余户，从业人员3万余人，年加工能力60亿套，产品占据国内微型轴承市场60%以上，出口欧洲、北美等多个国家和地区。

做优乡村旅游。馆陶县匠心独具打造出一批"小而特、富而美、新而活"的特色小镇集群，依托现有特色小镇及1条国家级、3条省级美丽乡村游精品线路，打造乡村旅游名片。以粮画小镇、黄瓜小镇等为中心建立环馆陶特色小镇旅游精品环线，打造特色小镇旅游IP。全县年累计接待游客约125万人次，实现年旅游收入2.56亿元。

延长产业链条。打造现代乡村产业体系，建设了圣奥化妆品、东汝阿胶、葵克生物、常艾坊、六和食品等一批农产品精深加工企业，以二产带一产促三产，实现农业提质增效。

抓好产业融合。按照抓工业的思路抓农业，大力发展现代农业园区，创建了1个省级现代农业园区、4个市级园区。园区总面积达到9.95万亩，2020年园区产值达到36亿元，形成"以产兴区、以区带产、互动发展"的产业布局。

推进制度改革。以农村集体土地清收重新发包为抓手，盘活资源，腾出空间，重新发包集体土地2万余亩，全县村集体增加收入3700万元。

注重平台建设。投资1.2亿元建设为民服务平台，构建县乡村三级为民综合服务体系，将党务政务、农业生产、供销商品和农村产权交易等服务整合，不仅打通了农产品销路，还为村民提供水费电费缴纳、政务代办等一站式公共服务，打通了为民服务"最后一公里"。

（三）抓生态，建设宜居新农村

突出特色小镇建设。把特色小镇打造成美丽乡村建设"升级版"。高标准建设粮画小镇、黄瓜小镇、黄梨小镇等9个特色小镇，其中粮画小镇寿东村被评为2015年度全国十大最美乡村、国家AAAA级旅游景区。全县建成14个省级美丽乡村，4个省级森林乡村。计划到2025年底，再建89个省级美丽乡村。

大力实施"十全工程"。推动"双代"和洁净煤、电子商务进农村、厕所改造、污水治理、道路硬化和村村通公路、全域水网、社会化环卫治理、综合服务、绿化美化、基层党建十个方面实现全覆盖，统筹推进路网、管网、水网、绿网、智网等"五网"建设，完善农村基础设施，新改建农村公路657

千米，荣获省级"四好农村路"示范县；完成"双代""江水置换"等"民心工程"，广大农村居民全部用上天然气、长江水；电子商务进农村依托遍布全县的乡村淘宝站，实现全覆盖，切实提升农民生活品质。

抓好人居环境整治。投资5.2亿元，全县所有村庄的街道、胡同全部硬化，污水得到有效管控，环境保洁实现全覆盖，改造完成了5.2万座农户厕所，实现应改尽改，农村面貌焕然一新。

（四）抓人才，创新发展激活力

坚持内培，筑牢人才之基。首先，成立帮扶团队。选拔年轻科级干部49名到村任职，选派147名包村干部并抽调具有专业知识和技能的优秀人才200余名入村工作，带领百姓建设家园、振兴乡村。其次，设立扶贫夜校。每个乡镇都设立了扶贫夜校，通过扶贫夜校培训发展蛋鸡、黄瓜、黄梨、食用菌等种植养殖产业，户均增收1.5万元。最后，培育新型农民。开展保育员、育婴员、家政服务等专业技能培训，培训专业技能型、专业服务型农民5万人，培训产业扶贫带头人2600人。

注重外引，持续激发活力。首先，引进院校及专家学者。与中国农业大学、河北农业大学等高校及专家学者合作，在馆陶县美丽乡村建立实践基地，为馆陶县提供乡村振兴发展的最新信息及研究成果，助推农业实现高质增效。其次，建立美丽乡村培训机构。建立全国第一所专门培养乡村振兴综合型人才培训机构——"美丽乡村大学"。截至2021年共开办三期，累计培养160多名青年人才扎根农村，成为产业发展和特色小镇建设的新引擎。最后，吸引艺术大师入驻。粮画小镇已吸引来自北京、山东、内蒙古等地20余位艺术家入驻，开办艺术家工作室及粮画学校，浓厚了小镇艺术氛围，为小镇发展增添动力。

（五）抓文化，润泽乡风铸文明

完善公共文化服务体系。全县8个乡镇，全部建有国家三级站以上标准的综合性文化站，277个行政村都建设了综合性文化服务中心和农家书屋。建设乡村文体广场277个、文化舞台61个，农村电影、有线数字电视、"村村通"

广播、农民体育健身覆盖率达100%。

加强农村思想道德建设。组织开展"十星级文明户""五好文明家庭"创建活动，建设善行功德榜、道德大讲堂等，发挥榜样示范带动作用。

深入开展移风易俗活动。全县所有村都建立了乡贤队伍，制定完善村规民约，健全完善"红白理事会""道德评议会"等村民自治组织。寿山寺乡寿东村、馆陶镇李沿村被中央文明委评为"全国文明村"。

大力实施文化惠民工程。全县277个行政村均建立群众文艺队，群众性文体活动在城乡已成为常态。成立四股弦剧团等多家群众性文艺团体，三年来送戏下乡586场，各种公益演出活动1210场，19支农村公益放映队为农村免费放映电影10000余场。

推动文艺创作健康繁荣。乡土文学创作团队实力雄厚，近几年创作了许多脍炙人口的优秀作品。《美丽乡村之歌·听花开的声音》是一部反映美丽乡村的文学作品集，《英雄寿山寺》《英雄范筑先》等大型室外情景剧深受游客喜爱。

二、案例成果

馆陶县以打造"思想正、作风硬、能力强、干实事"的乡村两级领导班子为抓手，深入开展"三基"建设年等活动，狠抓基层党建，为乡村振兴工作提供坚强组织保障。

在"一核引领、四区协同、六带联动"总体布局中，馆陶县明确了北部高标准农田推广带、南部特色农产品加工带、中部商贸物流集聚带、环馆陶特色小镇示范带等统筹发展的馆陶乡村振兴总格局，以及做特色农业、经营小镇、优化环境的总体思路，强力推进文旅农融合发展。

在人居环境整治方面，馆陶县以改善农村居住环境为重点，夯实基础设施建设，大力开展乡村建设行动。在人才培养方面，馆陶县坚持人才是关键生产力的发展理念，培养了一批心系故土、心向农村、心爱农民的优秀农村人才队伍。馆陶县构建公共文化服务体系为基础，深入推进文化下乡，广泛开展群众乐于参与、便于参与的文体活动，孕育农村社会好风尚，推进农村移风易俗，深化文明村镇创建。

35

"四区"并进　贾汪真旺

案例背景

　　贾汪区位于江苏省徐州市主城区东北部，全区设5个镇、5个街道、1个省级工业园区、1个现代农业产业园区，132个村（社区），总面积612.05平方千米，是全省典型的农业大区（县）。

　　贾汪区素有"百年煤城"之称，2011年被确定为全国第三批资源枯竭城市，长达130年的煤炭开采，导致生态环境破坏严重，产业结构落后单一，区容区貌老化滞后，社会文明发展水平不均。推进生态、产业、人居、社会"四个转型"，对于贾汪区实施乡村振兴战略尤为重要。贾汪区结合自身实际，提出"生态立区、产业强区、旅游旺区、文明兴区"发展理念，通过生态修复再造、产业提质增效、文旅深度融合、文明持续创建，进一步探索乡村振兴特色之路。

一、主要做法

　　徐州市贾汪区立足新发展阶段、贯彻新发展理念、构建新发展格局，推动"四区"并进全面转型，在乡村振兴新征程上奋力谱写"贾汪真旺"新篇章。

　　首先，精准精细生态立区。贾汪区牢固树立"两山"发展理念，为乡村振兴可持续发展提供坚强保障。一是坚持规划高点引领地位，加快完善生态保护红线划定，科学布局生态空间。二是推广采煤沉陷区治理经验，持续总结推广潘安湖采煤塌陷地治理生态修复经验。

其次，"三坚三聚"产业强区。贾汪区"三坚持+三聚力"，坚定不移实施产业强区战略，为乡村振兴提供强大动力。一是坚持破立并举，聚力结构转型。推进钢铁、焦化、水泥、热电、化工五大行业布局优化和转型升级。二是坚持整合提升，聚力培大育强。实施开发区（特色园区）整合提升行动，打造以徐州工业园区、贾汪高新区、大洞山旅游度假区为核心，以潘安湖科教创新区、双楼物流园区、现代农业产业示范园区、江庄经济开发区、汴塘工业集聚区、东部农业经济开发区等六大园区为支撑的"3+6"区域产业布局体系。

再次，高质量发展旅游旺区。贾汪区全力发展旅游业，为美丽乡村振兴助力。一是抓提升，推进全域旅游建设。推进"一山一湖一河一村一文化"旅游品牌建设，围绕大洞山，将督公湖、凤鸣海多点连片，全力提档升级大洞山旅游度假区；围绕潘安湖，融入潘安故居、潘安水镇等文化元素，持续增强潘安湖景区影响力；围绕京杭大运河，深入挖掘运河支队红色文化，讲好运河故事；继续做好马庄村文化品牌，让马庄村的影响力持续提升；围绕煤矿文化，整合权台矿遗址公园、夏桥公园、贾汪红楼等文化，打造独具贾汪特色的煤矿文化品牌，创新思维不断推动贾汪旅游业发展。

最后，"五措五化"文明兴区。贾汪区"五措五化"探索乡村文明路径。一是高位推动，模式化落实。夯实"5455"文明实践工作模式，推动文明建设工作不断走深走实。二是强化统筹，全域化推进。按照"统筹设计、示范带动、全面铺开、分类提升"的步骤，建设文明实践所12个、文明实践站130个、文明实践点550余个，初步形成上下贯通、横向联动的红色阵地网络，打造群众身边的"15分钟文明实践圈"。三是健全机制，常态化推动。建立联络员管理机制，区财政每年拿出600万元购买社会服务，为130个村（社区）各配备1名专职文明实践联络员，纳入村级后备干部管理。四是打造品牌，特色化开展。通过学、悟、转、传，让宣讲通俗化、理论具象化。编写录制新农村大喇叭广播，编发微理论栏目，常态化开展新时代文明实践"讲演问""四前一后"理论微宣讲，实现学习强国天天用、新农村大喇叭天天响、讲演问村村到、"e起学"微宣讲人人看。

二、案例成果

徐州市贾汪区先后被确定为全国新时代文明实践先行试验区之一，连续三年被国务院通报表彰为落实重大政策措施真抓实干成效明显地方，连续四年被国家发展改革委评为国家资源枯竭城市转型绩效考评优秀等次，荣获全国第三批"绿水青山就是金山银山"实践创新基地、国家生态修复示范区、首批国家全域旅游示范区等荣誉，荣登"2020中国乡村振兴百佳示范县市"榜单第19位，潘安湖街道马庄村党委荣获"全国先进基层党组织"称号。

第一，生态优势日益凸显。贾汪区先后实施解忧湖、龙吟湖等采煤塌陷地治理工程82个，累计治理面积9.45万亩。关停整治"散乱污"企业476家，2020年PM2.5浓度较2017年下降22%，空气质量优良天数比例提高15%。累计完成绿化造林4.15万亩，林木覆盖率提升至30.63%。开展农村人居环境整治，建成市级美丽宜居乡村66个，创建省级特色田园乡村5个。

第二，产业发展提质增效。高标准建设"六大平台"和各类特色产业园，形成高端装备与智能制造、新能源汽车、电子与信息通信技术，以及休闲旅游、现代物流、都市城郊农业的"3+3"现代产业体系。打造特色鲜明、配套齐全、创新力强的农旅融合产业集聚区，建成锦鲤文化产业园、唐耕山庄等6个农旅融合示范园区。先后举办第十二届桃花节、第二届江苏省石榴花节等农旅节庆活动。

第三，擦亮全域旅游品牌。成功创成首批国家全域旅游示范区，形成以潘安湖、大洞山为核心的"一山一湖"两大龙头板块。大洞山板块由大洞山、督公湖、凤鸣海3家4A级景区组成，建成全国最大的药师佛道场茱萸寺、墨上集民俗文化园、紫海蓝山薰衣草文化创意园等项目，成为淮海经济区休闲旅游的首选之地。潘安湖板块以AAAA级景区潘安湖湿地公园为核心，先后建成潘安水镇、马庄香包文化大院等项目，"水韵马庄"入选中国美丽休闲乡村、全国首批乡村旅游重点村。2020年9月，大洞山旅游度假区获批省级旅游度假区；2020年，贾汪在全国全域旅游会议上作典型发言，在全省全域旅游工作会议上两次作典型发言。

第四，精神文明持续改善。"贾汪乡贤"治理机制被中央政法委誉为"又一个综合治理的典型模范"，"马庄经验"作为乡村文化振兴的典范在全省推广。新时代文明实践工作启动后，2019年、2020年全区信访量分别同比下降16%、5%。

三、经验启示

徐州市贾汪区以咬定青山不放松、砥砺担当勇争先的精气神，"四区"并进，探索出更高质量、更有效率、更加公平、更可持续、更为安全的发展之路。

（一）谋远做实生态立区

"生态立区"作为"四区"建设目标之首，体现可持续发展的重要性。

发展绿色产业。贾汪区深入学习贯彻落实习近平生态文明思想，牢固树立"绿水青山就是金山银山"发展理念，全力做好"生态立区"后半篇文章，坚定不移推动绿色转型，以环保工作目标任务为抓手，深入研究国家政策方针，抓好产业绿色转型，让绿色成为贾汪最靓丽的生态底色。

坚持补差补短。精准精细做好"生态立区"后半篇文章，统一思想、提高认识、形成共识，针对工作中存在的问题拉出清单，排出时间节点，认真解决，在现有基础上再提升，真正让生态成为贾汪的"金字招牌"。结合贾汪实际，突出贾汪特色，打造小众生态旅游景点，建设有实质内涵的功能区，走出一条错位发展、特色发展、科学发展的路子，实现贾汪全面转型。

（二）重点重抓"产业强区"

产业是实现贾汪区乡村振兴的保证和突破点，"产业强区"则是"四区"

建设目标的重要支撑和基础工作，是各项工作的核心。

突出因地制宜，构建现代产业体系。产业布局必须适合区情区况，而构建现代产业体系则是产业发展的内在要求。贾汪区认真分析区域产业发展实际，淘汰退出落后产能，布局战略性新兴产业，发展先进制造业，推动传统产业、农业、服务业向高端化迈进。

突出扩容提质，增强产业平台能级。打造优质特色产业平台不仅能拓展产业发展空间，还能提升产业竞争力。贾汪区全力推进工业园区转型升级，加快省级高新区建设步伐，吸引驻徐高校、科研院所向科教创新区汇聚，打造省级农产品加工集中区等13个"三乡工程"示范园。

突出强链补链，提升招商引智效能。招商引智作为经济社会发展的活力源泉，必须常抓不懈、全力突破。贾汪区围绕主导产业，以强链补链为主体，建立产业链招商目录，绘制产业链招商图谱，深化工业领域开放招商。完善人才招引和培育机制，以人才优先发展引领创新驱动发展。

突出亲商惠商，持续优化营商环境。营商环境是产业发展环境最重要的内容，是区域核心竞争力、软实力的集中体现。贾汪区构建亲清政商关系政策体系，切实为企业纾困解难。优化企业办事流程，精简项目报批手续，协同推行并联审批，推进三级政务服务体系规范化建设。落实减税降费政策，清理和规范行政事业性收费，助力企业轻装上阵。

（三）精耕细作"旅游旺区"

"旅游旺区"是贾汪区乡村振兴的重要抓手，也是提高农民幸福指数的重要标志。

深入研究、精准施策。依托"一山一湖"特色旅游资源，提升"全域旅游、贾汪真旺"的品牌内涵及知名度。

主动服务、深化合作。加强政策引导，通过内部挖潜、加强学习，打造专业运营队伍，吸收借鉴外地经验，出台有利于旅游业发展的政策和考核体系；推动与国内外知名旅游集团战略合作，打造一批具有区域影响力的旅游项目；全面提升干群的素质，干部率先垂范、争做示范。

丰富供给、培育精品。加快布局自驾游线路，推进城市绿道、骑行专线、登山步道、慢行系统、交通驿站等旅游休闲设施建设。推动乡村旅游发展，加快农文旅深度融合，打造一批乡村旅游重点镇村和农文旅融合发展示范园区。实施夜游贾汪休闲观光行动，推出夜间文旅消费新产品新业态。举办灯光秀、历史文化展演等活动，融入大运河文化、红色文化、锦鲤文化、苏北民俗文化等元素，打造淮海经济区假日休闲旅游热地。

（四）厚植浓绘"文明兴区"

"文明兴区"工作是乡村振兴和谐发展的基础和保障。

坚持规划提升。贾汪区深入思考解难题，主动作为见成效，找准"文明兴区"的要求、内涵、标准、定位，在积极行动中，分析问题、研究问题、破解问题，提升工作能力和工作成效，促进"文明兴区"再提升。坚持高水平、高质量开展新时代文明实践工作，全面推进文明城市全方位创建，全力做好文化精品有序打造，构建"文明兴区"的框架和内容。

多方协调发展。始终坚持社会主义先进文化前进方向，高质量推进新时代文明实践、全国文明城市建设和文化精品创作，构建多方融合发展新模式，持续擦亮"文明兴区"金字招牌，打造新时代精神文明建设高地。

部门之间密切配合。新时代文明实践工作重点要做好人的思想工作，宣传部门加强宣传好人好事，树立榜样模范，弘扬社会正能量；组织、统战、纪委等部门立足职能，积极行动，进一步细化工作内容，创新工作亮点，践行初心使命，推动文明兴区"贾汪模式"立起来、强起来，不断擦亮品牌打出名气。

打造特色品牌。深挖贾汪文化底蕴，发挥贾汪文化人才作用，邀请在外地的贾汪名人参与家乡文化事业建设，通过短视频、电影等影像资料，打造文化精品和发展文化产业，打响贾汪文化品牌。积极与基层、企业深入研讨，发挥主观能动性，做好文化产品发掘。

36

弹好"四重"协奏曲　高原夏菜登上大舞台

案例背景

　　榆中县位于甘肃省兰州市东郊，年均气温6.7℃，年日照时数2666小时，降水量350毫米，无霜期180天，属温带半干旱气候。该县是全国无公害蔬菜生产示范基地县，也是兰州高原夏菜的发源地和主产区，蔬菜种植总面积占兰州市蔬菜种植总面积的1/3。高原夏菜主产区介于海拔1480—2400米，由于榆中县海拔的梯次变化，不同蔬菜种植区域水分和热量条件各有差异，有效满足了不同品种高原夏菜种植和梯次上市条件。

　　近年来，榆中县围绕"好中优""特中特""独一份""错峰头"的特色产业发展要求，充分发挥全国无公害蔬菜生产示范基地县品牌效应，蔬菜产业全年创造产值近20亿元，有力助推乡村产业兴旺和群众增收致富。

一、主要做法

（一）打好"四抓"组合拳，着力强化产业发展关键基础

抓规划，优化区域布局。制定《榆中县高原夏菜产业发展规划》《榆中县南部二阴山区冷凉型蔬菜产业发展规划》等县级产业规划，划定蔬菜优势产区面积60万亩，建成五大特色产业发展功能区，保证充足的种植面积；建成省级蔬菜标准园14个、国家级蔬菜标准园6个，推动资源潜力加速转化为产业优势，全面提升产业规划布局层次。

抓模式，带动农户参与。大力推广榆兴农庄"互联网+设施农业"和康源公司"集团连市场建基地带农户"等发展模式，稳步推进粤港澳大湾区"菜篮子"兰州高原夏菜榆中专供基地，加快蔬菜产业"稳中东扩"发展步伐，辐射带动周边4000户农户种植高原夏菜两万亩，带动480户贫困户发展绿色蔬菜产业、解决周边村民1000余人就业，带动贫困户户均增收两万元以上、人均务工增收1万元以上。

抓品种，完善产品结构。按照"引进一批、推广一批、储备一批"的原则，加快健全新品种示范推广机制。近年来，榆中县累计引进新品种2685个，筛选推广青梗松花菜、青花菜、特色叶菜等蔬菜新品种189个，成功培育畅销蔬菜20多个种类、200多个品种，全县蔬菜良种率达95%以上，优质精细菜比重达30%以上。

抓技术，夯实产业基础。示范推广移动式钢架育苗棚、高寒阴湿山区蔬菜错季栽培等46项高效实用技术、制定出台21个蔬菜地方标准。积极推广春提早、秋延后设施栽培，做到春茬提前15天、秋茬推迟15天上市，有效解决了集中上市、压价竞争问题，每亩平均收益达1.4万元。

（二）弹好"四重"协奏曲，着力强化产业发展保障举措

重销售，打通物流通道。积极组织参加全国农业博览会、绿色农业博览

会、甘肃特色农产品推介会等大型博览节会，确保高原夏菜"投身大市场、参与大流通"。并与北京新发地、粤港澳大湾区、天津宁河区签订6亿余元定向销售订单，每年外销蔬菜130多万吨（县内自产75万吨，县外输入55万吨），有效拓展蔬菜销售市场。

重品牌，提升市场影响。高标准承办了两届甘肃特色农产品贸易洽谈会，榆中县高原夏菜的知名度和影响力在省内外不断提升。莲花菜、娃娃菜、菜花三个优势品种被认证为全国地理标志产品。拍摄兰州高原夏菜主题宣传片，印制一大批宣传推介材料，线上线下大力宣传兰州高原夏菜，进一步做大市场份额。

重组织，规范行业体系。按照"政府引导、市场运作、企业主导、带动农户"原则，大力支持农业龙头企业整合资源、优化配置、联动发展，组织43家蔬菜产销专业合作社成立榆中县兰州高原夏菜产业化联盟，带动5000户农户发展订单蔬菜种植2.5万亩，订单种植、协议销售额达到4亿元。

重环保，推进绿色发展。针对产业发展产生的尾菜问题，大力推广尾菜直接还田、堆沤制肥还田等农业环保技术，建成5个5000亩尾菜还田示范点，每年处理田间尾菜45万吨以上。围绕流通环节尾菜治理，引入兰州华沁元环保科技有限公司投资5700万元在夏官营镇建成全省首个尾菜资源化利用加工厂，年加工处理流通环节20万吨以上，全县尾菜综合处理利用率在90%以上。

（三）走好"五新"创新路，着力推进产业高质量发展

新监管，规范投入源头。建成全省首个质量兴农"云平台"，全县160家投入品经营企业全面实现电子台账管理；建成综合线上执法监管系统，率先实现投入品来源和去向全程监管。为20个蔬菜主产乡镇配备质量安全协管员231名，建成71个蔬菜质量安全检测站，认证无公害蔬菜67万亩、"三品一标"201个，形成标准化生产、网络化监管、全程可追溯的高质量发展格局。建成蔬菜质量追溯点74个，每年检测蔬菜11万例以上，合格率达到99.8%。启动ISO9001、出口备案登记等国际标准质量安全认证，全县蔬菜质量安全水平连续多年在农业农村部蔬菜质量安全例行监测中名列前茅，被评为"省级农

产品质量安全县"，有效保障产业长远发展。

新机制，保障舌尖安全。在高原夏菜产业全面推开食用农产品合格证制度，建立动态监管生产主体名录库，印发合格证5万份，推动特色农产品携带质量安全"新名片""承诺函""身份证"上市销售，有效提升了特色农产品质量档次和消费者接受水平。组建农业执法大队，举办农产品质量安全监测检验追溯培训班31期、行政执法人员培训班4期，培训检测追溯执法人员530余人次，确保群众"舌尖上的安全"。

新突破，打开高端市场。着力实施循环农业有机农产品示范推广项目，建成8个有机蔬菜种植基地，引进先进有机技术改造设施大棚170座，新增绿色有机果蔬产能1700吨，借助甘肃好食材公司、北京市"甘味农产品展销品鉴中心"销售渠道和客户群体，争取落实相关扶持政策，利用3—5年时间，完成100个重点蔬菜种植基地有机技术改造，建成1万亩高端有机蔬菜基地，持续领跑产业发展。

新金融，助推产业加速。紧抓省市政策性金融扶持契机，不断加大惠农政策资金落实力度。截至2021年上半年，累计落实各类惠农政策资金8700万元。召开"政银企"对接会，金融机构现场与产业联盟、合作社、家庭农场签订框架贷款协议，解决经营主体融资难题。针对当前产业发展科技支撑有限、产学研对接不足的短板，成立甘肃康源高原夏菜产业发展技术研究院，着力破解榆中县高原夏菜种植瓶颈，探索出一条多元化金融支农强农新途径，有力助推产业增容扩规、提质增效。

新举措，带动农户增收。落实产业扶持资金，对全县283户有劳动能力且有意愿发展农业产业的"两类户"逐户落实农业产业发展措施，增加经济收入。争取企业捐助现代农业产业发展项目资金3590万元，对全县优势特色产业、龙头企业合作社等8个子项目进行资金扶持，指导40余家龙头企业合作社认真编制企业捐助项目实施方案并推进项目落地，有效促进龙头企业提升带动建档立卡户产业发展能力。同时，组织农技专家和技术人员到田间地头指导落实科学田管措施，受益农民6万人以上。

二、案例成果

（一）经济效益显著

榆中高原夏菜产业经历了因地制宜、突出特色、久久为功的培育过程。经过20多年的持续发展，"兰州高原夏菜"品牌价值提升，成功创建中国特色农产品优势区、全国特色高原夏菜知名品牌示范区、国家级出口蔬菜质量安全示范区、粤港澳大湾区"菜篮子"生产基地（第三批），以及"甘味"农产品区域等公用品牌。

经过多年发展，蔬菜产业已成为榆中县优势特色主导产业和广大农民致富增收的主渠道，通过全面落实各项惠农政策，采取资金补助、技术指导、良种推广、农业保险等措施，积极推动一二三产业融合发展，建成兰州高原夏菜交易集散中心，每年高原夏菜收购、加工、冷藏、物流等服务业稳定带动2.3万人务工就业，创造收入4.6亿元以上。全县18个乡镇，143个行政村，近6万名农户从事高原夏菜的种植，带动户年均增收两万元以上。高原夏菜产业涉农人口达24万人，占全县总人数的54.3%，占全县农业总人数的61.1%。蔬菜种植对全县农民人均收入的贡献率达到35%，在促进农民增收方面发挥了积极作用。

（二）社会效益良好

为做大做强高原夏菜产业，围绕"懂农业、爱农村、爱农民"的"三农"工作队伍建设的总要求，榆中县专门组建了高原夏菜、百合专家技术指导团队，每年为贫困户、经营主体提供相应技术指导100余次。围绕服务114个贫困村产业发展，根据贫困户生产需求，通过集中培训、田间地头实训、入户讲解实际操作等多种方式，实现对建档立卡贫困户技能培训全覆盖。全县共培育科技示范户2000户，建成蔬菜科技示范村120个，培养农民科技培训推广员379人，112个蔬菜重点村每村培养两名以上的农民科技培训推广员。每年开展各类形式的农民科技培训和指导600余场次，发放《榆中县蔬菜标准化生产技术》《蔬菜病虫害综合防治技术》等蔬菜宣传材料、实用技术手册3万余份。

三、经验启示

回顾榆中高原夏菜产业20多年的发展壮大历程，可以看出，蔬菜产业完全符合当地自然地理区位优势，是实现脱贫增收致富、推进产业兴旺的有效支柱。

落实农业保险是推动产业健康发展的基础保证。全面组织落实高原夏菜自然灾害和价格指数保险政策，有效增强农户特别是贫困户抵御自然灾害、重大病害风险能力。因此，要继续落实好产业政策保险，确保农户及贫困户通过产业发展稳步增收。

组建产业化联盟是组织抓手。按照同行业同产业，分工协作、优势互补原则组建产业化联盟，在推动蔬菜行业资源整合、产业抱团发展方面取得初步成效。因此，要更加注重组织作用，同时发挥好产业化联盟作用，继续引领产业发展，助推产业兴旺。

组织农业龙头企业精准链接帮带贫困户发展是关键实招。实施产业扶贫，政策指引是基础，企业参与是根本，动员和组织有能力、有温度的龙头企业、合作社等参与产业扶贫，既有力推动全县蔬菜产业发展，又有效落实无缝对接、精准帮带、一个不落的产业扶贫帮带贫困户增收任务。因此，要更加注重和发挥好企业社会责任，持续发展壮大蔬菜产业，助力脱贫攻坚。

紧盯市场需求建设专供基地是打造特色农产品品牌的重要探索。全面建设粤港澳大湾区"菜篮子"兰州高原夏菜榆中专供基地建设，有效实现了蔬菜种植和市场需求的产销对接、直供直销。因此，需进一步分区域、分产业、分产品继续建设一批专供基地，持续推动产业做大做强和高质量发展。

37

乡村"寻美" 做强县域品牌

案例背景

经济发展和城市化进程加速给乡村建设带来巨大挑战，巩固拓展脱贫攻坚成果同乡村振兴有效衔接，仍需久久为功、精耕细作。

目前，每个县有传统的文化、美丽的风景和优质的农产品，却缺乏好的设计和体验。阿里巴巴集团寻美项目组用集团设计的专业能力，做县域品牌整合设计溢价，帮助欠发达地区提升农产品市场竞争力，同时保留乡村淳朴特色，结合商业设计来延续逐渐丢失的中国民间传统文化。以设计专业的公益手段增加农民收入，为建设中国的美丽乡村贡献一份社会责任。

我国农产品区域公共品牌处于起步期，依托一县一业的策略，品牌建设初显价值，也成为各地政府的工作重点。该项目依托特派员的桥梁，深度参与当地社会经济建设，助力当地群众提升品牌意识，增强发展软实力，让当地群众树立文化自信、作好文化传承。

一、主要做法

阿里巴巴集团寻美项目组根据当地特色和差异性，整合设计团队力量，为贫困县设计县域传统特色形象和品牌，提升县域在经济发展、城市化进程和数字振兴过程中的软实力。针对当地的文旅资源，寻美项目组重新规划和设计县域旅游路线，提升地域文化带来的旅游产值。

阿里巴巴集团给每个贫困县建立淘宝的线上阵地，展示当地吃喝玩乐的美好。初步完成线上阵地的页面搭建，优先保证农产品的购买流程，可以手机淘宝扫码进入。以阿里巴巴生态圈的体系为切入口，打造县域数字化渠道阵地，提升线上用户对品牌的认知度，助力品牌价值的线下转化。

线上用户在浏览页面的过程中，可以同时听到当地的山歌、民歌、民谣。融合多维感官设计，探索技术创新，让可能因无人传承而消失的特色文化，重新焕发生命力。

依托自身优势，阿里巴巴集团整合自身生态的商业公益场景，扩大县域品牌的影响力，让非遗文化借助商品乃至商业形态得以广泛传播和传承。

寻美项目组设计师发起"艺起来"公益课，给留守儿童上美术课，通过线下教学和线上数字化手段，给孩子带来美的教育。从"看见这里的美好""听见这里的美好""尝到这里的美好"三个感官维度，整合营销策划，助力县域产业升级，以传统文化的创新表达，传承中国传统民俗文化。

二、案例成果

以陕西省宜君县为例，寻美项目组为宜君县设计了县域品牌标志，标志字体以宜君县福地湖石窟魏碑帖为蓝本进行优化调整，县域品牌设计保留并延续当地的文化底蕴及特征，具象化展示了当地的文化特色。寻美项目组重塑宜君县地理标志农产品包装体系，结合当地非物质文化遗产"农民画"的特色，设计农产品系列包装，升级替代原先混乱的商品包装，并用农民画的手法绘制了宜君物产和代表风景，组成宜君特色画。县经贸局发布《宜君县农产品统一包装使用管理办法（试行）》对商户进行授权和统一管理，把控品牌使用规范及质量。精美的品牌设计提升了当地农产品的销量，宜君县的苹果、核桃、蜂蜜换上新包装，帮助当地农民增收上千万元。

38

产业壮大惠及一方　灵芝成为富民苗

案例背景

冠县位于山东省最西部，总面积为1161平方千米，东临聊城市东昌府区，北界临清市，南接莘县，西接河北省馆陶县，全境处于鲁西北黄泛平原，系华北平原的一部分，四季分明。

冠县把培植壮大灵芝产业作为发展壮大村集体经济、推动乡村振兴的有力抓手，经过近30年发展，逐渐形成集培育、种植、深加工、创意销售等于一体的灵芝产业链。

一、主要做法

（一）产业带动惠及一方，农民因"芝"致富

"以前，村民在一亩三分地里劳作，收成不高、收入还低。如今，种灵芝每亩纯收入超过4万元，很多种植户靠着灵芝发家致富。"山东省冠县店子镇靖当铺村党支部书记靖广礼正组织村民采收灵芝孢子粉，"你看这个大棚里，'仙气'缭绕，飘的都是灵芝孢子粉。一亩大棚每天能抽50斤左右的孢子粉，每斤市场价60元，孢子粉破壁后价格会更高。"

在这里，灵芝种植生长周期为每年12月至次年7月，2021年亩产灵芝子实体3000斤左右，平均销售价格为每斤15元。按种植5亩灵芝计算，8个月时间，芝农收入约20万元。

冠县灵芝种植采用"合作社+农户"的形式，仅冠县店子镇就有100多个合作组织，辐射全镇19个村庄，惠及群众8000余人。靖当铺村是店子镇灵芝种植"第一村"，全村300余户，有1400余个灵芝棚。"现在，市场上灵芝报价以我们这里为基准，随着规模扩大，我们享有定价权。"靖广礼说，灵芝已成为当地农民脱贫致富的"富民苗"。

2014年，原国家质检总局发布公告，"冠县灵芝"正式成为地理标志产品，意味着"冠县灵芝"的名称、产地范围、种植技术、品质特色、产品专用标志、种植环境和质量标准等都受相关法律法规的保护和监管，对促进本地灵芝产业发展和保护产生积极影响。2019年，冠县发布《店子灵芝栽培技术规范》（T/68C 001-2019）和《灵芝干品质量规范》（T/68C 002-2019）两项团体标准。

冠县店子镇种植的灵芝品种历经多次更新，目前种植的全是新品种。在店子镇灵芝产业振兴示范园的标准化灵芝大棚内，鹿茸芝、赤芝长势良好。项目一期投资1000余万元，占地100多亩，建有40个可自动控温控湿的标准化大棚和8000平方米的菌棒工厂化加工车间。为引进高产优质菌种，2021年，冠县同中国科学院微生物研究所、上海农科院食用菌研究所等机构对接，对本地优良品种进行数据分析、资质认证和提纯固化；同时，为充分发挥基地示范引领辐射带动作用，冠县规划打造占地2000亩的国家级标准化种植基地。

（二）灵芝盆景市场看好，农旅对接融合发展

伴随灵芝产业的兴起，以生产、加工为龙头，集观光、旅游、赏景于一体的灵芝文化产业应运而生，芝艺缘灵芝盆景专业合作社就是一个代表。

走进董学堂的芝艺缘灵芝盆景专业合作社，各种层次分明、色彩艳丽、造型独特的灵芝盆景引人注目。董学堂的灵芝观赏盆景先后获得"全国农展

会畅销产品奖""全国休闲农业创意精品展金奖""全国林产品展金奖""全国花博会银奖"等荣誉。

该合作社采取"公司+合作社+基地+农户+互联网"经营模式，产、供、销一条龙服务，致力于灵芝新品种、灵芝栽培新工艺、灵芝新产品的研发、创意和新技术、新模式的推广与应用，在当地起到示范带动作用。

"仙草"变"风景"，冠县大胆创新，把灵芝带入"艺术圈"，实现灵芝种植与文旅融合。通过嫁接造型把灵芝培育成观赏灵芝，又赋予其较高的观赏价值、艺术价值和收藏价值，受到国内外消费者的认可和欢迎。其中，活体嫁接灵芝盆景的成功开发，更是填补了国内外菌业观赏产品"药用+观赏"的空白，在观赏盆景中独树一帜。2010年，董学堂获得三项发明专利：大型灵芝盆景栽培工艺、灵芝盆景"6+1"物理组合工艺、酒瓶内灵芝培育工艺。

2015年，在当地政府的支持下，芝艺缘灵芝盆景专业合作社筹建占地面积100余亩的冠县灵芝文化产业园，成为集科普、观光、旅游、休闲、养生于一体的特色菌业示范基地，为国家AA级旅游景区。目前，以灵芝为依托，冠县发展灵芝文化产业的公司已有100余家。

二、案例成果

截至2021年，冠县灵芝种植范围涉及店子镇的靖当铺、王当铺、董当铺等11个村庄。2020年，全县灵芝种植面积突破万亩，灵芝棚体上万个，专业种植户2000余户，从业人员1万余人，年产各类灵芝子实体和灵芝孢子粉1.1万余吨，盆景5万余盆，灵芝贸易公司80余家，年产值约8亿元，成为全国最大的灵芝生产经营集散地。产品远销韩国、日本、马来西亚等20多个国家和地区，被认定为"国家地理标志产品"，灵芝产品被农业农村部农产品质量安全中心认定为"有机产品"，2017年，冠县店子镇荣获山东省"灵芝小镇"称号。

店子镇王当铺村也是灵芝种植专业村，该村成立灵芝加工基地——万芝行灵芝生产合作社，能够满足周边四五个村的灵芝加工需求，逐渐形成灵芝种植、加工、销售一体化的经营模式。

合作社从种植户手中收购的灵芝价格为每斤12.5元，经加工后出售价格为每斤14元，加工收入为每斤1.5元。据介绍，该合作社每天可加工灵芝1.5吨，每年加工150个工作日，全年收入67.5万元。加工使产品增值，加工效益更是优于种植。

店子镇现有灵芝加工企业（户）80余户，多数加工企业都购置大型设备、孢子粉破壁机和产品包装设备，有20余家专门以灵芝成品为主的销售公司和50余户从事电商销售的企业，产品销往全国各地及国外。

为了打造特有的灵芝品牌，当地政府一直在积极探索，多次去外地向成熟企业学习技术和经验，与国内外优秀厂家合作，向国家申请正式称号，目的就是发展集生产、加工、销售于一体的灵芝产业链。

为了更好展示、宣传、推介冠县灵芝文化，推动当地特色乡村旅游产业发展，吸引有资质、有技术的企业和人才到冠县投资兴业，带动当地灵芝产业"破壁"质变，自2018年以来，冠县已连续举办四届"灵芝文化节"。

中国（冠县）灵芝文化节是冠县一项常设性特色文化活动，是实施冠县生态旅游战略的重要内容，也是当地打造"生态农业、休闲度假、历史文化、红色旅游"四大品牌的重要举措。现在，对灵芝进行简单切片卖原料在冠县已成为历史。2021年，冠县灵芝产业链提升实现新突破，新引进的中芝堂、冠芝药业等灵芝深加工项目，建设标准化车间。其中，冠芝药业项目填补了冠县灵芝标准化加工领域的空白。

2021年7月，在冠县举办的第四届灵芝文化节上，中国中药协会灵芝专业委员会和冠县人民政府就长期服务灵芝产业发展签约，中国农业银行冠县支行与店子镇人民政府就扶持灵芝产业发展信贷签约，冠县国家级标准化种植基地项目启动。

39

一卡两化三队伍　托起百姓的幸福

案例背景

　　吕家村是山东省济南市章丘区明水街道下辖的行政村，是明水第一大村。村党组织由5人组成，村两委成员由5人交叉任职，凝聚力和战斗力强，先锋模范作用发挥好，带动全村144名党员和广大群众积极投身全村建设发展，全村经济社会和谐稳定。

　　近年来，吕家村认真解决群众普遍关心的身边事、烦心事、操心事，印制"吕家村便民服务联系卡"，推进"网络化+信息化"工作方式，打造服务群众的"三支队伍"，不断提高人民群众的获得感、幸福感、安全感，先后荣获省级文明村庄、济南市生态文明建设先进村、济南市章丘区"先进基层党组织"等荣誉称号。

一、主要做法

（一）一张"小卡片"架起干群"连心桥"

吕家村坚持以人为本，关注民生，真正把乡里乡亲的"急难愁盼"作为村两委工作的出发点和落脚点。村两委印制1500余份"吕家村便民服务联系卡"，全部分发到户，公示村两委成员的联系方式和分工，保持24小时联络畅通。小到水管漏水、换个灯泡，大到疾病救助，均由村里安排专人前去妥善处理解决。群众足不出户，打个电话便能有效解决问题，切实推进村级管理服务有序高效，群众的幸福感、获得感显著增强。同时，便民联系服务卡还承载着"吕家村村规民约"，并以"三字经"形式反映到卡上，朗朗上口，易学易记易懂，成为吕家村社会治理综合服务自我遵守、自我约束的规章制度。

（二）新"两化"织密基层治理"服务网"

创新推进"网络化＋信息化"模式，有效促进综合治理工作社会化、法治化、专业化。依托区、街道两级"雪亮工程"视频监控平台，吕家村内重要节点位置、交通路口被划分为六个网格，安装覆盖全村各个角落的监控探头140余个，实现全域、全天候视频监控网络。村里投资安装20部电脑，供村民上网学习和实现党员远程教育，购置1万余册图书，供村民开阔视野、增长见识。依托网格管理和智能监控，开展扫黑除恶专项斗争，不留死角，实行地毯式排查，对涉黑苗头和不轨行为，予以有力打击。清除害群之马，整治顽瘴痼疾，为老百姓生活安定幸福构筑坚实屏障。

（三）"三支队伍"服务群众"零距离"

以实事暖民心，以行动映初心，全力打造"三支队伍"，筑牢服务群众"新方阵"。

一是共产党员先锋队。吕家村牢固树立"党建+服务"理念，创新党建、服务双融合工作。组织党员干部带头担责、矢力担当，在救灾抗疫、抗洪防汛等大事要事上，不含糊、不懈怠，冲锋在前；在治安维稳、日常巡逻等凡事、常事上，坚持不懈、认真细致，真正发挥共产党员的先锋模范作用。

二是老年人调解队。家有一老，如有一宝。充分发挥老年人调解经验丰富的优势，组织引导德高望重的吕家村老人"再上岗"。将邻里矛盾、家长里短消化在基层一线，构建了吕家村和谐稳定新局面。

三是新时代文明实践志愿者服务队。吕家村主动了解群众需求，找准活动落脚点，指导志愿队积极开展接地气、受欢迎、有特色的文明实践志愿服务活动，不断扩大志愿服务覆盖面和影响力，在扶贫、济困、救孤、助残等多个方面发挥重要作用，成为一支社会治理综合服务的生力军。

二、案例成果

一张小卡片撬动基层大治理。吕家村发放便民服务联系卡1500余张，截至2021年，收接听群众来电500余次，为群众办实事解难事200余件，热线案件减少95%以上，切实做到"大事小情不出村，新老矛盾不上交"。一张"小卡片"，打通了联系服务群众"最后一公里"，以"件件有答复，事事有回声"交出一份为群众解难题的"民生答卷"。

产业振兴为乡村振兴夯基。吕家村发挥区位优势，做活土地流转文章，立足本村实际，进一步使土地资源变为资产，让资产变为股金，让农民变股东，抢抓"三变"改革机遇，创新特色产业振兴，让土地增效、农民增收，夯实"三农"基础，实现农村美、农业强、农民富的目标，使农民享受改革带来的红利，确定建设两处精品种植园。

志愿服务为乡村振兴赋能。新时代文明实践的主体力量是"志愿者"，实践载体是志愿服务活动。吕家村积极开展有特色的新时代文明实践志愿服务活动，充分发挥志愿者的作用，组织志愿者走进村民家中宣传反诈App的下载安装，积极增强自我防范意识，共同提高识骗防骗能力，构筑防止电信诈骗的"防火墙"。民心所系的大事小情在吕家村志愿者的贴心关怀下得到妥善解决，群众性文化志愿服务活动的广泛开展，让文明和谐氛围越来越浓厚，群众的幸福感和获得感得到显著提升。

40

找准资源禀赋　发展特色产业

案例背景

乡村振兴重在发展产业，发展产业贵在因地制宜。即使像香格里拉这样举世闻名的旅游热门景区，也不可能村村发展农家乐，乡乡大搞旅游点。只有找准每一个村、每一个乡的资源禀赋，找对产业发展的方向，才可能真正实现产业振兴、乡村振兴。

桥头村隶属云南省香格里拉市，地处虎跳峡镇东南边，是香格里拉市南大门，坐落在国道214线西侧，交通条件优势明显。全村共有耕地1973亩，林地42013亩。农民收入主要以种植养殖业为主，发展新兴产业基础较差。中国旅游集团帮扶桥头村以来，一直致力于大力扶持桥头村产业发展，2020年桥头村实现全面脱贫，农户靠产业实现增收。

一、主要做法

桥头村是中国旅游集团挂职干部定点帮扶村，桥头村和中国旅游集团多次研讨，在产业帮扶上达成以下共识：一是桥头村目前不太适合发展旅游业，因为当地缺少发展旅游业的天然禀赋，也缺少规模化建设旅游目的地的用地，盲目发展旅游业会得不偿失；二是桥头村山高水多，适宜大力发展种植业、畜牧业等特色产业；三是桥头村农民耕地、用地分散，农民市场经济意识参差不齐，要鼓励和支持致富带头人通过合作社的方式来带动致富。

统一思想就能明确方向。在中国旅游集团的大力支持下，在三任扶贫干部的持续奋斗下，桥头村坚持以蔬菜种植、养殖业为主的产业帮扶思路，坚持以帮扶农村合作社带动农户增收为发展方向。

（一）坚持以"一户一策"带动特色产业发展

2016年，本着"扶贫先扶志"的思想，中国旅游集团投入20万元用于桥头村"一户一策"产业发展。面向桥头村贫困面较大的三个小组，有能力、有意愿发展种植养殖和其他特色项目的村民主动参与，该项目共计带动72户农户发展种植养殖产业，其中建档立卡户46户，户均扶持2777元。

（二）坚持以保障民生为产业发展构筑底线

2018年，受到强降雨的影响，桥头村境内发生山洪、泥石流、滑坡、塌方等地质灾害，多个村民小组生产生活受影响，中国旅游集团筹集20万元救灾款进行救灾抢险，对桥头村房屋受损严重、存在较大安全隐患的7户用户进行专项资金扶持，还对拉咱古、五头山、两头山、吉子洛、铁厂沟几个小组的人畜饮水管道及应急通道进行应急保通抢修。

同年，挂职干部关心支持、协调对接烟台海颐软件股份有限公司对桥头村蔬菜种植受灾农户进行5万元资金扶持，户均扶持700元，对两头山五保户谷金凤一家提供8000元扶持；同时给予桥头村驻村工作队、村干部、桥头村所有学生慰问物资，折合人民币8.8万元。通过资金帮扶，有效地稳住发展农特产业队伍的基本盘。

（三）坚持以发展绿色蔬菜产业为突破口

2019年，为更好地带动地方内生动力发展，中国旅游集团投入50万元用于桥头村集体经济蔬菜基地育苗棚项目建设，做大做强地方绿色蔬菜产业，引导农民从传统农业生产模式走向优质高效的专业化发展的新路子。育苗基地的建设，大幅度提高了绿色蔬菜育苗过程，降低了农户成本，从而带动全村绿色蔬菜产业发展。截至2021年，免费为农户发放辣椒、西红柿、茄子、大葱、莴笋等蔬菜苗420亩，带动农户150户（其中贫困户24户），种植成本每亩降低900元，共37.8万元，对种植户进行统一管理、统一回收、统一包装、统一销售。该项目的实施大幅度提升蔬菜苗的成活率，降低种植户种植成本，提升产品市场竞争力，为桥头村蔬菜种植业发展打下坚实的基础。

（四）坚持以保障农产品配套设施为支撑点

为保障集体经济设施建设，支持产业发展，经过协调对接，中国旅游集团给予拨付20万元用于援建桥头村农副产品收储站，有效解决桥头村农产品储存场地小、停车难、交通堵塞等问题，极大保障老百姓农产品运输的时效性，提升了交通安全性。

（五）坚持以市场化为导向发展养殖产业

市场需要什么，就重点发展什么。2020年，生猪生产迎来价格持续上涨的好行情。在挂职干部和致富带头人的牵头下，中国旅游集团投入50万元用于建设桥头村能繁母猪规范化圈舍建设及能繁母猪品种改良项目，项目依托本村带动发展能力较强的合作社，以点带面推动全村生猪养殖产业发展，从而惠及全村广大群众。该项目带动257户农户，其中贫困户30户，截至2021年，共以半价的形式发放猪仔771头，为农户节约近61.7万元，对养殖户也实施了统一回收及统一销售的优惠政策。

（六）坚持产业兴旺和生态文明齐头并进

在促进农村产业发展兴旺的同时，中国旅游集团将农村生态文明建设摆在重要位置。2021年，在巩固拓展脱贫攻坚成果同乡村振兴有效衔接的工作中，在集团挂职干部的牵头下，中国旅游集团投入70万元用于桥头村蔬菜基地水肥一体化项目建设及桥头村土猪保种繁育项目建设（各35万元），进一步提高桥头村产业规模化及现代化建设水平，有效提升了产业带动能力及抗风险能力，在产业振兴中发挥了重要作用。一方面，村里的两个养猪项目的粪便可以通过蔬菜基地水肥一体化项目进行无公害处理，避免污染环境；另一方面，通过收购农户家化粪水，实现农户每年增收3000元左右，"变粪为宝"的同时为建设宜居型的新农村探索了全新模式。

二、案例成果

因地制宜精准施策，确保结对帮扶富有成效。在结对帮扶工作中，根据桥头村实际情况和各合作社、各企业经济条件，指导合作社和企业结合自身实际制订帮扶实施方案并给予扶持，做到"一户一策"；同时发挥在市场信息、人才技术、社会资源等方面的优势，帮助桥头村有效促进农产品产、供、销等方面的发展。

第一，形成以种植养殖为重点的产业发展格局。中国旅游集团通过援建帮扶桥头村农副产品收储站项目、桥头村能繁母猪规范化圈舍建设及能繁母猪品种改良项目、桥头村集体经济蔬菜基地育苗棚等项目，有效促进桥头村特色产业发展，贫困农户增收，实现农户自我发展能力提高的脱贫攻坚目标。

第二，提高农民适应现代化农业发展的能力。2021年，在中国旅游集团支持下，以产业致富、劳动致富、勤劳致富为主要思想，首次开设了大范围的全村农民技术培训班。培训班围绕村里的优势产业及带动明显的企业，以蔬菜种植技术、中药材种植技术、生猪养殖技术、牛养殖技术、江边土鸡养殖技术为主要内容，重点提升农民种植养殖方面的技术能力，要求村里重点企业优先录用脱贫户、边缘户。中国旅游集团多年帮扶，通过上门走访慰问，帮助贫困户拟定脱贫计划，并给予桥头村产业发展资金支持，激发贫困户发展产业脱贫信心，提高了贫困户农业技术发展能力，给贫困户家庭带来新的希望。

第三，构筑巩固脱贫攻坚和乡村振兴的安全网。一方面，中国旅游集团积极同村里对接，精准掌握贫困户种植养殖情况，并根据每户产业发展、住房安全、饮水安全等情况给予具有针对性的帮扶，切实解决农户的生产生活需求，有效遏制返贫发生。另一方面，中国旅游集团的产业帮扶有效带动农户发展，增强农户自身的抗风险能力。产业项目经营企业为农户免费发放蔬菜苗和以市场价格一半的价格给农户发放猪仔，每年为农户减少种植养殖成本142.26万元。同时实施成品农产品企业保回收政策，每年户均增收近16000元。各企业土地流转及用工花费每年在180万元左右，保障农户在家门口就能得到就业机会，每年都有固定收入。

中国旅游集团倾力支持桥头村各项经济社会事业发展，充分发挥中央企业优势，积极履行企业职责，全面落实各项帮扶政策措施，因地制宜发展桥头村的特色产业。桥头村各项事业得到空前发展，2016年桥头村村民总收入约380.4万元，每户每年收入达12000元。2017年起，桥头村大力发展产业，2020年桥头村村民总收入约1331.4万元，平均每户年收入约42000元，桥头村以产业发展实现全面脱贫。

在中国旅游集团的产业带动下，桥头村于2020年实现脱贫摘帽，在脱贫的收官之年顺利完成脱贫普查工作，确保脱贫攻坚的质量和成色，巩固脱贫成果，脱贫群众发展的内生动力明显提升，在乡村振兴过程中提供强大动力，为桥头村后续发展构筑了坚实后盾。

41

创新销售业态　一黑一白能量强

案例背景

　　2016年，中国邮政集团有限公司吉林市分公司积极响应扶贫工作号召，立足地方农业特色，以惠农助农为己任、分销转型为指引，自主注册"三河站"商标，以"吉林大米"和"东北黑木耳"为重点产品，与地方优质农业加工企业合作，通过委托代加工模式，创立吉林邮政农产品自有品牌项目，成立专项工作组，实现对合作社和农产品销售的帮扶，开启了吉林邮政自有品牌项目建设之路。

　　吉林省吉林市是中国粳稻贡米之乡，地处北纬41°—46°，是世界"黄金水稻生产带"，日照充足、土质肥沃，在长白山源头水的灌溉下，孕育出优质的大米；吉林市黄松甸镇是中国黑木耳之乡，国家级黑木耳产地，独特的寒地黑土、较大的昼夜温差、漫长的生长周期，造就了营养丰富、品质一流，纯天然、无污染的木耳产品。

　　白色的大米、黑色的木耳成为吉林邮政服务乡村振兴战略和惠农工作的标志性产品，"中邮一黑一白"项目从此诞生。

一、主要做法

（一）加大产品开发

产品销售初期，"中邮一黑一白"项目产品仅有9款。由于大米和木耳产品市场规模庞大，品种多样，销售渠道广泛，知名品牌众多，"三河站"品牌刚刚起步，消费者对其认知较低，产品迟迟没有销量。工作组跑超市、走访粮油店，对同款规格产品进行比价，对消费者进行调研，分析消费者的购买习惯，同时奔赴南方省份进行调研，分析南方大米市场，了解消费者需求，记录各大商超的产品价格体系，调研东北大米产品的输送渠道。通过几轮的调研、分析和对照，吉林邮政优化了产品规格和价格体系，调整了生产工艺。为了满足福利市场需求，开发了礼盒产品，充分满足各渠道消费者多样化的产品需求。几年来，"中邮一黑一白"项目系列产品不断丰富，在规格、包装和适用渠道上精心研究打造，大米产品小到450克，大到25千克，木耳产品从40克到250克，新增杂粮、豆油、面条、鸡蛋等多个种类，得到众多消费者欢迎。

（二）完善销售渠道

做稳邮政省际销售。销售的核心是平台和客户。为了加快推进"中邮一黑一白"自有品牌推广，在中国邮政集团公司、省公司的帮助和支持下，伴随全国各省农产品项目不断推进，"中邮一黑一白"产品积极参加全国各省举办的农产品推介会，以"原产地、现加工，好吃、营养、安全"的理念，对吉林大米项目和产品进行宣讲，现场组织试吃、优惠购等活动，让全国各地的消费者进行体验，同时制定促销政策引导各省采购，实现产品推广。为了满足消费者多样化需求，结合各省地域特点，消费者订单以落地配和"一件代发"两种形式进行配送，在有条件的省份进行仓储，实行整车配送后二次分拨，解决直接发货周期长、订单少、物流慢等问题。截至2020年10月，已与全国20个省签订了合作协议，在四川双流设立仓储中心，全国五省实行"一件代发"发货模式，增强业务发展的时效性，提升了客户体验。

加强本地市场推广。为了增强职工业务拓展的信心，大米和木耳等产品被纳入年内各大节日的营销产品目录，结合节日期间快消品销售旺的特点，组织员工在本地进行产品销售和品牌推广。在每年的"三节"期间，大米等自有品牌农产品的销售额逐年提升。截至2020年10月，利用节日契机累计销售产品36万件，销售额突破1000万元，"三河站"自有品牌产品品质得到职工和消费者的认可和赞许，大大增强了全体员工将产品向更多渠道推广销售的信心。

做大做强线上平台。在"919电商节"活动中，为了打开产品销路，提高产品知名度，积极参与秒杀、爆款、半价、硬核补贴、邮惠购等多项活动。在产品选择上，秒杀、爆款产品均以小包装、销售价格以9.9元至19.9元为主；硬核补贴产品和邮惠购产品以经济适用装产品为主，如5千克包装的大米。在活动政策上，通过制作优惠券和增加活动产品佣金，加大邮乐小店的宣传推广力度，活动期间日均转发超过5000人次，活动通过微信宣传到全国。在发货处理上，每天分上午、下午两次打印后台订单，保证产品在24小时内发货，客服人员每天在线邮乐通，及时处理业务咨询，提供售后服务，包裹运输中发生的货品丢失或损坏，都会在第一时间给予补发，保证消费者良好的体验。截至2020年10月，产品通过线上平台累计销往全国31个省（区、市），以邮乐大网店铺后台为依托，累计与7个平台签订合作协议，"中邮一黑一白"扶贫馆销售额达1580万元，全国排名第二位，其中邮惠购积分兑换平台累计销售额达到1800万元，基地农产品销售量排名全国第一位。"客户在线上、线上无限量"，"中邮一黑一白"项目产品除在邮乐网上线外，还入驻京东、途牛、一线达通、学习强国等多个线上平台，努力通过大数据将产品销售做大做强。

平稳推进物资采购。物资采购是贯穿线上、线下、省际、省内的大平台，几年来，结合金融走访随手礼、厅堂客户礼和大客户高端维护，"中邮一黑一白"项目共研发适销产品20余款，随手礼价格均控制在5—8元，厅堂客户礼品以性价比高、重量在5千克以下、总价在20—40元的产品为主打，同时为大客户打造高端礼盒产品，适应各级渠道的物资采购需求。"中邮一黑一白"项目产品上线全国物资采购平台，产品上架前通过多平台比价，最终制定的销售价均低于大网价格。对有二采目录的省份，积极参与投标，进入省内采购目录，实现精准营销。

（三）优化产品品控

产品质量和服务是赢得消费者的法宝，严控生产质量和食品安全，给消费者提供安心、健康、美味的特色农产品，是自有品牌项目发展中一直坚守的原则。每一款新产品上线，首先要组织项目组成员进行试吃和测评，上线前，必须出具国家指定单位的产品检验合格报告方可投产，所有上线产品每年出具新一年度产品质量检验报告，每年组织两次产品"盲评"，邀请职工代表和消费者代表进行多项打分测评，对总分不足90分的产品进行整改，对省外、省内消费者进行问卷调查，对职工和消费者提出的意见和建议进行及时改进，质量不达标，坚决不销售。在包装材料选择上，不仅要美观，更要简约、环保，严格执行中国邮政集团"绿色"邮政工作要求，加强对"邮政农品"标识使用的管控，确保产品包装和运输包装的标准化。几年来，产品销售客诉率不到万分之一，为营销推广奠定坚实的基础。

（四）加强运营保障

"中邮一黑一白"项目全部采用委托代加工模式，仓储均与生产厂家共用，一是解决业务量大但邮政仓储有限的问题，二是产品发货以订单为准，厂家仓储管理灵活，不会导致产品积压。目前，共与四个合作厂家共用仓储8000平方米。在帮扶工作上，每年春季为合作社提供农资配送服务，为社员提供农技服务，在春季农耕前组织社员开展农技知识大讲堂，帮助合作社做好农资产品预定，保障春耕生产。协同邮储银行对合作龙头企业提供资金支持，2020年累计提供贷款2500万元。

二、案例成果

2020年，吉林大米直供基地正式成立，标志着吉林"中邮一黑一白"项目的全面升级，吉林大米直供以"原汁、原味、原产地"的理念，成功打造农产品直供平台。累计建设6个扶贫地方馆，打造万单扶贫农产品13个，培育扶贫能手78人，助力地方政府带动四个农民专业合作社，1000余名农民实现产业协作，与当地10家龙头企业签订合作协议，产品通过线上线下参加全国推介会20余场，累计销往全国31个省（区、市），总销量达260万件，销售额达8466万元，带动寄递收入442万元，全网自有品牌销量及基地农产品线上平台销售量领先。

2017年，"中邮一黑一白"项目获得中国邮政集团优秀项目奖；2018年，"三河站"被吉林市商务局评为"吉林市知名电商品牌"；2019年，"中邮一黑一白"品牌在中国邮政"邮乐农品"举办的名优产品投票活动中，获得"我最喜爱的邮政名优农产品"称号；2020年，吉林大米直供基地成为中国邮政50个农产品基地之一。

吉林"中邮一黑一白"项目将坚定农产品自有品牌发展之路，继续向更多的农业产业、农产品、合作社和农户延伸，深入走访、加强调研、创新产品、拓展平台，不断结合国家惠农政策，聚焦"三农"服务，充分发挥绿色邮政、绿色金融、绿色产品和邮政物流等优势，提升以发挥邮政企业优势为核心，建设农业特色、农村扶贫、产品流通、公共服务、普惠金融、产品寄递、物流配送等多项目共融的综合服务平台能力，落实中国邮政集团公司农村电商发展战略，打造以农村、农民、农产品、客户、会员、物流为基础运营的生态圈，真正实现邮政自有品牌做大、做优、做强，为邮政惠农、扶贫工作贡献力量。

42

龙头产业带动强村富民

案例背景

2017年以来，河南省平舆县西洋店镇老湾村紧抓脱贫攻坚、乡村振兴的发展机遇，通过创新发展、多元发展、融合发展、嫁接产业、落地项目、土地生金等，焕发勃勃生机，释放发展后劲，"农旅相融""江南风韵""水上世界""绿色银行""幸福家园"等是新时代老湾村的生动展现。

老湾村突破自我、创造优势，成功走出一条"以基层党建为引领、以乡贤反哺为支撑、以激活要素为基础、以多元产业为抓手、以村强民富为目的"的乡村振兴路，奏响一曲农业强、农村美、农民富的生动乐章。

一、主要做法

（一）"布局式"打牢基础建设

注重高起点规划，金沙湾农业综合发展有限公司（以下简称"金沙湾公司"）对村落和产业布局进行科学规划、同步推进，构建"一心一带两轴三区"格局,投资5亿元,以和合化休闲综合体项目为核心,以荷塘风情园和综合服务中心为重点,以民俗文化街、汝水泛舟等14个项目为支撑,高标准构建起项目体系。同时对老湾村产业结构和基础设施进行全方位升级改造,截至2021年,综合体项目一期工程已完成投资1.8亿元,总投资4800万元的老湾书院已投入使用,村庄道路、广场游园、水电绿化等基础设施建设得以完善,夯实了发展基础。

(二)"融合式"推进产业发展

发挥金沙湾公司辐射带动作用,实行多元化、融合式产业发展模式,把特色产业固化下来,通过建设和合文化休闲综合体、中国最美彩绘村,开发红色精品线路,建成红色文化传承馆、红军渡等,打造了集赏荷、盆景、展览、教育、培训、食宿等于一体的高标准现代化融合产业平台和特色旅游景点。

培育荷花产业链。充分发挥老湾村千亩荷塘优势,采取"荷花+农业、荷花+旅游、荷花+电商"等模式,不断促进荷花产业链横向拓展、纵向延伸,初步形成以荷花种植、加工、旅游于一体的完整产业链。其中莲藕、莲子、藕粉等莲藕系列产品,实现营业收入800多万元。目前,通过土地流转入股荷花产业的村民,每人年均纯收入在1.5万元以上,有效增加了农民收入,提高了土地产出效益。

做大种植养殖业。金沙湾公司整合土地资源2000亩,技术承包土地5000亩,大力发展高油花生、优质小麦、高淀粉红薯、金丝黄菊、中药材等特色种植农业,带动农民示范户2000余户,年销售额500余万元。同时,成立养殖公司,建设6个林下禽畜散养工区,其中家禽散养工区4个、水产养殖工区两个。截至2021年,已达到鸡鸭鹅各1万只的规模,年销售无公害禽、蛋产品收入在200万元以上。完全建成后,可实现散养土鸡10万只、土鸭5万只、土鹅1万只。同时,围绕荷花产业,积极发展荷塘经济,采取"荷塘+鱼、虾、泥鳅+景观树"的模式,塘中种荷花,水中养鱼虾,岸上种植经济景观树等,立体种植养殖实现效益最大化。

大力发展文化产业。老湾村在充分发掘红色文化、建筑文化、历史传说和手工技艺的基础上，重点打造了和合文化休闲综合体核心项目，以已形成集赏荷、盆景、听琴、阅读于一体的书香空间。同时，制作5000平方米以上的彩绘，打造中国最美彩绘村，通过彩绘与古巷、古楼的有机融合，实现"老湾十三巷，巷巷不一样"的景象。同时，积极培育新型业态，打造精品旅游，突出以水为魂、打造水韵乡村，以文为韵、打造文化乡村，以荷为媒、打造醉美乡村。2021年，老湾在周边地区游客口中已有"江南水乡"的美称，年接待游客达30万人次，实现旅游年收入200万元以上。

（三）"高效能"激活要素内力

依托土地入股"零风险"整合运营。通过建立稳固的"12433"利益联结机制，即每户每年进行1200元保底分红，公司盈利的40%到年底二次分红、30%作为村庄环境整治资金、30%作为风险准备金，极大地吸引了村民土地入股的积极性，有效整合土地资源，提高了农业生产效率。

充分挖掘、培养农村现有人才。通过强化激励政策，搭建良好创业平台，吸引本地在外就业大学生、外出务工人员、企业家等回乡发展产业。同时，通过开展"双向培养"活动，把村干部和广大党员培养成"双强"带头人，把脱贫致富带头人中的先进分子培养成党员或村两委后备干部。

（四）"多元化"保证农民增收

让农民变成股东。金沙湾公司采取"公司+支部+农户+贫困户"的土地入股方式流转全村土地，统筹推进生态园区建设，提升生态园区科学化、规范化、规模化、集约化发展水平。

让农民变成专家。2018年以来，金沙湾公司聘请专家教授在老湾书院大讲堂开展农民技术培训班30余场次，受训2000余人次，技术指导1000余人次，千亩荷塘、生态林区、农业示范区等共计吸纳150人就业，其中贫困户30人，人均月工资均在2000元以上。

让农民变成创客。金沙湾公司鼓励和扶持群众借助生态观光园平台优势灵活创业，目前老湾村金沙湾田园综合体已成为当地百姓的"淘金地"，土地入股、摆摊卖货、就近务工等进一步稳固了村民的多元化收入，并覆盖周边的15个村，惠及农民约3000人，人均年增收5000元。

（五）"特色化"打造生态亮点

围绕绿色做文章，成立绿化子公司。其中，900亩森林景观苗木囊括红枫、五角枫、桂花、木瓜、玉兰、乌桕、紫荆、紫薇、金枝槐、金叶复叶槭等树种，为老湾村建起"绿色银行"，将"绿色银行"培育的景观树、稀有树等销往全国各地。

统筹村庄绿化，编制专项规划，对村庄进行四边绿化、节点美化、围合绿化，形成四季常绿、季节分明、层次丰富的绿化景观。

建设"百果园"，种植300亩"四季水果"采摘园区，栽种葡萄、桃、梨、石榴等绿色果品，确保游客一年四季都能采摘水果。

（六）"零负债"壮大集体经济

通过"企业+支部+合作社+基地+农户"的模式，4年多来，老湾村金沙湾公司坚持以"无贷款、零负债"和"不要国家一分钱补贴、不给国家添麻烦"的发展理念，全身心投入乡村全面振兴、"全资产"注入集体经济，"全马力"拉动乡村发展，使老湾村发生翻天覆地的变化，全村村民的幸福指数大幅提升：村级集体已累计收入金沙湾农业发展公司1.6亿元资产捐献；老湾村人均可支配收入已由2017年的7068元，发展到2020年的18500元。

二、案例成果

守住回报乡梓的眷眷初心。乡情乡愁、乡音乡貌、牵念故乡是每一个思乡人的心念，回报乡梓、富裕乡亲、扮靓家园是每一个返乡创业者的初心。

正是有着这样的信念和初心，乡贤反哺成为一个信念、一个方向、一种自觉，正是基于这样的初心，老湾村的返乡创业者才义无反顾地回到故乡显身手、无私奉献助振兴。

担当强村富民的社会责任。让乡亲致富、为国家尽力，是每一位企业家和返乡创业者应该承担的社会责任。脱贫攻坚伊始，老湾村的返乡创业者就主动融入家乡脱贫攻坚主战场，带领家乡父老乡亲打赢了一场摆脱贫困、走向致富的翻身仗。

巩固持续发展动力。老湾村展乡贤之力、发创业之志，以"老湾模式"的持续提升和辐射效应，使老湾成为脱贫成果的巩固地、乡村振兴的示范地、小康富裕的试验地。

三、经验启示

第一，坚持党建引领，壮大农村基层党组织，发挥战斗堡垒作用。老湾村在脱贫攻坚和乡村振兴中，注重把基层组织建设延伸至企业和合作社、覆盖到经营实体中，充分发挥了村级党支部的战斗堡垒作用，推动着农村基层党组织建设和乡村振兴的同频共振。

第二，把产业发展放在首要位置。在脱贫攻坚和乡村振兴中，老湾村坚持把产业发展、产业兴旺放在首位，进一步打牢稳固了乡村振兴发展的根基，实现了农民的持续增收。在推进乡村振兴实现村强民富中，要坚持把产业发展作为重要抓手和支撑，加快形成适合农业农村特色和乡村价值的产业体系，推动乡村产业实现全面振兴。

第三，用好乡贤反哺的特殊力量。发挥乡贤在资源、人脉等方面的优势，把先进发展理念和优秀项目带回家乡、建设家乡，为乡村发展出谋划策、出资出力。同时，乡贤来自乡村，来自群众，最熟悉乡村社会的文化底蕴，最了解乡村的人文环境。培育新乡贤，引领示范契合现代理念的新乡风民风，是一种创新社会管理方式的有益尝试。老湾村是乡贤反哺带动当地面貌改变和农民富裕的一个典型案例。

第四，保证农民实现多元化增收。老湾村依托土地入股"零风险"整合运营，通过建立稳固利益联结机制，提高了村民土地入股的积极性，农民由过去单纯靠土地收入，转变为多元化多渠道实现增收、农民身份也发生转变，农民变成股东、工人、专家、创客，这既利于巩固拓展脱贫攻坚的成果，也为推进乡村振兴实现村强民富提供更有力保障。

第五，充分发挥好资源禀赋优势。资源禀赋是乡村的原生态，老湾村注重立足和用好资源禀赋，变资源优势为经济优势、生态优势、发展优势，实现了资源、资本要素的有机高效整合。

43

打通产业渠道　小米拉动大产业

案例背景

　　中国的贫困地区一般都有良好的生态环境和特色的农副产品，是生产绿色优质粮油食品的原料，只是由于信息不通、交通不畅、种植分散，这些好产品很难卖上好价钱。益海嘉里金龙鱼粮油食品股份有限公司发挥自身的优势，帮助贫困地区解决产销对接的难题，帮助贫困农民增收脱贫。

　　益海嘉里金龙鱼粮油食品股份有限公司考察河北省蔚县后，倾集团之力，把集团品牌、营销资源与蔚县小米等农产品资源全面对接，动员下游的合作伙伴共同参与；同时，积极摸索方法、总结经验，形成一种可推广、可复制的产业脱贫模式，吸引各行各业有社会责任感的企业发挥所长。集社会之力带动蔚县相关产业同步发展，蔚县全面实现真脱贫、脱真贫。

一、主要做法

益海嘉里金龙鱼粮油食品股份有限公司（以下简称"益海嘉里"）在创造优质、健康、安全的产品服务社会、持续推动产业发展的同时，始终将履行企业社会责任作为一项重要使命，积极参与乡村振兴，发挥自身优势帮助社会，探索一条可推广、可复制的乡村振兴之路。

蔚县曾经是环首都贫困带和燕山—太行山特困片区的双重点县，贫困面积大，脱贫任务重。蔚县小米是中国传统的"四大贡米"之一，具有悠久的种植历史，是国家地理标志产品。

益海嘉里蔚县精准脱贫项目，源自2012年益海嘉里员工在蔚县的义务植树活动。在这个过程中，集团员工了解到蔚县贫困情况，从捐款捐物开始，帮扶贫困家庭及困难学生。2015年起，员工溢价收购果庄子村贫困学生家庭的谷子，委托加工成小米销售，利润反哺当地贫困户，提高生活质量，尝试变输血为造血，立足当地资源解决贫困问题。2017年，益海嘉里正式发起小米产业精准脱贫项目，利用集团品牌、营销、管理等优势，助力蔚县产业脱贫。2018年，益海嘉里宣布在蔚县投资建成万吨级小米加工厂，帮助蔚县政府将贡米产业打造成特色扶贫产业，形成小米生产基地种植、合作社组织收购、金龙鱼品牌销售的完整产业链，辐射带动贫困户参与产业发展。随着工厂产能利用率不断提高，益海嘉里将继续扩大在当地的小米种植面积和订单收购量，以小米规模化加工业带动当地小米种植，助力农民稳定增收和可持续脱贫。同时，益海嘉里还把自身加工产业优势与蔚县特色地产杂粮嫁接，力图拓展当地产业扶贫领域和层次，更好实现产业脱贫广覆盖、可持续。目前，可加工绿豆、薏米、红小豆、黑米、黄豆、燕麦等杂粮，有效带动当地特色杂粮产品提升产业附加值。

益海嘉里在蔚县的产业精准脱贫经验是"订单种植、全链整合、品牌赋能、盈利反哺"。在政府协助下，通过当地龙头企业和谷子种植专业合作社，组织贫困户订单化种植绿色优质的谷子。溢价收购订单谷子，按照严格的质量标准，加工成"金龙鱼·爱心桃花"等品牌小米。借助"金龙鱼"品牌的号召力和益海嘉里强大的营销渠道，让蔚县小米进入千家万户，并实现增值。销售所得利润全部返还当地，用于扶贫开发，与政府共同改善贫困村镇生产生活条件，完善基础设施建设，以及定向帮扶特困家庭。

产业扶贫的同时，2018年，益海嘉里与蔚县政府合作，捐资4200多万元，在扶贫搬迁人口聚居区建设了一所六轨制、近2000名学生规模的高标准公益小学和一所可容纳100多名孤儿的蔚县益海助学中心，帮助缓解当地教育资源匮乏和孤儿教育管理难题。益海小学于2019年9月正式投入使用，益海助学中心于2019年11月正式投入使用，为孤儿饮食起居和教育成长提供全方位帮扶。

扶贫先扶志，不让有劳动能力的贫困人群养成"等靠要"的思想。为了让适龄青年拥有一技之长，提高就业能力，益海嘉里面向蔚县本地，为小米加工厂招录员工，并持续提升其专业能力；从当地高中、中专毕业的贫困家庭待业青年中选拔可塑之才，由集团资助到扬州旅游商校金龙鱼烹饪班接受国内顶级餐饮大师的培训，帮助其拥有一技之长，自食其力。益海嘉里希望通过这些努力，达到"一人就业全家脱贫"的效应。

未来，随着蔚县小米精准产业扶贫项目基础不断筑牢、规模不断壮大，益海嘉里还将以国家实施的乡村振兴战略为导向，在条件成熟时，探索与蔚县政府及文旅行业龙头企业携手，共同打造集农产品加工、农事体验、农耕文化传播、休闲农业等农业多功能性于一体的田园综合体项目，以产业助力乡村振兴，长久、持续带动当地经济发展和贫困人口脱贫致富。

除了蔚县，益海嘉里还积极挖掘其他贫困地区的特色农业资源，助力农民脱贫。

二、案例成果

2017年3月，益海嘉里成立蔚县精准脱贫工作领导小组。当年，益海嘉里在蔚县县委县政府及当地龙头企业的协助下签订了第一批实验性订单，覆盖13个村，635户，总计5610亩（未包括果庄子等村）。截至2017年底，首批试验性订单谷子收购工作全部完成，共计收购谷子1502吨，收购均价4872元/吨，高于市场价1013元。从2017年试验效果来看，小米产业扶贫项目种植户可实现户均增收2395元，效果显著。2017年，益海嘉里向蔚县贫困户定向返还资金11.25万元。2018年，益海嘉里利用小米利润60余万元资助果庄子村建设文化广场、村民卫生所、村民活动室、阅览室和浴室等公共设施，改善人居环境。

2019年，益海嘉里与当地合作社签订5个订单种植，覆盖9个乡镇、39个村，订单种植面积1.8万亩，种植农户1098户，其中贫困户317户。通过两年的实践，取得良好效果。2021年，益海嘉里继续扩大订单种植面积，已与7家小米种植合作社签订近5万亩谷子订单种植，覆盖21个乡镇、87个村，帮助更多农民增收致富。益海嘉里在河北蔚县的小米产业精准脱贫项目，创立了订单种植、盈利反哺、品牌营销、全链整合的蔚县产业精准脱贫模式，入选国家扶贫工作领导部门评选出的企业扶贫50佳案例。在益海嘉里等爱心企业的帮扶下，通过蔚县民众的不懈努力，2020年2月29日，河北省人民政府正式宣布蔚县脱贫摘帽。2021年初，益海嘉里旗下益海嘉里（张家口）食品工业有限公司荣获"全国脱贫攻坚先进集体"称号。

三、经验启示

益海嘉里助力蔚县产业精准脱贫的方式，破解了贫困县产业扶贫难题，确保农户通过生产实现增收脱贫的稳定性和可持续性。该项目对于企业参与产业精准扶贫有三点可借鉴经验。

第一，落实产业扶贫，动员多方力量。产业扶贫需要政府、企业、社会等多方参与，益海嘉里发挥了企业在资金、技术、品牌、市场等方面的优势，蔚县政府找准了定位，提供积极帮助，双方合作之路越走越宽。

第二，因地制宜发展产业，遵循市场规律。产业扶贫需因地制宜，遵循市场规律。蔚县将小米作为特色产业支点，充分考虑了贫困人口现状、认知接受能力和产业适应性，让扶贫产业可操作、易推广、能受益。

第三，善于创新，打造全链整合的组团式扶贫。产业扶贫要善于创新，全链整合，形成组团式扶贫，发挥行业龙头企业的示范引领作用，带动产业链上下游共同参与，是扶贫项目的一个重要创新，在实际操作中也取得良好的效果。

44

创新龙安柚全产业链发展

案例背景

　　四川省广安市广安区龙安乡革新村地处川东北丘陵地带，全村总面积1.5平方千米，耕地面积1780亩。

　　龙安乡是国家地理标志农产品龙安柚的核心产区。2013年起，革新村引进种植龙安柚，主要采用农户房前屋后"庭院经济＋小业主集中种植"的发展模式，成果后种植户自行采摘销售，市场销路窄，农民没赚头，一度面临夭折风险。

　　2018年以来，革新村将龙安柚作为主导扶贫产业，全村标准化种植龙安柚322亩，非标准化种植及庭院种植龙安柚400余亩，总计近800亩。中华人民共和国商务部驻村工作队从种产销各个环节，推动龙安柚全产业链发展，亩均收入从1000元左右增加到近万元，革新村电商服务站和龙安柚产业园区季节性吸纳就业人口超过100余人。

一、主要做法及成效

　　2018年，商务部驻村扶贫工作队到位后，结合龙安柚产业发展实际，深入分析产业亏损原因，发挥派出单位优势，邀请种植专家、市场专家、生产企业调研指导，深入研究分析产业培育的各个环节，通过初级农产品、初加工、深加工的纵向拓展以及与文化、旅游、种植养殖等周边产业的横向联动，初步打造出一条"柚花制茶、柚果入药、生鲜电商、果肉加工、文创周边、林下种养"六位一体的全产业链，大幅提升龙安柚产业的亩均效益、柚农的种植收入和集体经营性收入，提振了产业信心。

（一）疏花、疏果"由废变宝"

按照龙安柚生长规律，为保证成果质量，每年初花后，约80%的花需人工摘去，名为"疏花"；疏花后结出的幼果，除部分掉落外，仍有80%的幼果需人工摘去，名为"疏果"。专家指出，柚花由于香气馥郁，可与绿茶一起窨制花茶，而柚果具备药用价值，是中药材"柚枳实"的基础原料。柚花可以由种植户直接与采购商交易，百姓获利直接。因此，建立烘烤加工车间，由村集体组织运营、对接药企，采用村民收集、集体加工、统一交割、记账结算的模式。发展柚枳实，种植户按照市场价获得基础收益，村集体获得加工溢价，在帮助种植户增收的同时，实现集体经济收入。

疏花疏果，每棵柚树可产出鲜花1斤左右，市场价10元/斤，可增收10元；鲜柚果30斤，市场价2.5元/斤左右，增收75元左右，仅此两项种植户可增收80元以上，亩均增收可达2000元。同时，村集体收购柚果，按照3.5：1的烘干比例，初加工形成柚枳实，市场价12.5元/斤销售，扣除加工物料、人工成本、水电费、霉变折耗等约1元/斤，支付种植户收购价后，村集体每加工1斤柚果可获利0.7元以上，亩均获利450元以上。2020年，革新村烘烤车间完成柚枳实加工约37吨，实现价值达94万元，仅此一项帮助村集体经济增收约15万元。

（二）农村电商拓销路

农村电商为贫困地区打造了网上销售的快车道。建好建强村级电商站点，先后开设微店、淘宝、拼多多等电商店铺，发掘整理龙安柚文化故事，发展直播带货，采取分品类销售策略，推动龙安柚触网上行，革新村电商服务站龙安柚年销售额达25万元，带动柚农收购均价从0.5元/斤提升至2.5元/斤，亩均产值可达7200元。

一是讲好龙安柚故事。龙安柚是国家地理标志产品，肉质脆嫩，口感独特，津汁多、糖分低，具有消食降火等作用。驻村工作队坚持以情怀感召、以品质吸引，发掘龙安柚树种起源、伟人记忆，讲述贫困群众脱贫故事等，打造龙安柚品牌，人民日报、新华社等主流媒体广泛关注，多次宣传报道。

二是发展直播带货。驻村第一书记刻苦钻研带货技能，邀请知名网络主播、体育明星、影视演员等，为革新村网店引流量、搭平台，迅速打开直播局面，形成网红爆款。

三是做好消费扶贫。工作队员主动联络派出机关、公司企业，用好扶贫832采购平台。

（三）农业加工做文章

布局特色农产品产地初加工和精深加工，是提升产业发展水平的方向。商务部驻村工作队认识到，由于政策红利、社会各界支持、电商平台引流促销等因素，脱贫攻坚期龙安柚销售火爆，但这并没有改变龙安柚产业粗放发展的现实，一旦政策环境变化，产业发展可能面临困难，要结合广安市广安区龙安柚产业的整体状况，积极对接有影响力的生产企业，发展深加工，以获取更多的增值收益和产业的持续发展。

一是开展就地加工。推动广安市广安区投入资金6000万元，建成龙安柚柚子汁、柚子精油及商品化处理等8条生产线，开发柚子饮品、柚花茶等系列产品7个，实现规模化生产加工。

二是打入中心城市。2020年，革新村与知名茶饮企业——上海乐乐茶开展合作试点，由革新村提供高品质龙安柚分送至北京、上海等全国门店，作为传统茶饮中红西柚的替代品，制作成杨枝甘露等四款奶茶饮品进行销售。在合作试点中，乐乐茶以10元/个的价格收购优质龙安柚5000余个，总价值约

5万元，物流费用由对方承担，革新村仅需提供简易包装及人工成本，收益可观。

（四）产业园里搞文创，林下种养护生态

2019年，驻村工作队与四川美术学院专业团队开展合作，在龙安柚产业园中开辟了红色文化艺术空间"初心廊"，将龙安柚产业与广安红色文化、革新村脱贫故事相结合，打造革新村龙安柚文化IP，初步尝试推动龙安柚产业园农旅结合。2020年，围绕龙安柚元素打造了"年年柚鱼"系列手机壳、"柚福"杯垫、纪念盘等周边文化产品，通过网络宣传销售，获得较多的媒体关注和不错的销售业绩。

农业是个生态产业。驻村工作队积极利用标准化产业园疏密有致的布局特点，科学开展林下种植养殖，果虫养鸡，鸡粪肥田，促进生态循环。自2018年以来，鼓励和引导农户利用林下空间养殖土鸡，并按照农业专家建议，严格按照不超过20羽/亩的数量进行管理，土鸡及土鸡蛋再交由村集体合作社集中通过电商销售，增加村民及村集体收入。

二、经验启示

通过全产业链拓展产业增值增效空间，是巩固拓展脱贫攻坚成果，全面推进乡村振兴的有效途径。利用科技、市场手段改变传统农业的单一盈利模式，延伸价值链，拓展利润空间，提升单位土地资源效益，对于人多地少的川东地区乃至全国同样条件的农村而言都具有显著的现实意义，是农民稳定脱贫、持续增收，集体经济发展壮大的必然要求。

首先，发展全产业链要求坚强有力的基层组织，村民参与和支持是农业全产业链的发展动力。村民参与程度高，产业发展基础更实，动力更足。在革新村的实践中，村两委组织动员和引导，村民对村两委的信任，大大减少了全产业链发展阻力，是驻村工作队的帮扶设计转化为现实的关键助力。在发展全产业链的过程中，要建强脱贫地区农村基层组织，发挥好基层党组织

战斗堡垒作用，切实保障群众参与全产业链的经济利益，不断增强群众获得感，才能确保群众支持，确保产业发展行稳致远。

其次，发展全产业链需要良好的产业基础，产业基础是发展农业全产业链的基本要求。革新村龙安柚全产业链化发展，是在龙安乡乃至广安市广安区大力发展万亩龙安柚产业背景下，全区龙安柚产业发展的引领性探索。一般来讲，在市场经济条件下，任何市场交易行为与所掌握的产品规模、数量均是正相关的，数量越大，话语权也就越重。

最后，发展全产业链要求坚强的人才保障。除规模以外，产业发展的成熟度和管理水平是发展全产业链的重要因素，要求管理者具有较高的技术敏感度和市场对接能力。越成熟的产业、越高的管理水平，就越利于全产业链发展。因此，在乡村产业振兴中，要将人才保障放到更加突出地位，以比脱贫攻坚战更大的力度，吸引更多的高素质人才到农村来，支持他们创造性开展工作，带动农村产业不断突破。

45

红色引领　绿色发展　合力帮扶促振兴

案例背景

折家梁村位于内蒙古鄂尔多斯市东胜区西50千米处的泊尔江海子镇中部，总面积82.6平方千米，下设12个村民小组。折家梁村党支部共有党员44人，设党支部书记1名、委员两名。全村共有建档立卡户4户9人，于2015年识别，2016年建档立卡，当年脱贫。

近年来，折家梁村围绕打赢脱贫攻坚战的目标，不断强化基层党组织建设，积极推进乡村振兴战略，扎实推进农业供给侧结构性改革和农村综合改革，大力发展农村生产力，着力改善农村基础设施，强化农村社会治理，保持了农业增效、农村发展、农民增收的良好局面。

一、主要做法及成效

（一）聚焦组织振兴，夯实基层基础

一是乡村振兴全过程始终突出农村基层党组织建设，全面建立运行镇领导包村，村两委、驻村第一书记包社，党员干部包农户的包扶责任制，要求

五大振兴工作必须做到一环节一总结，一步骤一指导，一阶段一座谈，保证乡村振兴方向不偏、程序不乱。

二是充分发挥基层党组织的战斗堡垒作用和党员的先锋模范作用。折家梁村党支部把方向、守底线，坚持"一个政策贯到底、一个标准定到底、一把尺子量到底"的原则，驻村第一书记和支部书记既"挂帅"又"出征"，亲力亲为抓党建、推进三产融合发展、人居环境整治等各项重点工作；镇派出工作组全程参与，讲政策、搞宣传；党支部老党员化矛盾、解难题，在各个关键环节成为推动乡村振兴的"主心骨"。

（二）着眼人才优势，集聚振兴力量

首先，组织开展农民专业技能培训，以新型农民专业技能培训为抓手，统筹整合培训资源，针对不同人群，突出培训重点，并针对村两委成员和农村党员，以增强党性、提升能力为重点，着力培养懂经营、会管理、善服务、当先锋的党员人才队伍。

其次，结合镇域实际和群众需要，着重加强农牧业种植养殖技术培训、创业致富带头人培训和职业技能提升培训，着力提高就业创业、增收致富技能，发挥好示范带动作用。

最后，折家梁村还以乡情乡愁为纽带，鼓励本土人才回乡发展，以大学毕业生、进城务工人员、退伍军人等群体为重点，吸引更多人才投身现代农业，培养造就心怀农业、情系农村、视野宽阔、理念先进的"新农人"。在建立完善新乡贤吸纳机制的基础上，鼓励离退休党员干部、知识分子和工商界人士告老还乡，实现宝贵人才资源从乡村流出再返回乡村的良性循环。

（三）紧抓产业支撑，强化内生动力

盘活资源资产。盘活闲置土地，通过土地流转的方式整合废弃耕地3300亩，并将农民承包的土地"转包"回来，实施集体经营，打造高标准农田，引进新的种植技术，不断加快推进特色种植业增产提质。同时，折家梁村还

盘活闲置土地发展农家乐，村集体每年增加收入4万元。

发展实体经济。以集体原有积累为基础多元发展，巩固壮大村集体经济。为着力拓宽农产品销售渠道，在鄂尔多斯市东胜区设立农产品实体店——二三里生活超市。开业当天，进驻超市销售的农副产品共有40多种，通过线上购买和线下预定，仅半天时间成交额就达到20多万元，大大增加了村集体收入，带动农民增收。

以产权制度改革助力乡村振兴。2018年，折家梁村成为鄂尔多斯市东胜区农村集体产权制度改革试点村，村里先后组织村两委到陕西省榆阳县赵家峁村、呼伦贝尔市阿荣旗等地进行专题考察，学习借鉴经验之后认真贯彻落实上级关于农村集体产权制度改革工作决策部署，推进农村集体产权制度，助力乡村振兴。

成立股份经济合作社，认真开展清产核资、成员身份界定、股权配置等九项工作，于2018年12月4日召开第一届股东大会，成立鄂尔多斯第一个股份经济合作社——折家梁村股份经济合作社，并且制定合作社章程，明晰每个村民在集体经济组织中的产权股份，为壮大村集体经济发展，保护集体经济组织成员的合法权益奠定坚实基础。除此之外，2020年折家梁村股份经济合作社明确了通过发展特色产业助力产业振兴的思路，赴山东、北京、天津等地多方考察与学习，锁定小龙虾养殖，引进2000斤小龙虾苗种并正式投放，为折家梁村发展村集体经济、深入实施乡村振兴战略、坚决打赢脱贫攻坚战探索了新路径。2021年，折家梁村继续探索推进产业振兴新思路，先后建立菌菇养殖基地、特色富硒农产品种植大棚等产业基地，拓宽发展思路，推进一二三产业融合发展，切实夯实乡村振兴发展。

二、经验启示

在泊尔江海子镇党委、政府领导统一部署下，在美丽乡村建设的过程中，折家梁村村干部群众团结一致，开拓进取，心往一处想，劲往一处使，使村民生活发生了翻天覆地的变化。在推进乡村振兴战略的过程中，折家梁村党支部始终坚持"一个党员带动一片，一个书记带富一方"的宗旨，充分发挥党建引领、模范带头作用，党支部班子坚持"三提升三突出"，不断强化农村基层党组织的领导核心地位，通过党建引领提升各项工作，助推乡村振兴。在村级组织分类定级工作中，折家梁村支部被评为鄂尔多斯市东胜区"十星支部"和"内蒙古自治区基层党组织建设示范点"。

近年来，折家梁村党支部紧紧围绕"红色引领，生态立镇，绿色发展，振兴乡村"的工作思路，抓党建、兴产业，努力适应新时代农村工作的新要求，从项目的扶持带动、党员的示范引领、能人结对帮扶等多方面形成合力，初步建立"企业+党支部+合作社+贫困户"的产业发展模式，以种带养，以养带加、以加带销，积极探索出一条"种养加一体化，产供销一条龙"的产业发展模式，形成了黑猪养殖、五谷杂粮高标准农田种植、林下经济散养鸡、"优选农品"电商平台等特色产业。除此之外，折家梁村还依托产权制度改革，成立了鄂尔多斯市第一家股份经济合作社。折家梁村股份经济合作社明确了通过发展特色产业壮大集体经济强村富民的思路，把脱贫思路锁定在小龙虾养殖上，为折家梁村发展村集体经济、巩固拓展脱贫攻坚成果同乡村振兴有效衔接开启了新路径。

46

公园+乡村　生态价值转化升级

　　三圣花乡观光旅游区（以下简称"三圣花乡"），地处四川省成都市中心城区近郊，核心景区面积为5.8平方千米，其中有花乡农居、幸福梅林、东篱菊园、荷塘月色、江家菜地五个主题景区，被誉为"五朵金花"。

　　作为成都市环城生态区的重要组成部分，三圣花乡在业态品质、生态环境、基础设施配套方面，迫切需要转型升级。2019年以来，成都市锦江区坚持新发展理念，以"都市田园乡愁"为总体定位，遵循"政府主导、市场主体、商业化逻辑"理念，聚焦"触目可及的美丽景致、无微不至的温暖服务、触动心灵的深刻体验"目标，从"土地性质、功能定位、产业植根、文化感染"4个方面切入，以营造可进入、可感知、可参与、可欣赏、可消费的多元场景为重点，着力破解高质量发展难题，将"花乡农居"打造成全龄、全季、全时段的旅游首选地。

236

一、主要做法

（一）加强组织领导，提升产业能级

成都市锦江区委区政府将"三圣花乡"转型升级作为年度的"三重"工作之一，成立由区委区政府主要领导任组长的"三圣花乡"转型升级工作领导小组。领导小组下设工作指挥部，抽调全区精干力量44人组成5个专班，常驻景区一线办公，全力推进景区转型升级各项工作，让"五朵金花"的金字招牌释放出含金量，持续擦亮"到成都来锦江，推门就是美好生活"的靓丽品牌。

坚持按照"政府主导、市场主体、商业化逻辑"理念，创新探索红砂片区生态价值转化模式，广泛招引社会力量介入，精准指导业态场景植入，财政对基础设施投入，撬动社会投资参与，引进文创、民宿93家，培育花创花艺企业14家，新增网红打卡地12处，打造产业院落11处，区域投资5000万元以上项目3个，1000万元以上项目16个，180余家个体户全部转为公司化经营。

（二）策划规划先行，完善基础设施

围绕形态、业态、生态、文态融合，领导小组编制了片区规划设计方案，制定了形态、业态导则，按照策划、规划、设计、实施流程打造精品，确保"都市田园乡愁"总体定位与业态、形态、文态、生态等有机融合。整理景区地籍、地类、影像等资料，收集群众、商家意见350余条，努力让美好生活体验嵌入一园一景，让"城市烟火味、锦江慢生活"成为时代潮流。

坚持"无策划不规划、无规划不设计、无设计不施工"，财政投入1.64亿元，推进"花乡农居"基础设施和田园风貌工程建设，完成道路施工6.3千米，检查井施工436座，电力通信和污水管道施工8.7千米，种植树木1250余棵，新增开敞绿地5万平方米，新增户外体验空间5处，完成雕塑小品和标识标牌安装101组，安装垃圾桶和座凳126组，新增1500余个停车位，景区基础设施和景观风貌品质得到极大提升。

（三）创新运管机制

创新共治共享机制。由商家中的党员牵头，在餐饮协会、花卉协会基础上成立民宿、文创分会，建立"产业院落公约""乡规民约"，引导项目主动转型，实现共建共治共享。同时，落实全市"两拆一增"工作要求，引导商家农户共同拆除围墙、清理违建、移除低矮灌木和杂树，共享开敞空间。

创新商业运管模式。立足"投建管运"一体化，6个涉农社区组建景区商业运管公司，推进区域载体资源收储、管理和招商运营，完成108套农房收储，面积超过2万平方米，招引品质业态入驻景区。同时，打造永不落幕的花乡节庆活动，通过线上线下营运，实现景区发展自我平衡。

创新智慧管理机制。引入社会资本580万元，坚持地域文化与现代设计融合，构建"1套基础硬件＋1个指挥中心＋1个控制平台"智慧系统，片区规划智慧停车场13个、智慧道闸7处、智慧路灯49套，实现智能人脸识别、车流人流控制、智慧照明、环境监测等智慧功能。

二、案例成果

按照产业兴旺、生态宜居、乡风文明、治理有效、生活富裕的总要求，坚持党建引领，遵循"政府主导、市场主体、商业化逻辑"理念，按照"无策划不规划，无规划不设计，无设计不实施"的原则，以营造可进入、可感知、可参与、可欣赏、可消费的多元场景为重点，推进国际城区高品质基础设施打造、田园公园形态示范区建设、乡愁文化成都味彰显，将"花乡农居"打造成全龄、全季、全时段的"触目可及的美丽景致、无微不至的温暖服务、触动心灵的深刻体验"旅游地，有效破解了景观品质低下、产业效率不高、民心凝聚不强、党建引领不够等问题，实现了社区生产、生活、生态高度融合的目标。

"花乡农居"于2021年1月27日开街，一年内接待游客超262万人次、车辆57.2万台次，游客流量在五一期间位居四川省第二，在清明期间位居四川省第一。接待来自重庆、云南、山东、浙江、河南等10余个省市和新津、温江等市内区县相关领导考察,得到充分肯定。全年接待游客215万人次,打造的网红项目和工作经验先后被省市媒体报道50余次。

三、经验启示

落实乡村振兴战略总要求,围绕"生态优先,绿色发展的城市新范式",立足"都市田园乡愁"总体定位,大力发展生态文化旅游,转型形态、提升业态、彰显生态、突出文态,以生态价值转化模式推动区域转型升级、助农增收,加快推进乡村振兴战略在区域创新性落地落实。

首先,坚持策划规划先行。完善片区规划设计方案,通过生态景观再造、农居形态更新,景区总体设计与商家自主改造项目有机融合,展现高品质景区田园风貌。从土地性质、功能定位、文化感染、产业植根入手,细化"幸福梅林"等区域打造方案,解决"太硬、不美、少花"问题,保留田园优美生态;打造"幸福梅林"玫瑰谷等大地景观,改善梅香湖水质,升级滨水空间,形成亲水宜人的灵秀画卷;按照形态导则设计,引导商家形成新川西风格为主、多种风格并存的建筑群落。

其次,提升区域环境品质。坚持"四态"合一,提升景区整体环境品质。聚焦都市,从基础设施入手,按照中心城区建设标准,围绕新经济新业态需求,加快完善三圣花乡片区公共服务和基础设施建设,满足区域环境承载力。聚焦"田园",从土地性质入手,合理确定用地规模,科学布局高效用地,积极探索"田园形态"公园城市建设模式。聚焦"乡愁",从文化植根入手,突出"花乡"主题,营造栖居乡愁、近悦远来的独特文化体验。

最后,推进生态价值转化。推动三圣花乡整体转型升级,积极探索生态价值转化新模式,策划包装一批重大项目"大招商、招大商",全力促进三圣花乡交通组织优化、特色场景营造、业态持续提升。加快编制"五朵金花"整体开发方案,全力探索推动生态价值创造性转化的锦江路径,为打造"建设践行新发展理念的公园城市示范区"提供可复制的经验。

47

打造美丽村宿　激活旅游一池春水

案例背景

贵州省黎平县双江镇黄岗侗寨始建于宋代，迄今有800多年历史，全寨共辖10个村民小组，黄岗是男声侗族大歌原生地，被誉为"男声侗族大歌之乡"。黄岗侗寨至今延续着亘古千年的"稻鱼鸭"农耕文化，是保存完好的传统侗寨。这里的人们日出而作，临溪浣米，行歌坐月，怡然自得。寨内民族风情独具特色，民族活动丰富多彩，以六月十五"祭天节"、正月初七的"抬官人"等节日而驰名。黄岗侗寨的香禾糯、土鸡蛋等农特产品，更是久负盛名。

实施乡村振兴战略，产业兴旺是基础。摘掉贫困帽子的黄岗侗寨，积极探索巩固拓展脱贫攻坚成果同乡村振兴有效衔接的道路，通过实施"美丽村宿"项目，激活当地乡村旅游一池春水，实现华丽蝶变。

一、主要做法

第一，整体规划定位，重塑乡村价值。中国旅游集团从保护、保育、创生三个维度推进黄岗村整体规划。传统文化保护方面，保护传统村落风貌的完整性，保护黄岗侗寨传统"稻鱼鸭"农耕生活文化的完整性，保护传统侗族民俗人文的完整性。传统文化保育方面，保存传统村落文化脉络，对传统文化进行培育。传统文化创生方面，对传统文化进行系统评估，挖掘并激活传统文化价值，创造催生传统文化活力。

第二，引导村民合作，盘活乡村资源。中国旅游集团联合中国扶贫基金会共同投资1000万元，发动群众加入村级乡村旅游专业合作社，制定合作社成员确权方案，设立"三级联动、五户联助"管理模式。量身定制可持续发展的"美丽村宿"帮扶计划，整合当地民俗文化、侗族特色、田园风光、淳朴民风等资源优势，在保护传统村落风貌、侗族文化完整性前提下，打造7栋核心建筑群和13套民宿，提高黄岗侗寨的整体旅游条件，通过"乡村旅游+"带动当地群众实现增收致富。

第三，加强传播运营，提升项目影响。结合市场需求与村庄实际，打造品牌独立IP。通过建造特色民宿，培育多样性的农副产品，拓展各种渠道，线上线下促成服务和产品的市场化运营。营销策划宣传纳入县域活动一体化中，机场、高铁站、车厢内都有美丽黄岗侗寨的广告有力宣传；联系多家研学机构和团队到黄岗侗寨建立教研学习基地，组织夏令营活动，与黄岗学生互动达到很好的效果。2020年6月，明确运营主体并加派运营管理人员后，营业额大幅提高，2021年合作社账面盈利近20万元，不仅稳定了7名村民群众就业，还有效带动了当地农副产品销售。

第四，聚力精准帮扶，助推共同富裕。中国旅游集团黄岗村百美村宿项目通过合作社搭建的平台吸引资源和投入，同时让利于民，既不让资本侵占村民利益，也保障资本在当地的良性循环。分配方面遵循"一个基本、三个原则"，"一个基本"保障全体村民受益，"三个原则"遵循"多投多得""多劳多得"和"帮扶贫困"，合理调节分配，合作社根据确权方案按照贫困户、困难户和低保户每人头两股，普通农户每人头一股的分红原则，确保当地356户1802名群众均受益，实现共同富裕。

二、案例成果

黄岗村百美村宿项目启动以来，解决了7名村民的就业问题，实现了"挣钱看家"两不误，通过项目运营，黄岗群众的旅游观念和旅游市场服务意识越来越强。有了市场和商机，一些群众开始利用自家住房、庭院搞起乡村旅游住宿和餐饮服务，寨内拦门酒、鼓楼对歌、敬酒歌、学习侗族大歌等体验性活动逐渐兴起，捕鱼、烧烤、酿酒、编草鞋、打糍粑等旅游参与性活动越来越多，游客的到来也拉动了当地经济发展和农特产品销售。名不见经传的侗族银饰、手镯、服饰、装饰品、竹编、手工艺品等也有了市场。

项目运营以来，黄岗禾仓宿集酒店等经常一房难求。农历六月十五"祭天节"期间，黄岗侗寨接待游客10000多人，旅游综合收益达900多万元。

三、经验启示

黎平县黄岗侗寨立足资源优势，实施"美丽村宿"项目建设，统筹整合资源要素，借助外力、凝聚内力、形成合力，乡村旅游业呈现出蒸蒸日上的发展态势。黎平县黄岗侗寨"美丽村宿"项目获得成功，原因有三。

一是好的规划定位。中国旅游集团对项目的规划定位从保护、保育、创生三个维度出发，对村寨保护、文化传承挖掘以及产业融合发展进行系统评估、保护，为项目成功打下坚实基础。

二是好的运营团队。中国旅游集团是央企旅游行业龙头，有旅游运营经验和优势，是项目获得成功的保障。

三是有良好的群众基础。"美丽村宿"项目建设将股份量化到全村每个村民，这种"共建共享"的方式，极大地调动群众参与的积极性主动性，将村民利益和项目效益捆绑，最大限度地整合资源，形成乡村振兴的大格局。

48

打好组合拳　释放新动能

案例背景

近年来，浙江省绍兴市柯桥区紧盯基本的民生需求，扎实推进宜居、宜业、宜游的美丽乡村建设，不断激发农村社会发展潜能，大力推进乡村共同富裕进程，持续提升人民群众的获得感、幸福感、安全感。

柯桥区按照"领跑全市，竞跑全省"要求，坚定不移践行"绿水青山就是金山银山"理念，加快打造"两山"转换通道，积极吸引工商资本助力乡村发展，全力补齐乡村运营的短板，不断提高村集体"造血"功能，提高乡村共富能力。同时，利用宅基地改革全国试点的机遇，打好改革创新"组合拳"，竭力释放农村发展新动能。

一、主要做法

（一）统筹城乡发展，加快推动共同富裕

按照统分结合的方式，持续抓好村庄整治建设与城乡基础设施配套进程。践行"两山"理念，持续深化"千万工程"。自2003年开始，先后按照

"小康住宅、小康设施、小康环境"全面小康新农村和"土地集约利用、产业集聚发展、农民集中居住、管理服务城镇化"农村新社区及五星达标3A争创要求，咬定垃圾、污水、厕所、管线等民生痛点和需求，遵循"十宜十不宜"原则，坚持变化见成效，扎实推进"拆违章、种树木、改立面、装路灯、砌围墙、做小品、治污水、理管线、保整洁"等城乡环境整治提升"九大行动"，纵深推进"生活垃圾分类、清理乱堆乱放、清理空倒房、公厕洁化、三线序化、庭院美化"等"一分两清三化"进程，致力实现城乡环境高标准上的常态化管理。不仅先后圆满承办了2015年度全省美丽乡村和农村精神文明建设现场会、2018年度全省农村公厕改造和生活污水治理现场推进会，还率先创建成为全市首个省级美丽乡村示范县，获评全国生活污水治理示范县，并连续两年位居全市农村人居环境整治提升常态化测评首位。

加强设施配套，持续组织实施系列民生实事工程。工作中，坚持按照"因地制宜、崇尚自然、显山露水、融景入路，体现自然风貌、地域特色"理念，加快"四好农村路"建设，获评2018年全国首批"四好农村路"示范县称号。坚持按照"同质、同标、同服务"城乡供水要求，扎实推进农村饮用水达标提标工程，获评2019年度全省农村饮用水达标提标行动工作成绩突出县。坚持按照"高规格顶层设计、高水平改造提升、高标准长效管理，便利化、智慧化、人性化、特色化、规范化'三高五化'"等要求，扎实开展农贸市场升级改造工作，统筹推进农村文化礼堂与家宴中心配套建设，加快城乡统筹发展，致力缩小城乡差别。特别是马鞍"八个一"惠民实事工程的组织开展，有力解决关系群众切身利益的休闲健身、精神文化、医疗养老等"难点"问题，使广大农户能不出村、出镇享受城里的便捷生活。

（二）推进全域提升，不断激发各方创业热情

"千万工程"在直观改造改变人居生活环境、提高生活质量的同时，带来激发各方创业热情的溢出效应。2016年以来，绍兴市柯桥区本着"修一条乡道、串一带风景、富一地百姓、正一方风尚"的理念，以及"沿线、集中、

靠景区"的选点打造方式，突出重点区域，注重全域提升，按照"五星达标村"300万元/村、"3A示范村"1000万元/村、乡村振兴先行村2000万元/村的区级创建资金保障标准，加快"四片一环"美丽乡村景观带与"五星3A"党建示范带的建设，加速全域旅游示范区的建设进程。截至2021年，全区已培育两个乡村振兴先行村，打造25个各具特色的AAA级景区化建设示范村，基本建成会稽诗路、山阴兰桂、钱杨印象、鉴湖渔歌、水乡记忆等5条党建示范带。

栽下梧桐树，引得凤凰来。稽山鉴水全域旅游示范区的建成和闲置农房盘活利用试点经验探索与推行，极大地激发了各方的创业热情，加速了"两山"转换进程。据统计，自2017年率先启动闲置农房盘活利用试点以来，全区累计吸引社会资本17.07亿元，开发项目1049个，激活闲置农房57.56万平方米，激活土地、山林9219.44亩，增加农户收入7256.98万元，增加村集体收入5685.58万元，新增农创客606人，带动农户就业3640人，一些昔日凋敝的小山村重新焕发生机与活力。截至2021年，全区共有56家民宿（床位1250张），26家农家乐（其中省级特色村3个，省级特色点5家），拥有银宿7家，并成功吸引了综合性旅游产业集团——旅悦集团总部迁址柯桥，计划选点打造一批"花筑村"。其中，夏履上湾一号、香林妇字号农家乐·庆凤饭店等，到了节假日一桌难求。宋家店溪上自然村成为夏日孩子的戏水乐园。

2021年以来，按照"党委主导、国资搭台、民资唱戏"的模式，绍兴市柯桥区招募运营团队，成立村企合股运营公司，致力拓展"两山"转化通道，加快"五星3A争创"迭代升级，强势补齐乡村运营的短板。2021年度，培育"鉴湖里"乡村振兴先行村（涉及叶家堰、三佳居）已与鸣珂文旅、先锋书店等32家客商进行招商洽谈，签约落户文旅项目12个，已完成建设11个，吸引社会投资金额近1亿元。"花满棠棣·兰沁渚山"乡村振兴先行村棠棣村研学游（一期）等9个项目已于2021年7月建成投运，年内承接各类研学培训31批次4187人，入村游客1.5万余人，"两山"转换通道逐渐由过去的个体自发向群体自觉转换，并快速走上目前强势补齐乡村运营短板"五星3A争创"迭代升级新阶段。

（三）文明乡风和谐，凝聚乡贤力量助推共同富裕

按照文化礼堂"建、管、用、育"要求，2020年举办各类群众文化活动12000余场，不断涌现"最萌鞠躬礼""15秒最美救护群像"等一批文明瞬间，累计创建76个省级善治示范村，全区不仅涌现出王坛镇沙地村、兰亭街道谢家坞村的免费养老餐饮，也吸引众多乡贤回报乡村捐资建设。例如，租赁100余间农房，兴办养老中心，不仅解决了本地农民居家养老问题，而且通过接纳上海等地客户，实现增收致富；建设一国际化的马术训练基地，吸纳会员定期来此地进行专业的马术训练，同时邀请马术爱好者在节假日体验马术活动。2020年，1100余名乡贤以多种方式参与化解矛盾纠纷1200余件，筑牢了和谐稳定的基层防线。乡贤的回归，引入一大批优质的项目，帮助村民解决就业问题，增强了集体经济持续"造血"功能，实现了多方共赢。

二、案例成果

全区基本上实现城乡均衡的一体化发展格局，并全面构建学有所教、劳有所得、病有所医、老有所养、住有所居、难有所助的"六个有所"保障体系，推动实现共同富裕。"千万工程"溢出效应，除加快产村融合进程外，其促进社会和谐，降低治理成本，富集各方投资创业，又是一个重要的共富通道。文化礼堂、周末剧场、家宴中心的普及和系列"洁净单位"的创建、农村集体"三资"去现金化管理改革的实施等，均有力地增强了村级向心力。2020年全区村均集体经济年收入和年经营性收入分别达到598.47万元和281.26万元；全区农村居民可支配收入达43459元，增长6.9%，绝对值跃居全省第三位，增幅连续16年超过城镇居民，城乡居民收入比为1.66∶1，城乡差距位于全省最低行列。

49

数智化管理助力苹果产业升级

案例背景

丰县苹果是国家地理标志产品，不过丰县地处苹果生产的次适宜区，较之地缘优势明显的胶东半岛，以及光照充足、昼夜温差大的山西、陕西，苹果质量优势不明显，同时，丰县苹果产业分散，缺少农业龙头企业示范带动，亟待产业升级。

2018年4月，京东集团积极践行国家乡村振兴战略，坚持质量兴农、绿色兴农、品牌强农，正式启动京东农场项目，设立京东农业研究院和京东数字农业共同体，以"农业生态 餐桌健康"为目标，探索数字农业发展之路。2020年初，京东农场项目组接触江苏省丰县大数据管理局，双方合作重点聚焦在丰县苹果如何进行产业数字化升级及品牌化发展问题。通过建立数字基地、完善标准、打通销售渠道等方式，丰县苹果的销量大幅增加，带动周边农民稳定增收。

一、主要做法

2020年4月，京东农场落地江苏省丰县梁寨镇新腰里王村苹果园，针对核心区域200亩红富士苹果基地，从农场信息化系统建设、种植生产标准行为规

247

范、全程可视化溯源体系、农产品上行销售通路、农产品品牌建设等五个方面与农场合作，帮助农场实现从种植到销售全方位标准化的拉动和提升，打造从田间到餐桌的全链闭环。

（一）建立数字化基地，导入智能化管理

数字基地由地面物联网数据采集设备、图像视频采集设备、智能虫情采集设备、气象监测设备等组成，实现了对种植基地的四情（农情、苗情、虫情、墒情）的实时数据采集和结果呈现，有效提升了基地的管理效率和可视化管理能力。

京东农场自主研发的谷语智能管控系统，作为数据汇聚和管理中枢，有效实现了农药用药限制管理、农资的进销存管理、田间种植管理等种植环节核心业务的数字化。同时，通过加工管理模块的应用，实现了对基地加工过程的全程监控和管理，通过数字化基地的合作，利用数字化工具，较好地保证了基地认证体系的执行效果。后续，通过对人工工时、投入品的分析，还可以进一步优化基地的管理效率，降低生产投入成本，更好地支持企业的有序发展。

（二）建立起《京东农场丰县苹果生产管理标准》

京东农场项目组，针对丰县苹果合作基地，专门组织包括西北农林大学、中国农业大学、八一农垦大学等院校专家，制定京东农场丰县苹果生产和管理标准，该标准包括产地环境质量标准、农药使用准则、肥料使用准则、产品加工准则、采后处理与贮藏运输准则、包装通用准则、标志使用与销售准则、生产操作规范等16个方面，每个季度组织相关专家深入合作基地进行标准落地指导工作，以期通过标准推动生产管理的规范化，以标准促进产品商品化，为品牌打造建立品质基础。

（三）搭建起基于区块链技术的全程可视化溯源体系

合作基地内以耕、种、管、收、储、运、销的全程可视化溯源体系为抓

手，依靠物联网、区块链、人工智能等技术和设备，以及谷语智能管控系统，实现对水源、土壤、气象、病虫害等自然环境的监控，以及化肥、农药等投入品，除草、施肥等农事行为的监管；同时，通过这些技术和设备，改进种植管理方案，实现精准施肥施药和科学种植管理，提升生产基地生态环境健康，提高作物自身抗性。让苹果的好品质通过数字、图像、视频等资料全面呈现，真正让消费者买着放心，吃着安心。打造京东农场标准下的生态优品，重构消费者信任。

（四）京东物流一站式配送解决方案

针对合作基地苹果的物流运输问题，京东华东物流大区一方面制定针对合作基地物流费用等优惠活动，另一方面制定"京东小哥进基地"扶持政策。为了加快物流配送效率，京东物流小哥深入基地收揽包裹，在销售高峰期安排中大型货车进入基地，解决"最后一公里"的快速配送问题，最终通过全国京东物流网络快速送达消费者手中。统计数据显示，合作基地50%的产品实现京东211配送服务，30%的产品实现48小时内送达。

（五）上线京品源旗舰店，推动优质优价销售模式

京品源旗舰店是京东农场线上专属渠道，致力于通过农产品"京东京造"模式，打造高品质农产品销售渠道。

针对合作基地内缺少电商运营团队、缺乏电商运营经验的现实情况，京东农场专门组建了丰县苹果京品源运营项目组，通过"保姆式服务"进行电商营销服务，针对丰县苹果进行产品定价策略制定、产品线设计、包装设计、卖点提炼、宣传口径制定、店铺进驻、客户接入等上行服务工作，以及店铺日常运营管理、营销推广活动策划等服务工作。

项目团队结合丰县苹果合作基地高品质管理标准、全程可视化溯源监控，以及京东农场和京品源的背书，按照优质优价模式，自2020年11月正式启动丰县苹果线上运营工作。

二、案例成果

（一）生产管理规范

大数据管理有效降低人力成本投入。通过物联网设备、图像采集设备和无人机组成的数据传输网络，结合京东农场谷语智能管控系统的数据分析能力，降低环境因素带来的生产损失；同时，提高人员工作效率，全年人力投入累计降低45%。

精准农业助力减肥控药。利用无人机遥感技术，园区肥料有效施用率提升30%，肥料使用量降低25%，药剂使用量降低30%，在发展环境友好型农业的同时，降低了种植成本，确保农产品的安全性。

生产管理标准助力优品率提升。京东农场专家团队在苹果生产的关键节点进行农事活动指导、用药用肥指导、病虫害防治指导等工作。对比上年，合作基地苹果的良品率提升了20%。

（二）物流配送及时

"京东小哥进基地"扶持政策，以及每单物流费原价基础上7折优惠，大大降低物流配送的成本。实现苹果"厂直直发模式"，降低仓储成本20%。其中通过京品源旗舰店销售的产品，50%实现京东物流24小时送达配送服务，30%实现48小时内送达配送服务。

（三）销售上升，带动就业

基地收益提升。自2020年11月，丰县苹果合作基地正式上线京品源旗舰店，截至2021年1月底，通过京品源旗舰店实现销售收入超过100万元。其中，2020年12月18日，丰县苹果单日销量突破22万元，平均每小时成交436件，位居整个京东商城苹果品类第1名。

产品溢价。近5年来，丰县苹果地头平均收购价在1.22元/斤，鲜货批发价在2.32元/斤，平均批发毛利为1.1元/斤。京品源丰县苹果项目组通过一些折扣优惠，较之产地批发价，京品源旗舰店销售带动溢价增长100%。其中该合作基地产品70%通过京品源旗舰店完成销售，较去年同期收入，该基地增收率超过70%。

京品源旗舰店销量提升，也带来客服、质检、分拣、装配等、产品销售辅助性工作，合作基地带动周边农民就业2000人次，带动了周边农民就业，实现稳定增收。

（四）京东农场项目综合效益展示

通过京东农场数字化农场、线上专属"京品源旗舰店"，以及"京东农场"供应链体系，合作地方农产品平均价格提升30%—50%，销售提升15%。

目前，通过"京东农场"的形式和"线上+线下"的培训方式，1万多名农村从业者对现代农村生产和流通体系有了不同层次的了解。京东农场已在东北、西北、西南、华东、华南等多地实现了创新落地，项目近40个，基地合作面积超30万亩，上线产品覆盖10余个省（区、市）、13个品类，成为脱贫攻坚的有效方式。

2019年，京东农场项目荣获农业农村部"2019数字农业农村新模式优秀项目"，在"2020年度中国商业联合会科学技术奖"中依托"物联网+区块链关键技术及示范应用"项目，获得技术创新二等奖。在广东省举办的世界数字农业大会上，京东农场谷语智能管控系统获得十大数字农业应用技术奖。

50

建设养生庭院　激发乡村活力

案例背景

　　随着城镇化进程不断加快，农村住宅废弃、宅基地闲置问题日益突出。破旧房屋、残垣断壁，不仅破坏村容村貌，而且占用大量土地资源，严重制约农村发展。盘活农村闲置宅基地和闲置住宅，唤醒农村沉睡资产，对于提高农村土地利用效率，保障农民权益，促进农村发展具有重要意义。

　　山东省淄博市博山区博山镇东瓦峪村地处鲁中腹地丘陵山区，围绕宅基地所有权、资格权、使用权，在完善宅基地集体所有权行使机制、农户资格权保障机制、使用权流转机制方面积极试点，通过"党支部+村集体+企业+农户"的模式，开展盘活农村闲置房屋和宅基地资源推动乡村振兴的生动实践，逐步探索出一条支部引领、村集体主导、农户支持、民间资本助力的合作共赢巩固脱贫攻坚成果、助力乡村振兴新路子。

一、主要做法

东瓦峪村村集体经济薄弱，基础设施建设严重滞后，村内多年未通自来水，道路坑洼泥泞，残垣断壁、闲置农房院落随处可见。由于村民收入来源单一，仅靠种地很难维持生计，村内劳动力大多外出务工并在外定居，住宅和宅基地闲置。部分房屋因得不到修缮而损毁、倒塌，村容村貌亟待整治。

新一届村两委班子上任后，积极围绕群众所急所盼的自来水改造和环境卫生大整治两项重点工作开展攻坚，先后通过整修自来水管道、建设文化大院和文化广场、道路硬化、旱厕整治等工作，改善了东瓦峪村的村容村貌，彻底摘掉了东瓦峪村"软弱涣散村"的帽子。在此基础上，如何进一步实现富民增收、进一步建设文明富裕和谐村庄，成为东瓦峪村的重要任务，"盘活农村闲置宅基地和闲置房屋，建设养生庭院"就是东瓦峪村致富路上的新实践。

（一）党建引领把握发展方向

建强村班子。淄博市博山区作为全省村两委换届试点县，严把村两委成员的"入门关"，严格实行村两委主职干部"一肩挑"，配齐配强村干部，强化村级班子建设。

积极推行"党建引领、一网三联、全员共治"乡村治理新模式，党员积极带头联系群众，村民踊跃建言献策，推进了公共事务管理，融洽了邻里关系，促进了党的基层政策的落实落地。

区镇村干部积极开展"我为群众办实事·走千村进万户"大走访大排查大提升活动，围绕群众所急所盼，征求群众意见，真正密切了党群干群关系，巩固了党在基层的执政基础。

（二）集引资本撬动土地价值

村两委牵头成立"淄博宏瓦泰旅游开发有限公司"，代表村集体负责对内组织协调、对外开展合作等工作。引入淄博钟盆农业发展有限公司，两家公司于2021年4月13日签订"民居改造开发项目合作协议书"，正式启动项目开发建设。在具体操作上，逐步明晰了推行"宅基地流转合作开发"和"宅基地有偿退出"的主要模式。"宅基地流转合作开发"模式，是指宏瓦泰旅游开发有限公司与有意向的村民签订"宅基地使用权流转协议书",直接流转闲置宅基地和闲置房屋,并统一交由投资商进行建设或改造。"宅基地有偿退出"模式是指对于无法实现与单一户主合作开发的村民合伙院落,由村委出面协调分清产权比例和面积,通过一次性补偿方式收回宅基地并流转给投资方进行开发。项目建成后,宏瓦泰旅游开发有限公司通过开展物业管理、保洁服务形式给养生庭院居住户提供服务,可安置部分农村剩余劳动力,增加集体经营性收入。

(三)政策支持突出服务保障

博山镇作为国家级"全域土地综合整治"试点镇,积极承接上级试点任务,将东瓦峪村作为开展盘活农村闲置宅基地和闲置房屋的先行试点村。镇村干部挨家挨户走访,对政策进行解读和宣传,引导有序开展闲置宅基地和闲置住宅的盘活利用,推动形成多方参与、合作共赢的良好局面。

镇村两级加强对闲置宅基地和闲置住宅盘活利用行为的监督管理,推动建立以维护农民权益和促进乡村振兴为导向的利益分配机制,切实保护各类主体的合法权益。

(四)整合资源完善农村基础设施

第一,针对多年未通自来水问题,村委先后投资20余万元,维修机井,更换水表,整修管道,实现全村24小时供水。第二,加大力度实施城乡环境大整治,拆除破旧濒塌房屋36间,整治残垣断壁30处,清运积存"三大堆"350余吨,粉刷墙面4000平方米,硬化村内道路7500平方米,建设文化大院、文化广场两处,村庄旧貌逐步换新颜。

(五)顺应群众留住乡愁余韵

通过对全村230余套宅基地的摸底调查,东瓦峪村梳理出闲置两年以上宅基地71个,遗弃残破老宅院19套。通过广泛征求村民意见,在保持原来村庄传统肌理的基础上进行总体规划，推进东瓦峪村利用闲置宅基地和闲置住宅发展乡村旅游、餐饮民宿、康养服务等新产业新业态，实现生产、生活、生态的融合。

二、案例成果

截至2021年9月，淄博钟盆农业发展有限公司已完成17处养生庭院建筑主体的建设，年内计划总投资400万元，完成20套养生庭院的建筑施工和内装内配，达到对外运营的条件。2022年全村建成套数增加到30套，并辐射带动周边村建成50套，可带动村民增收90万元以上，带动村集体每年实现增收超过5万元。

2021年，村内劳动力务工收入合计超过50万元，养生庭院建设项目的实施起到强村富民的良好效果。

三、经验启示

第一，打好"党建牌"，通过"强堡垒"筑牢乡村发展根基。"火车跑得快，全靠车头带"，在实现乡村振兴的过程中，基层组织是指挥所，更是先锋队。新一届东瓦峪村两委凭着一股"不能被困难吓倒"的勇气，发动群众，盘活闲置土地，充分发挥带头示范作用，彻底摘掉东瓦峪村"软弱涣散村"的帽子。

第二，打好"特色牌"，通过"强产业"挖掘乡村发展潜力。乡村发展最基本的是让产业强起来。乡村建设离不开坚实的物质基础，更离不开富有特色、持续强劲的产业支撑。东瓦峪村通过盘活农村闲置房屋和宅基地资源推动乡村振兴的生动实践，围绕养生庭院建设，形成"党支部＋村集体＋企业＋农户"的新模式。

第三，打好"绿色牌"，通过"强生态"留住乡村发展人脉。乡村发展最紧迫的是让生态强起来。生态不仅是资源，更是财富。东瓦峪村下定决心、拿出措施，通过旱厕改造、道路硬化、河道治理、农村环境卫生整治等工作，借力全域公园城市建设，把绿水青山变成金山银山，展现新时代乡村最靓颜值。

51

强产业　促教育　企业有担当

案例背景

　　1987年，娃哈哈集团成立之初，就构建了"办企业就要为人民群众谋福利"的原则。近40年来，娃哈哈集团秉承"产业报国、泽被社会"的发展要义，将"健康你我他，欢乐千万家"的理念定为企业宗旨，奉行"凝聚小家，发展大家，报效国家"的"家"文化。

　　娃哈哈集团在产业振兴、支援教育、爱心助农、捐资抗灾等方面精心耕耘，带动帮扶地区高质量发展，开展助学行动，发展农副产品深加工项目，在灾情战场上挺身而出，在奔向共同富裕的进程中，进一步发挥自身优势，推动乡村振兴，助力实现共同富裕。

一、主要做法

（一）产业振兴："输血"和"造血"并举，实现先富带后富

20世纪90年代，娃哈哈集团开始在四川广元进行对口支援、投资建厂。在产业助力实现共同富裕的过程中，娃哈哈总结出捐赠是一种"输血式"的帮扶形式，而投资办厂是一种"造血式"的振兴形式。

首先，涪陵建厂，开启西部之行，以产业振兴推动当地经济可持续发展。1994年，娃哈哈集团积极响应党中央、国务院"对口支援三峡工程移民建设"号召，承担一部分三峡移民安置重任，"西进"建立涪陵生产基地，创造性提出"移民经费与移民任务总承包"思路。通过卓有成效的工作，娃哈哈涪陵公司成立三个月即扭亏转盈，1995年，涪陵公司投产第一年就创产值6649万元，利税813万元，其中利润403万元。此后，各项指标又以连年翻番的速度大幅增长，1997年跻身"重庆市工业企业50强"；2018年，跻身重庆市十五强企业行列，成为当地经济发展的支柱企业和西部对口支援中的明星企业。

截至2020年底，娃哈哈集团先后在中西部的17个省（区、市），投资86亿元建立72家分公司，占总量的近四成；并全部实现当年投产，当年取得效益，成为当地的龙头骨干企业和利税大户，直接吸纳当地人口就业近13000人，累计实现销售收入2000多亿元、利税370多亿元，带动相关产业年新增产值100亿元，拉动当地经济和社会的发展，并带动其他企业到中西部地区投资办厂，成为乡村振兴的实践者和引领者。

其次，2021年8月，娃哈哈集团投资近5亿元在浙江省文成县建设智能化饮料生产基地，推动浙江山区26县跨越式高质量发展，计划建成四条智能化生产线，建成投产后预计年销售额可达10亿元，希望通过产业振兴的方式，推动山区26县实现跨越式高质量发展。

最后，积极响应中央东西部协作号召，帮助"甘货"出州，助力共同富裕。2021年7月，娃哈哈集团与四川省甘孜藏族自治州政府共创科技下乡合作新模式，整合企业自身研发能力、渠道能力、品牌优势，快销网以数字赋能，助力甘孜的农产品走向全国。

（二）支援教育：捐资助学、泽被后世，助力教育事业发展

娃哈哈集团从校办工厂起家，对于资助教育事业倾尽全力、尽己所能。在6.6亿元的累计公益捐赠中，对教育事业的资助已超过4.5亿元。

资助困难家庭孩子上学，21年"春风行动"不曾间断。杭州，是娃哈哈

事业发展的起点，也是娃哈哈集团捐资助学的起点。自2000年杭州市第一次举办"春风行动"以来，娃哈哈集团作为捐款大户，自2007年起连续14年创下单笔捐赠最高纪录，无数下岗职工及特困家庭受益，帮助超3万名困难学生圆了大学梦。

不遗余力扶持欠发达地区基础教育。2007年起先后捐赠635万元在欠发达地区援建22所希望小学、1所对口支援小学，100个阳光操场。2009年投入200万元启动"爱心支教大行动"，面向全国从近4000名志愿者，招募100位志愿者赴川、黔地区支教，用企业公益的星星之火激发社会慈善能量，并一举多得地解决了毕业生的就业困境，为和谐社会的创建添砖加瓦。2012年，与中国扶贫基金会共同发起娃哈哈营养快线一瓶一分"筑巢行动"，凭借娃哈哈营养快线的庞大销量和忠实消费群，捐赠近2950万元，援建8省26县的52所学校。

捐赠甘孜州学校324台电脑、28台教学一体机，助力杭州市—甘孜州对口支援，促进浙川东西部协作。2021年6月，娃哈哈考察团赴甘孜实地探访支援诉求，在和当地的教育局、学校深入了解后，得知有部分学校存在信息化教学进程滞后的情况。从甘孜带回教育诉求后，娃哈哈集团立即响应，考察团返杭仅6天，向当地学校捐赠的324台电脑和28台教学一体机便陆续抵达，被甘孜当地称赞为"娃哈哈速度"。

将助学金送入四川广元，助力浙江对四川的对口帮扶计划。2021年8月，娃哈哈集团通过"娃哈哈·春风助学"专项资金发放38.6万元助学金，共资助四川广元143名困难学子。

（三）爱心助农：产业联动、反哺"三农"，增收增效调结构

作为食品饮料企业，娃哈哈集团在发展中与农业、农村、农民结下了浓厚情结，从产业链条的纵向联结到促进农业结构调整，娃哈哈集团与"三农"一直保持着良性互动。从30年前生产第一个产品"儿童营养液"开始，所用原料枸杞、莲子等均为农副产品。此后，娃哈哈集团更是大力发展农副产品深加工项目，主营产品中，茶饮料、果汁饮料、乳品及乳饮料、八宝粥等均是以农产品为主要原料，采用现代化工艺深加工而成的食品。截至2020年，娃哈哈集团累计采购各类农副产品价值超500亿元，直接和间接解决了150余万农村人口的就业问题，对推动农业结构调整、促进农业增效农民增收作出积极贡献。娃哈哈集团以高度的社会责任感和强烈的爱国热情，为推进乡村振兴、实现共同富裕分忧解难。

（四）捐资抗灾：扶危济困、大爱无疆，维护社会和谐稳定

2008年汶川大地震，娃哈哈集团董事长宗庆后发出"举全国企业之力，托起灾民之家，为国家分忧解难"的号召，向灾区捐款捐物共计1500余万元，同时为灾区群众提供1500个就业岗位，帮助灾区渡过难关。

2009年，为了更好回报社会，娃哈哈集团投入1000万元创建"娃哈哈慈善基金会"，专门从事扶贫、慈善、公益活动的运作。基金会的成立，标志着娃哈哈集团建立了稳固长效的公益体系，机制更为健全，平台更为坚实，娃哈哈集团的公益事业向机构化、规范化运作发展，更多的行动在此生根发芽、持续发展。

2010年西南旱灾，娃哈哈集团捐款850余万元。

2013年雅安地震，娃哈哈集团紧急运送百万瓶水、饮料和八宝粥，并捐赠1000万元专款用于震区重建——溪桥工程项目，在受灾地区建造100座爱心桥，帮助解决了3万多当地居民出行难、过河难的基本问题。

2020年1月，新冠疫情突袭武汉，社会各界时刻关注，娃哈哈集团捐赠现金1000万元及价值超800万元的饮用水、八宝粥等，支援战疫。

2021年7月，洪水侵袭河南，娃哈哈集团利用自有线下网络优势，突破交通难题，向河南及时捐赠24万瓶纯净水，6万罐八宝粥，竭力驰援河南，全力保障受灾群众和救援人员的用水安全。

2021年9月，四川泸州突发6.0级地震，娃哈哈集团心系泸州灾情，迅速从涪陵分厂筹集24万瓶纯净水送至泸州市泸县慈善会。

2021年10月，山西多地遭暴雨侵袭，洪涝灾情严重，娃哈哈集团紧急调拨10000箱纯净水、5000箱八宝粥，送至山西洪洞县，为受灾地区及群众提供力所能及的帮助。

二、案例成果

近40年来，娃哈哈集团在全国29个省市拥有80个生产基地、180多家子公司，累计缴纳税金超600亿元，直接解决了3万余人的就业。

在产业振兴上，以自身企业优势，帮助当地实现造血功能，带动地区相关产业高质量发展，实现良性持续发展。在公益项目上，积极投身各类社会公益事业，于灾情战场上挺身而出，捐资救灾，21年助学行动，不曾间断。截至2021年，已累计为公益慈善事业捐赠6.6亿元，其中支援教育的费用逾4.5亿元，帮助超3万名困难学子步入学堂。据统计，娃哈哈集团已在全国援建希望小学23所、阳光操场100个。

娃哈哈集团将产业振兴、支援教育、爱心助农、捐资抗灾等当作公司的事业精心耕耘，娃哈哈集团的善举亦得到社会的认可，被国务院评为"对口支援三峡工程移民工作先进单位""全国东西扶贫协作先进集体""国家西部大开发突出贡献集体"等荣誉称号。

三、经验启示

多年来，娃哈哈集团在持续为社会大众提供高品质产品与服务的同时，在践行企业社会责任方面也创新性地探索出一条具有娃哈哈特色之路。

第一，风险小、见效快。将有市场、有成熟技术的成熟产品引进欠发达地区，确保经济效益。

第二，机制新、效应久。引入先进管理理念，培养欠发达地区产业队伍，支持其走上自我发展之路。

第三，规模大、受益广。不仅带动欠发达地区的发展，而且促进自身不断发展壮大。

52

以美育人　用爱启蒙

案例背景

　　"爱的启蒙"儿童美育实践公益项目以新时代国家美育战略目标为导向，以儿童生活经验为建构基础，以儿童美术教学实践活动为主要方式，结合乡村小学美术课程与课外活动，为学生提供更多了解艺术、接触艺术与学习艺术的机会。以艺术教育为载体，促进乡村儿童美育发展，培养具有积极情感、创新能力、审美品位和人文素养的未来中国新一代建设者。

　　"爱的启蒙"儿童美育创新实践公益项目，以爱之名，以美术教育为载体，运用先进的课程理念建构课程体系，通过培养新乡村美术教师，发展乡村学生的美术素养。项目实施与推广，对于振兴乡村儿童美育，推进城乡教育均衡发展，均具有重要意义。

一、主要做法

　　自2018年起，北京阳光未来艺术教育基金会（以下简称"基金会"）与河北省保定市徐水区教育和体育局合作，在区内5所乡村小学引进"爱的启蒙"儿童美育创新活动，进行试点教学。基金会为这5所乡村小学建设艺术教室、提供艺术活动方案、培训美术教师等，多管齐下，提升乡村学校艺术教育的软、硬件条件。

与此同时，基金会还配合乡村美育开展丰富的课外实践活动，如为试点学校举办"艺术之旅""艺术家进校园"等活动，引领学生接触经典的绘画、舞蹈、音乐、电影等多种艺术形式，提升学生的艺术素养。

（一）"爱的启蒙"儿童美育实践公益项目内容体系

开发"爱的启蒙"儿童美育创新活动方案。基金会组织专家研发"爱的启蒙"儿童美育创新活动方案，整体活动分为"我爱生命""我爱家园""我爱生活"与"我爱梦想"四大主题模块、共60个课题、200课时，并根据学生年龄，细分为初、中、高三个阶段，对应和涵盖整个小学阶段。基金会针对乡村小学无力独立研发美育课程的困难，无偿给予项目合作乡村学校创新活动方案，让乡村学校的美术课免费参考使用创新活动方案的课程内容，提升教材内容与教学方法的多样性、丰富性。此外，为充分保障美育活动方案的顺利有效实施，基金会还为所有项目合作学校装修标准化"阳光未来艺术教育教室"，配置课桌椅、柜子、计算机与投影仪等硬件，每学期提供创新活动方案所需耗材，改善乡村学校硬件设备、耗材不足的状况。

种子教师发展计划。通过提供系统课程（活动）教案和课件、系统培训、督导教学环节、鼓励乡村教师参与"爱的启蒙"研发探索，利用基金会在首都圈的专家资源优势，赋能乡村教师开展"爱的启蒙"儿童美育创新公益教学实践活动。在"爱的启蒙"美育创新探索中，注入新的教育理念，挖掘自身的教育热情和创造力，提升教学水平，建立艺术教师专业发展的社交网络，形成互相激励与学习的共同体，加深教师与教师之间、教师与项目间的连接，一批种子教师脱颖而出，成为市级、区级教学骨干。

艺术之旅。"爱的启蒙——艺术之旅"项目是面向教育资源匮乏地区的中小学或社区常年设置的艺术观摩美育活动。该活动定期组织乡村儿童青少年走出学校课堂，走进城市的国际级剧院、美术馆、博物馆，观看优秀经典的音乐、舞蹈、戏剧及艺术展览，从小培养儿童利用城市公共文化场所接触艺术的习惯，开阔视野、启蒙审美、陶冶情操、丰富生活。活动经费均由基金会筹集，学生全程免费。

艺术家进校园。"爱的启蒙——艺术家进校园"由基金会策划和担任总运营，基金会动员中、外艺术家志愿者走进乡村学校，开展艺术工作坊、课程、讲座、演出等公益性质的美育活动，使学生近距离接触艺术家，聆听创意想法，开阔艺术视野，体验艺术创作，增强对艺术的兴趣及审美力，增强乡村校园艺术文化氛围。

校园主题艺术活动。"爱的启蒙——校园主题艺术活动"旨在增强乡村学校开展艺术实践活动的自主策划和实施能力。活动由乡村学校教师提出策划方案，基金会聘请专家进行策划指导，搭建资源，支持资金，督导活动实施全程。通过开展乡村校园主题艺术活动，增强乡村学校的整体艺术活动氛围，并以乡村学校为切入点，融合家庭与社区的参与，扩大社会效益。

爱的启蒙少年艺术团。"爱的启蒙少年艺术团"是资助、扶持教育资源缺乏地区学校艺术社团活动的公益项目。资助、扶持方式包括提供艺术社团活动经费、开展师资培训、外聘艺术指导老师、组织艺术团团员观摩艺术表演及为艺术社团提供演出机会等。通过参与艺术团，乡村儿童可以发展艺术专业特长，结交好朋友，并展示自己的艺术才能。

（二）"爱的启蒙"儿童美育实践公益项目发展策略

"爱的启蒙"儿童美育实践公益项目的有效运作，除了要考虑乡村艺术教育的现实问题，还要深入思考项目的长期发展方向等重要问题。

项目运营标准化、模块化。为提升项目执行效率，基金会对内、外部项目运营流程和步骤都进行了标准化设计，同时将项目工作模块化，区分不同的业务模块，配置人力与资源，一方面提升了项目运行的专业化程度，另一方面也提升了资源利用效率。

核心业务，聚焦美术核心素养。"爱的启蒙"儿童美育创新活动方案，是以国家美育工作策略为导向，以儿童生活经验为建构基础，以儿童美术教学实践活动为主要方式，结合《义务教育美术课程标准》，针对乡村地区儿童身心发展特点和受教育状态，并贯彻《关于全面加强和改进新时代学校美育工作的意见》而组织编写的。该活动方案充分将课程内容与美术核心素养进行有机链接，以开启儿童的情感教育、审美教育和心灵教育为目标，培养具有积极情感、创新能力、审美品位和人文素养的中华民族未来的主人翁。

外部关系，克服资源依赖。公益组织扶持学校开展美育课程和活动时，可能让学校形成对公共资源的依赖，当公益资源停止投入后，学校课程与活动推进容易陷入停滞或倒退。有鉴于此，基金会在"爱的启蒙"儿童美育实践公益项目在合作学校运营期间，通过与教研室及学校负责人深度沟通交流，发展学校项目自运营的意识和能力，增强自我造血孵化功能，推进学校在"爱的启蒙"项目基础上自行开发新的美育课程和活动，如校园自主艺术活动，让美育教学深植在校园文化之中。

二、案例成果

2018年下半年，在保定市徐水区教育和体育局领导的全力支持下，基金会在河北省徐水区高林村小学、德山三街小学、白塔铺小学等5所乡村学校开展"爱的启蒙"创新实践公益项目及教学实践。"爱的启蒙"项目在河北省徐水地区实施两年半以来，共计为徐水地区投入约151万元，其中为高林村小学、德山三街小学、白塔铺小学、釜山小学4所学校捐资装修了4个标准化的"爱的启蒙"艺术教室，配备了现代化的教学设备和全套桌、椅、柜，并为862人次的学生、5所学校的美术教师提供全部美术耗材。此外，基金会还在徐水地区开展了丰富的美育主题活动，包括艺术家进校园、艺术之旅、资助艺术活动暨电影放映月等，累计受益学生超过1.6万余人次，培训艺术教师达150人次。

"爱的启蒙"创新实践公益项目，受到徐水地区乡村学校师生的广泛好评，学生的情感素养和艺术素养得到普遍提升，审美力、创新力、表达力等得到明显增强，教师的教学兴趣和教学能力也得到明显提升。

53

打造助农基地　　发展更有动力

案例背景

自嗨锅结合自身产业优势，通过多种帮扶方式，积极投身乡村振兴，参与多个乡村振兴项目。

爱心物资礼包给村民带来实实在在的温暖，捐资修建公路让村里的农副产品运输成本大幅下降，扶持当地特色种植业，既拉动乡村就业、帮助农民增收，又激发乡村经济活力。这些公益行动带来物资，更带来合作项目，为乡村振兴贡献一份力所能及的力量。

一、主要做法

一县一品，帮农民增收超千万。自嗨锅扶持宁夏（盐池滩羊）、川西（牦牛）等地进行特色生态养殖，2018年、2019年采购大量食材，帮助当地农民大幅增收。

认养金钗石斛，助农"点石成金"。2020年，自嗨锅爱心认养贵州赤水11亩原生态金钗石斛，助力贵州赤水生态农业发展，将荒地改成绿地，大力拉动当地就业，走出一条促进绿色致富的道路。

激发乡村经济活力，打造助农基地。2021年，自嗨锅联手当地政府与四

265

川凉山彝族自治州雷波县果农建立爱心扶贫助农基地，认购数万斤"黄金果"。利用自身品牌影响，结合线上线下渠道，帮助国家级贫困县雷波县的果农们找到销路，并派遣专人承担发货质检和品控管理工作，推动雷波脐橙动销，解决果农后顾之忧，助力果农，构建农户、企业、消费者共赢体系，实现产品价值。

二、案例成果

通过一系列爱心助农项目，自嗨锅助力四川凉山、贵州赤水，以及宁夏、四川、内蒙古等省份的贫困乡村实现生态环境的改善，拉动了数万乡村剩余劳动力的就业，帮助当地农民增收数千万元，激发了乡村经济的活力。2017年12月，自嗨锅通过中国绿色碳汇基金会在内蒙古地区种植了两万棵当地树木，相当于吸收2000吨二氧化碳排放的种植数量，促进改善当地乡村生态环境，推进美丽宜居乡村建设。

10元种下希望树　经济生态共发展

2007年，中国绿化基金会发起"种下希望树"公益项目，旨在动员社会力量，参与支持西部贫困地区生态环境保护与扶贫开发，帮助当地贫困家庭实现劳动脱贫、人与自然和谐相处的可持续发展目标；进一步增进全社会对生态文明、环境保护、扶贫减困的认知，使建设生态文明、保护环境和扶贫减困等行为成为更多公民的自觉行动。该项目采用生态建设和农村产业发展相结合的方式，以"公益机构＋捐资人＋政府＋合作社＋农户"的新型生态保护公益模式，通过种植生态经济林，推动"绿色公益循环产业项目"，改善生态环境，促进区域经济发展，提高农民生活水平。

该项目先后在甘肃、广西、宁夏等地开展经济林种植。2021年，增加了云南古茶树保护、辽宁桃树种植等项目，依靠项目稳定、可复制和可持续发展的特性，逐步实现适地适树种植生态林、推进生态保护和乡村振兴的目标。

一、主要做法

第一，多维度保障实现专业种植。中国绿化基金会通过省（自治区）、县两级林草部门选择推荐，确定专业苗木繁育公司提供枸杞苗木和技术支持，定期组织农户开展栽种技术培训；通过合作社组织种植和日常管护，实现枸杞全过程科学抚育；依据GMP（药品管理示范）进行全过程品控管理，通过产地环境、种植过程、产品质量等全过程监督，推行标准化种植。

第二，多方协同助推专业化管理。中国绿化基金会每年对项目资金使用进行审计，并向全社会进行公示；省（自治区）、县两级林草部门不定期巡查枸杞种植养护情况；每年开展公众探访，邀请媒体、捐赠人代表、社会公众代表到项目地考察，接受公众监督；每月将项目进展情况、苗木生长情况以照片、短视频、文字形式通过互联网平台向公众展示。

第三，借鉴可持续性经验。在树种的选取上，充分考虑其经济效益的可持续性；赋能当地农民代表组建的合作社，逐步形成农民组织的帮带效应；发挥中国绿化基金会在林草系统的优势，兼顾项目的生态效益和经济效益；充分考量当地产业政策，实现种植农户与区域经济共同发展。

第四，保持项目创新性。一是公益和赋能同步推进，在缓解土地沙化问题的同时，扶持农户拥有自我发展的能力。二是通过"公益机构+捐资人+政府+合作社+农户"协同联动，形成共治共管、共建共享的格局。三是形成公益项目融入区域主导产业的生动案例。通过经济树种种植，实现生态环境保护和修复、农民家庭增收的可持续发展模式；同时，引导合作社与当地枸杞产业发展龙头企业对接，助推农户融入中宁枸杞产业发展整体规划，形成枸杞产供销一体化的发展路径。

二、案例成果

2007年开始，"种下希望树"先后在三个省（自治区）开展生态扶贫造林项目，经过10多年的发展，已经迭代升级为以乡村振兴为主要目标的项目。

项目地分别为：甘肃省通渭县贫困家庭种植大果沙棘（2007年至2011年一期已结束），广西壮族自治区金秀瑶族自治县贫困家庭种植石崖茶（2012年至2014年二期已结束），宁夏回族自治区固原市原州区贫困家庭种植枸杞（2015年至2017年，三期已结束），以及宁夏回族自治区种植枸杞（2018至今，四期进行中）。

10多年来，项目累计得到来自社会各界7000多万爱心人士、上百家爱心企业、70余个明星粉丝团的关注和爱心捐赠，接收捐款资金超过8000万元，累计种植枸杞等生态经济林1755多万株，绿化荒山14.5万亩，援助家庭3.75万户。

枸杞是宁夏当地的生态物种，根系发达，抗旱能力强，能在荒漠、盐碱地等恶劣环境中生根发芽。扎根西部荒漠的枸杞树，能从气候灾害的源头开始，有效地防风抑沙，吸附大气中的颗粒物。中国绿化基金会"种下希望树"公益项目，针对中国西部的生态环境脆弱、生存条件恶劣地区，将生态保护和绿色产业完美结合。项目历经10多年得到社会的持续关注，也印证了该项目符合联合国可持续目标的基本原则。

在项目地有一位倔强的单亲妈妈高大姐，生活困难，但枸杞树给了她希望。她不仅将儿子培养得勤劳优秀，还以一己之力盖了新房。十年多来，勤劳质朴的高大姐一直用心经营枸杞事业，还承包了乡邻的农田一并种植。在项目的帮助下，高大姐继续扩大种植面积，同时带动周边村落60人稳定就业，以及数百人季节性就业。

同期加入"10元种下希望树"项目的还有一名返乡创业的90后小马。他是宁夏中宁县一个枸杞种植合作社的发起人，成立合作社之前，小马一直辗转多地打工，过着背井离乡的日子。回家后的收入少了，但陪伴家人的日子多了。但创业也不是那么简单的，合作社第一年种下的200多亩树苗，因缺少经验，前期买到假树苗，后期养护不精，最终等来的是颗粒无收。直到"10元种下希望树"项目覆盖当地，小马才算在雪中收到炭。合作社捐种的5万棵优质枸杞苗，共栽植了200多亩地，合作社逐渐步入正轨。加入"10元种下希望树"项目后，不仅减少了合作社初期运营风险，而且规避了不良商家售卖假树苗的风险，更懂得有机种植技术。经过努力，仅一年时间，小马不仅提高了自身收入，还实现了最初带领村民致富的目标。

在"10元种下希望树"宁夏项目地，30多岁的苏姐一家在十几年前，作为生态移民，从固原搬到中宁。刚到村子时，四周死气沉沉白茫茫一片，苏姐一家不仅日子过得辛苦，还要忍受风沙肆虐。村里的年轻男子都外出务工，留下老弱妇孺，种植玉米和水稻，一家老小自给自足。直至近些年，宁夏枸杞走向世界，枸杞的收入已是玉米、水稻价格的10倍。这不仅能给当地农户带来持续稳定的收入，还能改善周边恶劣环境。但彼时的苏姐一家并没有那么多的资金购买枸杞苗木，直至中国绿化基金会联合当地林草局、专业合作社，为农户捐种枸杞苗木，并定期为农户提供专业的种植技术支持，苏姐才有了希望。为了让村子充满生机，苏姐和老乡们花了十年时间。那些村道旁的大树、田里的农作物，都是大家亲手种下。

"种下希望树"项目对应我国"双碳"目标、黄河经济带发展战略、"一带一路"倡议、乡村振兴战略，项目计划未来三至五年，提高西部地区的经济发展，改善生态环境恶劣地区。发挥中国绿化基金会自身优势，以公益为主线，以生态保护为切入点，实现有效衔接乡村振兴的目的，通过公益项目，撬动政府资源投入，实现对乡村振兴的合力支持；通过各种捐款机构代表、个人回访和检查监督等活动，调动多方社会力量，共同监督项目执行；引入第三方机构评估，全面反映项目的执行情况，提高项目的社会影响力；调动地方政府、学校、企业相关积极性，打造募捐团队，形成可视化、量化及可达性高的信息反馈系统；鼓励社会企业参与协作、为企业参与基金会项目提供更为便捷的平台；坚持走绿色发展的产业化道路，打造环境保护和经济发展结合的公益典范。

55

做好乡村振兴陪伴式服务

东孚街道位于福建省厦门市最西部，是厦漳同城化的桥头堡，下辖6个行政村、8个社区（其中6个为村改居），共计14个村居，是海沧区实施乡村振兴战略的主战场。

在党建引领之下，东孚街道以乡村振兴试点示范村建设为核心，研究确定乡村振兴"三个春天计划"（第一个春天，2019年有突破，突破观念理念、政策、方法、模式；第二个春天，2020年点线有成效，让老百姓看得到希望；第三个春天，2021年形成东孚模式、建立工作机制、全面推进乡村振兴工作），分别确定了"休闲过坂""寻香洪塘""汤乡莲花""匠心东埔""耕读寨后""友好山边"等发展定位。

基于东孚街道"三个春天计划"，清华海峡研究院、九七华夏文旅集团与东孚街道深入探讨，对洪塘村进行多次考察与调研沟通，并提出乡村振兴陪伴式运营服务方式。由专业规划、设计运营人员组成的运营团队进驻洪塘村工作，在赤土社谷禾动线农房人居环境整治提升工程、规划和设计方案落地、乡村振兴团队建立、乡村产业示范区打造等方面，因地制宜进行"陪伴式"乡村建设。

一、主要做法

2020年，九七华夏文旅集团（以下简称"九七华夏"）运营团队与洪塘村在人居环境整治、公共基础建设、旅游动线打造、农业农村产业发展、村级自治体系等五个方面展开工作。

第一，做好调研基本功。调查研究是谋事之基、成事之道，是做好各项工作的前置性步骤。九七华夏运营团队以问题为导向，抓住关键问题深入调查研究，以解决发展面临的突出矛盾和问题，助推洪塘村五个方面的工作顺利开展。

第二，开办赤土夜话。赤土夜话融洽了干群关系，形成了发展共识，实现了从"政府做，百姓看，还说风凉话"，到"一起来听，一起来说，一起来做"的转变。各小组均建立了"村民微信群"，使信息通知与村级事务公开更加及时有效，村民也可在群里反馈意见、提建议，拓宽了群众参与村务管理的渠道。

第三，基础公共设施建设为先导。在以赤土社作为洪塘乡村振兴试点村的工作实践中，九五华夏运营团队发现村内的人居环境仍需要改造提升，以满足村民的居住、生活需求。运营团队提出以基础服务设施为先导，提升人居环境水平，从村民生产生活的品质提升入手，政府引导，企业参与，围绕铁皮房改造这一主题，以点带面，实现生态宜居村庄的建设。

第四，美丽庭院升级为庭院经济。在美丽庭院生态宜居建设的同时，将发展庭院经济纳入美丽庭院建设的重要目标，并纳入产业兴农重点工作范畴，建立健全庭院经济发展的工作机制，包含申报机制、设计机制、审批机制、打造机制、培训机制和推广机制六大方面。

第五，推动"资源—资产—资本"的运营三级跳。在前期的基础设施、人居环境等硬件建设的同时，注重打造公共服务空间和商业入驻空间，以招商引资的方式，推动"资源—资产—资本"的运营三级跳。

二、案例成果

（一）人居环境全方位优化

在调研基础上，通过政府、村两委、村民三方共同努力，在外立面改造、平改坡及裸房整治、房前屋后整治、危房翻改建、铁皮及附属建筑整治等方面取得进展。

第一，经统一的风貌设计，2020年第一批整治工作任务为59栋，已开工63栋，完工63栋；第一批裸房整治任务为86栋，已开工113栋，完工113栋。通过整治，村庄地域特色明显增强、构成协调有序的总体风貌特征，并与山水田园融为一体。

第二，洪塘村组织工作人员对房前屋后不符合乡村振兴规划的附属建筑及杂物垃圾堆放处进行清理、绿化。2020年，共梳理出49处，已经开工12处，完成12处。

第三，根据国家农村"一革命四行动"精神召开专题会议，会议决定以赤土社为示范点落实"农村附属建筑整治"活动，其中，铁皮建筑"自改提升"15处，拆除鸡鸭舍3处。

第四，建设14个垃圾分类点，进行严格的垃圾分类处理，对村民每家每户分发垃圾分类桶1200个，在村民中推广"二次四分法"，即每个农户配备2个垃圾桶，1个干的，1个湿的，农户在家将垃圾初次分为"会烂"和"不会烂"两类，保洁员收集后再次将"不会烂"垃圾分为"能卖"和"不能卖"两类。

（二）配齐农村公共基础设施，建设配套公共文化空间

在调研基础上，洪塘村制定并坚定落实具有闽南风格、洪塘特色的村庄基础设施与公共服务规划。

第一，在村庄道路修缮提升方面，已完成路面改造提升长度1306米，电力、通信管下抛，雨污水管网排查、清淤等工程正在有序推进。

第二，在公园设施方面，洪塘村赤土社改建村口公园一处，项目规划总面积2120平方米，绿化面积1100平方米，铺地面积1020平方米，新增景观及设施包括村口铭牌、农耕文化景墙、谷仓小品、乡土坐凳等。

第三，在公共文化空间方面，洪塘村赤土社老仓库改造成综合服务站，一楼为村庄文化展示中心，是对外交流展示村民活动的主要公共空间，二楼设立社区卫生所、赤土议理堂和赤土村民服务站，满足赤土社日常简单的医疗、生活服务需求，成为便民利民的爱心角。通过保护性修缮古厝，创建公益书院，重新构造文化权重网络来重塑乡村文明，最终实现乡村教育的全面发展，已经完成9家村民老宅以修代租的房屋使用合同及公益书院项目计划书。

（三）打造特色旅游动线，串联盘活村庄闲置资源

"寻香洪塘"是糅合本土乡村文化、产业特色、田园农耕风光特点的赤土田间步道动线，挖掘和培育出具有赤土特色的"小而特"农产品，锻造"赤土"特色产业招牌，带动洪塘村其他6个自然村建设"业态精""布局合"的发展格局，开发夜游赤土、赤土特色农家宴、赤土乡土菜，探索研学教育、田园养生、特色民宿等乡村旅游配套项目。

洪塘村根据调研资料打造两条旅游动线：一是西塘旅游动线，对洪塘村西塘社道路两旁店铺及民宅进行风格改造、美化提升，共改造7处，涉及改造13项，完成13项；二是赤土旅游动线，全长约4千米，共涉及景点10处，初步完成旅游动线的疏通、景点的清理工作。

（四）统筹谋划，农业农村产业发展取得新成效

深入调研，完成乡村产业落地规划和策划方案制订，乡村振兴培训和游学示范点打造，陪伴式乡建，村人才培养和整合，乡村资源梳理，乡村文创产品研发，乡村配套经营的规范化管理、品牌化运营等工作。采取"一对一帮扶"的形式，扶持赤土羊奶小院、香草小园等体验式生态家庭农场，并以此作为赤土社体验式农旅产业示范点。

以发展庭院经济为主要手段，利用村内现有资源，通过改造特色小院激活农民活力，加强对自愿返乡投身本村乡村振兴村民的支持和引导，扶持蜂蜜小院、鹦鹉小院、汉服小院等建设，实现产业发展的"第二次飞跃"，让村民在家门口就业增收。在全村推广庭院经济45户，落实示范带动作用。

为提升村民就业技能水平，举办多期技能培训班，培训项目包括养老护理、育婴、花艺班、烹饪班、烘焙班、家庭收纳培训班、美容美妆及服饰搭配等。

通过出租村部闲置楼层与小区店面，拓宽村集体收入来源，目前总体年租金约为41.4万元。

筑巢引凤，打造公共服务空间和商业入驻空间，以赤土社老仓库为例，其被改造升级为具有闽南特色的两层建筑，通过招商引资，成功对接厦门市元初食品，赤土社成为其在厦门岛外唯一一个会员体验中心，100多万的会员消费群体将促进洪塘村赤土社的经济发展。

（五）村级组织治理有效，民主透明

近年来，洪塘村抓住乡村振兴战略的有利契机，发挥独特的区位优势，构建协同、高效的村级组织体系，激发村庄发展活力。在试点工作中，协同性得到充分体现，工作效率明显提高。

首先，成立由村两委成员及网格员担任调解员的调解委员会，以"言和堂"为平台，成功化解20多次纠纷，促进家庭和谐、邻里和平共处。

其次，邀请司法所进村居，在村部设立公共法律服务工作室，配备法律咨询顾问，为村民提供法律咨询和法律援助，在预防纠纷、解决纠纷中发挥了重要作用。

最后，创建温馨夕阳文艺队与新时代文明实践站，开展乡风文明培育活动，建立文化、清洁家园、巾帼、平安巡逻、交通劝导、护学、"和事佬"等7支志愿服务队，实现了村民志愿服务的制度化和常态化。

三、经验启示

洪塘村在乡村振兴实践中取得重大的突破，尤其是赤土社，从以前的脏乱差、人口外流的落后面貌，建成现在生态宜居、人口回流、庭院经济发展、乡村旅游、企业入驻的新乡村。但是，工作还存在一些不足：一是党组织对党员教育管理的力度有待提升，对党员日常学习、工作的监督力度不够，对党员的监督、约束机制不够完善；二是党员与群众之间的互动不够多，党委还存在提高的空间；三是在推动乡村振兴、壮大集体经济、增加农民收入等方面存在一定程度的"等靠要"思想和畏难情绪，村地域特点和资源优势未被充分挖掘。

根据上述问题的实际情况，洪塘村制定了针对性的整改措施：一是强化政治理论、党史、业务学习，使全体党员通过学习在改造世界观上不断有新成效，在身体力行上不断有新进步，在推动工作上不断有新进展，同时研究、探索建立以发挥党员先锋模范作用为核心的量化考核体系，将党员考核纳入个人综合考核；二是加强密切联系群众，邀请群众参与党委和各党支部日常活动，如思想交流会、民主评议会、生活会等活动，轮流邀请部分群众一同参与；三是调动党员干部和广大群众的积极性，重塑党员队伍形象，建强基层战斗堡垒，努力发展壮大集体经济，开创强村富民工作新局面。

56

多措并举巩固提升粮食主产区地位

案例背景

江西省吉安市素有"赣中粮仓"之称，全市辖13个县（市、区），有产粮大县10个，每年外调稻谷超过30亿斤，总产量和外销量均居全省前列。

近年来，吉安市认真落实上级关于巩固粮食主产区地位的要求，严格实行粮食安全党政同责，紧紧围绕实施乡村振兴战略，牢牢把住粮食安全主动权，以提升粮食产能为目标，推动藏粮于地、藏粮于技，有效巩固了吉安市粮食主产区地位，为保障国家粮食安全作出贡献。

一、主要做法

（一）狠抓耕地保护，确保面积稳定

严守耕地红线。对全市耕地保护情况开展排查整治，严查严纠耕地非农化行为，并把制止耕地非农化工作纳入对县（市、区）粮食安全考核重要内容。对于国家重大建设项目占用耕地的，土地报批时要求各地严格落实耕地

占补平衡，涉及永久基本农田的，严格按照"数量不减、质量不降、布局稳定"的要求补划到位。

大力开展耕地抛荒整治。针对近年来比较效益低、自然灾害频繁等不利因素影响，一些地方不同程度存在的耕地抛荒现象，2019年12月，市政府办下发《关于切实做好耕地抛荒整治工作的通知》，提出从2020年开始，用两年时间全面解决耕地抛荒问题。全市共摸排抛荒耕地面积7.35万亩，按照"宜粮则粮、宜经则经"的原则，积极引导农民有序流转或恢复耕种，做到应种尽种、宜种尽种，已完成复耕面积7.2万亩，整治完成率达到97%，全市耕地抛荒现象得到有效遏制。

积极推进"大棚房"问题专项清理整治。严格农用地用途管制，为防止出现"大棚房"问题反弹，巩固2019年专项行动整治成果，根据中央和省统一部署，从2021年5月底开始，吉安市集中组织开展了"大棚房"问题专项清理整治行动"回头看"。通过对全市2.5万多个农业设施、3.9万多亩面积的排查和整治整改，未发现反弹情况，新排查出的8个问题，全部按要求整改到位，恢复农业生产功能，并建立常态长效监管机制。同时，通过完善信息化监管体系、加强日常巡查抽查的方式，进一步加强设施农业用地管理，确保农棚农用、农地农用。

（二）狠抓生产服务，实现粮食丰收

深入实施优质粮食工程。按照"规模化、标准化、生态化、品牌化"的总体要求，以井冈软粘等地方优质稻品种为重点，以粮食加工企业为核心，以科技服务为支撑，按照统一良种供应、统一肥水管理、统一病虫防控、统一技术指导、统一机械作业的"五个统一"要求，加大改良选地品种力度，建设集育种、选种、繁种等多功能为一体的现代化良种繁育基地，集中打造一批优质稻标准化生产基地。充分利用旱地、高岸田、天水田等耕地种植红薯、玉米、马铃薯、荞麦等旱粮作物，有效增加了粮食总产。2020年，全市良种覆盖率达到98%，粮食总产达到73.34亿斤，实现粮食"十七年连

丰"。2021年，实现早稻总产32亿斤，增长3.3%。

大力提升社会化服务水平。积极发展壮大农机、植保等社会化服务组织，加强农机实用人才队伍建设，打造一批懂技术、善经营的新型农机职业经理人和技能型人才队伍，全市共发展社会化服务组织1800多个。创建了吉泰盆地水稻生产全程机械化服务示范区，整合组建多个从工厂化育秧、机耕、机播、机防、机收到机烘等环节提供一条龙服务的粮食生产综合体。创新发展了代耕代种、大田托管、集中流转等多种经营模式，有效破解了种粮"用工荒"难题。2020年全市水稻生产机械化综合水平达80.5%，水稻托管面积达800万亩次，服务小农户35万余户。

（三）狠抓生态管控，提升产品品质

积极推广绿色生产技术。把"绿色大米"产业列入全市重点推进的六大富民产业之一，大力推广粮食生产绿色高质高效技术，持续推进农药化肥减量增效行动、绿色农业种养循环示范和绿色高质高效行动，深入实施主要农作物病虫害统防统治、绿色防控推广示范，积极推广测土配方施肥、秸秆腐熟还田等综合利用技术。2021年，全市绿色水稻种植面积达到123.9万亩，农作物病虫害绿色防控和统防统治覆盖率分别达到43.35%和45.27%，测土配方施肥技术累计覆盖率达到93.55%，秸秆综合利用率稳定在95%以上，农药化肥使用量连续多年零增长。

切实加强耕地污染防治。完成耕地土壤环境质量类别划定，建立耕地土壤质量监测网络体系，全市共划定优先保护类耕地631.9万亩，安全利用类耕地10.09万亩，严格管控类耕地0.36万亩。持续开展受污染耕地安全利用工作，2020年，通过采取土壤调酸、水分调控、叶面调控、原位钝化、种植结构调整及休耕等措施，完成8.52万亩安全利用任务和3526亩严格管控任务，受污染耕地安全利用率达93%以上。2021年，9.07万亩安全利用任务和3675亩严格管控任务已落实100%。

（四）狠抓经营创新，增加种粮效益

认真落实国家稻谷最低收购价政策，积极推进腾仓扩容，做到粮食收购应收尽收。在强化政府支持保护基础上，充分发挥市场机制作用，让农民种粮有利可图，切实提高种粮积极性。

加强粮食收储和中心库建设。深入开展国有粮食购销企业改革，加快布局"一县一企、一企多点"的粮食收储网络，承担粮食储备、政府调控和市场化收购任务。全市共建设市级视频监控中心1个、中心库点9个、收纳库点73个，现有地方国有粮食企业总库点302个，仓库1980座，仓容32.8亿斤。2021年全市收购早稻12.1亿斤，居全省第一。"十三五"期间全市粮食收购总量200亿斤，市场化收购占比达80.4%。2018—2020年度粮食安全责任制考核连续三年位居全省前三名。严格落实地方储备粮利息、费用和轮换补贴，确保储备粮数量实、质量好、调得动、用得上。2020年全市落实地方储备粮规模1.46亿斤，其中市级储备粮1000万斤。2021年计划新增6100万斤地方粮食储备，总规模达到2.07亿斤，为稳定市场、保证供应提供可靠保障。

着力打造稻米区域公用品牌。大力推进"井冈山"牌稻米区域公用品牌建设，发展"井冈软粘""井冈虾稻"和"井冈红米"三大系列产品，组建专业品牌运营公司，对品牌进行开发和推广。截至2021年，全市在省内外开设"井冈山"牌稻米品牌专卖店234家、加盟店近1000家。充分发挥粮食加工企业的市场带动作用，以"核心企业+加盟企业"模式，构建全产业链联合体，通过订单收购方式，以高于普通优质稻市场0.27元/斤的价格收购。2020年完成"井冈软粘"订单面积46.44万亩，农户每亩增收近250元，带动4.6万户农民年增收1.2亿元以上。

二、案例成果

耕地是粮食生产的命根子。吉安山多地少，长期稳定利用耕地仅585万亩。为保证粮食面积，吉安市在推广双季稻种植的同时，采取"长牙齿"的硬措施，坚决遏制耕地非农化，防止耕地非粮化，全市粮食播面常年稳定在960万亩以上，粮食生产实现"十七连丰"。2021年，早稻播种面积396万亩，超过省厅下达任务19.5万亩；总产32亿斤，较上年增加1亿斤，早稻面积和产量位居全省第一。中稻播种面积470.59万亩，晚稻播种面积408.20万亩，合计为878.79万亩，其他粮食作物播种面积81.42万亩，粮食播种面积共计960.21万亩，超额完成全年粮食种植面积任务。

持续抓好高标准农田建设。坚持把高标准农田建设与乡村振兴、农业供给侧结构性改革、脱贫攻坚等相结合，按照"质量第一、统一标准、连片建设"要求，严把项目设计关、施工关、验收关、管护关，打造一批质量好、规模大、效益高的高标准农田工程。"十三五"期间，累计建成高标准农田161万亩，平均土地流转率达到70%以上，有力改善了农田基础设施条件，提升了粮食种植规模化、机械化、集约化水平。在近年来全省高标准农田建设激励评价表彰中，安福县连续三年获得一等奖。

手中有粮，心中不慌。吉安市将始终绷紧国家粮食安全这根弦，坚决守住"口粮绝对安全"战略底线，持之以恒抓好粮食生产，不断巩固吉安市粮食主产区地位，为"把中国人的饭碗牢牢端在自己手中"作出更大贡献。

57

做优做强黄花产业　黄花成为"致富花"

案例背景

有着600多年种植历史的大同黄花，仅在大同市云州区的种植面积就达17万亩。1975年，大同县被确定为山西省黄花生产基地县；1983年，大同黄花荣获原国家经贸部颁发的黄花菜出口产品荣誉证书，成为山西省外贸骨干出口商品之一；进入21世纪，黄花种植规模不断扩大，大同市成为全国黄花种植面积最大的地区，产量占主产区8个省份总量的近50%。

如今，大同市基本形成15个龙头企业带动，种植、加工和销售一体化，以黄花菜为主，黄花茶、黄花啤酒、黄花饮料等几十个品种为辅的产业发展格局。2021年，大同黄花全产业链产值近30亿元，产业步入发展黄金期。

一、主要做法

（一）注重顶层设计，夯实产业基础

强化政策扶持，增选黄花为大同市市花。每年市财政拿出1亿元支持黄花

产业发展，扶持配套预冷库、冷链物流体系、晾晒场、加工设备等设施建设，拿出具体举措和真金白银支持产业实现大发展。

（二）注重标准制定，提升产业质量

农业农村部确定"大同黄花"为全国百强农产品区域公用品牌、大同黄花产业为全国乡村产业高质量发展"十大典型"之一。"大同黄花"入选国家知识产权局地理标志运用促进工程项目。市级推出"大同黄花"全新品牌商标，全市黄花绿色食品认证面积达到12万亩。

（三）注重提档升级，延伸产业链条

坚持创新驱动，深化与中国农业大学、山西农业大学等院校合作，依托其技术优势、人才优势，共建黄花产业发展研究院、研发中心和中试基地，发布了25项黄花理论研究、技术研发、产品创新等方面科研成果，建立了黄花菜全基因组数据库，开展黄花标准化种植技术和有机植保绿色防控技术攻关，研发出3个黄花菜专用肥配方和黄花微生物菌剂，开发出菜品、饮品、食品、功能产品、化妆品等五大系列100余种黄花产品，2021年全产业链产值将近30亿元。

坚持龙头带动，市财政近两年累计投入1.47亿元，撬动三利、民之源等龙头企业投资两亿多元，用于精深加工、产品研发等。截至2021年，全市共培育黄花生产加工经营主体175家，其中企业34家、合作社141家。大同黄花国家级现代农业产业园成功获批，项目规划占地81.24万亩，总投资23.58亿元，华农农博园、黄花肉鸡养殖、黄花大数据平台等项目已开工建设。坊城新村黄花产业园、宜发同城中央厨房已建成投产。坚持农文旅联动，充分挖掘黄花旅游潜质，打造"黄花+"模式，形成多种产业联动增值。

（四）注重市场导向，拓展营销渠道

深化合作共赢，成立大同黄花协会和大同黄花产业联盟，组织企业、合

作社抱团发展。积极联系首都农贸市场，对接黄花销售。与南粤集团开展合作，大同黄花进入澳门市场。

优化线上布局，在京东、淘宝开通大同原产地农产品旗舰店，黄花系列产品实现了线上销售。三利、宜民、花倾城等企业通过对接淘宝、京东、拼多多等电商平台开展网络销售，2020年至2021年，共实现销售额2000多万元。先后参与主办央视"秦晋之好""大同黄花晋京城""星光行动·大同好粮助农专场""大同黄花进北京、鲜花献奥运""携手共晋·大同好粮大同黄花公益直播"，以及京东"京源助农"等大型直播活动，现场销售火爆，带动销售额上亿元。

强化线下营销，积极组织黄花系列产品参加全国、全省各类农交会、农展会，在北京、上海、广州、成都、太原等城市建立多家大同黄花直营店，在市内建立9家大同黄花直营店、大同黄花专柜。在上海国际食品产业园山西一条街设立大同黄花专营店，签订包括大同黄花在内的两亿元"大同好粮"订单。同时，大同市不断拓展销售网点，挖掘本地消费潜力，鼓励社会各界积极参与消费帮扶，2020—2021年成交额超过2100多万元。

（五）注重服务保障，促进农民增收致富

建立金融保险机制，组建总规模3000万元的黄花特色农业产业基金，目前已对大同宜民公司投资2000万元，用于中央厨房项目建设。开展黄花特色保险，2021年全市黄花自然灾害保险共承保14.33万亩，目标价格保险共承保6.1万亩，和上年相比分别增长16.6%和6%，为黄花产业发展撑起了"保护伞"。

建立专业帮扶机制，市县农业农村部门全程开展技术服务，实现了黄花产业产前、产中、产后全过程标准化生产。举办高素质农民技能提升高级人才黄花加工产业培训班，提高黄花从业工作者的技能素质。大同市高素质农民培训学院组织专家深入田间讲解黄花标准化栽培、微耕机操作、植保无人机操作和绿色防控技术，大大帮助农民提升了生产技能。

建立利益联结机制，积极推行"三三三"产业帮扶模式，支持各县区创

办乡村一体黄花专业合作社，通过"合作社+农户"等形式扩大黄花种植规模，集中流转脱贫户土地，吸纳大量脱贫劳动力参与种植管护，让种植户既能得到流转土地租金，又能获得务工收入，还可以享受到分红收益。

二、案例成果

抓标准化生产。全面推广绿色、有机标准化种植，创建全国黄花产品质量检测中心，大力发展"互联网+黄花"，推进黄花产品质量追溯体系建设。

抓集群化发展。高标准高质量建设大同黄花国家级现代农业产业园，培育壮大现有龙头加工企业，积极引进一批有实力的市场主体，适应市场需求，开发推广黄花饮料、黄花药茶等一系列黄花产品。

抓市场化营销。组建大同黄花产品营销团队，在全国各大城市开设品牌专卖店、直销点和专柜。深化电商合作，积极采取直播、带货等方式，拓展"大同黄花"线上销售。

抓品牌化提升。全方位打造"大同黄花"区域公用品牌，建立健全品牌保护机制，全面推广使用统一标志。加强品牌保护、国际质量体系认证，继续加大黄花基地绿色、有机产品和地理标志认证力度。

抓科技化支撑。继续深化与农业领域的高校、科研院所和企业的合作，开展科研项目攻关，加大黄花保鲜、烘干、储运等关键技术研发转化应用，深度挖掘黄花食疗和药用的功能价值，提高黄花种植采摘机械化程度和产品科技含量，不断推出高附加值的黄花提纯型产品。

抓融合化发展。深入挖掘黄花千百年来历史文化内涵，与农耕文化、饮食文化、康养文化相结合，与旅游业发展相结合，建设黄花田园综合体、黄花特色小镇、黄花生产专业村，打造黄花旅游观光园、黄花火山摄影节、忘忧大道旅游精品线等旅游品牌，推动一二三产业融合发展。

抓专业化服务。细化技术基础服务，扎实开展农机、农技、植保等技术指导服务，加强黄花职业农民技术培训，提高生产技能；优化采摘包联服务，建立全市"一县包（云州区）一乡"黄花采摘制度，完善提升黄花采摘合作社。

58

推动乡村民宿集群发展

案例背景

　　近年来，乡村民宿成为推动乡村振兴的重要突破口之一。2021年4月，旅悦集团与小云助贫中心正式签署战略合作协议，以云南省西双版纳傣族自治州勐腊县勐伴镇河边村为起点，共同打造"河边·花筑"瑶家民宿，推动乡村民宿在乡村振兴的全新探索。同时，旅悦集团"花开乡筑"乡村振兴行动正式启动，让更多数字化、专业化运营的高品质民宿进驻乡村。

　　旅悦集团与小云助贫中心达成战略合作，共同的目标是打造高品质乡村民宿体验，通过发展乡村民宿和乡村旅游推动乡村振兴。这是在打造乡村民宿集群方面的跨越性尝试，也是为全社会持续提供乡村振兴案例科技赋能、人才赋能、运营赋能的建设性探索。

一、主要做法

（一）乡村民宿新探索

位于西双版纳雨林深处的河边村"河边·花筑"项目，是小云助贫中心与旅悦集团战略合作的起点。

在云南，提到公益和助贫，很多人熟知小云助贫中心和其创始人李小云教授。多年来，李小云教授在云南河边村等地，与村民同吃同住，带队破解了国家级贫困县勐腊县河边村的结构性贫困问题，让村民搭上乡村振兴的快车。因其长期在扶贫事业耕耘的先进理念和卓有成效的实践，李小云教授在2021年2月荣获"全国脱贫攻坚先进个人"称号。

现在，河边村从一个基建落后、脱离现代社会的深度贫困村庄，摇身一变，通过一间间"瑶家妈妈的客房"，建起了既富有瑶族特色，又具备现代建筑优势的干栏式民居。

成功脱贫并没有令李小云教授止步于此，他持续谋求用互联网科技的力量将河边村的发展推上新的台阶，以"互联网+品牌"优势见长的旅悦集团，正是他要找的合作伙伴。在李小云教授看来，乡村振兴的核心是乡村的"再价值化"，"再价值化"的过程需要城市与乡村的价值融合。这个过程要保留乡村的传统习俗、传统文化，同时必须基于现代化的过程来激发乡村的活力，这就需要社会力量、企业力量。

2020年底，旅悦集团加入小云助贫中心的民宿项目，着手对河边村民宿进行专业化运营升级。通过深入调研，旅悦集团提出从服务、运营、产品、渠道及聚合营销等方面对河边村民宿开展改造、改善的方案。旅悦集团和小云助贫中心联手，不仅让村子里有更多民宿，而且让这些民宿可以线上化运营，更让游客在乡村享受高品质的住宿体验。

（二）高品质乡村民宿

2020年，旅悦集团为"河边·花筑"项目量身打造了"五位一体"提升方案。

服务方面，依托旅悦数字化学习管理平台，旅悦集团通过线上培训指导与线下实践教学相结合的方式，对当地村民进行运营、管理能力培训，从源头提升村民自身专业技能和服务水平。

运营方面，在保有特色的基础上，引入民宿线上运营新模式，实现数字化运营升级，为门店管理提供智慧解决方案，实现服务与运营能力双提升。

产品方面，通过自身资源以及整合营销能力，拓展多元化产品构成，在为消费者提供高品质旅游产品的同时，为当地村民探索更多客房以外的盈利点。

渠道方面，打通线上线下渠道，以智能管理系统直联OTA，解决河边村客流瓶颈，增加线上获客。

聚合营销方面，通过科技手段将营销内容一站式分发至各平台，产生矩阵效应。整体而言，乡村民宿项目用大数据的方式，为乡村民宿解决客流、模式和收益瓶颈，由此促进乡村民宿的可持续发展。这也让河边村对乡村民宿事业信心满满。在发布仪式现场，勐腊县委副书记说："我们看到，短短几年，旅悦集团旗下的花筑民宿，就在城市和景区周边发展了上千家，为乡村民宿的发展起到很大助推作用。"有了旅悦集团的助力，河边村插上互联网的翅膀，紧跟时代发展步伐，再上新台阶。

以河边·花筑为起点，旅悦集团与小云助贫中心还将在云南省昆明市宜良县九乡乡麦地冲村、富氏县东村镇石桥村，湖北省恩施市盛家坝镇枫香河村等多地展开深度合作，践行国家乡村振兴战略，深入打造民宿集群村落运营事业，共同推进当地乡村民宿的高质量发展。

（三）花开乡筑，乡村振兴新征程

旅悦集团与小云助贫中心的战略合作，对于旅悦集团而言，是一个崭新的起点。以本次战略合作为开端，旅悦集团"花开乡筑"乡村振兴行动正式启动，未来还将有更多乡村民宿合作项目落地。

旅悦集团表示，未来将不遗余力开展"花开乡筑"乡村振兴行动，在北京、昆明、盐城、溧阳、余姚、恩施、宜兴等多地推进乡村民宿政府合作项目。推进乡村民宿建设，不只要为乡村民宿的项目建设和运营打开突破口，更要在智慧旅游发展上为乡村民宿立下标杆。

如何利用自身在互联网科技、人才、资源等方面的多元优势，打造文旅新业态和乡村民宿新产品，帮助乡村民宿实现高质量发展，助力乡村振兴，旅悦集团提出如下举措。第一，打造特色民宿集群村镇，旅悦集团通过与多地政府、协会、团体开展民宿村镇战略合作，将花筑民宿的"互联网＋品牌"优势，深入到村镇毛细血管中。通过联手打造民宿特色村、特色镇，发挥民宿聚集效应，并利用村、镇集体优势，打造集群效应。第二，发力乡村民宿升级，旅悦集团在积极开展乡村民宿拓展的同时，对战略合作中的乡村民宿开展公益帮扶计划，在线上线下渠道、聚合营销手段等方面融合发力，打造高品质乡村民宿体验。第三，进行民宿数字化升级，发挥旅悦集团"大智慧管理体系"优越性，为乡村旅游和乡村民宿数字化升级，共享数字化红利。第四，为乡村民宿人才培养赋能，旅游集团依托旗下旅悦大学，系统提升乡村民宿运营人员的综合管理能力和创新思维能力，获得乡村民宿可持续发展的人才力量。

二、案例成果

从特色民宿集群打造到乡村民宿品质提升，从推进数字化升级到人才培养输出，旅悦集团在促进乡村民宿发展、助力乡村振兴的道路上找到一条适配自身优势的路径，在国家乡村振兴战略的浪潮之下，将一粒粒"花开乡筑"的种子悄然播下。

旅悦集团表示："我们的价值不仅在于'我们为发展自身做了什么'，更在于'我们为社会进步做了什么'。在打造乡村民宿这件事上，旅悦集团找到了实现自身价值的切入口。"在"花开乡筑——旅悦集团乡村振兴行动"中，旅悦集团将规划落地为实践，通过集团"互联网＋品牌"优势，积极践行企业社会责任，利用互联网大数据激活传统旅游住宿业态持续转型升级，为乡村振兴带来科技赋能。

59

全力推动中药材全产业链可持续发展

案例背景

　　好医生集团从1996年开始，就把扶贫事业纳入企业发展战略目标，依托四川凉山药材产业自然环境资源，充分发挥龙头企业优势，长期培育和发展中药材产业，帮助当地彝族农户脱贫致富。

　　2015年以来，好医生集团将四川省凉山彝族自治州布拖县乐安乡火灯村确定为精准扶贫重点帮扶村，建立中药材全产业链可持续发展扶贫模式，并将其"复制"到凉山州9个县57个乡121个村，发展附子、木香、大黄和川续断等特色中药材3.2万亩，带动1.5万户，7万多农民稳定走上"两不愁三保障"脱贫致富的道路，彻底告别了贫困历史，在脱贫攻坚这场战役中交出优秀的好医生答卷，也为实现乡村振兴打下坚实基础。

一、主要做法

　　2021年，好医生集团充分认识乡村振兴的重要意义和广阔前景，积极贯彻新发展理念，主动融入新发展格局，坚定不移贯彻落实各级党委、政府的决策要求，开启了巩固拓展脱贫攻坚成果同乡村振兴有效衔接的新征程。好医生集团以凉山州为主战场，继续把发展特色中药材产业作为突破口，创新思路开展工作。

（一）建立产业园区，提高示范引领功能

在精准扶贫阶段，农民种植的中药材大多是零星散乱的状态，栽培质量和经济效益相对较低，只能解决脱贫摘帽的基本收入问题。要实现农民长期稳定增收，脱贫不返贫，建立现代农业产业园区十分必要，通过规范化的集约经营，增强稳定性、持续性，以及增收的可观性。

为了建设特色中药材现代农业产业园区，好医生集团率先在凉山具有一定基础的脱贫摘帽县开展试点工作。目前正有条不紊地推进布拖和喜德两个县5个1000亩以上中药材现代产业园区建设工作。现代产业园按照"田成方、地成形"的要求，加大农业基础建设，打造高标准农田，完善灌溉配套管网，修建大棚生产设施，推广高标准、高质量的现代农业种植技术等，逐步向州级、省级和国家级现代农业产业园区迈进，为乡村振兴助力。

（二）持续对口帮扶，打造乡村振兴样板

在打赢全国脱贫攻坚战的过程中，涌现出很多"万企帮万村"典型范例，好医生集团作为"万企帮万村"先进民营企业，完成了"万企帮万村"精准脱贫攻坚，在2021年进入全面推进乡村振兴的关键时期，好医生集团迅速转向，积极参与"万企兴万村"行动，努力打造乡村振兴示范村，让这些样板起到引领带头作用，推进农业全面升级、农村全面进步、农民全面发展和城乡融合。

好医生集团确定了在每一个帮扶县，树立一个"万企兴万村"的榜样。比如，好医生集团公司把"万企帮万村"时期对口帮扶的原深度贫困县布拖县乐安乡火灯村继续作为"万企兴万村"对口帮扶村，在发展中药材的品种选择、技术指导、收购政策和资金补助等方面给予更多的帮助和支持。榜样村成为全县美丽新村建设的典范和农民安居乐业过上美好生活的领头羊，带动县域其他

乡村团结一心、砥砺前行、开拓奋进奔向充满希望的乡村振兴锦绣前程，早日实现人勤村美、共同富裕和金光灿烂的农业农村现代化。

（三）扩大帮扶区域，提升乡村振兴实效

好医生集团充分发挥医药企业的优势，继续以原凉山州深度贫困县为主战场，逐步扩大帮扶区域，增加中药材种植面积，惠及更多脱贫农民增收致富，这是好医生集团积极参与和助推乡村振兴的战略目标。2021年，好医生集团在凉山已有9个县发展3.2万亩中药材的基础上，把乡村振兴工作扩展到凉山州内11个县，预计种植面积扩大到4.5万亩，带动两万多户农民增加收入，为乡村振兴效能提升发挥积极作用。同时，增加种植品种，除了种植附子、川续断等中药材外，还要适当引种一些产量高效益好的药材。

（四）建立加工基地和标准化种植基地，提高综合经济效益

为了应收尽收农户种植的中药材，确保农户的利益不受损失，最近两年，好医生集团已在布拖县投资1.1亿元修建了年处理4000吨附子和10000吨其他药材的精深加工厂——四川佳能达攀西药业。2021年，在完善该厂加工能力的基础上，又在美姑县等地修建了处理各类中药材的产地药材初级加工厂，确保农民种植的中药材能够全部销售到加工基地进行初级和精深加工。好医生集团不断加大对附子等终端产品的研发，把优质药材做成优质药品向市场销售，同时建立道地中药材选种、育种、种植、采摘、加工、销售、科研等的完整闭环，实现更大的价值和更多的综合经济效益。

很多农户种植中药材质量很好，经济效益却很差，很大程度上是因为缺乏品牌力。打造规模化种植，大力推动中药材标准化基地建设，强化品牌构建意识，引导中药材种植户与政府、媒体合作，并利用短视频平台拓展宣传途径，扩大品牌影响力，辐射周边产业，能够增加中药材种植的经济效益。好医生集团已建有布拖县附子GAP种植基地等中药材种植基地，布拖附子获得国家地理标志产品保护。2021年，好医生集团继续推进中药材标准化种植

基地的建设，和凉山州医疗保障局在喜德县李子乡博中村共建乡村振兴中药材产业基地，种植中药材木香、川续断各100亩。

（五）优化帮扶模式，增强壮大集体经济

由粗放经营转变为科技引领，强化对种植户的技术指导。2021年，好医生集团加大宣传教育、培训指导力度，增加深入田间地头的频次，推广普及科学技术知识，手把手教会农民平整土地、开厢挖沟、播种浇水、锄草施肥和采挖收储等中药材精耕细作技术，帮助农民树立通过规范化、科学化种植，向土地要产量，向技术要效益的思想。农民尝到科技引领增收的甜头后，主动运用农业科学技术，有力促进广大农民的增产增效，推动乡村振兴。

告别锄头，因地制宜实施机械化操作，实现现代化耕种、科学化管理。农业机械化是发展现代化农业的基础，实现机械化精准种植，使种子、化肥、农药定量播撒，均衡浇灌，减少浪费，节约人工费用和生产成本。机械化高效率、高质量地完成作业，能有效提高劳动生产率、农业生产力、农业经济效益和农民收入，推进农业农村现代化向更高标准迈进。刚刚脱贫摘帽的高山彝族地区，受贫穷落后和耕作习惯的影响，牛耕马犁、锄头钉耙、人工耕种的现象普遍存在，这种传统农业落后的生产方式制约着农业现代化的发展。只有彻底改变牛耕马犁等原始耕作方式，实现农业机械下乡入地，才能加快推进乡村振兴步伐。因此，好医生集团从支持重点帮扶的乡村开始，逐步实现机械化和规范化种植。

（六）强化组织机构建设，全力推进乡村振兴

建立坚强有力的领导班子和求真务实的专业队伍，才能确保各项工作顺利进行，为全面开启乡村振兴新征程，实现农业农村现代化提供组织领导和人才队伍保障。2021年初，好医生集团成立乡村振兴工作组，由集团党委书记、常务副董事长担任组长，配备30多名工作人员，其中专职工作人员达到23人，为乡村振兴提供有力的组织和人才保障。

二、案例成果

好医生集团通过一系列符合中央"三农"发展政策，因地制宜、坚强有力的措施，已取得乡村振兴工作实效，实现了"十四五"开门红：布拖和喜德两个县5个1000亩以上中药材现代产业园区建设工作顺利开展，新建喜德县李子乡博中村乡村振兴产业基地。好医生集团中药材种植产业激活了广大农村干部群众乡村振兴的内生动力，农民中药材种植积极性不断提高，种植面积扩大了，中药材种植品种也增加了。2021年5月底至6月初，布拖县九都镇呷乌村中药材川续断喜获丰收，量大质优，当地中药材种植户机械化采挖后，源源不断地将优质川续断送到好医生集团收购点售卖，在家门口享受了乡村振兴的红利；攀西药业加工能力不断完善，全面接收农民种植出来的中药材，有条不紊地推进各个加工环节。

产业振兴是乡村振兴的重要一环，也是乡村振兴的关键所在。实践证明，从提供种子、育种、种植、采挖、加工再到销售，好医生集团不断健全全产业链可持续发展方式，对助力凉山地区长效增收，防止规模性返贫，实现农业农村现代化的乡村振兴目标，发挥了重要作用。

60

真抓实干不等靠　塞外战贫显成效

案例背景

张家口，燕赵大地上的塞外要冲，地处河北省西北部，京冀晋蒙交界。与其他偏远之地一样，薄薄厚厚的贫困像一枚枚钢钉钉在3.68万平方千米的土地上，牢固而坚韧。数据显示，2013年底，张家口市19个县（区）中，贫困县（区）占12个，其中国家级贫困县11个、省级贫困县1个；4173个行政村中，建档立卡贫困村1723个，占总数的41.2%，建档立卡贫困人口93.9万人。

改革开放后，城市经济繁荣发展，吸引大批农村青壮年入城，给本就贫瘠的农村带来"三空"问题——常住人口减少的空心村、缺少集体经济的空壳村、党组织软弱涣散的空白村。边远乡村发展越发不平衡、不充分。张家口亦不例外。全市4173个行政村，农宅空置率50%以上的"空心村"有924个，尤其是坝上地区，"远看砖瓦房、近看封门窗"的现象十分普遍，人口流失率达35.3%。

党的十八大提出全面建成小康社会目标后不久，地处燕山—太行山集中连片特困地区的张家口，成为河北省脱贫攻坚的主战场。

一、主要做法

张家口市委市政府多次调度，多次研商，专项把脉，定向诊断。紧盯党建引领，突出党员干部带头，着力解决基层干部不会干、干不好等问题，给大家鼓劲儿、打气。仅2018年、2019年两年，全市累计举办各类扶贫专题培训440期次，培训干部9.78万人次。

全市4173个行政村重新识别认定1970个贫困村，调整撤换村党组织书记2545名，调整率60.97%；对1723个贫困村党组织开展集中整顿，转化后进党组织454个，调整不在岗、不干事、不检点的村党组织书记；从市、县直机关单位选派374名优秀年轻干部任村党组织书记，村级班子结构进一步优化。

张家口跳出"就扶贫抓扶贫"的思维，以脱贫攻坚统揽社会发展全局，市领导带头给扶贫干部授课、带头遍访所有脱贫攻坚任务重的乡镇，深入一线调研指导，带动各级干部深入基层接地气、察实情、抓扶贫，构建起责任清晰、各负其责、合力攻坚的责任体系。

落实领导干部驻村工作制度，突出领导干部"关键少数"，坚持一户一档摸清底数，一户一策解决问题，一户一干部结对包联。市级领导每季度带头驻村不少于三天，县级领导每月不少于两天，乡镇党委书记、乡镇长每月下沉贫困村不少于20天；驻村干部每月驻村不少于25天；派驻工作队的帮扶单位一把手每季度至少到帮扶村走访1次。34名市领导覆盖全市所有贫困县区，508名处级干部包联1008个村，7133名乡镇干部包联4173个村。

全市选派帮扶责任人67559名，每人每年至少入户走访6次，解决贫困户实际问题30多万件。

55岁的陈世清被省民政厅派驻到南乔家营村，任工作队队长兼南乔家营村第一书记。农村富不富，关键在支部；支部强不强，全靠领头羊。陈世清工作队三人把党组织关系转到村党支部，充实健全健强村党组织，借助全市十一届农村两委换届之机，协助乡党委重新改组选举村两委班子。抓学习、强班子、带队伍，加强基层党组织建设，凝聚群众、服务群众，坚持以"党建引领、新区安置、产业带动、政策兜底"的思路,拆除七个自然村,集中建设一个新农村。2018年6月动工,同年10月,94户常住户新房落成。

短短三年,南乔家营村华丽蝶变。排排新房拔地而起,条条大路四通八达,张张笑脸喜迎幸福。家家户户客厅、卧室、厨房、卫生间宽敞明亮,暖气、自来水、坐便器、有线电视方便快捷,医务室、活动室、公共浴室、便民超市、农家书屋、民心广场一应俱全,昔日的空心村旧貌换新颜,南乔家营村成了康保县具有代表性的美丽乡村。

为了让阳原县辛堡乡四十亩滩村拔掉"穷根",河北公安警察职业学院驻四十亩滩村工作队队长、村第一书记孙国亮不等不靠,自力更生,借款近百万元,用于壮大集体经济,先后建起了65个蔬菜大棚、实现了村民土地流转得租金、大棚打工挣薪金、产业盈利分红金的"三金"梦想。蔬菜种植和其他项目让63户贫困户人均增收持续增长:2016年674元,2017年1373元,2018年1800元,2019年3691元。2018年,建档立卡贫困户全部脱贫出列。

省农业农村厅干部严春晓,两度出征,五年驻村。他带领大家以党建统领全局,彻底解决阳原县曲长城村1139户3003人28年的安全饮水难题;村民住房安全得到保障,几辈人蜗居的土坯房就地置换六层电梯楼房;城市优质教育引入村小学,毕业班成绩居全县首位,29名学生回流;上访大村变成了和谐新村,曾经萧条衰败、一穷二白的全省深度贫困村脱胎换骨,不仅高质量脱贫出列,也实现了从全面脱贫到乡村振兴的无缝衔接。

张北县两面井乡玉狗梁村,因第一书记卢文震的驻村扶贫故事在社交平台上广泛传播。练习瑜伽,80岁的老太太能倒立1分钟,70岁的老汉能金鸡独立10分钟……卢文震驻村后,根据村里"因病致贫"的情况,将农民生活、生产动作"瑜伽化",编创了一套"乡村瑜伽健身操",拓展和创新了健康扶贫的新渠道,玉狗梁村被国家体育总局授予"中国健身瑜伽示范村"称号。

"扑下身子扶贫,不脱贫不脱钩",张北县二台镇代家村第一书记毛红领用"产业扶贫"践行他的诺言。他着力为村里培育了光伏、种植、养殖、加工、旅游五个产业支柱,3年争取各类资金5亿元,光伏电站、西瓜大棚、草莓大棚、藜麦加工厂、肉牛养殖场一排排拔地而起，每年为村里创造直接经济效益800多万元，村集体从负债11万元到盈余145万元。全村人均收入翻了两番，群众满意度为100%。

康保县全体驻村第一书记建立"党爱超市"165家，村民可以通过参加村级组织活动和公共劳动积分，到超市里兑换相应的商品，激发贫困群众摆脱贫困的内生动力。

赤城县全体驻村第一书记着眼党支部的政治功能、服务功能、引领功能，探索"党支部+合作社"模式，建立联合党支部149个。龙门所镇申沟村党支部投资802万元，建成蔬菜、苗木基地和农产品交易市场。大海陀乡高栅子村党支部建成架豆园区，带动1100户贫困户稳定增收。雕鹗镇张四沟村党支部发展特色种植产业，户均年增收3508元，人均年增收1384元，走出一条党支部助力脱贫攻坚、基层党建引领农民致富的新路子。

二、案例成果

2016年以来，张家口全市驻村工作队累计引进帮扶资金55.6亿元，争取派出单位帮扶资金13.76亿元，帮助群众办实事1.87万件。全市整合产业扶贫资金近80亿元，实施产业项目5749个，培育市场主体1.2万家，实现了贫困人口产业收益全覆盖。

2020年10月，张家口12个贫困县（区）全部脱贫摘帽，1970个贫困村全部出列，62.6万建档立卡贫困人口脱贫，贫困发生率从建档立卡初期的30.24%降至0，张家口的贫困县全部"摘帽"，历史上首次消除区域性整体贫困，460万张家口人民奔向新生活。

61

念好"山字经" 做好"绿文章"

案例背景

屏边苗族自治县位于云南省红河哈尼族彝族自治州东南部，全县总面积1906平方千米，辖4镇3乡、76个村、4个社区、704个自然村、831个村民小组。

屏边县委县政府牢记"绿水青山就是金山银山"，坚持"产业发展生态化、生态建设产业化"的理念，提出"生态保护立县，绿色发展强县"的思路，着力挖掘"山潜力"，念好"山字经"，做好"绿文章"，把发展产业作为巩固拓展脱贫攻坚成果同乡村振兴有效衔接的基本之策、撬动支点，让农民的"钱袋子"鼓起来，继续探索产业发展"新路子"，实现了产业支撑全覆盖，为全面推进乡村振兴保驾护航。

一、主要做法及成效

（一）因地制宜抓特色，助力产业兴旺

屏边县紧紧围绕巩固拓展脱贫攻坚成果，让农民的"钱袋子"鼓起来，

将培育壮大农业产业作为群众持续脱贫稳定增收的重要举措来抓实抓好。

立足山区立体小气候特点和自然优势，突出高原特色现代农业及市场导向，保持政策引领和持续的资金投入。2014年至2020年累计投入产业扶贫资金6.77亿元，制定在海拔900米以下区域发展荔枝10万亩，在海拔900—1400米区域发展枇杷10万亩，在海拔1400—1800米区域发展猕猴桃10万亩的发展规划，倾力打造以杉木、桤木、香蕉、砂仁、草果巩固提升和林下中草药产业为主的"百万亩"绿色产业。

发挥以短养长、长短互促优势，推动生猪、肉牛、生态鸡等规模化养殖。同时，强化科技助力及人才引进培训，强化新型经营主体全覆盖带动，形成"龙头企业+合作社+家庭农场+基地+农户+脱贫户"的新业态，不断完善利益联结机制，增强新型经营主体带动脱贫户增收致富的作用。实现全县有劳动力、有产业发展意愿的脱贫户都有1项以上产业增收项目，做到产业扶贫全覆盖，实现村村有林木、户户有果树、家家有畜禽目标，产业基础设施不断完善，依靠科技、精心培育、突出特色、创立品牌，重点打造新现河百里枇杷大峡谷及枇杷庄园经济带、南溪河百里荔枝大峡谷及荔枝庄园经济带、玉屏—新华—和平—白云百里猕猴桃产业及庄园经济带，绘制屏边县"绿水青山变成金山银山"的美好蓝图，使屏边产业发展逐步驶向了"快车道"。

近年来，屏边县累计发展以荔枝、猕猴桃、枇杷为主的林果种植39.41万亩，产量9万吨，产值3.5亿元。其中荔枝6.77万亩，猕猴桃6.3万亩，枇杷8.12万亩，香蕉、菠萝等其他水果共18.22万亩；发展砂仁、草果等林下中药材31万亩；发展杉木、桤木等用材林105万亩。

（二）打好绿色生态牌，助力增收致富

坚持"绿水青山就是金山银山"理念，将生态文明建设作为巩固拓展脱贫攻坚成果同乡村振兴有效衔接的重大举措来抓，聚焦"绿色生态+保护+产业+旅游"，将整合保护生态资源与荔枝、猕猴桃、枇杷种植为主的"十百千"产业，以及"山、水、林、苗、城"一体的生态旅游思路深度融合，加大以大围山国家级自然保护区为主的各类森林保护及植树造林工作力度，强化屏边优势，用好用活绿色生态资源，把绿色产业打造成农户增收致富的重要渠道。"屏边荔枝"2016年获批国家地理标志产品保护，2017年荣获中国荔枝产业发展论坛擂台赛金奖、国际荔枝产业发展论坛擂台赛银奖，2018年获得国家地理标志；"屏边猕猴桃"2018年获得国家地理标志，猕猴桃产品2017年、2019年先后获得国内国际博览会、品鉴会金奖。

（三）壮大集体经济，助力共同富裕

屏边县始终把发展壮大村集体经济作为加强农村基层组织建设的一项重要任务来谋划安排和推动落实，加大对发展壮大村集体经济的扶持力度，因地制宜，发展特色产业。目前，全县76个行政村村集体经济全部达到3.5万元以上，其中有9个村达到5万元以上。

不断探索党组织引领推动产业发展的办法措施，大力发展"党组织+公司+合作社+农户"产业模式，带领群众共同致富。例如，屏边县玉屏镇卡口村引进红河州国安水果种植有限公司发展妃子笑荔枝产业，坚持走"公司+基地+农户"的产业化生产经营模式，结合屏边县资源优势，全村累计发展种植荔枝4500亩，2020年，卡口村荔枝鲜果产出1000余吨，实现销售额1500万元以上，2021年，挂果面积3000余亩。荔枝种植现已成为卡口村的特色和支柱产业，助力村民实现共同富裕。

二、经验启示

（一）提升群众造血功能，加快产业高质量发展

"幸福是奋斗出来的"，乡村振兴终究要靠群众用自己的辛勤劳动来实现，只有广泛开展"自强、诚信、感恩"教育，引导群众自立自强、感恩回馈，才能激发群众的内生动力。同时，在决策乡村振兴措施时，坚持问计于民，广泛征求群众意见，真正做到"量体裁衣""对症下药"，坚持"授人以鱼不

如授人以渔"的思路，智志双扶，富口袋和富脑袋并举，充分调动贫困群众主动参与乡村振兴的积极性，有效激发群众的内生动力，才能增强群众的造血能力和可持续发展能力。只有坚持因地制宜、因势制宜、因时制宜、因人制宜，将培育壮大农业产业作为增加群众收入的重要举措来抓，依靠科技、精心培育、突出特色、创立品牌，才能达到扶持一个项目、带动一个产业、发展一片经济、持续振兴一方百姓的效果，增强可持续发展能力，全面助力乡村振兴。

（二）完善基础设施建设，加快产业发展

产业基础设施的建设和完善是加快产业发展的关键。在产业发展中必须加大资金投入力度，加大产业发展相关的农村道路、生产道路、灌溉管网、农业用电、通信网络、农产品加工物流等配套设施建设力度，通过新建和完善各种配套设施，有效突破产业发展的瓶颈制约，持续做大做强做优做足产业支撑，增强农业产业发展后劲，实现可持续发展。

（三）推进多种产业共同发展，帮助群众持续增收

农村要实现可持续发展，不能是"一锤子买卖"，必须立足本地资源、发展特色产业。只有夯实了产业根基，让乡村具有"造血"功能，才能激发农民自身的内在动力和蓬勃活力。在产业发展中要坚持短期、中期、长期产业项目共同发展，推动养殖业、种植业同步发展，短期见效和长期收益有机结合，才能保障群众收益得到持续增加。

62

特色产品口碑好　金橘产业闪金光

　　江西省遂川县有"中国最美梯田之乡"称号，是金橘产地，金橘种植面积、产量和果质均居全国前列，种植面积达14.1万亩，其中农户小规模种植面积6.1万亩，规模化种植8万亩，平均亩产1500斤，年产4.95万吨，产值2.2亿元。然而，由于金橘产业链条短、产品转化附加值效益低（初加工、高端产品欠缺、名气小）、优质果少、鲜果差价大（大果单价≥8元/斤，小果≤1元/斤）等，金橘滞销严重，遂川县每年因滞销浪费的金橘约占产量的20%，直接经济损失高达4400万元。

　　江西中医药大学调研团实地考察遂川县金橘产业种植，金橘企业生产线和金橘产品研发情况，积极探索如何将金橘产业做强做大，依靠金橘产业带领当地脱贫致富。在遂宁县委县政府的大力支持和江西中医药大学积极努力下，遂川县发展大规模种植基地，打造精品果园，金橘基地数量相比2018年翻了两倍多。通过保底收购，果农的收入提升了，种植的积极性提高了，实现金橘产业的良性循环。

一、主要做法

江西中医药大学精准把握水果行业精深加工的优势，专注于柑橘深加工产品的开发，研发出三款特色柑橘深加工产品，根据鲜果的不同特点，设计出三种形态：冻干蜜橘块，瓣状结构可与其他冻干水果或酸奶块混合，酸甜可口；冻干脐橙粉，15克的脐橙冻干粉即可代替一个300克的脐橙所蕴含的营养，便捷携带又好吸收；冻干金橘片，连皮食用，香脆美味。

（一）科技引领，推动产业发展

江西中医药大学创新生产技术，用多种方法保证食品安全与口感纯正。纳米酶法是一项生产效率高、产品质量稳定、安全性高、不污染环境的柑橘罐头脱囊衣新技术。使用这种技术分离脐橙外皮膜囊，口感不会干苦酸涩，并保留脐橙酸甜生津可口的优势。超微气流粉碎法既能保持物料原有的化学性质，又可减少脐橙中热敏性成分的损失，提高脐橙营养成分和药用成分的利用率；同时，气流粉碎后粉末的团聚现象、分散性和均匀性等均优于传统机械法所制备的粉末，高效地保留脐橙粉末细腻的口感与营养价值。宇航级冻干改良技术具有低耗能、零污染的特点，利用这项技术对金橘进行深加工，延长金橘加工产业链，提高金橘产品的附加值，利用70%的非优质果，最大限度地保留了金橘药食两用的价值，去除金橘原有的酸味和苦味，只保留其天然清香口感和营养成分，不添加任何化学物质，真正做到健康美味有保障。

为柑橘农户提供种植技术指导，保底收购农户合格鲜果，并为农户提供种植柑橘的土地和劳动力支持。种植按要求完成"统一购种、统一种植、统一收获、单独存放"四大步骤，同时使用团队提供的首创鲜果浸料，预涂保鲜剂。可有效提高柑橘鲜果产量质量，减少柑橘鲜果损耗、保障消费者食品安全，为柑橘深加工产品的标准化、统一化打下坚实基础。

江西中医药大学始终以提高柑橘附加值、延长柑橘产业链为目的，积极开发柑橘应用价值，为柑橘种植果农提高收入，提高果农种植积极性，助力江西特色柑橘产业发展、乡村振兴，真正把柑橘产品推向高端，让江西柑橘走向世界。

（二）拓宽渠道，促进销量提升

第一，线上渠道。顾客通过线上转发分享、邀请好友关注项目官方公众号可享受价格减免、多买多送等优惠。老顾客带动新顾客的模式，有助于提高产品的知名度。同时，积极跟进线上平台的留言评价，并开展问卷调查，获取消费者对产品的意见建议，根据调查资料对价格、包装、产品进行修正。除了官方网站，微信服务平台也是公司的重要传播与销售渠道，顾客可通过微信直接咨询下单，并有客服随时沟通服务。

第二，线下渠道。团队建立一张集大中型商场、人员推销、专营店销售于一体的线下销售网络，同时开放加盟渠道。为使民众快速了解本产品，提高产品的知名度，让产品在市场上占有优势，团队采用直销、代理等渠道，初期以团购和批发的形式销售出去，全方位打开市场，逐步取得领先地位。在社会上建设自己的主营点、主营店，在企业中选择部分成员来经营实体店面。

第三，委托企业代销。多家企业表示合作意愿，2021年已有意向订单金额超50万元，项目组已与江西遂川县新鹭食品有限公司签订合作协议。

二、案例成果

经过团队的不懈努力，江西中医药大学项目团队成功壮大金橘产业并促进结构调整，加快农村商品化、专业化、产业化步伐，优化柑橘产业结构，加快形成"企业带基地，基地连农民"的贸工农一体产业化链条，对当地有明显的科技示范作用和带动作用。项目已在柑橘深加工科研方面取得一系列成果，获得7项发明专利并制定两项企业标准。深入挖掘产品价值，完善产业链条，促进产业化发展，是建设现代化农业的前提条件。

金橘产业已建立完整的水果加工产业链，覆盖从金橘的种植、养护、采摘、清洗，到运输、产品包装等环节，使柑橘产品向精加工、深加工发展，其价值更大，提高柑橘产品的竞争优势与价格。这既能提高农民收入，又能提供大量就业岗位，吸纳一部分农村富余劳动力就业。深加工的一系列环节间接提供5600多个就业岗位，不仅扩大当地柑橘加工企业规模，而且提高柑橘加工的企业竞争力。

本项目的实施起到辐射带动作用，不仅促进江西柑橘加工产业繁荣发展，还带动江西饮食业、运输业、肥料加工业及科研等产业的发展，真正实现"一业振兴、百业并举"的良好局面。项目影响辐射江西全省多个乡镇，带动江西省境内各柑橘生产基地和周边地区的经济发展。除此之外，项目团队和周边农户签订鲜果收购合同，收购当地果树种植农户提供的各类新鲜水果，收购水果按照国家标准进行残留农药检验。同时，江西中医药大学项目团队实行"订单式种植+保底收购"模式，收购价格以市场价格为准并实施最低限价，确保农户利益，实现双方共赢。

为加强遂川县金橘深加工能力，加快金橘深加工技术落地遂川县，发挥遂川地理优势，江西中医药大学项目团队与遂川新鹭食品有限公司签订科技合作协议书。2021年与遂川新鹭食品有限公司合作并成功申报吉安市金橘深加工科技项目，加强双方研发、生产、销售、推广等方面的能力，为合作提供更有力的支持。双方秉承相互合作、共同发展、积极交流、互利互惠的原则，促进高校成果转化，积极为遂川金橘产业振兴作出贡献。

63

强引领　提力度　人居环境换新貌

案例背景

　　山西省阳泉市郊区环抱阳泉市建成区，与寿阳、平定、盂县三县相邻，是一个城乡融合型县区，面积512平方千米，户籍人口24.66万，其中农业人口10.4万，辖7乡镇1中心，157个行政村，18个城市社区。全区耕地总面积13.75万亩，其中基本农田7.6万亩。阳泉市郊区是全国乡村治理体系建设和全国新时代文明实践中心建设试点县区，省级人居环境整治示范县区、农村集体产权制度改革试点县区、脱贫攻坚与乡村振兴有机衔接试点县区。

　　农村人居环境整治是乡村振兴的重要途径，是提升群众生活幸福指数的重要抓手。近年来，阳泉市郊区深入贯彻落实中央、省、市关于农村人居环境整治提升的决策部署，学习借鉴浙江"千万工程"经验，以省级示范区建设为契机，以示范片、示范村创建为牵引，坚持高标准推进、高质量落实，全面实施"五大专项行动"，扎实开展乡村清洁行动，农村人居环境持续改善，人民群众的获得感、幸福感、安全感持续提升。

一、主要做法

（一）压实"三级责任"，构建人居环境整治上下联动共同体

坚持党建引领，层层落实责任，先后成立全区农村人居环境整治和西南舁乡"北七村"、河底镇燕龛沟3个指挥部，实行区、乡、村三级责任制。其中，区级成立区委书记、区长任双组长，相关行业部门一把手为成员的农村人居环境整治领导小组。乡（镇）成立乡（镇）党委书记、乡（镇）长任组长，分管副乡（镇）长任副组长，村两委主要负责人为成员的农村人居环境整治领导小组。乡（镇）党政主要负责人为第一责任人，安排部署、组织实施、督促督导、检查验收。村级党组织书记当好一线施工队长，村第一书记、驻村工作队把农村人居环境整治作为帮扶工作的重要任务，宣传发动群众，精心组织实施，推动取得实效。全区上下形成一级抓一级、层层抓落实的工作推进机制。

（二）坚持示范引领，统筹人居环境整治兼顾多项工作

阳泉市郊区以创建全省农村人居环境整治示范区为契机，把示范创建工作作为农村人居环境整治的首要任务，明确了以示范片创建为引领，打造示范村，抓好提升村，推进整治村的工作思路。确立西南舁乡"北七村"和河底镇燕龛沟2个集中连片区域作为市级示范片区，全面实施"五大专项"行动，同步推进农村道路建设、饮水工程、清洁能源、绿化美化、产业培育"五项基础"工程。坚持卫生乡村建设与创建国家卫生城市工作相结合，全面推进"1+5"综合整治行动。坚持人居环境整治与乡村振兴相结合，打造西南舁乡"北七村"乡村振兴示范区与河底镇燕龛沟特色旅游示范区，努力实现人居环境整治与乡村振兴有效衔接。同时，在资金、技术上大力支持其他乡镇创建各具特色的示范片区，充分发挥乡镇的主导作用和农民的主体作用。

（三）加强制度建设，推进人居环境整治制度系统集成

按照"四个亲自"的要求，区委区政府主要领导坚持每月进行一次现场

调研督导，区农村人居环境整治指挥部坚持半个月召开一次工作调度会，区政府还把农村人居环境整治纳入为群众办实事内容，纳入党政干部绩效考核，强化监督考核和奖惩激励。农村人居环境整治实行问题清单制、台账制、周报制、督办制、问责制等制度，定期进行观摩评比，打分排队，奖优罚劣。组建农村人居环境整治督导考核组，采取明察、暗访相结合的方式，重点督导各乡镇组织领导、宣传发动、工作进展、实际效果、建章立制等情况，针对暗访过程中发现的"乱搭乱建、乱堆乱放、乱丢乱弃"现象，定期进行督查通报，责令相关乡（镇）村及时整改，真正起到发现问题、解决问题、推进工作的作用。

（四）加大资金投入，夯实人居环境整治经费保障

近年来，全区农村人居环境整治工作财政投入资金近4亿元，占财政总收入的8.56%，是"十二五"期间的两倍，撬动农村及社会投资累计6.5亿元，其中直接用于农村拆违治乱、生活垃圾治理、污水治理、"厕所革命"、卫生乡村建设"五大专项"整治的资金达到两亿多元。

（五）创新体制机制，提升人居环境整治整体水平

在生活垃圾收运过程中，委托第三方（湖北耀邦环境有限公司）负责创卫区域的垃圾收运，实现"垃圾不落地"。在推进"厕所革命"过程中，落实中央、省、市奖补政策的基础上，区财政拿出专项资金，给予水冲式厕所2000元/座补助。在扩大农业农村投资方面，争取到2020年中央预算内农村人居环境整治专项资金，重点支持厕所粪污处理、农村道路建设、村容村貌提升等环节，有力撬动地方政府和社会资本投入积极性。2018年、2019年连续两年争取到"一事一议"美丽乡村建设资金，重点扶持省级示范县区建设。争取到地方政府专项债券，专项扶持西南垦乡"北七村"示范片建设。

（六）强化宣传力度，营造人居环境整治浓厚氛围

宣传解读农村人居环境整治政策措施和治理要求，动员广大群众自觉主

动参与，摒弃陈规陋习，养成良好习惯。2021年，全区共印发各类宣传资料2843份，动员群众筹劳16128人次，多次在微信公众号、报刊等设立专栏宣传报道，专题聚焦全区"六乱"整治工作，营造政府组织、群众参与、齐抓共管农村人居环境整治的浓厚氛围。

二、案例成果

近年来，阳泉市郊区从解决群众反映最强烈的环境脏乱差做起，由易到难，循序推进"厕所革命"、污水治理、村容村貌提升、卫生乡村创建等各项工作。

第一，农村生活垃圾治理成效明显。全区建成生活垃圾中转站7座，辐射8个乡镇157个村，实现了农村生活垃圾收运处置体系全覆盖。2020年全面启动"垃圾不落地"的收运模式，购置分类垃圾桶，在区主要街道及小区设置智能生活垃圾分类收集箱，形成"农户收集、乡村（企）转运、集中处理"的农村生活垃圾收处体系。并将收运垃圾送到市垃圾发电厂，进行无害化处理、资源化利用，对非正规生活垃圾堆放点进行彻底清理，复植复绿。

第二，梯次推进农村生活污水治理。2020年，阳泉市郊区编制完成《农村生活污水治理专项规划（2020—2035年）》。全区157个行政村，40个村纳入城镇污水管网；14个村建有集中式或分散式的农村生活污水治理设施，农村生活污水处理率达到34.4%，较三年前有明显提升。

第三，因地制宜实施"厕所革命"。近年来，全区共计改造厕所5000余座，农村卫生厕所普及率达到68%，整村推进的村有25个。全区建有公共卫生厕所的行政村有72个，占行政村总数的49%；开展厕所粪污资源化利用的行政村41个，占行政村总数的28.08%；建有卫生厕所的行政村均建立了长效管护机制。

第四，示范带动创建卫生乡村。近年来，阳泉市郊区以创建改善人居环境省级示范县（区）为目标，全面开展村庄清洁行动，打造省级改善农村人居环境示范村15个，市级集中连片示范片两个；积极推进市级示范村和提升村建设，培树市级示范村12个，提升村60个；积极开展卫生乡村创建工作，两个乡镇被山西省爱卫会命名为"2020—2022周期省卫生乡镇"，62个村被命名为省级卫生村。固庄村、汉河沟村被中央文明委授予"全国文明村镇"荣誉称号。

第五，规划美丽乡村蓝图。牢固树立全域规划理念，2016年完成农村生活垃圾治理专项规划，2018年编制阳泉市郊区区域体系乡村建设规划，2020年完成农村生活污水治理专项规划。2020年各乡（镇）全面完成乡镇总体建设规划编制或编修工作。15个省级示范村全部编制完成"一图、一表、一说明"的实用性村庄规划。编制完成西南舁乡"北七村"和河底镇燕龛沟整体规划。编制"多规合一"实用性村庄规划的行政村共59个，占比40.14%。

农村人居环境整治工作需要各级政府加强规划引导，持续加大投入力度，同时需要全社会参与，通过多种方式引导社会力量投资。在工作推进的过程中，工作组充分调动农民的积极性，通过投工投劳等方式发动村民参与。未来，农村人居环境整治应积极探索创新，通过农村产业的发展，拓展农村人居环境整治的资金渠道。

64

积极履行社会责任　助力学子圆梦未来

案例背景

　　8年精准扶贫、5年脱贫攻坚战，在这场规模宏大的战役中，无数企业参与其中，上演了"众人拾柴火焰高"的动人景象。一些项目以教育扶贫、产业扶贫等方式，让受助人从"做梦""追梦"到"圆梦"，从贫困的境遇中挣脱，拥有人生的"星辰大海"。

　　李锦记健康产品集团积极响应联合国可持续发展目标（SDGs），积极履行社会责任，捐建小学，设立公益基金，帮助贫困家庭学子圆梦。

一、主要做法

（一）助学圆梦项目，为贫困家庭学子赋能

　　多杰卓玛出生在青海省尖扎县坎布拉镇，和许多藏族女孩一样，多杰卓玛从小能歌善舞，但父亲因车祸去世，母亲外出打工，她的舞蹈梦想一度成为奢望。经济最拮据的时候，多杰卓玛和弟弟都想过打工辍学，供对方读书。所幸，她坚持学业，在青海畜牧兽医职业技术学院学习，2021年学校80周年

校庆上，她还带领自己组建的校舞蹈队进行演出。如今的她在准备兽医资格证、驾驶证、教师资格证考试，并已进入当地企业实习。正如多杰卓玛在朋友圈中发的动态"最好的状态就是未来可期"。"00后"的多杰卓玛和她的同学们都在为未来忙碌打拼着，她们比谁都期盼着明天的到来。

任胜军出生在甘肃省陇南市哈达铺镇的一个小村庄，由于父母常年在外地打工，小时候的他一直过着留守儿童的生活，成绩常年垫底。对于学习失去信心的他，14岁便和哥哥一起前往父母打工的地方，想在那里谋生活。幸好，亲戚的劝阻让他得以继续学业。如今，从兰州石化职业技术学院毕业的他，已经在宁波的一家世界500强石化公司开始了新生活。未来，他希望通过自己的努力扛起家里的半边天。

多杰卓玛、任胜军等年轻人，在求学的路上都得到李锦记健康产品集团助学圆梦项目的支持。政府、高校和基金会三方携手，助力中国高等职业教育发展，帮助贫困地区的优秀青年从"做梦"到"追梦"再到"圆梦"，成为满足社会需求的技术人才。

李锦记健康产品集团与青海畜牧兽医职业技术学院合作助学圆梦项目。多杰卓玛所在的助学圆梦班有43名学生，项目共补助60万元，用于这些学生的学费、书本费、住宿费及其他费用。

李锦记健康产品集团在兰州石化职业技术学院设立助学圆梦班，从任胜军所在的专业选出40名建档立卡户学生，提供学费、住宿费和生活费补贴等共计60万元，资助他们完成学业。

对于曾经的贫困地区尤其是"三区三州"深度贫困地区而言，单纯地给钱给物并不能形成脱贫的可持续动力。助学圆梦班这样的项目，可以帮助更多年轻人从根本上摆脱过去的困境，获得安身立命的技艺，带动整个家庭走出贫困。助学圆梦班在课程中融入中华优秀传统文化内容，培养受助人成为有爱心、有知识、有能力的人才。

（二）快乐足球，让孩子们获得更多快乐

在以素质教育为目标，强调全面发展的大背景下，李锦记健康产品集团通过"快乐足球"项目，让偏远地区的孩子们享受更加丰富的课外生活，获得来自专业体育院校志愿者的指导，足球装备也得以完善，打开了一扇通往足球世界的大门。

同样的场景，也出现在千里之外的陕西省大荔县段家镇中心小学。段家镇地处渭北黄土高原南缘。2017年，当地人口共2.6万人，其中贫困村6个，建档立卡贫困群众552户，1941人。段家镇中心小学是当地一所寄宿制中心小学。2018年，在陕西省青少年发展基金会、当地驻村干部和李锦记健康产品集团的共同努力下，"快乐足球"项目在这里正式落地。从那时起，段家镇中心小学有了正式的足球场和校足球队。

"快乐足球"项目给孩子们带来了真正的快乐，孩子们踊跃报名，通过足球队开展的各项训练，精神面貌有了很大改观。

（三）创新公益项目，探索公益的可持续发展新模式

新疆克孜勒苏柯尔克孜自治州，有着"万山之州"之称，山地面积超过95%。提坚村小学坐落在克州阿图什市阿扎克乡，有近600名维吾尔族和柯尔克孜族的学生在这里就读。当地教育部门曾调动各方资源，为提坚村小学修建了多媒体教室，希望把这里打造成教学试点，在全县推广"电化教学"，为孩子们打开通往世界的窗口。但电脑迟迟未能到位。

李锦记健康产品集团了解情况后，为这所小学捐助了电脑和电脑桌，还联系了汉语、维吾尔语双语志愿者，为孩子们普及基础电脑知识。

陕西省咸阳市三原县洪水小学创建于1950年，是一所农村寄宿制完全小学。由于地处山区，交通闭塞，留守儿童、单亲儿童较多。由于环保要求，近年学校拆除了原有的锅炉房，寒冷的冬天师生取暖成了问题，而到了炎热的夏天，教室温度高，学生容易中暑。2020年7月，李锦记健康产品集团了解

到情况后，购买空调帮助学校解决这一难题，同时购买乒乓球台等健身设施，让孩子们课余时间能多锻炼，增强体质。

二、案例成果

在李锦记健康产品集团助学圆梦项目的帮助下，越来越多的年轻人告别贫困，成长为对家庭、对社会有贡献的人才。

李锦记健康产品集团在全国19个省份建立40个中草药种植基地，推行"企业+合作社+农户"的扶贫新模式，配以金融保障措施，持续为"三农"发展赋能。

65

田园党建点燃乡村振兴强引擎

案例背景

江苏省如皋市地处长江三角洲北翼,全市总面积1573平方千米,辖3个街道、11个镇,共有347个村(社区)。

近年来,如皋市把实施乡村振兴战略作为新时代做好"三农"工作的总抓手,认真落实党和国家关于乡村振兴的决策部署,充分发挥基层党组织的战斗堡垒和党员的先锋模范作用,把探索"田园党建"新模式作为突破口,深入推进基层党建和乡村振兴深度融合、齐头并进,切实把党的政治优势、组织优势和群众工作优势转化为推动乡村振兴的强大动能,为高质量全面推进乡村振兴提供坚强组织保障。

一、主要做法

(一)紧扣"田园初心"提质赋能,建强乡村振兴"红色头雁"

突出多元性,深挖"蓄水池"。采取"五个一批"(机关下派一批、退役士兵选拔一批、本土大学生村干部招录一批、与高校合作定制一批、跨村交流一批）措施，拓宽村干部队伍"源头活水"。三年间，实施"归雁计划"公开招录本土大学生村干部450人，形成梯次结构合理的村干部队伍。实施乡土人才选拔培养工作，建立"一年考察、两年增选、三年评选"的管理制度，形成7.5万多名的五级乡土人才库。

突出导向性，塑强"领头雁"。深化实施"头雁工程"，高标准选配党组织书记，对不合格不胜任的党组织书记及时进行调整，近两年累计调整配强村（社区）党组织书记120多名。出台村（社区）干部专职化管理实施意见（试行）"1+4"系列文件，建立村（社区）党组织书记基本报酬"五级十八档"晋升体系。连续五年，每年面向优秀村（社区）党组织书记选聘事业单位人员14名；每年评比五星级、四星级、三星级村（社区）党组织各20个，由市财政分别给予8万元、6万元、4万元专项奖励，不断激发村（社区）干部干事创业的热情。建立平园池乡村振兴培训基地，聘请14名市四套班子老领导担任35岁以下年轻村党组织书记的"成长导师"，与南京大学合作开设"标杆书记"示范培训班，采取集中培训、结对帮带、典型示范相结合方式，助力村党组织书记快速成长。每季度利用一天的时间，围绕乡村振兴的1个主题举办"村（社区）书记大讲坛"，由市委书记带队、市委常委全部参加，现场调研党建引领乡村振兴工作，每期筛选8名村（社区）党组织书记围绕当期主题进行交流发言，以讲促学、以学促做，提升能力素质，全面助推乡村振兴。

突出精准性，点燃"加速器"。2021年乡镇换届为11个镇配备35岁以下年轻干部51人，每个镇都配备了2—3名熟悉乡村振兴的领导干部，为推进乡村全面振兴提供人才支撑。作为南通地区选派第一书记驻村工作先行地，如皋市从2010年起累计向农村选派了147名驻村第一书记，2020年选派7名机关优秀年轻干部到村任实职村党组织书记，健全完善"每周督查、每月交流、每季评比"制度，推动第一书记在基层一线锤炼本领、转变作风、提升形象，把近百个落后村变成富裕村、和谐村、文明村。

（二）紧扣"田园活力"上下联动，筑牢乡村振兴"红色堡垒"

在完善村（社区）党组织—网格党支部—党小组—党员中心户"四位一体"体系基础上，搭好村（社区）与市级机关部门、企事业单位党建联盟共建平台，推动"资源下乡"，在融合中共赢、在共赢中发展。

"双联双助"建堡垒。2010年以来，持续开展"双联双助"（单位联村，助推小康建设；党员联户，助推增收致富）活动，以帮助建强村级班子、帮村发展集体经济、帮户巩固脱贫成果为抓手，充分发挥机关部门资源、信息、人才、项目等方面优势。近两年，105家市级机关部门、事业单位协调资金1800多万元，帮助新建或扩建现代农业种养园区40多个，新增村级增收项目32个。

"红色联盟"筑堡垒。开展做强"红色联盟"助推"百企联百村、共走振兴路"行动，305个村（社区）与相关企业签订党建共建协议。采取"资金+物业""农场+集体经营"等多种方式，从"输血"向"造血"逐步转变，涌现出九华镇小马桥"强村加油站"、黑塌菜标准化生产和规模基地等增收平台，有效提升了村级集体经济发展内生动力，两年来精准转化26个经济薄弱村。

"党建金融"强堡垒。实施"金融人才驻村"工程，选派38名银行党员业务骨干挂职村（社区）党组织副书记，充分发挥其专业知识优势，进行金融政策辅导，深入开展"阳光金融惠万家"春风行动、"服务实体全覆盖"春雨行动、"化解风险促发展"春雷行动，助力乡村振兴，实现整村授信170多个行政村，授信农户10.91万户，授信金额121亿元。

（三）紧扣"田园特色"创新载体，打造乡村振兴"红色样板"

紧扣党员群众的需求，大力搭建服务平台、创新服务载体，在融合共赢中锻造"田园党建+"系列品牌，为乡村振兴注入新的生机和活力。

实施"田园党建+产业"振兴工程。围绕"党建强、乡村兴、群众富"目标，加大乡村振兴先进培育典型，以点带面，推动全面振兴。充分发挥基层党组织引领农村改革发展的作用，加强统筹规划，推进农业与旅游、教育、文化、健康养老等产业深度融合。推广"支部+合作社+党员+农户""支部+公司+基地+农户"等"产业链"党建模式，成立"支平果蔬合作社党支部"等16个特色农业党支部，大力扶持乡村特色产业发展，着力培育和壮大农业产业化合作社，使产业发展成果惠及更多群众，实现企业增效、农民增收、互利共赢，打造乡村振兴"红色引擎"。

实施"田园党建+治理"和谐工程。主动适应社会主要矛盾新变化，突出党建引领，加强源头治理，大力推进矛盾纠纷多元化解。按照"协商于民、协商为民"的原则，着力搭建党组织统一领导、各类组织积极协同、广大群众广泛参与的协商议事平台，形成了"板凳会"、"港港经"议事茶馆、"议事长廊"等"微自治"阵地。全面推行"进村入户走访""接待群众说事""联系群众帮扶""党群议事反馈"等制度，广泛开展"进百家门、解百家难、暖百家心"走访活动，围绕"开展一次政策宣讲、排查一起信访矛盾、扶持一个创业项目、化解一件矛盾纠纷、结对一户村民'亲戚'、慰问一户困难家庭""六个一"，解决人民群众最关心、最直接、最现实的利益问题，真正打通联系服务群众的"最后一公里"。

二、案例成果

（一）有效加强村级干部队伍建设

严格执行村（社区）干部联审要求，对全市2500多名村（社区）干部进行"拉网式"集中筛查，10多名换届人选在任职资格联审中被暂缓使用，进一步提高村干部的纯洁性。围绕"三升一降"目标要求，鼓励素质高、口碑好的本地大学生、致富带头人、退伍军人等优秀年轻人才参与换届选举，新提名两委成员739人，跨村交流151人，为基层组织注入新生力量，进一步促进班子建优配强。高标准选配村（社区）党组织书记，348名书记中，35岁及以下47人，大专及以上学历300人，进一步优化了基层带头人队伍结构。近年来，两名同志入选全省"百名示范"村书记，34名同志被评为南通市明星村书记，22名村（社区）党组织书记通过乡镇领导班子选配、公务员定向招录、事业单位选聘解决行政事业编制。

（二）有效提升村级党组织组织力

充分发挥农村基层党组织引领作用，在村级各领域党的组织和工作的"空白点"上做文章，建成网格支部1032个，进一步织密了组织体系。建立村（社区）党建标准化建设"9+X"体系，编写印发《村（社区）党建标准化应知应会一本通》《如皋市村（社区）党建标准化手册》，进一步完善制度建设，村（社区）党建标准化做法获评第五届全国基层党建创新优秀案例。

扎实开展村（社区）办公场所"牌子乱象"清理规范工作，制定村（社区）党群服务中心标志牌准入清单18项，清理拆除村（社区）牌子15462个。出台《关于开展村（社区）党群服务中心功能提升"六大"行动的通知》，近三年财政投入近1200万元用于村（社区）党群服务中心建设，全力打造学习培训、便民服务、文化娱乐、说事议事"四合一"的党群服务中心。

近年来，如皋市共有90个村（社区）党组织被评为南通市五星级党组织、南通市党建工作示范点、南通市先进基层党组织等称号。

（三）有效探索党建引领新路径

大力扶持乡村特色产业发展，发挥党员创业基地"孵化器"作用，进一步促进产业振兴。城北街道平园池村围绕"荷韵党建"打造千亩生态藕池文化园，吸引游客80多万人次，短短六年，从一个经济薄弱村成为全国美丽休闲乡村、全国乡村旅游重点村；磨头镇丁冒村在全国农业劳动模范等党员中心户带动下，成立合作社3家、家庭农场7家，农民人均收入年均增长15.6%，村集体收入年均增长15.8%。

广泛开展"两代表一委员"接待日活动，打通联系群众的"最后一公里"，累计接待群众6000余人次，办结各类问题建议近3000条，进一步优化了基层治理。石庄镇邹蔡村筹资40多万建设"易俗堂"，近三年办理酒席100多场，为村民节省资金近百万元，大力培育新时代农村好乡风，进一步推进了乡风文明。

三、经验启示

第一，党员作用发挥是乡村振兴的重点。实施"田园党建"，广大党员发挥先锋模范作用是基础。要强化党员队伍建设，大力发展培养年轻党员，努力打造橄榄型的党员队伍，使党员作用发挥最大化。要切实发挥党员中心户的模范带头作用，着力构建"基层党员服务网"，实现服务力量最大化、服务体系网格化、服务功能多元化。

第二，人才是乡村振兴的关键。乡村振兴，关键在人。实施"田园党建"，要打破制度壁垒，畅通市镇村三级干部和优秀人才交流通道，主动给广大农村注入最具影响力的"中坚力量"，特别是着重培养年轻干部和优秀青年人才，持续给基层增添最具活力的"年轻力量"。

66

春风漾古村　瑶乡展新颜

　　湖北省通城县大坪乡内冲瑶族村位于药姑山南端，地处赤壁、崇阳、通城和湖南临湘两省四县交界处，距通城县城25千米，总面积13.4平方千米，全村10个村民小组，是瑶族祖居地，也曾是通城县42个建档立卡重点贫困村之一。

　　2016年，内冲瑶族村被中华人民共和国住房和城乡建设部纳入第四批国家传统村落保护名录；2018年被中国民间文艺家协会命名为"中国古瑶文化之乡和传承展示基地"；2019年先后荣获全国"扫黄打非"示范村、国家森林乡村；湖北省旅游名村、湖北省民族团结进步先进集体等荣誉称号。

　　近年来，按照通城县委县政府的决策部署，大坪乡集约资源，科学定位，以"瑶望千年，药韵楚天"为主题，以"一轴两环三片"布局，发掘内冲古瑶文化底蕴，促进文化提质，全面推进乡村振兴战略，着力打造"中华古瑶第一村"，建设具有浓厚文化和人文精髓的传统村落。

一、主要做法

近年来，按照通城县委县政府的决策部署，大坪乡党委、政府在强力推进脱贫攻坚的同时，因势利导，科学谋划，把美丽乡村建设作为乡村振兴首要任务，促进美丽乡村与全域旅游、精准扶贫工作有机结合，致力于将内冲瑶族村打造成美丽乡村精品亮点工程。借实施乡村振兴战略东风，村容村貌发生翻天覆地的变化，生态环境不断改善，特色产业蓬勃发展，基础设施和公共服务水平显著提升，农民收入持续增加，幸福指数逐年攀升。

（一）打造脱贫攻坚的样板

内冲瑶族村辖10个村民小组，338户1423人，其中建档立卡户198户841人，虽于2016年整村脱贫，但受自然条件限制，脱贫基础并不牢固，目前处于巩固提升脱贫成效阶段。

美丽乡村建起来，还要带动村民脱贫富起来。该村在全面落实产业扶贫、易地搬迁、政策兜底、健康医疗等扶贫政策的同时，以市场为导向，以政策为牵引，以种植养殖业与旅游产业融合发展为重点，因地制宜，精准施策，大力发展猕猴桃、柿子、草莓、钩藤、黄精、黑山羊等优势特色产业，着力打造一批采摘园和示范基地，实现四季有花、田里有瓜、树上有果、园中有药，增强群众持续稳定增收能力，夯实脱贫基础，提高脱贫质量。

（二）打造美丽乡村的样板

青山碧水绿道，涓流浅滩廊桥，古朴典雅的瑶乡古街被群山环抱。内冲瑶族村坚持美丽乡村建设与乡村旅游发展、文化特色、产业发展、农民增收"四个结合"，高点规划，高效推进，着力加强村内生态人居体系、生态环境体系、生态经济体系和生态文化体系"四大建设"，大力实施环境整治、河道改造、人居提升、文化传承"四大工程"，倾力打造"生态内冲、宜居内冲、文化内冲"，使之成为环境优美、村容整洁、生活幸福、乡风文明的美丽村庄。2018年，编制"一轴两环三片"为构架的总体规划，2019年底一期工程全面完工，二期"瑶乡药谷"建设正在有条不紊推进。

（三）打造环境整治的样板

建设美丽乡村，要"外表"，更要"内在"。内冲瑶族村始终保持"面子里子"一起抓，改善人居环境，努力营造环境优美、生态宜居的美丽乡村。

扎实开展农村人居环境整治"百日攻坚""百日提升"行动，以村组道路、河流整治为抓手，以居民庭院整治为核心，多次组织专项行动，大力开展"三清""三拆""三整"行动。累计清理杂草杂物、积存垃圾等60余吨，完成拆旧拆废15处，面积近1000平方米，全面完成改厕改水，落实门前"四包"，确保房前屋后无"四乱"、无散养畜禽，确保庭院内外整洁有序，着力建设"干净、整洁、有序、宜居"的家园。系统抓好村庄绿化，遇房而变，沿水而展，随路而转，见缝插绿，遍地植绿，逐步形成房在林中、路在绿中、人在景中的绿色田园居所。

同时，引导村民转变不良生活习惯，培养卫生健康意识和环保意识，将村庄清洁行动与农村生活垃圾、污水处理、乡村产业发展、乡风文明建设等有机结合起来，专门制定人居环境整治规划，每月开展卫生大评比，分级到组、到户，以评比、示范为带动，促进外在美向内在美、持续美转变，全村上下呈现出"家家爱生态、户户建花园、人人讲卫生"的美丽宜居新面貌。

干净整洁的村道、现代化的分散式污水处理厂、60千瓦光伏发电站、150盏太阳能路灯、新建的党员群众服务中心……这就是自实施乡村振兴战略以来，内冲瑶族村的华丽变身，切实改善了农村人居环境和生产生活条件，让老百姓切身感受了贫困村的蜕变。

（四）打造乡村旅游的样板

美丽的自然山水，跨越千年的瑶乡文化，处处是景，步步入画。通城县委县政府在大力开展古瑶文化的研究与保护的同时，挖掘潜力，改善环境，开发旅游，打造品牌，实现古瑶文化传承与经济社会发展并驾齐驱。

依托内冲瑶族村优良的生态资源和独特的历史文化资源，立足大药姑山旅游规划，以"瑶望千年，药韵楚天"为主题，打造瑶族风情村，打响"古瑶第一村"招牌。目标是创建融瑶乡风情、山水田园、中医药文化于一体，集休闲、度假、娱乐、健身、民宿、餐饮、会议等于一村的AAAA级景区，打造"吃农家饭、住农家院、观自然景、赏民俗情、享田园乐"的乡村旅游精品。

中华古瑶第一村有着神奇的魅力，历经900年的千家峒，300万瑶胞的圣山，拥有大量瑶族先民生活遗迹，药姑瑶池、湿地公园、瑶望千年广场、瑶乡大药谷、东壁听溪、一线天瀑布等50多个主要景点，都在诉说着这里的美丽，让人流连忘返。三五成群游客或徜徉于游人步道，观赏乡间春色美景；或参观古瑶文化陈列馆，追寻瑶祖足迹；或嬉戏于湿地长廊，体验呐喊喷泉的乐趣；或身着瑶族传统服饰，体验瑶族特色民族风情。内冲瑶族风情村自2019年12月31日开园以来，吸引各地游客纷至沓来，旅游收入持续增加。一个贫穷落后的小山村蜕变为旅游名村、幸福之村，村民脱贫致富，笑逐颜开。

二、案例成果

如今的内冲瑶族风情村，一条宽敞的沥青公路穿越村庄，一盏盏太阳能路灯屹立路旁，一座座白墙灰瓦的院落整齐排列，房前屋后干净整洁，村落内树木吐绿，花儿芳香，盈盈清水与古朴典雅瑶族建筑相得益彰，生态环境优美，呈现出一派美丽、和谐、文明的景象。昔日默默无闻的古瑶族村庄，借乡村振兴东风，已成为风景文化旅游区。

村庄变美了，发展项目多了，前来旅游观光的人也多了，村民发展生产的信心更足了。在扶贫帮困春风的吹拂下，村民思想实现大转变，正借助一个个产业项目发展生产，增加收入。目前，该村已建成黑山羊养殖、钩藤种植、桃李和柿子种植4个产业基地，带动脱贫户稳定脱贫致富。借力"中华古瑶第一村"旅游发展，100名村民实现就业，同时农家乐、民宿、小卖铺、小吃店、瑶服体验店等如雨后春笋般迅速出现，让周边世代以农耕和务工为主的村民做起了旅游生意，稳定带动贫困户就业增收。

67

果香山水美　做好多彩文章

案例背景

阳朔县位于广西壮族自治区桂林市南部，辖6个镇和3个乡，总面积为1436平方千米，汉族、壮族、瑶族、苗族等多民族聚居于此。县内拥有漓江、图腾古道、聚龙潭等知名旅游景区，地方特色农产品有金橘、砂糖橘、沙田柚、果蔗等。

经过五年持续努力、克难攻坚，2020年底，阳朔县23个贫困村，4700户15416人贫困人口全部脱贫摘帽。阳朔县充分发挥党建引领、产业富民和旅游增收的优势，谱写一篇加强党建巩固拓展脱贫攻坚成果同乡村振兴有效衔接的"多彩文章"。

一、主要做法

（一）做大"红色"文章，让党的旗帜在基层一线高高飘扬

为确保巩固拓展脱贫攻坚成果同乡村振兴有效衔接工作推进到哪里，党的建设就跟进到哪里，阳朔县委构建起以党建工作统领和推进的大格局。坚持和完善党对乡村振兴工作的领导，做好从"五级书记抓扶贫"向"五级书

记抓振兴"过渡，以党政一把手为双组长成立领导小组，加强在决策、部署等方面的统筹。积极顺应当前网络经济发展趋势，开展"党建领航、电商致富"活动，利用"互联网+"模式和电商平台新型渠道，引导广大群众特别是脱贫户"触电"上网，把阳朔特色农产品通过互联网推销出去，拓宽脱贫户致富新路子。把乡村振兴与加强对软弱涣散党组织、后进村的整顿相结合，与升级晋档、高质量发展、农村组织建设提升相结合，切实增强农村党组织服务乡村振兴的能力。同时推动高水平党建与高质量发展同频共振、深度融合，积极开展"党旗领航·品质旅游"红色品牌创建。

（二）做强"黄色"文章，用特色产业加快脱贫群众致富步伐

阳朔县的金橘、砂糖橘、夏橙等地方名优水果驰名中外，这些水果成熟后皮色金黄，漫山遍野的"黄金果"多年来一直是当地农民致富的优势产业。阳朔坚持把发展特色农业作为脱贫攻坚的有效支撑，按照"培大育小、扶优扶强"的原则，引导贫困群众大力发展特色水果产业，走可持续发展的致富路。2021年，落实产业奖补资金854.42万元，惠及1959户脱贫户，小额扶贫贷款4613.17万元，惠及1251户脱贫户。已鼓励扶持脱贫户新种植和低产改造砂糖橘、金橘、沃柑、百香果等7000多亩，新建福利屏山1000亩砂糖橘基地、兴坪西山600亩百香果基地等百亩以上脱贫村连片特色产业基地8个。

截至2021年，全县有劳动能力脱贫户基本上都有自己的产业，特色农业已覆盖全县23个脱贫村，成为脱贫群众持续增收的最大支柱和最强引擎。在扩大种植规模的同时，抓好水果品质提升和规模化经营，积极引入新品种。脱贫村高洲村的百亩有机蓝莓园是桂林市种植最早、规模最大的蓝莓种植基地。特色水果产业有效促进了脱贫村经济的发展，确保了阳朔县脱贫攻坚的步伐坚定有力。

（三）做优"绿色"文章，以全域旅游开创乡村振兴新境界

近年来，阳朔县积极抓住创建"国家全域旅游示范区"和"广西特色旅游名县"的有利契机，把旅游产业作为全面建成小康社会最重要的产业、最大的突破口。深化"旅游+"战略，大力发展低空旅游、乡村旅游、休闲旅游、健康养生、体育赛事等旅游新业态，稳步推进休闲农业与乡村旅游融合发展，持续擦亮"画里山水，栖居阳朔"的旅游金字招牌。旅游业的转型升级为脱贫户产业、就业提供了更大的空间和更多的机会。

二、案例成果

阳朔县在"旅游+文化"上做足文章，"旅游+农业"也逐步形成规模，重点打造国家全域旅游示范区、遇龙河国家级旅游度假区、遇龙河生态乡村示范区、金橘及百里新村经济示范带、漓江东线生态乡村示范带等，逐渐形成"旅游景区+脱贫村""旅游合作社+农户""旅游商品基地+农户""旅游双创+就业"等多种发展模式，加速实现乡村振兴的美好未来。

68

讲好半条被子故事　焐热一方经济

案例背景

　　湖南省汝城县文明瑶族乡沙洲瑶族村，距县城51千米，距郴州市67千米。全村总面积0.92平方千米，辖4个村民小组，村党支部有2个党小组、23名党员。

　　沙洲瑶族村是"半条被子"故事发生地。近年来，沙洲瑶族村立足历史底蕴、资源禀赋和生态优势，传承红色基因，讲好半条被子故事，坚持党建引领，团结汉瑶人民，一心向党、同心筑梦。2018年底，沙洲瑶族村实现贫困人口全部脱贫。

　　沙洲瑶族村从一个偏僻落后的贫困小山村，跃升为一个经济发展、民生改善、文化繁荣、民族团结的美丽乡村，走出一条宜居、宜游、宜业的湘南美丽红色乡村的幸福之路。

一、主要做法

（一）挖掘红色文化，提升社会影响力

红军战士不仅送给沙洲半条被子，更留下"半条被子"的故事。沙洲瑶

族村民始终铭记党的恩情，始终不忘"半条被子"的温暖，发自内心延续红色基因，带着感情讲好红色故事，"半条被子"成为沙洲的红色名片，为沙洲凝聚起更大更强的红色力量。

第一，建设高质量教育基地。成立湖南（沙洲）红色文旅特色产业园，2021年，汝城"半条被子的温暖"专题陈列馆被评为"全国妇女爱国主义教育基地""全国爱国主义教育示范基地"。

第二，打造高标准特色村寨。投资2.3亿元，完成民居立面改造180栋，修缮特色古民居37栋，完善基础设施设备，人居环境大为改善，村容村貌焕然一新。

第三，创建新时代红色品牌。2017年，成功承办中国（湖南）红色文化旅游节开幕式，助推沙洲瑶族村迈入红色旅游发展快车道。

（二）坚持党建引领，提升乡村治理能力

火车跑得快，全靠车头带。党支部坚强有力，基层党建有声有色，群众就跟得紧，事情就办得顺，美丽宜居建设就有了硬核底气。

配优建强班子队伍。村两委换届始终把政治标准放在首位，选出以朱向群为班长的班子6人，班子成员平均年龄44岁，文化程度均为高中以上。

打造"五化"建设示范点。以"五化"高标准建强支部，实现支部组织生活规范化、常态化、新颖化，被列为全市基层党建精品示范点。

构建"1+N"基层治理模式。沙洲瑶族村以村党支部为核心，把村里讲话响、威望高、有热情的人组织起来，成立理事会、监委会、老委会等自治组织，涵盖了四分之一的村民，探索出"1+N"型基层治理模式。在村党支部的带领下，事务村民一起议，建议村民一起提，办法村民一起想，合力推进景区规划建设、红白喜事治理、爱卫保洁管理、道德礼仪督促等事务，做到党支部"一呼百应"、村民当家作主。沙洲瑶族村被评为全国先进基层党组织、全国文明村、全国民族团结进步模范集体、全省党建工作示范点。

制定村规民约。在广泛收集民情民意基础上，将村民反映集中、普遍认

可的规范建房、村庄改造、耕地管理、移风易俗等事务纳入村规民约，内容不足500字，内容简单实用，得到全体村民认可和遵循。同时，实行"门前五包"协议、环境卫生"红黑榜"制度、"文明星级户"评比活动，引导村民对公共事务进行自我监督和自我管理，务实管用的村规民约是沙洲瑶族村基层自治智慧的集中体现。

激发内生动力。沙洲瑶族村不等不靠主动作为，充分利用传统村落保护和政策资金支持，不搞"高大上"项目建设，坚持量力而行、量力而建，发动引导群众自己动手改变村容村貌，就地取材、就地造景，用山上竹子做成菜地篱笆，用河里鹅卵石铺设巷道，用旧房青砖硬化主干道路，达到了"花小钱办大事"的发展效果。

（三）坚持绿色发展，提升经济发展力

沙洲瑶族村党支部立足村级资源优势，带领群众走出一条以红色旅游引领绿色发展的产业致富之路，成为脱贫攻坚和乡村振兴的典范。

建成支柱产业。调整农业产业结构，发展名优特水果，以红色旅游带动商贸、餐饮、住宿、农副产品销售，打造农旅结合的水果、旅游、农家乐"三大经济"。截至2021年，该村种植奈李210亩、枇杷270亩、水晶梨250亩，发展餐饮、民宿、旅游商店等48家。

创新"党建+"乡村振兴。成立沙洲田园综合体农民专业合作社，通过"党支部+合作社+农户"模式，采取委托经营、提供就业、入股分红等方式，每年从合作社分别提取5%作为村集体经济股份和乡村振兴帮扶资金，每年给予项目区贫困户每户帮扶资金1000元；引导110名农户到沙洲景区、项目园区务工，人均月工资2000元以上；53户村民通过土地流转入股，户均年增收3396元；68户脱贫户小额信贷入股，每年保底分红6%以上。

培育新型村民。建设农业农村实用人才培训中心，从培育技能型、管理型、知识型村民入手，组织各类实用技术培训班40多期，发放学习资料两万多份，参训人员2000余人次，把村里的能人、强人培养成致富带头人、村班

子领导骨干。

带动创新创业。沙洲红色旅游牵引多元发展，大批创业青年纷纷返乡开网店、办民宿、搞直播，通过网络订宿订餐订商品，使沙洲瑶族村创业业态从赶集摆摊升级到网络直播带货、网络订单的全新模式。沙洲村盛产黄金奈李、翠冠梨、葡萄、猕猴桃等水果，品质优良，享誉省内外，在7月中旬举行的沙洲村水果节上，26个直播团队同时在线，观看网络直播人数突破700万人次，通过微信、抖音、微博等发布的信息总阅读量达3200万次，水果通过互联网销往长沙、上海、深圳等地。

（四）完善公共服务，提升干群凝聚力

建设综合服务平台。新建配有群众接待室、为民服务中心、图书阅览室、党员活动室等功能室的村级服务平台，增强村党组织服务功能。

推行民事"代办制"。村部服务中心实行马上办、指导办、代办帮办、上门办、预约办"五办"模式，无偿为群众提供劳动就业信息，帮助办理计生、低保、医保、老年公交卡等服务。据统计，已为群众办理事项1000余件，群众满意度达100%。

开展无职党员设岗定责活动。设置环境卫生监督岗、矛盾纠纷化解岗、村务党务监督岗等岗位，由无职党员主动认领岗位，签订履岗承诺书，充分发挥基层党组织的战斗堡垒作用，提升党员向心力。

开展"党建共创·金融普惠"行动。由县农商行、建设银行和农业银行三家银行党支部与沙洲瑶族村党支部携手共建，为村民种植产业、发展餐饮、民宿业等提供信贷资金，以及小额存取款、转账、缴费、社保缴纳等服务。

二、案例成果

第一，弘扬革命传统，走出一条"红色旅游"的路子。规划建设集红色旅游、现代农业、田园社区于一体的沙洲田园综合体，设计推出"重走长征路"、专题党课、红色拓展训练等教育实践活动项目。2019年，汝城沙洲红色

景区升级为"国家AAAA级旅游景区","半条被子"已成为沙洲经典红色名片。

第二，注重项目造血，走出一条"产业脱贫"的路子。依托"半条被子"红色资源招商选资，成功引进多家企业落户沙洲，投资建成水果观光园、观光茶园和生态农庄等，大力发展特优水果种植，文明瑶族乡一跃成为"中国奈李之乡"。汝城县文明瑶族乡沙洲瑶族村2018年整村脱贫，2020年底村民人均可支配收入达15000元，不仅脱了贫，日子还越过越红火。

第三，传承历史文脉，走出一条"瑶乡风情"的路子。近年来，沙洲瑶族村以传统村落保护工作为抓手，结合沙洲"半条被子故事发生地"实际，完成30栋古民居、40栋传统民居修缮保护工作，改造加固古巷12000余米，村内各类文物古迹和非物质文化遗产得以保护传承。

第四，坚持生态优先，走出一条"美丽村镇"的路子。沙洲瑶族村以污水、垃圾治理为抓手，着力推进人居环境改善，铺设污水管网2400米、雨水管渠3640米，完成生活污水处理设施、黑臭水体治理、给排水设施建设，建成热分解气化垃圾集中处理厂和村污水处理设施，保证全村水质清洁卫生；建立生活垃圾分类收集转运体系，确保垃圾不落地、不隔夜。

三、经验启示

一是要以产业发展为乡村振兴的核心载体。沙洲瑶族村坚持生态优先、绿色发展的思路，依托红色资源，以红色旅游带动产业发展，注重传统文化和红色文化传承利用，固守农村自然生态，在原有村庄形态上改善人居环境，把农村建设得更像农村，让四方游客看得见山、望得见水、记得住乡愁，引导多元业态蓬勃发展，不断深化拓展产业链和价值链，推动产业深度融合、乡村兴旺繁荣。

二是要以人力资源为乡村振兴的重要支撑。沙洲瑶族村依靠本土人才成功走出创新发展的致富路。以新型职业农民、创新型管理人才为重点，实施精准的人才培养和引进政策，外出务工人员看到沙洲发展机遇，纷纷返乡就业创业，投身发展乡村新产业和新业态。

69

"十村同建"探索乡村治理新路径

案例背景

陕西省渭南市潼关县位于黄河中游大拐弯处，八百里奉川的东端，南部为秦岭山地，东起西峪，西至华阴蒲峪，总面积526平方千米。

近年来，潼关县结合实际，积极发挥试点示范引领作用，以实施乡村振兴战略为契机，大力推广潼关县秦东镇四知村"党建功能化、村务多员化、管理智慧化"三化同步乡村治理做法，探索创新"十村同建"，全面实施乡村振兴战略，推进乡村治理体系和治理能力现代化，促进农文旅一体化融合发展，成功建成产业兴旺、生态宜居、乡风文明、治理有效、生活富裕的美丽乡村，逐步走出一条符合潼关特色的乡村振兴新路子。

一、主要做法及成效

坚持支部带村，凝聚乡村治理合力；产业兴村，增强乡村治理动力；人才强村，增强乡村内生动力；依法治村，保持乡村治理定力；道德润村，提升乡村治理内力；民主治村，激发乡村治理活力；生态美村，增添乡村治理魅力；平安护村，消除乡村治理阻力；清廉正村，规范乡村治理权力；智慧管村，提升乡村治理效能。

第一，坚持支部带村，凝聚乡村治理合力。结合四知村实际情况，制定出台了《秦东镇四知村功能性党支部工作办法》，创新基层党组织功能结构，积极探索基层党组织"功能性"党支部标准化建设，主要在村党委下设5个功能性党支部、9个党小组，党小组下设10支服务队，服务队工作内容涵盖村级小微权力事项的8个类别20个指标，服务队11位成员具体负责执行落实。

第二，坚持产业兴村，增强乡村治理动力。2020年以来，四知村以村集体和贫困户增收为目标，采取"合作社+贫困户+企业"的方式，投入项目资金380余万元，发展瓜蒌产业300亩、红参产业200亩、黄金桃产业200亩；利用扶贫资金155万元，建成206千瓦的光伏电站一个，村集体经济年收入突破20万元。2021年，四知村桃林寨采取"公司+集体+农户"模式，建设桃林寨黄金桃产业园，打造农旅融合新发展格局。大华农业有限公司前期投资50万元，发展黄金桃示范种植基地70亩，带动后期村集体、村民通过土地流转入股等方式，投资250万元，发展300亩黄金桃产业园。黄金桃产业基地建成后，亩均收入12500元，可使每户村民增收1万元，人均增收提高2000—3000元。

第三，坚持人才强村，增强乡村内生动力。四知村桃林寨在乡村振兴示范村建设中，邀请渭南市果业研究院，对桃林寨的气候、土壤等自然条件进行全面调研，对全国100余种桃树进行比对论证，最终选择二代西尾黄金桃作为村主导产业，选择40余种景观桃作为村庄绿化品种。

第四，坚持依法治村，保持乡村治理定力。充分发挥平安法治党支部党员先锋模范作用，采取走村入户，走进田间地头，微信群、普法宣传车等行之有效的宣传方式，大力宣传禁毒、扫黑除恶、传染病防治，以及民法典、信访工作条例等法律法规，进一步增强村民的法治意识，补齐乡村治理中的法治短板，引导村民办事依法、遇事找法、解决问题用法、化解矛盾靠法，营造浓厚的法治氛围。健全完善人民调解组织，建立了三访、三联、三评治保调解网络，定期开展接访、重大事项走访、重点对象常访，全力化解各类纠纷。2020年成功创建"全国民主法治示范村"。

第五，坚持道德润村，提升乡村治理内力。建立健全道德评议机制，通过道德评议会，全面推行"村民自治积分管理"，实施"红黑榜"公布，切实加强乡村治理诚信体系建设。目前，已为村民兑换积分奖励2000元，评选出最美庭院15户，最美家庭25户，通过"党员家庭户""星级党员示范户"挂牌活动，引领村民崇尚新风尚、追求新生活、助推新发展。

第六，坚持民主治村，激发乡村治理活力。成立红白喜事理事会、邻里互助会、道德评议会等自治组织，培育吸纳各类能人参与村级治理，不断夯实村民自治基础，调动村民参与村庄治理的主动性和创造性。积极探索"村事民议、村务民决、村廉民督、村干民评"的"四民"工作机制，开展镇村两级监督，增强村级事务透明度，畅通民意诉求表达渠道，夯实了乡村治理民主根基。

第七，坚持生态美村，增添乡村治理魅力。四知村以"传四知家风、游桃花源、漫谈桃文化"为目标，积极创新"十个村"建设，先后争取资金660余万元，完成人饮供水工程12处；新建灌溉渠500米，铺设灌溉管道7000米；建成污水处理站1座，修建排污渠2500米；硬化生产路5.6千米，安装路灯90盏，完成绿化建设面积6000平方米。村民生产条件和居住环境得到明显改善。

第八，坚持平安护村，消除乡村治理阻力。四知村成立"枫桥式警务室"，把公安的触角延伸到村组，平安法治党支部参与其中，及时化解矛盾、处理纠纷，全面实现矛盾不上交、平安不出事、服务不缺位，把大量的矛盾纠纷消除在萌芽状态，切实维护了基层社会治安稳定大局。在全县率先成立首个由退伍军人、村民志愿者、村干部等成员组成的村级志愿者巡逻队，建立了一整套工作对接流程。村民安全感和满意度由87.55%上升到91.99%。

第九，坚持清廉正村，规范乡村治理权力。廉洁文化示范村建设是贯彻乡村振兴战略、深化农村党风廉政建设的重要载体。2021年，四知村积极盘活村级集体资产，率先完成清理整顿农村村民小组侵占农村集体三资问题改革试点，厘清集体耕地4400余亩，完成自然村合同规范，补交历年承包费60

万元，受村民拍手称赞。

第十，坚持智慧管村，提升乡村治理效能。四知村全村划分管理网格32个，明确四级网格管理员共114人，逐步形成"网格村部—自然村—村民小组—村民"网格服务管理信息化"四级网络"。建成"智慧乡村"综合信息服务管理平台，将人口、房屋、农业生产等基本信息与农业农村、民政、人社、房管、卫生等部门专业信息进行综合关联，建立以"人、地、事、物、组织"为核心的"云"基础数据库，实现信息采集录入、问题分流督办、结果跟踪反馈的"一站式网上运行"，通过加强对单元网格的反馈巡查，建立一种监督和处置互相分离的高效能治理模式。

二、经验启示

首先，村级党组织的领导核心作用是乡村振兴的"火车头"。只有村党委这辆"火车头"坚强有力，全村这辆"列车"才能走上小康致富的快车道。村党委班子和全村的党员干部要起到模范带头作用，想村民所想、急村民所急、忧村民所忧，积极调动一切力量为村民脱贫致富扫除障碍，把村级党组织建成一个真正为民服务办实事的战斗堡垒。实施党组织功能化、标准化建设，进一步强化村级党组织领导地位，使村级党组织更加有力地加强党员管理、推动治理改革、落实工作任务、执行议事规则、谋划发展方向，切实发挥基层党组织在乡村治理工作中的核心作用。

其次，发展壮大农村集体经济是托起乡村振兴的坚强保障。要让村民过上美好生活，不断发展壮大村级集体经济、保障全体村民的基础性收入是最根本的路径。"功能性"支部四级乡村治理模式将村级集体经济和党组织紧密结合，通过党组织将全村党员、村民中的能人集中到一起，为集体经济发展贡献力量。同时，依靠党员服务队全力破解发展中的技术难题，补齐发展中的短板弱项，服务发展中的瓶颈阻碍。做大做强村级集体经济，体现了党为村民办更多的好事、实事，实现了脱贫户"脱得出、稳得住、能致富"。

最后，四级党组织网格化管理是党和群众的纽带和桥梁。四知村以加强基层党组织建设为中心，创新基层党组织功能结构，提出"党委+党支部+党小组+党员带头服务队"的四级党组织网格化管理新模式，通过扎实开展村级党组织标准化、规范化、智慧化建设，着力解决党建工作与服务管理"两张皮"的现象，积极探索出党建引领"三化同步"的乡村治理新模式。本次探索，是将党的组织向广大群众延伸的一次尝试，以"功能性"党支部和党员带头服务队为依托，通过资源整合，为群众带来便利，拉近党同人民群众之间的距离，充分体现了"以民为本、为民解困、为民服务"的工作宗旨，架起了党同人民群众的桥梁，以乡村善治助力乡村振兴。

70

织密党群"红色朋友圈"

案例背景

河北省张家口市阳原县在推动脱贫攻坚工作中,依靠乡镇干部队伍、农村干部队伍、驻村干部队伍、农村党员队伍等四支队伍,取得脱贫攻坚的丰硕成果。不论是哪支队伍,党员在其中均占很大比重,党员发挥的作用不可估量,能起到带动一片示范效果。

在巩固拓展脱贫攻坚成果同乡村振兴有效衔接的新阶段,县委县政府更加意识到,强化乡村振兴,优化基层治理,离不开党员这支队伍,也必须依靠这支队伍。阳原县委县政府高度重视,探索创建党员"1+10"帮联群众工作机制,进一步拓宽党员联系服务群众的平台,丰富载体,为推动乡村振兴工作提供更加有力的组织保障。

一、主要做法

党员"1+10"帮联群众工作机制,通过精准结对建账,定期指导推动、常态化开展帮联,促使党员在帮联群众实践过程中,发挥先锋模范作用,实现党员联系群众全覆盖、精准服务零距离,织密了党群"红色朋友圈"。

（一）建立网络，实现联系群众全覆盖

全县机关事业单位在职党员、农村（社区）党员、两新组织等有服务能力的党员、退休干部职工党员，除一线教师、一线医务人员、老弱病残党员外，全县682个支部，累计确定有帮联能力的党员11000多名，本着"就近、方便"原则，通过支部同党员、群众双向沟通，科级党员干部重点包联脱贫户，有能力的普通党员包联一般户，实行1名党员帮联10户群众，全县所有常住户实现全部覆盖。

明确县级党员领导干部每人在帮联10户群众的基础上，人人包乡镇，并联系1—4个县城小区，具体推动和指导党员"1+10"包联机制，有力推动工作落实，切实构建起"横向到边、纵向到底、覆盖全员"的帮联体系。

（二）明确职责，实现服务群众无缝隙

区别在职党员与无职党员工作职责，依据在职党员的工作性质和无职党员特长、居住区域的特点，明确职责，有所侧重，确保帮联更加高效。

在职党员重点"当好五员"：当好宣传员，帮学政策；当好联络员，帮谋发展；当好服务员，帮办实事；当好指导员，帮抓党建；当好调解员，帮促和谐。

无职党员"履好五责"：搜集好民意，代办好民事，当好志愿服务者，做好产业推广，妥善化解矛盾。

各基层党组织结合实际，进一步细化具体帮联服务事项，全县682支部，细化政策宣讲、调解矛盾纠纷、代办服务等近1200多项事务，实现了精准帮联。

（三）狠抓落实，实现为民服务常态化

党员每月定期深入帮联户家中，通过采取拉家常方式，与群众面对面交流、心贴心解困，了解群众所需所想所急所盼和所要解决的问题。做到情感

上沟通、政策上联通、信息上互通，做到帮难题、帮发展。同时，发动群众积极投入乡村振兴、项目建设、产业发展等全县中心工作，切实将"1+10"包联机制的触角延伸到全县工作各方面、各环节，有力推动各项工作落实。党员共发放"连心卡"10万多张，收集意见建议8000余条，帮助群众办理急事、难事、操心事15000多件，协助乡村推动"十项清理"拆除旧房危房、废弃猪牛栏及垃圾站点130多处，有效推动了乡村振兴工作进程。

二、案例成果

党员"1+10"帮联群众工作机制运行以来，全县党员群众上下同心，全员行动，形成党群合力推动全县中心工作的"双轮驱动"，办了大量的民生实事，有力地破解了诸多基层工作难题，收到明显效果。

一是党员干部作风明显转变。县级党员领导干部率先垂范，深入所包乡镇指导党员"1+10"帮联工作开展，亲自到帮联10户群众中，开展问需、帮办实事。县级领导累计为群众办实事160多件，广大党员紧跟县委步伐，深入群众开展帮联。县委组织部每半月调度一次，每月"晒"一次帮联成效，支部追踪考核，以过硬的工作机制推动党员融入群众。

二是党群合力明显增强。党员真正沉下去帮联，群众的干劲被激发，干群互动，大家心往一处想，劲往一处使，全县各项中心工作推进速度明显加快，特别是"三基"建设年活动。全县确定的100项重点目标任务中，共涉及项目32个，21个已完工，完工率65.6%；重点任务68项，已完成46项，完成率67.6%；同时，促进难点问题的解决，成功啃下了众多"硬骨头"，在拆除违建工作中，党员始终走在前，通过做群众的工作、讲法律条文等，一大批违章建筑得以拆除。

三是基层矛盾纠纷顺利化解。阳原县通过党员网格化运行机制，健全常态化矛盾纠纷排查化解机制，加大信访矛盾隐患排查化解力度，全县共排查调解矛盾纠纷600多起，排查调处率达100%。

71

沁州黄小米变身富民大产业

沁县是"中国小米之乡",也是革命老区,地处太行、太岳两山之间,总面积1320平方千米,辖9镇2乡,是全省主体功能区划定的限制开发的农产品主产县之一。经山西省政府批准,沁县于2019年正式退出贫困县,摘掉30多年的省级贫困县帽子,累计减贫38467人。

乡村要振兴,产业是支撑。近年来,作为山西省传统农业大县,沁县深入贯彻落实新发展理念,坚持走绿色兴农、科技兴农、品牌兴农之路,全面推动中国名牌农产品"沁州黄小米"产业实现转型升级,沁州黄谷子被列为国家地理标志产品、山西首个国家生态原产地保护产品,"中国好粮油""山西好粮油"产品,沁县被列为"沁州黄小米中国特色农产品优势区",探索出一条发展特优农业,实现品牌强农富民,助力乡村振兴的新路子。

一、主要做法

（一）科学规划，高位推动

为推动沁州黄小米这一区域特优产业做强做大，沁县县委县政府高度重视，编制出台了《沁州黄产业发展振兴计划》，对沁州黄谷子实施区域化布局、标准化生产、规模化扩展，形成沁州黄谷子标准化种植"五统一"（统一地块标准、统一供种、统一配方施肥、统一技术指导、统一订单收购）技术规程。截至2021年，共建成集中连片千亩有机种植核心示范基地10个、良种繁育基地2个，极大地提升了沁州黄谷子的品质。

为充分发挥沁州黄产业对打赢脱贫攻坚战的强农富民作用，沁县制定出台了《关于对贫困户农资物料免费发放及补助的通知》，对沁州黄谷子种植贫困户进行资金补助，每亩补助金额125元，其中沁州黄谷种补助10元，沁州黄谷子专用肥补助105元，农药补助10元。为进一步巩固拓展脱贫成果同乡村振兴有效衔接，又研究出台了《沁县2021年巩固拓展脱贫攻坚成果衔接乡村振兴强农惠农扶持政策》，沁州黄谷子连片集中种植50亩以上100亩以下，每亩种子、有机肥补助100元；连片集中种植100亩以上，每亩种子、有机肥补助150元，促进沁州黄谷子种植向规模化、标准化、品牌化和科技化发展。

（二）科技支撑，转型升级

品种优化强根基。大力实施沁州黄谷子种植技术研发和品质提升工程，先后聘请来自省农科院经济作物研究所的专家，持续开展良种繁育科研攻关。新选育的沁黄2号品种，各项营养指标均高于国家标准，特别是蛋白质含量达到13.1，亩产平均达到500斤，最高的亩产达到800斤，通过了山西省农作物品种鉴定委员会审定，荣获长治市科学技术二等奖。

技术入户保品质。大力实施"科技入户工程"，每年组织农业专业技术人员进村入户，免费为沁州黄谷子种植户提供土壤检测分析、科学配方施肥、病虫害综合防治、节水灌溉等技术服务，基本达到每个种植户都有一名谷子种植能手，不断提升沁州黄谷子生产品质。

产品研发促转型。大力实施沁州黄小米产业链延伸工程，先后研发了婴幼儿营养小米粉、中老年营养小米粉和速溶纯小米粉，被营养专家称赞为"全价植物营养"，同步加快特殊医学用途食品、食药同源产品研发，沁州黄米醋、米酒、小米锅巴、饼干等产品走俏市场，实现了从初始的小米加工销售到高端农副产品研发加工销售的华丽"蝶变"。

（三）龙头引领，拓荒市场

开展展会营销。组织支持沁县小米企业积极参加国际、国内大型有机、绿色农产品博览会、展销会，主动融入市场大局，宣传优质产品、提升品牌形象、拓展市场营销。沁州黄小米连续获得国家绿色食品认证、有机食品认证，荣获了中国优质产品、中国好粮油产品、山西好粮油产品、山西百姓放心食品、山西放心粮油产品、小米感官品鉴上榜产品、小米营养鉴评上榜产品、功能营养小米等荣誉。

深耕线下营销。引导沁县小米企业建立现代市场运营模式，强化专业营销团队建设，全领域开拓沁州黄小米销售市场。沁州黄小米集团高薪聘请专业市场营销团队，销售网络遍布全国20多个省会城市、180多个大中城市，终端销售网点、旅游景区沁州黄文化体验店、沁州黄餐饮体验店达到1万多个，企业年销售收入达到1.2亿元。

做强线上营销。支持沁县小米企业利用网络开展沁州黄小米推广营销，实现"米通天下"的市场目标。沁州黄小米在淘宝、天猫、京东全网小米行业中排名第一，拥有完善的售前、售中、售后服务保障体系，实现了小米和米粉电商销售量大幅增长，年增长率达30%。

（四）企农联动，实现共赢

实行"龙头企业+合作社+科技+基地+农户"的产业化经营模式，将分散的、小规模的、粗放式的经营纳入新型经营主体，构建集约化、专业化、组织化、社会化相结合的新型农业经营体系。

沁州黄小米集团利用"五位一体"小额信贷的优惠政策，筛选300户贫困户进行小额信贷，建设了2000头肉驴养殖基地，每年每户分红4000元。同时，该基地由贫困农户经营管理，企业负责贷款担保、技术指导、肉驴销路等，带动了200多农户再就业，户均增收2000元。

依托沁州黄小米集团，联合沁州黄小米生产加工链上的5家企业、8家合作社、2个家庭农场以及部分种植大户，沁县组建了集种植、农机农具、加工、销售、畜禽养殖等优势于一体的农业经营组织联盟。该联盟以科技为先导，以市场为导向，以谷子种植业为基础，以小米深加工为龙头，通过契约形式使各成员单位既各司其职，又互联互通，有效促进了生产要素大融合，规避了同质化竞争，攥紧了生产拳头，形成了品牌合力。

二、案例成果

截至2021年，沁县10多家沁州黄小米企业共建成沁州黄绿色标准化基地6万亩，年产优质沁州黄谷子25000吨，带动26000多农户，户均年增收5200元。研发生产出小米营养粉、米奶粉、米糠油、锅巴、饼干、米醋、米酒等高端农产品30多个品种，销售市场现已覆盖全国28个省（区、市），并成功打入美国、加拿大等国际市场，带动形成了"沁州绿"蔬菜、"沁州红"高粱、"沁州白"肉鸡、"沁州黑"杂粮等一批特优农业产业蓬勃发展、强势崛起，成为沁县以"工业化理念发展农业"，实现强县富农目标的重要产业支柱。同时，沁县绿色有机产业也在沁州黄小米产业的强力带动下高歌猛进，全县有机旱作农业封闭示范区面积达到3万亩，有机认证基地面积达到21万亩，"三品一标"农产品认证数量达到24个，居全市乃至全省之首。

三、经验启示

（一）加强顶层设计

沁县县委县政府研究成立沁州黄谷子开发服务中心，注册了"沁州"与"沁洲黄"小米商标，通过改制成立沁州黄小米专业集团化公司。借鉴山东、浙江等地先进经验，结合"沁州黄小米"这一区域优势农产品品牌，成立沁州黄农业产业开发服务中心，专业化开展沁州黄原产地保护、开发、利用，产业规划，品牌申报和产品推介。同时，不断完善品牌农业政策支持体系，对创建优势农业品牌的生产经营主体给予重点扶持，严厉打击侵犯知识产权和制假售假行为，构建品牌维权发展机制。

（二）培壮产业龙头

引导支持成立农业产业龙头企业，鼓励利用品牌资源进行扩张和延伸，培育建立生产基地，提高产业集中度；支持农产品加工企业以品牌为纽带进行整合，做大做强；培育农业出口品牌，支持有条件的企业"走出去"。

以农业产业化企业为龙头，以合作社为纽带，以家庭农场和专业大户为基础，培育集生产、加工和服务于一体的新型农业经营组织联盟。通过促进要素集聚、服务集约扩大规模经营，实现专业化、标准化生产，保障农产品质量安全，打造农产品品牌。

沁县规划建设"山西沁州黄农业产业示范园区"，潞宝集团百万吨小杂粮、沁州黄醋业公司万吨小米老陈醋等16家企业入驻、21个项目落地建设，培育成为具有地方特色和比较优势、技术含量高的农业生产集群、加工集群、流通集群、科技集群，形成以点带面、片区开发、项目带动的沁州黄产业发展新格局。

（三）坚持科技兴农

沁县落实"藏粮于地、藏粮于技"战略，以产业转型升级需求为导向，启动了《沁州黄小米深加工产品综合开发项目》，与国家、省科研院所合作，聘请谷子产业技术专家开展科研攻关，提升谷子质量，加快全产业链开发，重点开发具有高技术、高附加值的农产品和精深加工产品，延长品牌农业产业链条，促进产业转型升级，强化科技对品牌价值提升作用，加快科技成果示范推广和快速转化，有效增强品牌农业的生机和活力。

（四）做强区域品牌

发挥农业资源优势和生态环境优势，制定沁县农业整体形象宣传方案，深入挖掘沁州黄文化内涵，加强公益宣传推介，努力打造"优质、生态、健康、安全"的沁州黄农业区域品牌形象。

引导专门机构或依托龙头企业作为区域公共品牌的经营主体，组织吸纳更多的区域特优农产品生产企业、生产基地、合作社、农户加入进来，加强资源整合监管、强化统一标准标识、建立合理进出机制，不断提升农产品区域公用品牌的知名度、公信力、影响力。以农产品区域公用品牌为示范，鼓励经营主体复制推广沁州黄品牌管理经验，创建知名产品品牌，降低品牌农业进入市场的成本，"抱团取暖"提高供给侧对农产品需求变化的适应性和竞争力。

72

种三花　建四园　美丽乡村有实力

凤阳县殷涧镇是安徽省优秀旅游乡镇，全镇森林覆盖率约75%，境内有韭山国家森林公园和两个国家AAAA级景区。该镇卸店村位于凤阳县南端，南与定远县交界，是滁州江淮分水岭风景道（滁州江淮岭脊线）凤阳段主线"O"型旅游线路的西入口，村庄周边旅游景点较多，与殷涧镇境内的国家AAAA级景区韭山洞、狼巷迷谷、卧牛湖、凤阳山地质博物馆等景区共同形成凤阳县南部生态旅游度假区。

卸店村自然风光优美，但因发展规划不清、基础设施滞后、特色产业不足、村级集体经济收入少等原因，没有走上生态旅游度假区发展的快车道。

2019年以来，凤阳县坚持"绿水青山就是金山银山"理念，按照"金红蓝绿"四色全域旅游发展思路，在殷涧镇境内围绕"绿色览凤阳"主题，下大力气建设卸店村美丽乡村，通过融合发展文化旅游、花卉观光、林业种植等产业，聚焦建设"农民宜居宜业的家园、市民休闲养生的怡园、人与自然和谐的乐园、游子寄托乡愁的留园"，将卸店村打造成四季优美、四时不同、四园齐乐的旅游首选地。

一、主要做法

（一）坚持规划为先

卸店村地理位置优越，除拥有优美的自然风光，也充满历史传奇色彩。相传此地是明朝皇帝朱元璋在攻打定远时患病卸盔甲医治的路边小村庄谢家店（姓谢的主人开了家小店而得名），后来朱元璋当上皇帝，村民们便把朱元璋过去卸盔甲的谢家店巧改为"卸甲店"，沿用至今。

作为凤阳县南部生态旅游度假区的重要节点，基于卸店村环境特征、经济现状、村民发展意愿和村域片区发展要求等，凤阳县将卸店村定位为凤阳县西南"特色风情旅游村"，以建设"人文淳美、经济富美、生活和美、村容优美、村庄秀美"为目标，从生态保护、文化传承、产业融合、设施完善、空间优化、环境提升六个方面，为村民生产生活和乡村产业发展创造一个内涵丰富、和谐健康的生活环境，提升生活品质，积极融入凤阳山文化旅游圈，打造完善的旅游服务文化展示平台、旅游服务驻留地和凤阳地方文化展示区。

（二）建设美丽乡村

2019年，凤阳县将卸店村列入省级美丽乡村中心村，围绕道路畅通、公共服务、改水改厕、文化广场、水系整治、景观打造等板块，不断改善农村人居环境，提升村庄宜居质量。

补齐基础设施短板。从解决群众日常出行入手，投入资金446万元，新建了4米宽沥青道路1820米，4米宽混凝土道路960米，2米宽印花水泥入户路750米，1.5米宽休闲步道2000米，增添特色路灯34盏，铺设污水管网2300米，实现了卫生改厕与污水集中收集处理。

提升公共服务承载能力。投资172万元新建卸店公共服务中心，使用面积达500平方米，配备了服务大厅、多媒体会议室、村民图书室、电子阅览室、儿童之家、文体活动室等。

打造水系治理景观。结合村内丰富的水资源，共投入资金约190万元，进行水系治理和景观节点的打造，书写自然山水之美。结合地形地貌，对中心村内及周边约3000米水系进行疏通治理，清淤疏浚1000平方米水塘一处，依地势设置小岛两座、木栈桥两座、竹亭一座、叠水六处等，村内的水环境已然成为一道靓丽的风景。

（三）打通交通外循环

2019年5月，殷涧镇积极争取资金4200多万元，按旅游道路标准建设S312凤（阳）定（远）旅游道路工程卸店村段4.8千米，打通了交通"肠梗阻"，实现村庄与县道、周边韭山洞、狼巷迷谷、地质博物馆等景点互通畅联，为旅游产业发展奠定了坚实基础。结合农村宅基地制度改革试点工作，依托"千年卸甲店"文化底蕴和当地特有的旅游资源，融合现有石房、石道、特色水系等乡村元素，引进黄山一家公司，流转5户农户闲置宅基地和闲置住宅，在不改变原有风貌的前提下，改造成新民宿，改造工程于2021年10月底完工，改变南部景区"有旅游无特色民宿"的历史。

（四）齐聚"三花"产业

2020年下半年以来，殷涧镇立足凤阳南部旅游资源和林地资源，坚持发展特色产业，增强乡村内生动力。

实行"腾笼"林地。殷涧镇积极引导发动群众，替换效益低下的杨树品种，腾出林地种植空间。经审批，全镇共砍伐杨树1500多亩，其中卸店村腾出林地600多亩。

推行大户带动。借鉴本地"樱花谷"成功经验，引进上海一家公司流转S312凤（阳）定（远）旅游道路卸店村段沿线林地，种植樱花200亩，与殷涧镇东部的樱花谷遥相呼应，打造最美风景道。

积极招商引资。结合乡村振兴项目，建设集旅游、观光、采摘、休闲度假于一体，经济效益、生态效益和社会效益相结合的150亩玫瑰产业园、120

亩菊花种植园，就近吸收村民长期就业30余人，零散工100余人；村民按每亩500—700元价格流转土地，该村300亩土地流转每年为村民增收约15万元。

（五）培育文明乡风

乡村振兴离不开文明乡风的滋养，乡风文明是乡村振兴战略之魂。2021年，卸店村入选安徽省乡村治理示范创建村。在优化人居环境、加快产业发展的同时，该村更加注重乡风文明建设。

坚持党史活动引领。2021年7月，殷涧镇党性教育馆在卸店村建成并投入使用。殷涧镇创新打造卸店村新时代文明实践"一庄一阵地"，已开展党史学习教育各类活动32场次，依托党性教育馆常态化开展上党课、唱红歌、红色电影放映、家风故事分享会、文明旅游志愿服务等活动，紧密结合宣传重点工作，实现宣传同频，推进同步，发展同心，成果共享。

创建精神文化阵地。投资120余万元，建设完成一座占地面积1000平方米的室外休闲文化广场，采用与公共服务中心同样的徽派建筑风格，设有戏台一座，同时秉承徽派对称风格建有休憩廊架一座，与公共服务中心遥相呼应，凸显全村设计整体效果。元宵猜灯谜、春节网络拜年、七夕话家风等活动使文化广场成为全村各类文化活动的中心。

充分村民自治，发挥村民理事会监督员、宣传员、信息员、调解员、督办员的作用，实现民事民治、民事民办、民事民议。广泛开展"好儿女""好家风、好家训、好家规""身边好人"评选等，广受群众好评，崇德向善、和谐友爱的社会氛围逐步形成。

二、案例成果

首先，村庄面貌发生了翻天覆地的变化。卸店村通过大力实施美丽乡村建设，基础设施建设得到显著加强，公共服务承载能力明显提升，乡村精神文明创建进一步丰富，农村特色文化和传统文化进一步挖掘，村庄整体环境进一步改善，田园风貌进一步彰显。开门见山、推窗见绿、仰望繁星点点、静听水声潺潺等景象扑面而来。

其次，特色产业的支撑作用得到充分发挥。樱花、玫瑰花、菊花等三花种植，各季节中，大面积的花海种植不仅形成极具冲击力的视觉效果，同时结合乡村旅游，吸引大批游客前来观赏。通过发展婚庆、摄影、影视基地、露营地、花艺等娱乐体验项目，乡村旅游与产业发展实现有机结合，既增加了村集体经济收入，也增加了群众的务工收入，更提升了村庄的优美环境。

最后，村级集体经济实力得到显著壮大。殷涧镇党委始终把基层党组织建设作为乡村振兴的关键工作来抓，由基层党组织引领村庄面貌改善、特色产业发展等工作，大大促进了村级集体经济提升，实现了发展可持续、壮大有实力。2021年，卸店村集体经济收入超过50万元。

73

孵化网红农特产品　直播带货助振兴

案例背景

　　浙江省平阳县麻步镇顺鑫村由水港、横山、岭头尾三个自然村合并而成，共有户籍人口2000余人，其中党员107名，该村是省级电商示范村、省级电商专业村。

　　平阳县构建以顺鑫村农村电商直播创业示范点为中心的渔塘社区直播电商产业集聚区，扶持一家重点农业企业，孵化10个网红农特产品，培育50名乡村网红带货达人，将顺鑫村打造成麻步镇农村直播电商发展高地。

一、主要做法

（一）充分利用乡村振兴战略优势，争取政策支持

村（社区）乡村振兴直播工作账号，以乡村振兴和共同富裕为主题，以渔塘社区党委、村（社区）党建联盟为主体，由社区领导、村（社区）党组织书记主讲，以直播的形式介绍渔塘社区及其他村（社区）乡村振兴计划，宣传村庄发展建设情况和美丽乡村、美丽田园、农村基层党建、党史学习教育等内容。

（二）推动直播电商服务"三农"，培育网红农特产品品牌

在示范点内推动农特产品供应链体系、直播技能培训、直播场景等"一站式"直播基础设施建设，吸引渔塘社区群众积极参与示范点的建设和活动，打造"直播网红打卡点"。

利用"平阳五个鲜"（平阳黄汤、南麂大黄鱼、平阳鸽蛋、平阳马蹄笋、怀溪番鸭）麻步旗舰店的供应链优势，积极推进农村农特产品直播带货，利用直播电商有效压缩中间环节、重塑交易方式、线上线下融合互动的特点，推动直播电商赋能顺鑫村及周边地区农特产品的转型疏解，拓展区域内农产品上行渠道，引领直播经济发展。通过直播电商引流带货，帮助优质农特产品、滞销农产品线上销售，带动农民增收。培育农村直播人才，开展直播技能培训，提升农户直播操作、运营技能，助力农户长效脱贫。借助浙江欣选供应链公司头部网红影响力，邀请知名网红直播农产品，提升农产品知名度，培育一批网红农特产品品牌。

（三）构建直播电商人才支撑体系

借助抖音、快手等平台的培训队伍，以及浙江省电子商务促进会师资库和讲师队伍，顺鑫村、渔塘社区为区域内电商从业人员、大学生、返乡青年、退伍军人、现役军人家属等开展直播电商专业基础知识培训，培养一批网红主播新人。定期举办网红经济专题讲座、直播电商基础知识授课和直播电商技能竞赛等，在区域内形成浓厚的创业氛围。

依托浙江欣选供应链公司专业直播电商培训、主播孵化的功能，重点对新人主播进行个性化包装设计，帮助其学习自媒体、短视频、电子商务等业务知识，培训粉丝互动技巧，培养良好的心理素质和吸粉能力，通过直播带货实操，培育与产品匹配的主播与团队，帮助重点农业企业培育输送专业对口的主播，培育"新农人"。

（四）创建农村电商直播创业示范点，实现助农增收

直播赋能党建，让传播更具社会意义。配合党史学习教育和乡村振兴、共同富裕战略部署，利用直播技术宣传渔塘社区党建文化和乡村振兴相关工作，打造"村务直播间"，组建中共浙南委员会红色革命历史宣讲队和乡村振兴讲坛。

充分发挥浙江欣选公司的娱乐直播的强大优势，在直播创业示范点附近举办"娱乐直播进农村"的公益性演出，让更多村民了解直播，提升村民的参与度，调动村民的积极性。

以直播创业示范点为基地，通过注册直播平台账号、培养粉丝和利用第三方电商平台开设店铺等，利用浙江欣选公司强大的直播策划、直播执行、网红等资源，对周边区域的农特商品进行推广，实现线上直播和线下农特产品资源有机结合，把本地的产品销售留在村集体，把本地的农特产品销往外地，逐步建立村集体农特产品私域流量池，最终实现集体经济增收。

直播创业示范点为农村直播带货提供良好的场地，定期举办专场培训课程，对顺鑫村及周边区域进行免费直播带货技巧培训，加快乡村直播电商人才培育，培养一批"直播带货"高素质农民，带动更多农村人口就业创业，帮助农户实现增产增收。

二、案例成果

截至2021年6月底，全省第一个直播电商村——顺鑫村在平阳建成，首个"农村电商直播创业示范点"投入使用。

以规范化、系统化、市场化建设为抓手，充分发挥平阳县麻步镇顺鑫农村电商发展氛围浓厚、丰富的特色产品等优势，将蜜汁鸡翅、麻步黄牛肉、麻步甘蔗红糖、菜籽油、麻步文旦等特色产品作为顺鑫村的名片，通过直播电商进行有效宣传推广，进一步提高区域知名度和影响力。通过营造直播电商的浓厚发展氛围，加快特色农产品品牌的塑造，推动农村经济转型升级，

助力农村电商产业迭代升级，为"平阳五个鲜"、顺鑫村及周边地区特色农产品的销售贡献电商力量。

直播赋能新乡村，电商数字商贸体系建设成为乡村改变的重要方式。村级直播间以周边的电商产业集群和农特产品为支撑，强体验营销为推力，主推直播特卖等方式，开展平阳产品线上销售新局面，推动平阳产业直播间样板创建。

三、经验启示

直播电商强力带货，流量价值凸显，未来，发展直播电商是电商产业转型升级的重要途径之一。平阳通过直播助力农村电商，为打造农村数字新商贸体系提供了值得借鉴的经验。

第一，发展直播电商，对乡村及农特产品进行有效宣传和推广，进一步提高区域农特产品的知名度和影响力。

第二，营造直播电商的浓厚氛围，加快特色农产品品牌的塑造，推动农村数字经济转型升级，助力乡村振兴。

第三，通过直播电商引流带货，帮助优质农特产品、滞销农产品线上销售，带动农民增收。

第四，开展直播技能培训进农村，培育农村直播人才，提升农户直播操作、运营技能，带动更多农村人口就业创业，帮助农户实现增产增收。

74

科技金融赋能电商　推动数字乡村蝶变

砀山县位于安徽省最北部，皖苏鲁豫四省七县（市）交界处，被誉为"世界梨都""水果之乡"。全县辖13个镇、3个园区，先后荣获国家级出口果蔬质量安全示范区、全国农业产业化示范基地、国家电子商务进农村综合示范县等称号。

2020年，中央网络安全和信息化委员会办公室等七部委联合印发《关于开展国家数字乡村试点工作的通知》，砀山县被确定为首批国家数字乡村试点地区。该县积极推进农村电商发展，运用乡村数字经济新业态，通过网络销售、直播带货等线上方式，积极解决农产品滞销问题，重构产业链、供应链，快速成为实现农产品销售和创新农业品牌营销方式的重要抓手。农村电商、农村创新创业成为农民增收的新引擎，有力巩固拓展脱贫攻坚成果并有效促进乡村振兴蓬勃发展，在全国成效显著。

一、主要做法及成效

砀山县素有"世界梨都""水果之乡"的美誉，是酥梨、黄桃、油桃等水果的最佳产区，水果种植面积达70万亩，年产水果170万吨。砀山酥梨品牌驰名中外，黄桃罐头畅销国内外。

砀山县在黄河故道沿线砀山酥梨核心种植区，引进BLOF精准有机农业系统技术，建设集"智能化管理、标准化生产、品牌化销售、农旅相结合"于一体的"一号梨园"生产基地。

砀山县委县政府主动适应"互联网+"新态势，大力发展农产品电子商务，打出"互联网+水果"特色牌，催生"鲜果时光""桃如意""带澳飞""背个果果""蜜果恋""童年的味道"等2100多个农产品电商品牌。全县电商企业2022家，培育了2家省级电子商务示范企业和15家电子商务线上企业，网店和微商近6万家，带动15万人从事电商物流等相关产业。2020年全县电商交易额60.14亿元，同比增长18.3%，其中农产品53.2亿元，同比增长20.3%。依托现有的电商大厦、微谷电商创业园等，砀山县紧跟互联网发展趋势，推进产业集聚，转型升级，建设电商孵化园和创业园，构筑完整的电商产业生态体系综合性平台，推动砀山电商企业走"基地化、实体化、精品化、平台化"之路。砀山县电商企业联合组建本土社区拼团平台，推出的微信拼团小程序，仅4个月就吸纳了10万活跃粉丝，实现了3500万元线上销售额。

砀山县充分利用云计算、大数据等先进技术手段，整合现有物流资源和平台，引进大型物流企业进驻，针对不同行业电商企业的个性化需求，提供物料采购、产品托管、跨区配货等服务，构建了层次分明、设施完备、功能完善、运行高效的现代物流体系。

二、经验启示

（一）破解思路

实施"区块链+数字乡村"，区块链与产业链接。电商物流数据在链上留存记录后，成为不可篡改的信用凭证，银行等金融机构可以直接基于链上的流转信息来精准助贷，实现数字资产在平台上更好地流转和交换，以及"商流、物流、资金流、信息流"四流合一。

具体做法为实施"524"工程，即合力搭建"五方参与"平台——政府（商务牵头，金融、农业农村和数据资源协同）、电商企业（含销售、供应链、物流、生产企业及合作社）、数据公司（阿里蚂蚁或阿里云、天猫、菜鸟、盒马等数据板块）、金融机构（银行）、农户（含贫困户）；探索建设以乡村产业信用、金融信用和公共信用为核心的，适应数字乡村高质量发展的农村征信体系和新型农业经营主体信用体系；以供应链透明协作、产销链接、产融协作为抓手，通过建设企业—金融—政府的新型生产关系，实现产业附加值提升、产业价值链重新分配，提升产业链参与方利益，构建完善流通、农业、金融、政务"四类服务"。

（二）发展举措

第一，促进区域公共品牌升级。农产品区域公共品牌升级是实现整个产业升级的重要抓手，通过品质保障来实现区域公共品牌升级。实施对基于区块链的农产品全链路过程追溯，确保"四大可信"：一是源头可信，即核心产区、优质种苗的信息追溯；二是产品认证可信，即农艺、植保、安全质检等种植的全程追溯；三是流通可信，即源头发货地、物流快递时效、冷链仓储的信息追溯；四是政府监管可信，即在农产品从生产到销售环节中，对各参与主体的监管可信，保障源于正宗原产地的商品。

在农产品追溯过程中，可基于区块链溯源技术，实现多方信息的汇聚、链接和不可篡改，是整个品质保障的数据基础。同时区块链提供一级支付宝入口，通过官方扫码背书为消费者传递可信正品的产品资质。

第二，促进流通供应链升级。区块链技术链接各大销售渠道数据，可发现和匹配优质销售渠道和生产型企业及农户。通过销售商家、供货合作社和农户的经营履约关系，发现优质、稳定和可信的农户；通过遴选优质产销资源，销售渠道提供优势销售流量和价格，避免了农产品质量、价格和供货能力的不稳定性，为平台消费者带来优质优价农产品，为农户带来增效增收。

同时，运用企业的销售价格、供应量和消费者评价，实现对生产企业的供应链服务能力评估，建设农产品企业的信用评价。基于农户、物流等多方企业的信用体系，构建消费驱动的供应链协作网络，在销售高峰期，实现农产品供应量、供应时效、供应价格的最优化资源配置，实现农产品供应链升级。

金融机构通过对供应链参与主体的数据资产评估、授信额度、融资额度和还款能力评估，构建乡村生产经营主体的新金融信用评价，让数据变资产，解决电商企业融资难问题。

第三，促进政府服务升级。政府通过协同产业带中主体供销和金融业务，实现全产业链条中的数据资产沉淀，通过区域商品流通和品牌效应、资金流动效率、物流快递效率和消费者评价等信息，获取当地产业经济运行的数据资产。

依托产业数据基础，政府积极实施高效监管和优质服务。对于优质企业，政府积极帮助其对接最优销售渠道和服务资源，根据企业的经营需求精准匹配金融机构和产品提供服务，并将政府奖补政策依据产业数据和触达渠道，精准高效地施策于个体和企业；同时，及时发现伤害区域产业的主体，对其定向处罚，有力保障整个产业的积极健康发展。

政府依据企业的规模基础、经营能力、带动能力、奖惩内容等评价对其分级，构建乡村企业的产业信用、金融信用和公共信用体系。政府依托乡村社会信用体系建设，通过信用体系在产销、融资和监管中的价值体现，实现信用助力产业发展和乡村振兴。

75

蜜桃绘出甜蜜图景

案例背景

　　山东省蒙阴县位于沂蒙山区腹地，是沂蒙精神的重要发源地，总面积1605平方千米，总人口57.6万人。

　　近年来，蒙阴县牢固树立"绿水青山就是金山银山"理念，坚定不移实施"生态立县"战略，持之以恒发展以蜜桃为主的果品产业，走出一条"生态美、群众富、可持续"的特色果业发展之路，成为全国果品生产十强县、中国桃乡、中国蜜桃之都、中国优质桃基地县、国家级蜜桃综合标准化示范区、国家级出口水果质量安全示范区，全国"绿水青山就是金山银山"实践创新基地。

一、主要做法

（一）推动种植全域化，着力放大规模效益

　　蒙阴县94%的面积是山地丘陵，是北方落叶果树最适宜的种植区。早在新中国成立初期，蒙阴县委县政府就立足资源优势，实行山、水、果、田、路综合治理，广泛发动群众栽植果树，之后几经起伏，由小变大，由弱变强。

近年来，蒙阴县始终坚持以"绿水青山就是金山银山"实践创新为主线，保持发展定力，把蜜桃产业作为全县战略性支柱产业，着力稳定面积、提质增效。

蒙阴县紧盯市场导向，大力调整优化果品结构，努力从消费喜好的跟随者转向引导者。依托中国农科院郑州果树研究所蒙阴桃试验站、上海农科院蒙阴黄桃试验站，加强苗木组培繁育中心研发能力，同时大力推进老旧果园改造，持续从科研机构引进新品种。截至2021年，累计培育和引进推广果树新品种250余个，其中毛桃、油桃、蟠桃、黄桃、观赏桃、扁桃六大类200余个，主栽品种70余个，每年从4月到11月，都能持续供应市场。

（二）推动技术标准化，着力放大品牌效益

蒙阴县始终坚持以科技为引领，以标准化为方向，健全果业技术服务体系，正在建设科创中心产学研平台，引进转化最新科研成果。2021年，全县常规生产技术应用入户率达到100%，15项新技术获省市科技成果奖，成为"国家现代桃产业技术体系示范县"。结合实施"水果良种工程""有机肥替代化肥"等项目，推动产业园、观光园、示范园"三园共建"，已建成54处标准化生产科技示范园、21处市级农业标准化生产基地、2处国家级标准果园、2处省级生态观光果园、26处市级果树精品示范园，成为"国家绿色食品原料（蜜桃）标准化生产基地县"和"全国蜜桃标准化栽培示范区"。"蒙阴蜜桃"获国家农产品地理标志和农产品地理商标双认证，被评为"中华名果"，品牌价值稳居全国桃品牌第一位。

（三）推动营销多元化，着力放大市场效益

蒙阴县按照"线上线下两同步，外销内销两结合"的融合销售策略，建立多元化营销体系。

线下，通过政府主导、合作社推动，成立县果业协会，建成果品产地批发市场300余处、储藏加工企业100余家，发展果品经纪人1.5万人。通过政府

搭台、企业唱戏，连年举办桃花节、赛桃会、蜜桃推介会，2021年高标准承办了全国桃产业绿色技术交流现场会，推进蒙阴蜜桃与国内各大市场精准对接。蒙阴果品销售范围南至广州、西至兰州、北到东三省，各大城市都有蒙阴蜜桃销售，蒙阴蜜桃在江浙沪果品市场上占了50%以上的份额。

线上，以实施全国电子商务进农村综合示范县建设为契机，着力发展以果品为主导的电商体系，开展"淘宝挑食蒙阴蜜桃"等活动，全县以果品销售为主的电商、微商共1500余家，蜜桃销量突破4亿斤，苹果销量突破1亿斤，售价比线下翻一番。

境外，成功解决蜜桃长时远程运输保鲜技术难题，3家果品出口企业打入"一带一路"沿线国际市场，果品远销新加坡、迪拜等20多个国家和地区，2020年出口1200余吨，创汇1500余万美元。

二、案例成果

截至2021年，全县果园面积达100万亩，80%多的山地丘陵种植了果树，其中蜜桃面积71万亩，产量稳定在23亿斤左右，一直稳居全国县级首位，还有苹果18万亩，板栗8万亩，樱桃、葡萄等其他杂果9万亩。2020年，全县果品产量25.5亿斤，销售收入56.3亿元，果农人均收入超过1万元，果品收入占到农民人均纯收入的80%以上，一棵棵果树成了农民增收致富的"摇钱树"。特别是大力引进发展中蟠系列、锦字系列、中油蟠系列鲜食黄桃品种，五年种植面积突破20万亩，蒙阴县成为全国鲜食黄桃面积最大、品种最多、上市时间最长的优势产区。

果业扶贫是蒙阴县产业扶贫的首要路径，为脱贫户巩固脱贫成果打下坚实基础。与此同时，蒙阴县积极推动一二三产业融合，大力引进桃木、桃花、桃胶深加工项目，发挥"全国长毛兔之乡"的优势，建成"兔—沼—果"循环链示范基地30处、2万多亩，"果—菌—肥"循环链标准化产业园区7处、1500亩。发展果品深加工企业4家，果品深加工能力达到30万吨，其中龙头示范企业——山东欢乐家食品公司，深加工能力达20万吨。

依托果业生产基地培育乡村旅游新业态，推动"农商文旅"融合发展。

蒙阴县现有省级精品采摘园41家、开心农场11家，"红色果乡游"年产值超过10亿元，被评为"山东省休闲农业和乡村旅游示范县"，走出一条果业兴旺助推乡村振兴的新路径。

76

做强园区经济　走好兴农之路

案例背景

广元市昭化区位于四川省北部，面积1440平方千米，总人口24万，其中农业人口21万，属秦巴山区集中连片特困地区、川陕革命老区和移民库区，属于典型的盆周山区。全区拥有耕地46万余亩，总蓄水量5000余万立方米，总灌溉面积11万余亩，森林覆盖率达53%，具有发展优质农业得天独厚的优势。

近年来，昭化区始终坚持把现代农业园区建设作为深入推进农业供给侧结构性改革和农业高质量发展的重要抓手，实现产业兴旺和农业现代化、助力乡村振兴的重要路径。累计创建省级农业主题公园和省四星级现代农业园区各1个、万亩振兴示范园11个、乡村特色产业园291个，园区70%以上有劳动能力的农户均建有户办产业小庭园，园区总规模近18万亩，走出一条山区版乡村振兴的示范之路。

一、主要做法

广元市昭化区坚持"集聚建园、绿色兴园、融合强园、创新活园"发展思路，围绕"生产生活生态同步、农业文化旅游一体、一产二产三产融合"建设理念，有效整合资源，推动乡村振兴。

（一）集聚建园，筑产业兴旺"主阵地"

主导产业向园区集中。围绕"以路为轴、组团布局、连线成片、带状开发"方式，推进以"猕猴桃+脆桃"为主、生态养殖为辅的优势特色产业高中低海拔梯次集群发展，成片打造产业集聚园15个，连片发展猕猴桃和脆桃0.9万亩，配套建设标准化畜禽养殖场8个，带动农户围绕园区主导产业发展户办产业园545个。

设施装备向园区集成。全面实施林、田、水、电、路、信息等综合配套，生产生活设施实现互联互通。成片推进高标准农田建设0.9万亩，高标准农田占比达100%，新建园区道路28千米，农网改造升级29千米，园区基本实现"田成方、土成型、渠相通、路相连、旱能灌、涝能排"。着力提升设施装备水平，机械化耕作和机播机收水平达到100%，园区设施农业占比达60%以上。行政村光纤宽带、4G网络和益农信息社实现全覆盖。

经营主体向园区集聚。积极构建以农户家庭经营为主体、合作社搭桥梁、社会化服务组织作支撑、龙头企业抓两端的"1+3"立体式复合型现代农业经营体系，引培农业产业化企业9家，规范农民专业合作社和家庭农场10家，培育专业大户94户，园区农业社会化服务覆盖面达到100%。

（二）绿色兴园，唱响质量兴农"主基调"

产业基地绿色化。全面实施"化肥农药减量增效"行动，农作物病虫害绿色防控技术推广应用率达100%，果实套袋技术全覆盖。全面推广测土配方施肥技术和膜下精准滴灌水肥一体化技术，亩均化肥和农药施用量分别低于全区平均水平45.27%和41.45%。

农业废弃物利用资源化。实施"清洁生产"行动，新建化粪池、沼气池等畜禽粪污无害化处理及资源化利用设施9处、水肥一体化管网8千米，园区农业废弃物资源化利用及回收处置率达89.46%。"昭化区秸秆'三变'成三宝"经验在省内宣传。

农产品生产标准化。实施"质量兴农"行动，制定猕猴桃、脆桃等标准化生产技术规程10项。充分发挥"紫云猕猴桃""元坝生猪""昭化女皇贡桃"等公共品牌优势，累计认证为"三品一标"产品8个。"紫云猕猴桃"在四川农博会、杭州农博会等农产品展示展销会上多次荣获"名优农产品奖""消费者喜爱产品奖"等称号。

村容村貌特色化。开展"美丽乡村"行动，全面实施农村土坯房改造整治、千村万户乡村风貌塑造、传统院落保护"三大工程"，新建民居580户，打造生态"微田园"890个，建成各具特色的生态宜居区26个。

（三）融合强园，高扬转型升级"主旋律"

相互渗透促进农工融合。以"粮头食尾""农头工尾"为目标，完善农产品全产业链配套的初加工生产体系，园区新建冷链物流集配中心1个、冷藏保鲜库4个，冷链物流广场、运输通道、冷藏车等基础设施全面配套。建成现代化的特色水果精深加工生产线，园区农产品二次精深加工产值近2700万元。

前后联动促进农商融合。大力实施"互联网+"行动计划，培育"互联网+传统产业"新业态，建成9个电商服务站点，培育电商经营主体14个，园区农产品电商销售额占比达到32%，成功创建国家级电子商务进农村综合示范县。

跨界配置促进农旅融合。依托昭化古城、剑昭古蜀道文化旅游资源，大力发展以观光、采摘、康养为主的休闲农业和乡村旅游业，打造村史馆、家风家训馆2个，发展休闲农业主题公园1个、休闲农业专业村2个、休闲农庄2个、星级农（渔）家乐9家，园内朝阳村被评为省级乡村振兴示范村。

（四）创新活园，增强园区发展"主引擎"

机制创新注入园区活力。创新推行"政区合一、条块结合、属地管理"模式，将园区建设纳入各级各部门年度综合目标考核，实行进度通报、绩效评估、命名授牌等制度。推行财政资金"五补五改"模式，创新推行"四步法"，整合涉农资金0.86亿元打捆使用，集中投放园区基础设施和公共服务设施建设，撬动金融、企业（业主）和当地农户投入1.44亿元，其经验得到分管副省长肯定性签批。

模式创新推动产业转型。创新推行园区联建、产业联动、经营联合、利益联结"四联"集聚发展模式，推动园园之间、产业之间、主体之间的互促共进、深度融合。全面推广"果—药（菜）""生态养殖+三沼+绿色种植"等模式，推进以地养地、以短养长、立体复合、循环发展，"四沼同步、种养居一体"山区生态循环农业发展模式成为全省典范。创新探索村集体经济组织"产权预流转"模式，通过土地集中整理后实行整体包装推介，吸引20余家新型经营主体入驻园区，连片规模流转土地7000余亩。

技术创新加速产业升级。大力实施"引高才""用专才""育乡才"工程，引进高层次人才5人，选派农业科技人员9人，引培优秀农民工和新型职业农民94人，培育"土专家""田秀才""剪刀干部"等本土实用技术人才120余人。

二、案例成果

（一）党的农村基础进一步夯实

把先锋形象印刻在民心里。在产业链上开展先锋岗、示范岗、责任区等党员创业带富行动，深化党员先锋意识，激励农村党员在推动发展、服务群众、凝聚人心、促进和谐等方面发挥更有效的作用。

把人才聚集到园区中。通过园区建设吸引了一大批乡贤能人回乡创业，同时大力培育"土专家""田秀才"，手把手培育技术能手、产业大户，人有一技之长，家有致富之路逐渐成为现实。

（二）农业产业质效进一步提升

园区规模有序扩大。通过旧村改造、"一户多宅"清理、土地整理等项目，统筹园区发展，已累计建成四川省4星级农业园区1个，万亩振兴示范园11个、乡村特色产业园291个，园区总规模18万亩，园区产值120亿元，每个村均有2—3个有一定规模的特色产业园。建成户办特色产业园3.15万户，农户覆盖率达52.5%。

科技支撑明显增强。依托知名高等大专院校和重点科研院所，积极引进新品种、新技术、新模式、新机制，实现现代农业、产品安全、园艺标准园、畜禽健康养殖、水肥药"三节"技术、农业废弃物资源化利用等重大科技工程创新，从而构建完整的现代生态循环农业技术体系。积极整合高标准农田建设、土地开发整理、农村道路、农网改造等项目，优先安排在农业园区实施，园区水、电、路等基础设施建设日趋完善。

品牌创建成效凸显。大力实施品牌化战略，通过推进农产品商标注册、"三品一标"认证、农超对接等方式，并充分利用新闻媒体、互联网等信息平台，提升昭化农产品知名度，增强产品市场竞争力。同时推进"畜禽水产、果蔬林药"两个百亿全产业链建设，主要农产品商品化率在90%以上，猕猴桃白兰地酒、果蔬脆片等系列产品远销日韩、欧盟，农业综合产值不断提高。

（三）农民增收步伐进一步加快

各类新型经营主体持续壮大。大力开展招商引资，广泛吸纳市场主体带着工商资本和先进技术、先进生产经营理念进驻园区，领航园区发展。同步大力培育本地专业合作社、家庭农场、专业大户等现代农业"生力军"。逐步构建形成以农户经营为主体、合作社搭桥梁、社会化服务作支撑、龙头企业抓两端的"1+3"复合型现代农业经营体系。

带动农民通过多种方式参与并分享发展收益。积极引导经营主体与农户间建立"订单收购+按产分红"契约生产型、"保底收益+按股分红"股份合作型、"托管代养+产品分成"就业带动型等多类型、多层次的合作方式，帮助农户创造就地就近就业、入股分红、自主发展等多种持续稳定的增收渠道，实现年人均增收1500元以上，为推动区域乡村振兴打下坚实的基础。

（四）农村风貌治理进一步改善

农旅融合美了乡村。昭化区以塑造乡村旅游"十镇百村千景"为引领，推进民居变景观、产业变景色、园区变景区，通过持续举办荷花节、贡米节、捉鱼节、猕猴桃采摘节等特色节会，建成省级农业主题公园2个，葭萌春秋3.0大型三国历史沉浸剧开锣上演、乡村旅游"剧本杀"新鲜出炉，天府旅游名县（候选县）如约而至，乡村颜值气质不断提升。

环境治理亮了村庄。昭化区通过实施村庄清洁、垃圾整治、污水治理、厕所革命、畜禽粪污资源化利用五大行动，园区共建无害化卫生厕所526处、污水处理厂2个，风貌改造1.1万户，清理道路123处，种植草坪、地被6.3万平方米，实现了村庄绿化亮化、生态宜居。

良俗善治涵养了民心。昭化区建立村规民约红黑榜、推行文明新风积分评定，广泛开展"四比"活动，以"小积分"撬动"大文明"。深化乡村依法治理，建立镇村网格化服务管理平台，实现小事不出村、大事不出镇，从源头上夯实和谐基础。

聚焦乡村振兴 推动共同富裕

2021—2022乡村振兴创新案例集 下册

本书编委会◎编

人民日报出版社

·北京·

图书在版编目（ＣＩＰ）数据

聚焦乡村振兴　推动共同富裕. 2, 2021—2022：乡村振兴创新案例集. 下册 /《聚焦乡村振兴　推动共同富裕》编委会编. -- 北京：人民日报出版社, 2023.12

ISBN 978-7-5115-8099-3

Ⅰ. ①聚… Ⅱ. ①聚… Ⅲ. ①农村—社会主义建设—案例—中国 Ⅳ. ①F320.3

中国国家版本馆CIP数据核字(2023)第222203号

书　　　名：聚焦乡村振兴　推动共同富裕——2021—2022乡村振兴创新案例集（下册）
　　　　　　JUJIAO XIANGCUN ZHENXING TUIDONG GONGTONG FUYU
　　　　　　——2021—2022 XIANGCUN ZHENXING CHUANGXIN ANLIJI（XIACE）
作　　　者：《聚焦乡村振兴　推动共同富裕》编委会　编
出 版 人：刘华新
策 划 人：欧阳辉
责任编辑：刘　悦
封面设计：三鼎甲
出版发行：人民日报出版社
社　　　址：北京金台西路2号
邮政编码：100733
发行热线：（010）65369509　65369527　65369846　65369528
邮购热线：（010）65369530　65363527
编辑热线：（010）65363105
网　　　址：www.peopledailypress.com
经　　　销：新华书店
印　　　刷：大厂回族自治县彩虹印刷有限公司
法律顾问：北京科宇律师事务所 010-83622312

开　　　本：710mm×1000mm　1/16
字　　　数：272千字
印　　　张：18.5
版次印次：2023年12月第1版　　2023年12月第1次印刷
书　　　号：ISBN 978-7-5115-8099-3
定　　　价：128.00元（全二册）

编委会

目录
CONTENTS

01

党建引领促脱贫　法治引领谋振兴

案例背景

中华人民共和国司法部定点帮扶河北省阜城县工作组，深入学习贯彻习近平总书记关于脱贫工作的系列重要论述，认真落实司法部党组关于定点帮扶工作的部署，按照阜城县委县政府的统一安排，始终坚持脱贫攻坚和法治建设两手抓，定点帮扶工作取得良好成效，圆满完成各项工作任务。

司法部驻阜城县工作组根据中央统一安排，自2012年11月开始，在阜城县开展定点帮扶工作，2016年起驻村定点帮扶建桥乡建阳村，2021年起驻村定点帮扶古城镇西马村。

司法部高度重视对阜城县的定点帮扶工作，始终坚持以习近平新时代中国特色社会主义思想特别是习近平法治思想为指导，坚持政治统领、党建引领，把定点帮扶工作作为增强"四个意识"、坚定"四个自信"、做到"两个维护"的首要任务，抓紧抓实。

一、主要做法

（一）党建引领强组织、筑根基

深入一线，督战指导。2016年以来，司法部多次召开部党组会、部长办公会，深入学习贯彻习近平总书记关于脱贫攻坚工作重要指示批示精神，听取定点帮扶工作汇报，对进一步做好定点帮扶工作作出部署；多次召开扶贫工作专题会议，要求各单位提高政治站位，采取切实有效措施，帮助解决实际困难，动员更多社会力量积极参与定点帮扶工作。

群策群力，多方给予大力支持。一是投入帮扶资金。按照部党组的工作部署和要求，部机关相关单位累计直接投入帮扶资金1077.5万元。二是加强业务培训。部机关相关单位协助阜城县培训基层干部3470人次，邀请专家学者协助培训技术人员2064人次。三是协调政策资金。先后协助协调水利部、河北省水利厅，为阜城县争取到2300万元河塘清淤项目资金支持；协调国家卫生健康委员会、河北省卫生厅，为阜城县中医医院改扩建争取到中央扶持资金1560万元。

扎根基层，主动融入、"真挂实干"。2012年以来，司法部先后选派6批12名挂职干部（包括4名驻村第一书记）赴阜城县开展定点帮扶工作。挂职干部认真贯彻落实司法部党组的各项决策部署，按照阜城县委县政府的统一安排，坚持精准帮扶，创新工作方法，积极沟通协调，充分发挥司法部职能优势，协助阜城县顺利脱贫摘帽、建阳村所有贫困户稳定脱贫，获得国家部委和河北省有关部门的充分肯定。

（二）党建引领立项目、惠民生

工作组充分发挥基层党组织的战斗堡垒作用和党员先锋模范作用，坚持"走出去、引进来"，不断提高自我发展内生动力，促进定点帮扶和党建工作良性互动，助力阜城县产业发展。

近年来，协助阜城县申报2018年国家级电子商务进农村综合示范县项目，获得商务部项目支持资金2000万元。协助申报农业综合开发创新园区试点项目，为阜星现代农业园区争取到2000万财政投资。协助承接北京市外迁企业，其中王致和腐乳生产基地和东来顺街坊铺餐饮公司生产基地已经落地，规划投资分别为11.2亿元（实际投资3.8亿元）和10.5亿元（实际投资2.3亿元）。积极联系融资租赁公司，为阜城县益彰食品酿造有限公司提供1200万元贷款。推动全国首家京东金融小站落户阜城县，将阜城县打造成"京东金融扶贫示范县"。

（三）党建引领兴法治、促振兴

工作组着眼于推进乡村振兴，充分发挥法治在乡村振兴中的独特作用，促进乡村法治建设，不断推动基层治理体系和治理能力现代化。

第一，高标准推进司法所规范化建设，筑牢法治建设根基。累计投入110万元，完成阜城县10个乡镇司法所标准化建设，司法所的面积、人员配备等均已达到规定要求。2021年再次投入50万元对各司法所进行改造提升，司法所整体面貌焕然一新。

第二，建立健全公共法律服务体系，让老百姓享受更加便捷高效的法律服务。打造全新的阜城县公共法律服务中心，开发阜城县法治乡村智慧公共法律服务云平台，开通贫困群众绿色通道，为群众提供综合性、一站式、高质量法律服务。

第三，领导带头、全员参与，营造尊法守法学法用法良好氛围。阜城县委县政府领导带头开展学法活动，严格落实领导干部学法制度。开展"懂法支书"系列教育培训活动，邀请专家学者为全县村支书集中讲授法律课，组织部分村支书赴深州监狱开展廉政警示教育。积极创建"法治学校"，组织开展"阜城小律师"培训活动，引导青少年增强法治意识。高标准建设阜城县宪法公园，集中宣传习近平法治思想以及宪法、民法典等法律知识。

第四，全面推进法治乡村建设，创新基层社会治理模式。帮扶工作组协助当地创建法治乡村"三四五"建设模式，被河北省有关单位评为2019年

"年度十大法治事件"。协助制定"五区双环一覆盖"建设思路，打造法治乡村建设示范片区，法治乡村建设整体水平大幅提升。将建阳村打造为法治乡村建设精品示范村，修建法治长廊、宪法公园、法治广场、法治文化礼堂，设立人民调解室，打造以人民调解员、普法宣传员、法治巡逻员、志愿服务队和乡贤会等"五员"为基础的法治服务队，主动上门为老百姓提供高质量的法律服务。

二、案例成果

帮扶工作组认真学习贯彻落实党中央、国务院关于脱贫攻坚的一系列重大决策部署，认真贯彻落实司法部党组"政治统领、党建引领"的要求，强化责任担当，立足司法行政职责，采取有力帮扶措施，助力阜城县正式退出贫困县序列，接续推进乡村振兴，推动阜城县法治建设取得新进展，党建引领乡村振兴工作取得良好成效。

2018年，阜城县成功脱贫摘帽，建阳村所有贫困户稳定脱贫；司法部定点帮扶阜城县工作组荣获河北省脱贫攻坚奖先进集体奖。2019年，阜城县被确定为河北省法治乡村建设试点县，建桥乡司法所荣获全国公共法律服务工作先进集体，古城镇司法所所长付红学同志被评为"全国模范司法所长"。2020年，司法部驻阜城县扶贫工作组李宗波同志被评为河北省优秀驻村第一书记，建阳村人民调解委员会荣获全国模范人民调解委员会。2021年，司法部定点帮扶阜城县工作组李宗波同志荣获全国脱贫攻坚先进个人，建阳村和冯塔村获评全国民主法治示范村。

未来，工作组将进一步深入学习贯彻习近平总书记在全国脱贫攻坚总结表彰大会上的重要讲话精神，认真贯彻落实司法部党组相关部署以及部领导到阜城县调研时所作的指示，按照阜城县委县政府统一安排，始终坚持党建引领，充分发挥基层党组织的战斗堡垒作用，坚持乡村振兴与法治建设同步推进，发挥好上下衔接、沟通协调作用，切实做好巩固拓展脱贫攻坚成果同乡村振兴有效衔接各项工作，让脱贫基础更加稳固，成效更加持续。

02

聚焦"花"经济 做好"花"文章

案例背景

麻城市地处大别山腹地，集革命老区、山区、贫困地区于一体，曾是湖北省脱贫攻坚任务最重、难度最大的县（市）之一。2013年，全市共有建档立卡贫困人口5.7万户、15.9万人，贫困村178个，贫困发生率达16.68%。

在麻城，菊花栽培有着悠久的历史，早在宋至道三年（公元997年），就开始栽培、种植菊花。种植者初为观赏，后采之作茶、入酒，并逐步发现其药用、食疗、保健效果明显。为此，菊花被誉为"药膳佳肴，饮中极品"。

按照中央扶贫工作统一部署，中华人民共和国住房和城乡建设部从2012年开始定点帮扶麻城。部党组始终坚持把产业扶贫作为脱贫攻坚打基础、管长远的基本之策，调动多方力量，聚焦"花"经济，做好"花"文章，支持麻城发展菊花特色产业，助力麻城打赢脱贫攻坚战，全面推进乡村振兴。

一、主要做法

（一）因地制宜，以优势产业作为脱贫引擎

菊花产业是麻城传统特色产业，大力发展菊花产业是住房和城乡建设部推进精准扶贫的重要举措。在麻城召开的部县联席会议上，支持麻城菊花发展多次作为议题进行研讨。

在住房和城乡建设部的持续帮扶下，近几年麻城菊花种植范围从最初的福田河镇辐射到周边10个乡镇，带动金丝皇菊、野菊花、观赏菊、菊花芽、万寿菊规模化发展。近年来，麻城聚焦"花"经济，做足"花"文章，菊花种植面积稳定在10万亩以上，年产干菊花1万吨，总产值超过30亿元，带动3.2万人脱贫，近20万人从事菊花产业工作。

（二）集合力量，推动高质量脱贫

曾经，受多种因素影响，麻城市菊花主打品种福白菊产量越来越低，品质日趋下降，几近"濒危"。2015年，中国风景园林学会菊花分会得知该情况后，带领国内菊花行业顶级专家赶赴麻城，把脉问诊、对症下药。正是菊花分会的积极组织，菊花分会各理事单位积极参与，麻城的菊花产业才得以快速向前发展。

2016年，南京农业大学园艺学院菊花课题组持续对麻城菊花产业提供技术支持，多次赴麻城实地考察，提取福白菊种苗进行试验、脱毒、复壮，为麻城菊花产业的发展提供了技术支撑。2017年，课题组协助繁育优质种苗10万株，2018年繁育优质种苗30万株，其中脱毒苗2万株。该团队指导花农掌握新技术，培训专业技术人员，使福白菊扦插育苗生根期限由40天缩短到12天。他们还与麻城共建福白菊原种保护中心，成功培育福白菊标准脱毒苗，为10个乡镇36个专业村提供100万株优质福白菊原种苗，亩均增产50%、增收1500元以上。

2019年8月，南京农业大学与麻城市政府签订菊花产业产学研战略合作协

议，这也是南京农业大学首次与县（市、区）政府签订的合作协议。双方开展产学研战略合作，发挥各自优势，搭建了一座合作共赢的桥梁，走出了一条科技兴农之路。

2019年9月，在第八届麻城菊花文化旅游节开幕式上，中国风景园林学会授予麻城"中国菊花创新发展之城"称号，极大地提升了麻城菊花的知名度和美誉度。

（三）融合带动，打造产业发展新模式

麻城树立融合发展思维，致力于推进菊花一二三产业融合发展，把更多的贫困户吸纳进菊花产业链。

"菊花+加工"。投资200余万元，与南京农业大学、中国药科大学、湖北工业大学共建麻城产业技术研究院，开发菊花食品、菊花护肤品、菊花艺术品等14大类900多款产品。

"菊花+旅游"。2021年9月，麻城第十届菊花文化旅游节在五脑山国家森林公园开幕。近年来，每年的菊花文化旅游节都展出菊花近百万株、3000多个品种。菊花引爆旅游市场，前九届菊花文化旅游节已经接待游客300万人次。

"菊花+康养"。招商建设菊花三产融合示范园、菊花文化小镇和菊花主题美丽乡村，打造"医、药、养、健、游"等多业态融合发展的大健康产业基地，实现系列产值15亿元以上，带动1万人务工就业，帮助5000余户贫困户脱贫致富。

"菊花+会展"。积极参加黄冈市"一节一会"，28家地理标志优品企业签署协议近90份，其中明钼科技与北京、安徽等地公司签约金额达5000万元。积极参加第126届广交会和上海菊博会，以及李时珍中医药发展大会暨黄冈大健康产业招商推介活动。

"菊花+文化"。以菊花为主题，创作东路花鼓戏、麻城花挑等非遗文化节目。麻城花挑作为优秀节目三次进入中南海怀仁堂专场演出，还远赴芬兰参加国际民间艺术交流。

"菊花+美食"。仿菊之形、借菊之美、取菊之味，创新开发菊花宴，以30余种菊花创作近百道菜品，既有花的形韵，又有食物的美味。

二、案例成果

麻城抓住内因和外因两方面的关键要素，内外同时发力，激发产业振兴的活力。

一是激发动力。开展斗菊大赛，评选菊花栽培技艺能手，既传承菊花栽培技艺，又激发脱贫户巩固脱贫攻坚成果的信心。建成"微孝善超市"230余家，鼓励贫困户通过获取"孝善积分"免费兑换物品，为贫困户提供价值500余万元的物资。2021年11月，麻城市举办国家级职业技能竞赛——中国花卉园艺工技能竞赛项目，推动麻城市花卉园艺高技能人才培养。

二是凝聚合力。积极争取住房和城乡建设部、湖北省军区、湖北省应急管理厅等帮扶单位支持，把麻城福菊、金丝皇菊等地理标志优品纳入住房和城乡建设部等20多个机关销售平台，展销产品近150种，销售金额超过500万元。

三是后扶得力。以菊花产业为载体，建立易地扶贫搬迁产业后续帮扶经典模式。在麻城黄土岗镇，大自然菊业就近安排易地扶贫搬迁的贫困户78户241人就业，每年户均增收6000元以上，实现稳定脱贫。

四是平台给力。大力推进"互联网+扶贫"模式，推动贫困户发展电子商务及相关产业实现自主创业、自我发展，建成电子商务服务点161个，累计服务建档立卡户1.2万人次。2015年，铁门岗乡富岗村贫困户刘幼娟，相继开通淘宝、微店、黄冈E宝等电商销售店铺，2016年销售菊花1万余公斤，销售额突破220万元，不仅自己脱了贫，还带动15户、37人脱贫；2018年，成立菊花合作社，年销售菊花3.2万余斤，实现利润132万元，成为麻城市脱贫攻坚优秀市场主体。

在住房和城乡建设部的直接领导下，中国风景园林学会及菊花分会心系老区，积极组织行业专家赴麻城指导菊花扶贫产业发展，利用各种平台推介麻城菊花，发挥自身优势积极牵线搭桥，为麻城菊花产业发展作出巨大贡献。

03

精准施策拓销路　小板栗坐上大飞机

案例背景

中共中央统一战线工作部坚持面向基层开展帮扶，坚持因户因人精准施策，坚持"输血"与"造血"并举。既要"见效快"，更要"利长远"，围绕推进帮扶产业发展、健全帮扶机制等重点工作，通过支持引导知名企业设立结对帮扶基金、集约经营扩大就业、开发品牌产品、资助贫困学生、进行基建投入等方式带动精准帮扶，与帮扶企业和定点县共同探索，形成"龙头企业+本地企业+村委会+种植大户+贫困户"的企业帮扶模式，帮扶成效明显。

2016年11月，中央统战部和中国光彩事业基金会、贵州省政府共同签订《中央统战部定点帮扶工作村企结对帮扶协议书》，引入均瑶集团作为中国光彩会理事企业参与帮扶结对工作，并确定对口帮扶对象——望谟县平洞街道洛郎村。

中央统战部指导均瑶集团设立精准扶贫工作小组，均瑶集团在中国光彩事业基金会陆续捐赠1亿元用于设立"光彩·均瑶扶贫济困专项基金"，致力于贫困地区和贫困人口脱贫、基础设施建设等公益慈善项目。

一、主要做法

深入调查研究，完善造血机制。工作小组与当地县委县政府、村（街道）负责人一起进行地毯式摸底，不落一户地了解贫困户的实际情况、脱贫意愿和担忧顾虑。综合"诊断"后，确定了在洛郎村以建设"望谟县万亩板栗高产示范园"为抓手的帮扶方案，以此帮扶当地村民脱贫致富。

加强园区建设，科学种植提效。在均瑶集团帮扶下，洛郎村的板栗种植由过去"自生自灭"的粗放式管理向"全程管护"的精细化管理转变。

拓展销售渠道，打造网红品牌。光秀生态食品公司是当地的"龙头"企业，承担了望谟板栗收购加工的职责，其开发的"哆吉栗"板栗食品，受市场营销和品牌影响力的掣肘，销量一直上不去。均瑶集团结合自身的产业特点与优势，利用旗下吉祥航空的有利条件，帮助光秀公司通过中国民航局航空食品审批，使板栗成为航空食品。

二、案例成果

第一，整体方案经过多次沙盘演练后，鼓励贫困户到园区去工作，成为"产业工人"。通过绩效考核的方式，每人每天领取80—120元务工补贴，确保贫困户不出村就有稳定收入。同时，均瑶集团出资统一采购板栗种植所需的所有生产资料，免费发放给贫困户。这样既解决了贫困户新种的板栗苗三年内不能挂果、短期内没有收入的困境，还确保了三年后板栗挂果年年有收入，形成"短期+长效"的"造血"机制。

第二，均瑶集团出资在示范园挖掘了20口水窖，确保林地种植的水源，让贫困户享受旱涝"保收局"；安装了50台太阳能灭虫灯，引诱害虫"飞蛾扑火"，打赢了害虫"歼灭战"；修建了5公里产业路，硬化路面达到60%以上，用货车运输的板栗，一小时就能到达板栗加工厂，让小板栗坐上运输"快车"；聘请望谟县林业局、贵州省亚热带作物研究所、贵州黔西南喀斯特区域发展研究院的技术专家，制定详细的"万人次培训计划"实施方案，定期在田间地头用现场示范、现场指导、现场交流的方式，手把手地对贫困户进行嫁接、浇水、追肥、病虫害防治、夏季修剪、冬季翻土等一系列规范化的培训；为了加强科学种植管理，均瑶集团还聘请5位当地贫困户中有文化、有干劲的壮劳力，担任种植管理员。

第三，目前，龙头企业光秀生态食品公司的"哆吉栗"板栗已成为"网红"食品，备受关注，销售额从2016年的900万元激增至2021年的4500万元。销路打开之后，光秀公司收购价也由原来的1元/斤提升到3.5元/斤，以保护价收购板栗，不仅确保农户增收，而且激发农户种植板栗的积极性，形成产业帮扶的良性循环。小板栗飞上蓝天，成为村民们迈向小康生活、勤劳致富的新开始。

三、经验启示

（一）精准把脉，良种良策良管理

加强党建引领，把党组织建在园区里。由包村党员干部牵头，由农户、管理员、帮扶企业对接人、定点帮扶干部成立核心区临时党支部，让党员发挥先锋模范作用，同时充分发挥基层党组织在脱贫攻坚中的战斗堡垒作用。采取均瑶干部驻村、大户带头、管理员监督、科学技术培训相结合的管理方式，将贫困户集约化管理。树立榜样，上门为摘帽的贫困户挂"示范户"牌匾，鼓励更多贫困户通过辛勤劳动脱贫致富。

在产业选择上，选择当地优势种植品种进行产业化科学种植。依靠当地政府和所在州派出的林业站、热带作物研究所的技术支持，选择对路的品种和技术培训，实施"万人次种植技术培训计划"，将课堂搬到山头林边，现场教、当场练。

（二）动态跟踪，精准管理到地头

为了更好地建设和运营示范园，帮扶工作组选派优秀管理人员驻村，将现代企业管理方法带进深山。一方面，与村委会和种植大户密切交流，耐心传授管理理念，手把手探讨管理方法，因地制宜，与村民一起创建个性化的表格式管理法，成立临时党支部，帮助园区管理步入正轨；另一方面，深入村中与居民展开沟通，用修水窖、安装灭蚊灯、采购肥料等实际行动帮助村民打消顾虑。按照企业管理的方式，在村里选拔能人在示范园里担任管理员，专职负责贫困户生产动态，组织和督促贫困户种植板栗，按照"一组一本，一户一册，一人一表"的要求，真实及时地反馈生产情况和贫困户收入动态情况；培养管理员成为"板栗种植能手、科技培训二传手、管理好手"，将精准管理落实到林间地头。

（三）产业闭环，农民丰产又丰收

利用自身产业特性帮助当地加工板栗的龙头企业——光秀生态食品公司。通过了航空食品审批，其加工的洛郎村板栗"哆吉栗"产品成为均瑶集团旗下吉祥航空的航空食品。这一做法帮助光秀生态食品公司打开市场，助力板栗走出贵州、走向国际。光秀生态食品公司与当地的贫困户签订协议，全部保价收购贫困户种植的板栗，打造出一条种植—收购—加工—销售的完整产业链。

04

锚定生态环境综合治理　驶入新兴产业快车道

案例背景

中共中央宣传部在定点帮扶内蒙古自治区科尔沁右翼中旗（以下简称"科右中旗"）的工作中，深入学习贯彻习近平总书记在《吃生态饭做牛文章念文旅经——科右中旗脱贫攻坚和乡村振兴调研报告》上的重要指示批示精神，和科右中旗共同谋划、部地对接、精准施策，使科右中旗巩固拓展脱贫攻坚成果同乡村振兴有效衔接工作迈出坚实步伐。

在中宣部的帮扶下，科右中旗坚持以生态优先、绿色发展为导向，整体布局产业规划，立足"黄金肉牛带""黄金玉米种植带"等自然资源禀赋，依托"一旗九乡五非遗"等历史人文优势，以生态承载力为评价体系，科学合理利用好自然资源，保护传承、深入挖掘历史文化遗产，一体做好巩固拓展脱贫攻坚成果同乡村振兴有效衔接，成功探索出"生态修复+环境提升+文化赋能"的生态文明发展模式，让广大农牧民走出传统种植养殖的老路子，驶入新兴产业的快车道。

一、主要做法

（一）党建引领、扶智扶志，激发可持续发展的内生动力

实施新时代农牧民素质提升工程，深入开展生态文明教育，推动习近平生态文明思想深入千家万户、深入群众心中，教育引导广大群众转变思想观念、转变生产方式、改变生活环境，增强生态保护意识、积极参与生态文明建设。深入开展农村牧区人居环境整治三年行动，大力实施畜禽粪污整治和控肥控药控水控膜"四控行动"，突出抓好"厕所革命"、垃圾污水治理、村容村貌提升三项重点工作，引导秸秆回收利用，广泛开展村屯绿化行动，倡导绿色低碳生产生活方式。

推动转变农牧区生产生活方式，将生态保护治理与发展绿色产业有机结合起来，着力实现环境与发展"双赢"。在修复生态环境方面，坚持遵循生态系统内在的机理和规律，以自然恢复为主的方针，下大力气狠抓以禁牧、禁垦、禁伐为主的"三禁"工作，坚决整治破坏森林、草场、牧场的突出问题。2017年以来，全旗草原综合植被覆盖率提高到63%，森林覆盖率提高到17.64%，沙化形势得到有效遏制，有沙天气较历年同期平均减少21天。

（二）聚焦实业、完善链条，推动产业质量发展

充分夯实肉牛全产业链、推动产业衔接，补齐产业精深加工短板，坚持将肉牛产业作为巩固拓展脱贫攻坚成果同乡村振兴有效衔接的主导产业，全力推动包括繁育、改良、育肥、饲草、交易、加工在内的肉牛全产业链发展。高质量攻关畜牧育种问题，推广无公牛冷配技术，中农兴安国家级种公牛站项目完成肉牛改良人工配种7.5万头，西门塔尔良种繁育基地项目持续推进。积极提升肉牛交易区域影响力。

扎实推进文旅融合发展，坚持项目化推进，注重协同办文化、办旅游，加强与头部文旅集团深度合作，重点打造一批核心景区，推动文旅融合品牌

化发展。正式同华侨城北方集团签订资金拨付协议和景区委托管理协议；同景域驴妈妈集团、华侨城北方集团签订三方战略合作框架协议，同时积极同小猪民宿等文旅细分领域企业展开合作，围绕域内文旅资源，初步形成"一区三线"全域旅游格局。

（三）突出优势、强化宣传，塑造有影响的地方品牌

第一，地方整体形象宣传。在中央广播电视总台三个频道播放两部反映科右中旗生态建设和文化旅游的宣传片，协调总台制作纪录片并在《中国影像方志》栏目播出，协调中影集团拍摄VR宣传片，建立文旅媒体矩阵开展慢直播。生态品牌方面，抓好"兴安盟大米"标准体系试点项目，助力科右中旗销售"兴安盟"认证标志大米8041吨，总销售额突破5000万元。

第二，肉牛品牌。同亿利源联合育种并成功注册"鲁蒙黑牛"新品种，填补了国内高端优质黑牛品系的空白，经全国肉牛协会等权威部门验收，"鲁蒙黑牛"的牛肉达5A级标准。

第三，文旅品牌。举办中国兴安盟五角枫摄影大展，作好五角枫的宣传推广工作，蒙古族刺绣（图什业图刺绣）入选第五批国家级非物质文化遗产代表性项目名录，培育申报"科右中旗蒙古族刺绣"地理标志商标。

二、案例成果

第一，通过夯实牛肉产业链，鸿安牲畜交易市场项目2021年累计交易牛羊73万头（只），交易额达15.05亿元。策划举办中国肉牛交易大会，全国肉牛交易平台初步建成。推进建设现代化农牧业产业园，建筑面积3.76万平方米的牛舍改造工程即将完工；华阳屠宰加工冷链物流项目可实现年屠宰分割肉羊100万只、肉牛10万头，带动地方就业180人。科右中旗被农业农村部公布为全国肉牛全产业链典型县。

第二，打造具有丰富文化内涵的文旅融合品牌。举办五角枫文旅产业论坛、疏林草原摄影交流研讨会、兴安盟科右中旗五角枫旅游节、草原休闲体育大会等文旅体育活动，提升科右中旗旅游知名度。科右中旗被文化和旅游部列入2021—2022年度"中国民间文化艺术之乡"名单。2021年全旗共吸引游客127万人次，实现旅游收入6.68亿元。与上年相比，旅游人数同比增加28%，收入增长26.7%，一大批农牧民因从事旅游服务业获益，文旅融合成为经济发展的一大亮点。

在巩固拓展脱贫攻坚成果同乡村振兴有效衔接的工作中，要突破资源不平衡和环境容量有限的约束，践行习近平生态文明思想，积极贯彻新发展理念，强化农牧民生态保护意识，形成绿色发展方式和生活方式。同时，按照系统工程的思路加强生态环境保护和治理，并以产业链、品牌化的系统性思维做大做强农牧地区新兴产业。

05

光伏发电"照亮"村级产业帮扶路

案例背景

内蒙古自治区正镶白旗查干宝恩本村和南沟村，是国家统计局定点帮扶的包联村。自定点帮扶正镶白旗以来，国家统计局立足帮扶地区实际，因地制宜引进优质产业，通过建立村级屋顶分布式光伏发电项目，帮助帮扶村壮大新型集体经济，进一步挖掘发展潜力，实现外部帮扶和内生动力"双轮驱动"，为正镶白旗巩固拓展脱贫攻坚成果同乡村振兴有效衔接贡献"统计力量"。

在国家统计局党组的坚强领导和地方党委政府的有力支持下，帮扶工作组立足正镶白旗资源禀赋，在南沟村选址建设村级屋顶分布式光伏发电项目，成功实现并网发电，为查干宝恩本村和南沟村持续带来稳定可观的经济收入，成为正镶白旗首个具有示范性的村级屋顶分布式光伏发电项目。

一、主要做法

（一）结合实际重调研，在精准帮扶上下功夫

正镶白旗属于中温带干旱大陆性气候，冬长春短，夏热秋凉，无霜期短，降雨量少而集中，昼夜温差大，光照充足，雨热同季。正镶白旗太阳总辐射量推算结果显示：太阳总辐射量在1—5月呈上升趋势，5月达到最高；6—12月呈下降趋势，12月达到最低，年太阳辐射量水平约为5784.6MJ/m^2。根据《太阳能资源等级 总辐射》国家标准，正镶白旗太阳能源丰富程度等级为资源很丰富，是发展太阳能发电的理想区域。

（二）党建引领谋发展，在凝心聚力上见行动

农村工作千头万绪，基层党组织是各项工作的主心骨，办好农村的事情，实现乡村振兴，离不开基层党组织的带动引领。在广泛调研和充分论证后，定点帮扶工作组就建设光伏发电项目与查干宝恩本村和南沟村两委多次沟通，紧密结合两村实际情况，向村两委介绍项目推进的有利条件、发展前景和经济效益，听取村两委意见和建议。经过群众座谈、实地考察、答疑解惑、集体研究等环节，进一步加深认识、统一思想，最终获得村两委和村民的认可和支持。

（三）组织保障夯基石，在落地见效上展作为

在光伏发电项目实施过程中，工作组以久久为功的精神，充分发挥主观能动性，确保项目高质量、无差错地建设完成。项目建设前，工作组向当地有关部门征求意见，获得充分支持；严格按照程序进行项目公开招标，通过多家企业评标对比，精心挑选施工企业；多次与当地发展改革委、供电部门沟通协调，做好项目前期准备工作，加快项目审批立项；项目建设中，派员赴现场监督挑选面板材料，确保项目组件质量和性能达到预期标准；协调承

建单位与村集体加强沟通，强化现场督导和监管力度。

二、案例成果

通过走访多家光伏企业和借鉴有关地方典型案例，工作组发现村级屋顶式光伏发电项目具有诸多优点：无噪音、无污染，不影响用户电压环境；系统模块化设计、各部件无须经常更换，日常维护较为简单，大大减少后顾之忧；持续时间长，能够稳定运营25年以上，年均发电量39万千瓦时，按现价计算（0.2829元/度），能给村集体带来每年约10万元的长期稳定收入。

经过大量实地深入调研，结合当地光照、风沙、地质等自然条件、建设条件和政策要求，并经第三方研究机构可行性分析后，工作组认为正镶白旗所在区域太阳能资源十分丰富，对外交通较为便利，并网条件优良，是建设光伏发电站的理想站址；在正镶白旗发展村级屋顶分布式光伏发电项目符合地方实际，具备科学性和可行性；项目的开发运行符合绿色发展理念，与国家能源政策方针和内蒙古自治区能源发展战略相一致；在环保的前提下，能够行之有效且稳定持续地带来可观的经济收益，从而帮助两个帮扶村壮大集体经济。综合考虑以上因素，最终决定利用局机关投入的帮扶资金建设村级光伏发电项目。

经过工作组攻坚克难，光伏发电项目顺利建成并实现并网发电。根据《内蒙古自治区发展和改革委员会关于合理调整电价结构有关事项的通知》，上网电价按照西部地区脱硫标杆电价0.2829元/度计算，项目建设总投资115万元，投资内部收益率为8.32%，高于基准收益率8%，投资回收期为12.02年，具有较好的盈利能力。经与村两委充分协商，工作组制定光伏发电项目收益比例分配规则，南沟村占55%，查干宝恩本村占45%；所有收益均归村集体所有，并严格按照"3322"分配原则执行，即30%用于壮大村集体经济，30%用于扶持困难户，20%用于教育帮扶，20%用于医疗救助。光伏发电项目并网发电后，得到村两委和广大村民的一致好评。项目的建成达到凝聚人心、壮大集体经济、推动乡村振兴的良好效果。

三、经验启示

一是突出党建引领作用。推动乡村振兴，尤其是具体到村级的项目建设，一定要牢牢牵住党建引领这个"牛鼻子"，激活基层党支部的"红色引擎"。充分调动村两委积极性，紧紧依靠群众，引导、动员、整合各方力量，凝心聚力攻坚克难，共同促进项目的落地建成。

二是真正做到因地制宜。帮扶工作要坚持实事求是，精准施策。每个区域的经济水平、自然条件千差万别，不能生搬硬套、削足适履，盲目学习不适合本地发展的帮扶项目。对于人力资源稀缺、产业经济薄弱的地方，在充分实地调研和认真听取群众意见的基础上，着重挖掘地方优势，寻求地方政策或帮扶单位资金支持，结合实际情况，"一村一策"做好乡村规划，因地制宜开展工作。

三是发扬钉钉子精神。在光伏发电项目建设过程中，面对各种困难，工作组发扬锲而不舍的钉钉子精神，拿出"敢教日月换新天"的气概，保持"咬定青山不放松"的韧劲，坚定"不破楼兰终不还"的决心，敢于啃硬骨头，迎难而上、攻坚拔寨，克服重重困难，最终保证光伏发电项目高质量落实落地。

四是沟通协调形成合力。光伏发电项目建设成功，经过反反复复多地方调研、多部门沟通、多环节把关，得到国家统计局领导的协调帮助，地方旗委旗政府的积极支持，以及包联村两委的有力带动，形成强大合力，为项目的建成和投入使用打下了坚实基础。

06

努力打造西北"红医摇篮"

案例背景

中国医科大学认真贯彻中国共产党中央委员会组织部、中华人民共和国国家卫生健康委员会的"组团式"医疗人才援疆政策与精神，发扬"红医精神"，践行援疆初心。从2016年5月至2022年5月，中国医科大学累计选派六批117名为期1年的常驻医疗援疆专家和87名柔性医疗援疆专家，从祖国东北来到西北边陲——新疆塔城，义无反顾投身援疆一线，开始了医疗援疆之路。

六年来，医疗队精湛医术、精专帮扶、精心付出，践行医者初心使命，守望人民群众健康，恪守医者天职，牢记援疆使命，紧紧围绕中国医科大学塔城医院的发展规划制定、人才培养、重点学科建设、现代医院管理体系建设等方面进行重点帮扶，受援地医院卫生健康服务能力和水平不断提升，基层医疗服务能力和水平进步明显。

一、主要做法

（一）牢记援疆使命，全方位提升受援地医疗水平

在中国医科大学和塔城地委、行署的指导下，医疗队根据受援医院实际，科学制定《中国医科大学塔城医院中长期发展战略规划2018—2025》《2019—2022年医疗人才"组团式"援疆三年工作规划》，明确具体工作任务，并始终将提升医院管理水平、助推医院现代管理体系建设、推动医院长远发展放在首位。

开展建章立制工作，完善和修订千余条（项）规章制度，成立和调整了近百个重点工作领导小组和管理委员会，明确了工作职责。在此基础上，完成信息化建设升级改造，提高医院在质量控制、成本核算、绩效考核、财务管理、设备资产管理和医保管理等方面的精细化管理水平。

大力推动医院的学科建设与发展，努力填补学科空白。建成塔城地区首个精神心理卫生中心、专业负压结核病实验室和艾滋病毒基因检测实验室；创建塔城地区首个自治区级住院医师规范化培训基地；建立自治区级临床重点专科1个、自治区质量控制分中心5个、地区级临床重点专科6个、诊疗救治中心5个、质量控制中心11个；牵头成立地区医学分会14个。同时，成功开设新生儿科、消化内镜科、泌尿外科、产科、肿瘤内科和肿瘤/血管介入科等科室，填补了学科空白。

完成门诊病房楼及附属工程建设、专家公寓楼建设项目，以及发热门诊、职工食堂等老旧院区改造。2020年7月开始新建传染病（南院）院区，2022年5月开工建设地区肿瘤诊疗中心，打破了塔城地区没有传染病医院和肿瘤专科的局面。

强化医联体建设，利用援疆项目建设的塔城地区影像质控系统和远程会诊系统，向上与中国医科大学各附属医院、向下与县（市）级医联体单位建立跨区域远程会诊机制。同时，通过有计划的定期巡诊，"组团式"医疗援疆

的成果辐射基层医院，做到资源共享、医疗惠民。

（二）传递红医精神，打造"带不走"的医疗队

医疗队将辽宁援疆精神和中国医科大学的红医精神有机结合在一起，通过教学查房、手术示教、学术交流等方式提升受援地医务人员技术水平，六年累计帮带本地学员270人次，指导开展新业务新技术245项，申报各类科研项目25项、辽宁省自然科学基金医疗援疆专项11项，发表科研论文153篇。

医疗队把构建人才培养体系放在首位，将塔城地区人民医院成为中国医科大学研究生培养点作为长远目标。为此，医疗队在加强师资力量培养，住院医师规范化管理，提升整体教学质量方面持续发力。2021年，第一批住培生结业考试成绩优异，同年12月，现有的内、外、妇产、儿科、急诊、放射、超声和全科8个专业住培基地顺利通过自治区评估验收。新申报的麻醉科专业基地成功获批，为创建国家级住院医师规范化培训基地奠定了坚实的基础。该项工作得到自治区党委和医疗人才"组团式"援疆工作领导小组的高度认可和重视，将塔城地区人民医院国家级住院医师规范化培训基地建设纳入《新疆维吾尔自治区医疗人才"组团式"援疆工作规划（2021—2025）》。

（三）讲团结聚合力，打造过硬医疗人才"组团式"援疆队伍

医疗队确定了"以党建促队建、以队建带援建"的工作思路，引导队员们自觉地讲团结、讲正气，识大体、顾大局，努力形成团结一心干事业、齐心协力谋发展、群策群力促和谐的良好局面，共同把医疗援疆事业推向前进。

一是成立医疗队党支部。进一步发挥基层党组织战斗堡垒作用，教育引导医疗专家厚植爱国情怀，发扬红医精神，甘于奉献、勇于担当，全身心投入医疗援疆事业。

二是培育"六个特别"的援疆团队。着力培育特别能团结、特别能奉献、特别能吃苦、特别能战斗、特别能忍耐、特别守纪律的援疆团队，为完成医疗援疆使命提供组织保证。

三是构建清正廉洁的工作机制。把加强党风廉政建设作为重要工作，贯穿援疆工作全过程。教育全体医疗队员要始终保持廉洁行医的高标准，守好工作中、生活中、交往中的小节；要牢记党纪国法，把尊法、学法、守法、用法作为规范医疗行为的基础、化解医疗纠纷的途径、维护合法权益的武器、提高服务能力的抓手。

二、案例成果

擦亮援疆招牌，用汗水和荣誉交付援疆答卷。援疆工作开展以来，红医精神在距辽宁近万里的新疆塔城生根发芽，花开遍野。受援地医疗服务水平明显提高，医护人员工作理念转变明显，医患关系持续向好，甘于奉献、救死扶伤、一心为民的崇高医德医风，在广大医护工作者中广泛流传、蔚然成风。其中，涌现出杨泽辉等一批令人钦佩、感动全国的优秀援疆医生，以及金洪、郭文娟、李飞等一批受当地百姓称赞的优秀基层医护工作者；收到患者赠送的感谢信百余封、锦旗近500面，辽宁"组团式"医疗援疆成为受援地有口皆碑的援疆金招牌。

汗水不会辜负每一个努力的人。援疆以来，医疗队员们践行红医精神与健康使命，与全院干部职工同甘共苦，在人才培养、学科建设、医院管理方面作出积极的贡献，得到党中央、自治区党委、地委行署及全院干部职工的高度评价。2021年，荣登中央广播电视总台庆祝中国共产党成立100周年大型直播特别节目《今日中国》收官之篇——《今日中国·新疆》栏目；在第四届"中国医师节"，医疗人才"组团式"援疆工作队被中宣部、国家卫健委授予"最美医生团队"荣誉称号。优异的成绩，离不开辽宁省委省政府、新疆维吾尔自治区党委和政府，以及塔城地委行署、辽宁援疆前方指挥部、全体医疗援疆队员、全院干部职工和新疆塔城地区各族人民群众的无限支持。

三、经验启示

一段援疆路，一生援疆情。援疆期间，医疗队不仅收获了诸多荣誉和赞美，而且收获了许多温暖与感动。每一名医疗援疆队员都展现了不忘初心、无私奉献的高尚品德，感受到从国家到地方对援疆干部的关爱，也感受到新疆塔城地区各族人民群众的热情善良。

援疆征程路漫漫，几多风雨几多晴。来时雪莲迎风展，去时不舍满天山。援疆工作开展以来，在前后方各级领导的关心厚爱和指导帮助下，在塔城地区人民医院各族干部群众的信任和支持下，医疗队用实际行动践行援疆初心和使命，用闪闪荣耀擦亮辽宁援疆金招牌，用满腔热情和精湛的医疗技术谱写了中国医科大学"组团式"医疗援疆的新篇章！

07

"四驾马车"帮扶　汇聚发展合力

案例背景

国家广播电视总局在多年定点帮扶山西省平顺县的探索与实践中，开拓出符合当地实际的"国家部委+地方政府+科技企业+本地资源"的"四驾马车"帮扶方式。结合平顺县地域特色资源，发挥广播电视和网络视听行业优势，引进社会平台力量，为助推平顺县电商产业汇聚强大发展合力。

国家广播电视总局严格落实"四个不摘"要求，结合平顺县丰厚的文化旅游资源和特色农副产品，发挥广电行业宣传优势，协调发挥社会企业的平台优势和流量资源，多措并举助力平顺县打造地域特色品牌，培育电商主体，培训各类人才，全方位支持平顺县电商产业发展，助力平顺县逐步实现产业振兴。

一、主要做法

（一）打造地域品牌，提升平顺特色产品知名度、美誉度

国家广播电视总局结合平顺潞党参、大红袍花椒等特色农产品获批地理

标志农产品的优势，助力平顺县打造地域特色品牌。

一方面，发挥行业宣传优势，协调各级广播电视台和网络视听媒体加大宣传推介力度。推出《画说平顺》《连翘茶背后的密码》等宣传片；协调《我们在行动》《益起追光吧》《真相百分百》等节目组到平顺录制，宣传推介当地特色农产品；开展"诗画平顺踏春淘品节""平顺大红袍花椒节""爱心助农"公益直播等助农活动。

另一方面，协调公益设计师团队为平顺县设计县域公共品牌，引入数字化技术力量帮助平顺完善供应链体系、农产品溯源体系，提升当地农业产业的科技化、标准化与市场化水平，促进平顺县农业产业迈向高质量发展。

（二）实施人才教育帮扶，提升群众内生动力

乡村要振兴，人才是关键。广电总局在定点帮扶工作中，始终重视培养乡村振兴各类人才。

一是协调引入钉钉智慧教育，为平顺县中小学搭建智慧化教育平台，覆盖全县65所学校1.5万余名学生。引入300余万元公益基金支持平顺县第三中学寄宿制学校改革，为平顺中小学生提供更加优质的学习条件。

二是在平顺县举办多期"广播电视和网络视听助力乡村振兴公益培训班"，并在组织广电行业培训时，专门邀请平顺相关同志参加，切实提升平顺县广电行业技术人才。

三是广电总局研修学院在平顺县建设新视听人才培训创新示范园，相关单位在平顺县成立淘宝直播村播学院，为培训平顺县电商从业者和村播达人提供长效支持。

（三）引入产业项目，吸引青壮年人才回流

广电总局协调阿里巴巴集团在平顺电商小镇落地新兴数字化产业——淘宝直播数据标注业务，建设阿里巴巴（太行）数字示范基地，在当地聘用、培养具备专业能力的人才。目前，该基地已从当地招聘培养100余名人工智能

标注师，并积极推进基地二期建设项目。随着平顺产业项目的不断发展，越来越多的优秀青壮年劳动力返乡，缓解了因产业项目和就业机会较少导致的青壮年外流，人才流失反向制约产业发展的难题。

（四）发展本土电商，搭建数字化销售矩阵

广电总局积极协调头部网络视听平台的网络销售资源优势，帮助平顺县推进电商本土化发展。阿里巴巴集团与平顺县签订帮扶合作框架协议，接续选派乡村振兴专员到平顺县挂职，公益捐赠智慧化设备与应用系统，支持平顺县"物流供配中心"建设，降低平顺小件物流成本。在淘宝、支付宝等平台上开设"土货鲜食""兴农脱贫"等活动专区，集中资源助力平顺县农产品线上销售。整合聚划算、淘宝直播、兴农脱贫、优酷等平台资源，帮助平顺培养更多的优秀商家，不断丰富平顺县域电商生态。

二、案例成果

在广电总局近几年的帮扶和支持下，山西省平顺县电商产业发展成效显著，2018年被商务部授予电子商务进农村综合示范县。截至2021年底，平顺县建成1个县级电商公共服务中心和150家乡村电商服务站点；小微电商从最初的30余家发展到500余家，电子商务从业人员达5万余人，全县电商销售额达2.76亿元。

三、经验启示

扶志与扶智相结合，为推进乡村振兴培养可用之才。乡村振兴要广泛依靠农民、教育引导农民、组织带动农民，激发广大农民群众积极性、主动性、创造性。广电总局始终注重发挥定点帮扶县人民群众的主体地位，着力提升定点帮扶县内生发展动力，通过开展"捐资助学"活动、组织各类公益培训、建设网络视听人才培训基地和数字化标注产业基地等方式，培育乡村本土人才，激发当地人民群众全面推进乡村振兴的智慧和力量。

推动电商本土化发展，为推进乡村振兴夯实产业基础。数字经济时代，电商作为新兴业态，既可以推销农副产品，帮助群众脱贫致富，又可以推动乡村振兴，大有可为。广电总局紧紧围绕电子商务产业，着力打造乡村特色农产品品牌，孵化乡村本土电商主体，培育村播达人，推进电商经济发展，促进手机成为"新农具"，直播成为"新农活"，数据成为"新农资"。

积极引入社会力量，为推进乡村振兴汇聚强大合力。众人拾柴火焰高，推进乡村振兴要广泛动员社会力量参与，充分发挥社会力量作用，引导市场、社会协同发力。广电总局在充分发挥机关各部门、直属各单位资源力量的基础上，积极协调发挥各级广播电视媒体、各类网络视听企业的资源力量，为定点帮扶县发展提供宣传、人才、项目、资金等多方面的支持，最大化提高帮扶效能，为定点帮扶县发展汇聚强大力量。

08

桑蚕+农旅　铺就乡村振兴"新丝路"

案例背景

　　产业振兴是乡村振兴的重中之重，要坚持精准发力，立足特色资源，关注市场需求，发展优势产业，促进一二三产业融合发展，更多更好惠及农村农民。中华人民共和国商务部驻四川省仪陇县华江村工作队，统筹运用部定点帮扶资源，立足本地发展条件，激活传统产业活力，在打造"桑蚕+农旅"产业融合发展方面，进行了有益探索。

　　商务部有关单位在深入调研基础上，对华江村的做法进行提炼总结，以期探索可复制可推广的脱贫地区产业创新发展新途径。

　　仪陇县土门镇华江村地处川东北丘陵地带，现有村民665户2680人，养蚕文化历史悠久。2019年以来，商务部先后向华江村派驻3名驻村工作队员，支持当地巩固拓展脱贫攻坚成果同乡村振兴有效衔接，大力推进当地经济发展和群众生活改善。

一、主要做法

（一）摸底传统产业转型的问题和困境

四川仪陇是蜀锦的主要产地，是四川省桑蚕产业大县。华江村历来有种桑养蚕传统，但多年囿于传统小农经济模式，规模小且种植分散，产品差而标准不一，发展面临诸多困境。

一是产业基础薄弱，发展信心不足。华江村曾是原土门镇深度贫困村，产业基础孱弱，全村仅有少量农户种桑养蚕，蚕茧议价能力较弱；产业收益受季节天气、收购价格波动影响较大，农民的发展积极性屡屡受挫；受农村外出务工潮影响，农村"空心化"严重，传统种养模式的劳力缺乏问题日益凸显。

二是产业化水平不高，利润空间受限。过去，华江村桑蚕种养缺乏统一技术指导、模式落后管护粗放、疫病防控不足，因此桑苗品种良莠不齐、桑叶单位亩产不高、幼蚕病死率较高，蚕茧质量亟须提升。

（二）探索现代桑蚕产业发展之路

多方争取项目资源，实现规模连片发展。农业要发展，就要走高质量、规模化的路子。商务部驻村工作队认识到，规模小、配套弱是制约华江村蚕桑产业发展的主要因素，必须优先解决，主要从扩大种植规模和完善配套设施两方面入手。驻村工作队依托商务部2020年定点帮扶项目，争取帮扶资金495万元，在现有土门铜鼓省级现代农业产业园周边，联合文昌、红跃两个村，积极流转村内闲散土地、去杂调形，统一栽植优质桑树1020亩，修建智能型小蚕共育室3处450平方米，修建标准蚕棚12处12000平方米，桑蚕产业园区初见规模。同时，大力推动蚕桑产业园高标准建设，积极申报田间道路、水利建设等涉农项目，完善产业配套设施，采用以工代赈等多种形式，建设田间道路15公里、排灌渠系12公里，新建及整治山平塘、蓄水池10口。桑蚕产业园及配套设施的建成，一改往日各家种桑、各户养蚕的小农模式，助力华江村桑蚕产业走上规模化、连片化、标准化农业新道路。

招引农业企业参与，多措并举降低风险。龙头企业等新型农业经营主体在乡村产业发展中具有显著带动作用。面对桑蚕种养农户普遍缺乏先进技术与经营理念的问题，驻村工作队积极招引龙头企业参与产业共建。一是以现代化经营提振产业信心。龙头企业引入现代化管理方式，按约按时支付土地流转费用，统一采购高品质桑苗，利用新设备、新技术提高劳动效率，聘请专业技术人员，在桑园管护、病虫害防治等多方面跟踪服务，提振农户的发展信心和经济收益，带动更多村民投入产业发展。二是以联结帮扶机制保障农民底气。驻村工作队推动企业与农户签订蚕茧保护价收购协议，约定市场行情上涨时按市场价收购，市场行情不景气时按5年平均茧价的80%保底收购，切实降低农户风险。村集体还以合同形式划定企业责任义务，完善利益联结与联络会商机制。此外，村集体主动与企业建立起贫困就业帮扶机制，定期开展贫困劳动力技能培训，优先满足贫困劳动力就业。

立体循环多维发展，变废为宝拓宽收益。立体农业可以充分利用立体空间，具有因地制宜、高效安全的特点，成为农业产业发展的新趋势。驻村工作队着力推动产业立体化、生态化，不断提高经济效益和社会效益。一是创新"套种"提质增效。过去，华江村蚕农仅仅依靠种桑养蚕产出的蚕茧收益。如今，蚕农在桑树生长期套种春大豆，在土地冬闲时套种榨菜，切实拓展了农户增收渠道，促进了桑蚕产业多维立体健康发展。二是生态循环变废为宝。华江村及周边省级产业园区约有万亩桑树，每年产生4万吨桑枝，农户为避免废弃桑枝堆积，往往烧柴或切片出售处理，人力成本都难以收回。近年来，部分农户开始探索以桑枝废条培育食用菌的做法，实现变废为宝、物尽其用。在深入调研基础上，商务部帮助华江村引进联合国开发计划署可持续发展项目发展食用菌产业，购置桑枝粉碎机、菌包装袋机等关键设备，聘请专家优化食用菌技术，以期早日实现量产，利用村级电商站点线上线下销售，形成栽桑、养蚕、桑枝食用菌培育、废弃菌包还田的"桑—蚕—菌—肥"循环生态有机产业。

建设农村电商站点，拓宽市场销售渠道。电商站点是增强农产品上行的重要抓手，能够切实打通城乡双向流通的"最后一公里"。驻村工作队充分发挥商务帮扶优势，抓住仪陇县实施国家级电子商务进农村综合示范项目机遇，对接县级部门，争取地方商务资源配套，于2019年11月正式设立土门镇、华江村两级电商站点。驻村工作队不断完善农村电商产业配套设施和经营功能，降低快递物流费用，获取产品质量认证，拓宽产品销路，帮助村民销售在蚕桑产业园内套养套种的土鸡蛋、黄豆、鹅蛋等农产品，切实带动农民增收，实现2021年土门镇电商站点全年销售额超225万元，华江村电商站点全年销售额超20万元。农村电商站点的线上销售渠道，有效疏通了因场镇集市关闭导致的销售渠道受阻问题，不仅将村民的农产品卖了出去，更卖上了好价钱。

谋求一三产业融合，发展特色农旅。随着千亩桑树的茁壮成材，华江村返乡务工的村民、前来参观的游人也越来越多，村里的人气又旺了起来。为进一步放大蚕桑产业的带动效益，优化原深度贫困村产业结构，商务部于2021年安排资金205万元支持驻村工作队打造垂钓休闲农旅农庄。项目主体已于2022年6月落成，农庄开放后将发挥华江村绿水青山的生态垂钓优势，还将开发桑叶茶、桑枝菌、全桑宴等特色主题餐饮，实现"以桑兴旅，以旅促桑"。

二、案例成果

三年来，在商务部定点帮扶和当地政府大力支持下，华江村不断巩固壮大蚕桑产业，打造"政府+公司+村集体+农户"的模式，辐射带动两村14个村民小组，建成有机蚕桑产业园1020亩，一年养蚕3000张，产茧120余吨，年产值超600万元；形成互惠互利的利益联结机制，重点围绕"五金"，即土地流转得租金、返租倒包得薪金、基地务工得酬金、固定分红得股金、间作套种得现金，带动群众户均增收达1.13万元。

华江村推动乡村特色产业创新融合发展，通过立足本地优势、统筹发展规划、注重人才培养等多个方面，巩固壮大农村特色产业，使其成为实现农民增收、农业发展和农村繁荣的重要基础，对推动脱贫地区全面进入乡村振兴发展轨道具有重要的现实意义。

09

"双领双全"新形式　党建引领有优势

案例背景

　　蒙阴县位于山东省中南部,泰沂山脉腹地、蒙山之阴。作为典型的山区农业县和全国蜜桃种植大县,按照《关于开展农民合作社规范提升行动的若干意见》要求,蒙阴县充分发挥基层党组织带动引领作用,围绕果品产业育苗、农资、农机、销售、物流等全生命周期,开拓"农业+""旅游+"全产业链条,创新"党委领导联合社、支部领办合作社"形式,发展一批特色社、优势社,有力推动乡村产业振兴。

　　近年来,全县发展村党组织领办合作社310家、联合社16家,带动村集体平均增收3万元、入社群众户均增收1.2万元。2021年6月,蒙阴县被评为国家级农民专业合作社质量提升整县推进试点县,2022年又被农业农村部确定为农民专业合作社质量提升整县推进试点重点县。

一、主要做法

（一）聚焦"一个中心"，突出党建引领

蒙阴县把党组织领办合作社作为"一把手工程"，建立县乡村三级工作体系。

县级统领，成立由县委书记、县长任"双组长"的领导小组，下设综合协调、技术服务、农资服务等10个工作推进组，整合44个部门资源，专班化、项目化、清单化推进工作。

乡镇主导，坚持分类改造提升和因地制宜创办相结合。成立工作专班，把党组织领办合作社纳入乡村振兴总体规划，与镇域经济发展和本地特色产业提升相结合，研究制定符合镇域特色、农民需求的推进措施，激活乡村振兴新动能。

村级主体，坚持党员干部带头，广泛发动群众，算好"经济、民生、长远"三笔账，打消群众顾虑，引导群众积极参与。截至2022年6月，全县共发展社员18315人，成员出资总额9.9亿元。

（二）建强"两个平台"，创新推进模式

党委领导联合社。蒙阴县按照市场运作、资源统筹、金融创新、方式灵活的原则，依托乡镇国有公司、供销社、龙头社等市场主体，整合镇域资源，由乡镇领办联合社，打造为农服务中心平台。例如，野店镇把镇域种植、养殖、农资、电商等11家合作社纳入联合社统一管理，与全国磷复肥工业协会、农药工业协会和山东省供销社等对接，实现了土地托管、农资竞价、产销对接等全方位服务。

支部领办合作社。蒙阴县引导村党组织充分发挥政治、组织和群众工作优势，通过领办合作社、创办好项目，提升果品产业发展活力和市场竞争力。在全县总结推广"村社共建、村企合作""流转焕新、联合共进"等10种模

式，评选县级示范社18家。

（三）聚力"四个加强"，规范有序推进

加强政策保障。蒙阴县制定出台《关于推动村党组织领办合作社助力村级集体经济发展的实施意见》《关于村党组织领办合作社推动果品产业高质量发展的实施方案》，明确强化金融、项目扶持和服务保障等系列措施，梳理形成《村党组织领办合作社扶持政策（项目）汇编》，涵盖26个部门、47个政策（项目），全面明确政策依据、项目内容、所需材料、办理流程和联系方式，为合作社提供高效精准服务。

加强分类管理。为提高政策措施精准度，蒙阴县定期对合作社成立、运行等情况进行摸底排查，区分示范引领、规范运营、结对帮扶、重点关注等四种类型，建立台账、精准管理、分类提升。其中，对于有一定发展基础、需继续规范提升的62家合作社，实行"1+2"结对帮扶机制，由31个领导小组成员单位联系帮扶，确保领办一个、成功一个。

加强规范管理。蒙阴县编制《蒙阴县村党组织领办合作社操作实务手册》，从合作社注册登记开始，对章程、民主管理、股金管理、财务管理、收益分配等方面进行系统规范。组建县乡合作社辅导员队伍，指导村党组织领办合作社规范运行。充分发挥成员大会、监事会作用，对运转情况、资金使用、收益分配等全程监督，防止发生资金资产安全问题。

加强督导考核。建立落实周调度、月通报、季观摩常态化推进机制，定期召开调度会、推进会，及时掌握情况、发现问题、督促整改，推动任务落实。

二、案例成果

做大规模实现标准化。整合涉农政策、项目、资金集中投入，县财政设立1000万元专项资金，协调发放"鲁担惠农贷"等低息贷款3.6亿元，支持合作社规模化发展。同时，合作社带头示范应用现代果业技术，在果业生产各环节实行标准化，引领群众走标准化、规模化、集约化路子。

做强科技实现优质化。蒙阴县与山东省合作经济研究会合作，设立党组织领办合作社蒙阴发展研究院。长期与中国农科院郑州果树研究所、山东农业大学等科研院所合作，建立产学研基地和专家顾问团队，近两年引进优质新品种23个。同时，推广有机肥替代化肥、水肥一体化、测土配方施肥等技术，分层加强农技人员和果农培训，果业管理水平全面提升。

做优市场实现品牌化。支持合作社开展果品分级分选，引导进行"三品一标"认证，引导注册、使用区域公用品牌或自主商标，推动果品走向高端市场。蒙阴县与叮咚买菜、上海西郊国际签订合作框架协议，借势用好网络、电商、展销会等，大力宣传"好山好水出好果"。蒙阴果品知名度和美誉度不断提高，蒙阴蜜桃品牌价值居全国桃产业第一位。

做实平台实现智慧化。新建现代农业科创中心，配套智慧农业展厅、专家工作站、电子商务中心等，汇集最尖端的力量，孵化最尖端的技术，辐射带动全县果业发展。垛庄镇聚利果品专业合作社与中国农科院合作共建"智慧果园"，在6000亩果品标准化基地应用传感器感知技术，建立基地物联网信息监控平台，实现了生产全程监控和专家跟踪指导。

三、经验启示

推进乡村振兴，党建引领是核心。蒙阴县坚持以党建引领为核心，以村党组织领办合作社为着力点，将村党支部的政治优势、组织优势同合作社的产业优势、市场优势相结合，坚持产业发展到哪里，村党支部领办合作社就跟进到哪里，实现了支部有作为、党员当先锋、集体增收益、群众得实惠的良好成效。

推进乡村振兴，选准产业是关键。蒙阴县在推动村党组织领办合作社的工作中，以果品产业提质增效为切入点，坚持全生命周期、全产业链条发展合作社，实现了果品产业高质量发展和民富村强。同时，对于果品产业优势不明显的村，坚持因地制宜，不搞"一刀切"，宜农则农，宜商则商，宜游则游，极大激发了村党组织领办各类合作社的热情，激活了乡村振兴"一池春水"。

推进乡村振兴，统筹资源是保障。蒙阴县为了更好地强化村党组织领办合作社工作保障和资源统筹，成立县委县政府主要领导任组长的领导小组，整合全县各部门人才、资金、项目等资源，进行全方位、系统化支持保障，实现了攥指成拳、合力推进。

推进乡村振兴，尊重群众是根本。蒙阴县坚持以人民为中心的发展理念，在党组织领办合作社过程中，把群众放到办社主体地位，把促进群众增收致富作为根本出发点和落脚点，坚决不与民争利，通过推进"资源变资产、资金变股金、农民变股民"三变改革，实现了群众多途径增收。

10

"阜南样板"结硕果 做优做强粮食产业链条

案例背景

国家粮食和物资储备局认真学习贯彻习近平总书记关于乡村振兴的重要讲话精神，落实国家粮食安全战略和乡村振兴战略，坚持"粮头食尾、农头工尾"，支持定点帮扶的安徽省阜南县的发展。

帮扶过程中，国家粮食和物资储备局持续深入推进优质粮食工程，以优质粮源基地、皖西北粮食产业园"一基地一园区"为牵引，大力推进"三链协同"，深入实施"五优联动"，不断推动粮食产业高质量发展，助力乡村振兴"阜南样板"取得明显成效。

一、主要做法

从"三小步"到"三大步"，打造乡村振兴"阜南样板"。2018年到2020年，国家粮食和物资储备局支持阜南县深入实施优质粮食工程，完成优质小麦示范种植—规模化种植—就地加工转化"三小步"，助力打赢脱贫攻坚战，迈出融合发展"三大步"的第一步；2021年，坚持融合发展总体思路，持续实施拓展优质粮源基地—建设粮食产业园—打造皖西北粮食产业集群"三大步"，着力培优乡村振兴"阜南样板"。

从"小散弱"到"强集聚"，推动小农户同现代农业有效衔接。调动农民种粮积极性，关键在于让农民种粮有钱挣。国家粮食和物资储备局坚持合作共赢理念，推动集聚集约发展，促进小农户同现代农业有效衔接，分享粮食产业链升级成果，推进"阜南样板"走深走实。

从"小切口"到"大作为"，以点带面放大"阜南样板"成效。据统计，832个原国家级贫困县中有258个产粮大县，占比31%，一产不强、二产不优、三产不活是共性问题。国家粮食和物资储备局找准阜南县粮食产业高质量发展这个"小切口"，在产粮县和脱贫县推广"阜南样板"，着力展现更高层次保障国家粮食安全、促进乡村振兴的"大作为"。

二、案例成果

突出"五优联动"，巩固拓展皖西北优质粮源基地。国家粮食和物资储备局立足阜南县产粮大县实际，坚持夯基固本，抓牢优质粮源基地产购储加销"五优联动"，实现全链提升。支持中国中化、中粮集团等龙头企业发挥专业化优势，为35万亩优质小麦规模化种植基地提供现代农业服务，产量质量双提升，实现优粮优产。指导龙头企业建立粮食经纪人合作联盟，帮助组建"收粮团队"，实现优粮优购。盘活阜南9个乡镇粮库近6.8万吨闲置仓容，开展分品种分仓储存，实现优粮优储。提供优质粮源，赋能阜南众合面业等中小型面粉加工厂生产优质产品，实现优粮优加。国家粮食交易平台举办阜南优质小麦网上交易专场，成交7.98万吨，销售额达2.1亿元，均价达1.33元/斤，超过1.13元/斤的最低收购价，实现优粮优销。2021年冬季，优质粮源基地规模从35万亩进一步拓展到60万亩，粮食产业高质量发展基础不断夯实。

突出"三链协同"，建设皖西北粮食产业园。国家粮食和物资储备局帮扶阜南县建设皖西北（阜南）粮食产业园，延伸粮食产业链、提升价值链、打造供应链，加快建设粮食产业强县。帮助规划园区总体布局，推动首批4个项目全部完工。粮食质检中心、产后服务项目和10万吨高大平房仓已投产。引进中裕公司投资2.4亿元建设30万吨面粉生产线，2021年底实现试生产，每年助农增收和纳税均超亿元。陆续引进中化、中粮、中裕、京东、鲁花等龙头企业与阜南县签订10个战略合作协议，有力带动粮食全产业链和一二三产业融合发展。同时，协调阜南县建立企业"专服员"机制，选派县有关部门负责同志担任"专服员"，一对一服务解决企业急难愁盼问题，为产业园建设保驾护航。

强化龙头企业带动。先后协调引进中粮集团和中国中化两家央企，充分发挥其资源、技术、渠道优势，完成优质小麦"三步走"，促进产购储加销全链条整体联动、融合发展。2021年，支持中国中化组织60万亩优质小麦订单种植，建成4000平方米MAP现代农业技术服务中心和27个村级服务站。构建利益联结机制。支持龙头企业建立"公司+农民合作社+基地+农户"利益联结机制，实施组织土地、技术方案、机械作业、金融保险、烘干收储、培育品牌"六统一"标准化生产，利用精准农业气象、全程品控溯源等智慧农业技术指导农民科学种田，亩均增产100多斤，种植成本降低60多元，高于市场价5%收购，每亩助农增收200元以上，带动4.9万群众受益。同时，协调中国人保提供6折优惠的收入种植保险，让农民吃上"定心丸"。

2021年6月，利用阜南县召开全国深入推进优质粮食工程、加快粮食产业高质量发展第二次现场经验交流会之机，套开粮食产业助力巩固拓展脱贫攻坚成果同乡村振兴有效衔接现场会，各省粮食和物资储备部门及有关企业现场观摩"阜南样板"，总结交流2020年在64个脱贫县推广"阜南样板"的经验做法。协调阜南县主要负责同志参加6月18日国务院新闻办优质粮食工程新闻发布会，人民日报、中央广播电视总台《新闻联播》《焦点访谈》栏目，均对"阜南样板"进行宣传报道。粮食产业园被评为国家粮食安全宣传教育基地，农业农村部、供销总社等部门，以及北京、黑龙江、江苏等地区的37个考察团近350人到阜南县调研学习，样板典型示范效应持续强化。

积极支持安徽省先行复制"阜南样板"，做优做强粮食产业链条，全省优质小麦、水稻种植面积均超2000万亩、占比60%以上。重点支持龙头企业在100个全国产粮大县和100个国家级脱贫县复制推广"阜南样板"，从2020

年13省64个县拓展到2021年19省140个县，其中全国产粮大县116个、国家级脱贫县69个，实施优质粮食订单500多万亩，带动100多万小农户稳定增收。"十四五"时期，国家粮食和物资储备局将继续支持龙头企业在国家级脱贫县复制推广"阜南样板"，力争提前超额实现拓展至200个县的目标。

　　未来，国家粮食和物资储备局将继续贯彻落实习近平总书记关于国家粮食安全的重要论述精神，进一步推广复制乡村振兴"阜南样板"，积极参与县域经济发展，为促进乡村全面振兴，实现更高层次、更高质量、更有效率、更可持续的国家粮食安全提供重要支撑。

11

到村带户合作共赢　构造产业经营帮扶新样式

案例背景

　　国家信访局把帮助支持河北省海兴县产业发展放在定点帮扶工作重要位置，作为强县富民的重要抓手。

　　为持续巩固拓展脱贫攻坚成果同乡村振兴有效衔接，2021年4月，国家信访局积极组织协调，联合海兴县组成考察组，由驻县帮扶挂职干部带队，先后到内蒙古敖汉旗、河北隆化县、天津西青区金三农农场进行考察调研和参观学习。在总结学习异地成功经验、分析本地实际情况的基础上，考察组与石家庄君乐宝乳业集团反复接洽，达成合作意向。国家信访局帮助海兴县引进总投资1.3亿元的标准化奶牛养殖项目，规划奶牛养殖规模3000头，项目建成后可实现全县84个脱贫村、6000多名脱贫人口和600多名易返贫致贫人口稳定增收。

一、主要做法

（一）推动产业帮扶到村带户，有效扩大参与主体覆盖面

国家信访局积极指导海兴县按照产业发展资金政策要求，突出"到村带户、合作共赢"理念，培育壮大特色产业，优化联结带户机制，让更多农户分享乡村产业振兴的收益。加强顶层设计，健全产业发展政策体系；强化统筹，提高涉农整合资金使用效率。

2021年，国家信访局指导海兴县安排涉农整合资金5980万元发展产业帮扶项目，占全部整合资金的61.68%，比2020年提高9.79个百分点。安排产业资金7760万元，其中整合资金4950万元，回收、帮扶、盘活存量资金2810万元，与君乐宝集团合作，实施总投资1.3亿元、占地260亩、规模3000头的标准化奶牛养殖项目，项目收益可保证脱贫村、脱贫户及易返贫致贫户15年稳定增收。

促进群众增收，完善利益联结分配体系。引导产业帮扶资金分配严格落实《河北省财政衔接推进乡村振兴补助资金管理办法》，按照"支持有脱贫人口的村发展村级集体经济"的原则，将2021年度7760万元产业资金根据全县脱贫户数量予以平均量化，再结合各村现有脱贫户数计算出应分配资金数额，整合下放到有脱贫人口的193个村，相关村利用到村产业资金投资建设奶牛养殖项目。

（二）打造融合发展产业平台，开启特色产业帮扶新模式

帮助引进农业产业领军企业，培育新型农业经营主体，打造农业产业发展平台，带动小农户对接大市场，进一步提高特色农业的集约化、专业化、组织化水平。

从分散到集中，打造产业发展新引擎。海兴县标准化奶牛养殖项目设计年产鲜奶1万吨，鲜奶品质达欧盟标准，养殖粪污全部实现能源化、资源化利用，预计年收益达1200万元，收益率超过6.1%。国家信访局积极倡导组织村

集体将到村产业资金形成股份，委托投放到县级扶贫产业开发平台海兴县益民扶贫开发产业有限公司进行统一建设、经营、管理，获取收益。

从单兵到合作，注入产业发展新动能。国家信访局帮助引入行业领军企业君乐宝乳业集团，由海兴县益民扶贫开发产业有限公司与君乐宝乳业集团合作，双方共同出资成立海兴县君益牧业有限公司，海兴县益民扶贫开发产业有限公司占股77.5%，君乐宝乳业集团占股22.5%，建设经营标准化奶牛养殖项目，充分借助君乐宝乳业集团的资本优势、市场优势、管理优势和技术优势，带动县域特色农牧产业持续健康发展。

从联合到融合，激发产业发展新活力。海兴县标准化奶牛养殖项目每年需要2万吨以上的优质青贮饲料，可以带动玉米种植6000亩以上，帮助周边农户每亩增收50元以上。该项目的实施，与当地及周边农户建立了稳定的合作关系，为青贮玉米等农作物提供了可靠的销售渠道及较高的销售价位，可有效促进农民增收、农业增效。同时，参与经营有助于培养县、乡、村自己的经营人才，为今后多层面发展特色产业、开拓市场积蓄力量。

（三）促进产业发展多方共赢，有效增强利益联结内生力

海兴县规模化奶牛养殖项目以农业产业发展平台为主体，通过健全监督监管机制、完善利益联结机制，充分调动企业和农户的积极性、主动性、创造性，实现农业产业健康可持续发展。

坚持项目监管重点化，确保项目合规经营。国家信访局指导海兴县农业农村局、相关村集体及益民扶贫开发产业有限公司三方签订《海兴县2021年奶牛养殖项目委托实施及监管协议》。

坚持收益分配效益化，充分调动各方积极性。协议方案规定，益民公司通过君益牧业有限公司所得年度分红低于6.1%时，益民公司不提取年度委托管理费，将全部分红资金汇入县专项收益账户；所得年度分红超过6.1%，实行激励机制，益民公司按照超出部分的60%提取年度委托管理费，其余分红资金汇入县专项收益账户。

坚持产业发展区域化，实现健康持续发展。海兴县政府采取专项投入和龙头培育相结合的方式，发展壮大奶牛养殖产业，形成新的区域特色产业集群和增长极，促进强县富民。企业借助产业资金新上项目，扩规经营，从中获利，提升效益。

二、案例成果

海兴县规模化奶牛养殖项目建成投产后，每年可实现500万元以上的稳定收益，实现多方共赢。一是全县193个村集体收入得到保障，有效壮大村集体经济；二是可持续带动全县近3100户的脱贫人口和易返贫致贫人口实现稳定增收，持续巩固拓展脱贫攻坚成果；三是必将加快海兴县农业产业化发展步伐和农业产业结构调整，有效带动农户通过种植青贮饲料每亩增收200元以上，有力地促进农业产业化发展和巩固拓展脱贫攻坚成果同乡村振兴有效衔接，大力推动全县农业产业化发展驶入快车道。

三、经验启示

通过实施奶牛养殖项目，海兴县形成以下几点经验启示：一是发展产业要充分考虑当地资源优势、消费需求等因素，确保实施的产业符合当地实际；二是发展产业要充分调动脱贫群众的积极性，优先发展到户类产业项目，让群众真正通过参与产业增收致富；三是要加强项目技术管理，聘请专业技术人员管理企业，提高经营管理效益，确保取得更高收益。

12

创新推出"茶山贷" 支持福建茶产业发展

案例背景

福建素有"八山一水一分田"之称，产茶历史已有1600多年，拥有大红袍、铁观音、福鼎白茶等享誉国内外的品类。为支持茶产业转型升级，助力福建省茶产业经济发展，中信银行福州分行充分发挥普惠金融体系优势，认真落实《福建省促进茶产业发展条例》《福建省人民政府关于推进现代茶产业发展的若干意见》《关于推进绿色发展质量兴茶八条措施的通知》等文件精神，创新推出普惠"茶山贷"，支持福建茶业企业树品牌、稳增产。

多年来，福建坚持以市场为导向，推动优势茶类向优势产区集中，形成闽南安溪铁观音乌龙茶、闽北武夷岩茶乌龙茶、闽东绿（红）茶，以及闽西北多茶类产区。"十三五"期间，福建茶叶产业经济总量持续攀升，茶叶总产量、单产、茶树良种推广率、全产业链产值、出口额增速等五项指标均居全国第一。2019年，茶山面积近22万公顷，产量达43.99万吨；2020年，茶山面积达23万多公顷，产量达46.14万吨，全产业链产值超1200亿元。

一、主要做法

围绕茶叶种植、加工、销售全链条，中信银行福州分行"茶山贷"主要支持在闽生产、销售茶叶的小微企业，采用"信用模式"，借款企业或借款企业实际控制人需经营"茶山"或"茶厂"两年以上。"茶山贷"前期在宁德地区试点，逐步向全辖推广。

"茶山贷"业务结合借款企业第一还款来源确定授信额度，抵、质押物不作为主要风控考量因素，贷款模式有信用模式、国融担模式、追加房产抵押类模式和其他模式四种。

二、案例成果

2021年8月，"茶山贷"产品推出，并在宁德地区推广，截至2022年，已落地4户，金额550万元。一方面，有力支持了当地茶叶企业生产经营，包括设备更新、厂房扩建、扩大种植规模、建立销售渠道等，为企业带来实实在在的经济效益；另一方面，中信银行福州分行推广多样化授信模式的"茶山贷"，以产品为纽带精准支持乡村振兴，得到茶叶企业高度认可。

三、经验启示

中信银行作为国有金融企业，始终心怀"国之大者"，践行国家战略，积极以金融活水支持乡村振兴。

当前，服务乡村振兴的工作重心在县域、乡镇，受网点辐射范围限制，中信银行在村镇地区的金融服务略显不足，传统的金融服务和产品无法满足乡村小微企业特色金融需求。为此，中信银行福州分行结合福建乡村振兴进行深入研究、长期探索，通过创新产品和服务模式，寻求业务突破。

2019年，围绕山林经济、海洋经济、数字金融、乡村振兴、绿色金融等领域，中信银行福州分行创新推出"畲乡贷""环保贷""绿色贷""拥军贷"四个产品。2020年创新推出"振乡贷""兴农贷""产融贷""政融贷"等产品。2021年又创新推出"养殖贷""茶山贷""渔船贷""林权贷""科技贷""外贸贷"等产品，形成"信福农贷、信福林贷、信福渔贷、信福工贷、信福商贷"等系列特色产品。目前，各创新产品均实现业务落地，初步打造中信银行福州分行普惠"信福贷"创新品牌。

中信银行福州分行积极与集团单位协同发力乡村振兴，发挥产融结合优势和科技赋能优势，为广大小微企业客户提供一揽子综合服务方案。近年来，协同中信农业基金为茶企提供信贷支持，通过无人机为茶山施药，为企业提供了绿色、高效、智能的植保应用及数字农服解决方案，进一步满足企业增产和技改资金需求，大大提高生产效率。中信银行切实把好事、实事办到小微企业的心坎上，努力为乡村振兴、老区发展贡献更多中信力量。

13

壮大特色产业　强化发展动力

案例背景

乡村要振兴，让农民腰包鼓起来是关键。对于守着自己那一亩三分地的老百姓来说，怎样把他们组织起来，带动起来，脱贫后稳步前进，迈向振兴之路，河南省虞城县立足自身实情发展特色产业的做法，具有学习借鉴意义。高质量推进乡村振兴非一朝一夕之事，要深入学习贯彻习近平新时代中国特色社会主义思想，落实党中央乡村振兴决策部署，建立长效机制。

虞城县下辖25个乡镇，601个行政村，总人口126万，面积1558平方公里，共有脱贫村146个。2019年5月9日，河南省政府宣布虞城县脱贫摘帽。摘帽后，虞城县着重抓好特色产业，建立稳定脱贫长效机制，做好巩固拓展脱贫成果同乡村振兴有效衔接的重点工作。

一、主要做法

产业振兴是解决乡村振兴诸多问题的前提。虞城县立足特色优质产业，科学编制产业规划方案，建立2022年巩固拓展脱贫攻坚成果同乡村振兴项目库，纳入项目299个，其中产业发展类项目69个，确保资金衔接利用及时有效。截至2022年5月底，已到位衔接资金18012万元，用于产业项目资金13352万元，占比74.1%；生猪养殖、蛋鸡养殖、荠菜种植加工、食品加工、冷链仓储、产业园区等优势特色产业资金总量占产业项目资金总量的56%。项目效益成果累累。

着眼长远发展，建立有效带贫机制。虞城县延伸农产品精深加工、副产物综合利用和以农业产业为主体的一二三产业融合发展，并通过土地流转、就业务工、订单收购、技术培训指导、入股分红、自主创业等多种方式建立健全联农带农富农机制，实现农户和企业的"双赢"。全县42个产业项目可使脱贫人口、监测对象户均年增收2300元以上。

培育优势产业，促进农民增收。全县100多家规模以上企业已吸纳贫困人员3600余人，人均月工资约2600元；全县182个产业孵化园、扶贫车间，除10个正在整改升级外，其余172个都能正常运转，带动贫困人员5000余人，月工资为1500元至3000元。通过介绍务工、转移就业、产业帮扶就业等措施，促进贫困劳动力就业11968人，带动近10000户贫困群众稳定增收。全县146个贫困村除城郊乡郑庄和米庄因需要搬迁未建光伏电站外，其余144个贫困村共建成144座300千瓦村级光伏发电站，每个电站带动贫困户60户，共8640户，每户每年增收3000元，可稳定收益20年，当前已成为贫困村集体经济收入的重要来源之一。打造24家种植扶贫基地、17家养殖扶贫基地，带动贫困群众1.5万户，每户每年增收500元以上；扶植金豆子蔬菜食品、懂菜科技、乐为牧业等6家龙头带贫企业，带动贫困群众2.76万户，每户每年增收3000元；增设农村公益性就业岗位16496个，每人年收入为2500元至6000元。

2022年，虞城县确立了股份合作帮扶模式和直接帮扶模式两种产业扶持模式：直接帮扶模式，主要针对有劳动能力、愿意通过种植养殖实现脱贫的贫困户，为其提供种子、肥料或牲畜幼崽补贴等；股份合作帮扶模式，全县投入产业发展资金达1.04亿元，其中入股合作社资金1亿元，带动贫困户39642户。目前，每个合作社都能保证正常分红，有效解决了全县3.9万户老弱病残缺少技术、劳力，自身动力不足，没有发展产业能力的贫困户增收难题，使他们挂靠有能力的种植养殖、加工合作社，通过入股分红实现长期稳定的收入。同时，加大产业投入，提高产业项目占比，用于产业项目的财政衔接推进乡村振兴补助资金占比，在不低于50%的基础上逐年提高。

二、案例成果

通过发展壮大特色产业，虞城县乡村振兴成果亮点纷呈。

稍岗镇韦店集村依托"十里画廊"大力发展特色种植业，共有26个大棚分季种植，实现了"三季有花、四季有果"，每个大棚的年利润超过2万元，特色种植业成为促进稍岗镇奔赴乡村振兴的龙头产业。

行走在虞城县稍岗镇冯庄村大街上，看到的是另一番热火朝天的景象：一辆辆满载货物的物流车穿梭于大街小巷，村民家中不断传出机器轰鸣声。生产五金工量具的，加工家具用品的，专业设计制作模具的……特色产业遍布各个农家庭院。村内218家企业如虎添翼，产品直接对接全球市场，全村企业总产值达26亿元，年产值超千万元的企业有20多家，特色产业的蓬勃发展为乡村振兴注入强劲动力。

位于田庙乡滕湾村的河南懂菜农业科技有限公司，流转土地11000余亩，托管土地17000余亩。通过农业"接二连三"和农产品加工业"前延后伸"，以"智能化中央厨房""农产品加工厂"为轴心，前延至蔬菜、小麦、玉米等标准化生产基地与农业生产社会化服务，后伸至冷链物流、研学科普教育、OTO电商宅配、懂菜食品旗舰店等三产端，建立研产销一体化绿色农产品基地，创新"公司+订单+合作社+农户"的产业帮扶机制，构建了"绿色生产基地+食品厂/中央厨房+旗舰门店+团餐食堂+线上平台"一体化发展模式。成功创建了国家级高新技术企业、河南省消费扶贫示范基地，获得河南省脱贫攻坚先进集体等荣誉。如今，该企业新上智能仿手工饺子生产线，运营后，年产仿手工水饺10000吨，可以提供120人的就业岗位，人均年增收3万元以上，年产地转化蔬菜8万吨、粮食作物3万吨。带动周边村2308名群众增收，其中脱贫群众209人。

虞城县的特色产业创造了乡村宜居宜业、农民富裕富足的美好生活，铺展了一幅幅乡村全面振兴新画卷。

虞城县从改革基层农业行政管理体制入手，支持建立健全多层次的农民合作社，健全生产、供销和信用"三位一体"的农业全产业链，努力改善农业基础设施，进一步加大职业农民的培育，建设数字农业，从根上解决农业转型、农村发展、农民增收目标。

同时，虞城县制定科学规划，分步实施、注重质量，切实解决好人、地、钱系列问题。各级政府有一届接着一届干的信心，防止走弯路、翻烧饼，更不能一哄而上搞运动，真正举全党全社会之力，推动乡村振兴"越走越有奔头"！

14

将酥梨产品送入千家万户

案例背景

　　随着农业不断发展，农村特色产业成为许多地区转变农业发展方式的必然选择。发展农业特色产业是我国农业结构战略调整的要求，是提高我国农业国际竞争力的要求，是增加农民收入的迫切需要。只有抓住发展特色产业这个"牛鼻子"，才能盘活乡村振兴整盘棋。

　　金顶谢花酥梨是河南省宁陵县特产，与酥梨相关的种植与加工是宁陵县产业脱贫的重中之重。格家网络平台积极响应党中央号召，启动农产品品牌孵化计划，注重打造"九物家"这一区域特色农特产品品牌。同时，与宁陵县政府深入合作，先后推出"九物家"宁陵梨膏棒棒糖、宁陵秋梨膏等助农产品，不断深化供应链合作模式，将酥梨产品送入千家万户，持续为乡村振兴赋能，助力实现共同富裕。

一、主要做法

（一）电商标准倒推供应链改造

格家网络旗下公益助农项目"中国田"团队调研宁陵县国家助农车间，

为车间提供电商培训，从电商运营、店铺设计、产品发布、售后处理等理论知识与实操技能入手，提供一对一的新手开店指导，并在农产品上架、内容运营、流量获取、客群维系等版块进行系统性培训。在供应链升级改造方面，因为酥梨产品的销售具备时令性，格家网络充分发挥自身优势，自2019年4月开始，对车间讲授水果生鲜供应链标准，确保果农种出的酥梨能够最大限度成为好网货。

（二）模式创新，电商助农新路径

宁陵酥梨通过不断深化供应链合作模式，每一步生产工艺都按照严格的要求和标准，已经成功转型升级为梨膏棒棒糖、儿童梨膏、宁陵秋梨膏、百草梨膏糖、梨膏软糖、养颜茶等6款产品，带动宁陵酥梨及衍生产品通过不同渠道累计销售超1000万元，带动当地酥梨产业实现电商化、规模化、可持续化。

2022年7月，格家网络结合宁陵当地特色，策划"认养一棵梨树"公益活动，丰富助农方式，发挥爱心公益的力量。在H5互动页面，消费者可以认养一棵属于自己的梨树，经过自然生长周期之后，就能获得树上的酥梨和周边产品。格家网络希望以"线上+线下"的创新性公益助农方式，为宁陵酥梨产业"二次赋能"。

（三）保证供应链稳定性

疫情期间，大量农产品因分拣车间关停、物流通道不畅而陷入滞销困境。格家网络在疫情初期便高度关注产业与行业动态，主动对接平台农产品供应链、征集滞销信息，并迅速策划实施"助农战'疫'"专题活动。通过线上销售筹备、远程协助解决打单、优化物流等方式，格家网络帮助车间稳住了实际销售过程中的供应链。

（四）品牌引领，打造区域特色农产品品牌

自2021年起，格家网络持续发力农产品品牌孵化计划，打造"九物家"这一区域特色农特产品品牌。为进一步帮助宁陵县发掘县域特色优势，提高

农产品知名度与美誉度，先后携手当地政府推出"九物家"宁陵梨膏棒棒糖、宁陵秋梨膏等助农产品。

在农产品标准化方面，格家网络创建"电商+扶贫车间+产业+农户"的产业化经营新模式，通过健全农产品生产标准体系、质量认证体系等，充分发挥电商大数据在指导贫困地区农业生产、农产品分拣、物流运输等方面的作用，从而提升农产品供应链水平。

二、案例成果

宁陵酥梨上线格家网络电商平台后，月均销售量 20 余万斤，售后率长期稳定在0.8%，远低于行业平均售后率（3.2%）水平。同时，随着电商运营经验的累积，产品又先后上线淘宝、中国建设银行积分商城、中航亿通等电商渠道，进一步拓宽了农产品销路。

格家网络充分发挥互联网电商"脉冲式"流量优势，通过平台 App开屏、首页横幅广告、首页"中国田"助农专区入口图等长期优质资源位，助力滞销酥梨成为畅销品，首发30天内，共为车间售出50464单、总计25.23万斤酥梨。

三、经验启示

（一）输出平台标准，打造农村电商

虽然国内互联网经济已有20余年历史，但还有很多偏远地区未被电商触达，宁陵县孙迁村国家助农车间就是其中之一。因此，格家网络的帮扶重点举措就是电商化改造，从理论知识与实操技能入手，提供一对一的新手开店指导，并长期提供系统指导。

（二）系统化培训，搭建整编电商团队

对于农村电商来说，最稀缺的就是一个成熟的电商团队。扶上马，送一程。结合扶贫车间的实际情况，格家网络开展了一系列电商培训活动，帮助

宁陵车间培养一支由1名店长、4名运营、6名客服、3名质检员、2名仓管、15名分拣员、8名打包员组成的整建制电商团队。

（三）大数据分析，优化物流体系

物流和售后也是标准化的重要一环，格家网络对宁陵车间的物流运输进行专业化指导，包括内包装防撞设计、包材筛选、外包装视觉设计、ERP订单系统接入、一件代发物流试寄等。

格家网络通过平台物流大数据分析，发现宁陵县所在的商丘地区，中通快递在时效、破损率控制、运费标准等方面综合得分最高。随后，车间选择中通快递承接首次线上爆款活动，物流原因退换货率降至0.2%，远低于先前的2.7%。

（四）区域特色农产品品牌孵化——九物家

拓宽销售渠道，应依靠特色品牌扩大消费者对产品的认知度。借助"中国田"公益助农项目，从宁陵酥梨到深加工的梨膏，再到联合品牌产品"九物家"宁陵梨膏棒棒糖和宁陵秋梨膏，格家网络不断深化供应链合作模式，将宁陵酥梨和酥梨产品送入千家万户，帮助宁陵酥梨进一步提升线上知名度，成功实现农产品上行，品牌价值得到显著提升。

（五）政企结合，推动乡村振兴

格家网络和宁陵县携手打造宁陵酥梨及酥梨产品的电商爆品，通过直播带货的方式提高曝光率、扩大影响力，让更多人认识并了解宁陵酥梨等当地农特产品。在带动当地特色农产品产业升级的同时，全面推进当地乡村振兴，促进共同富裕。

15

积极发展工厂化食用菌产业

案例背景

近年来，河北省滦平县立足区位、环境、资源等优势，积极发展工厂化食用菌产业，通过资产收益、土地流转、务工就业等方式带动群众增收，持续巩固脱贫攻坚成果，助力乡村产业振兴。全县建成工厂化食用菌车间233间，"微型菇房"车间99间，主要从事黑皮鸡枞菌、金耳、竹荪、羊肚菌、猪肚菌等菌类的种植与研发。

2021年4月，承德润邦农业科技有限公司在滦平县政府和县农业农村局、安纯沟门镇政府的共同努力下，与滦平县汇金国控投资集团开启战略合作，以租赁形式运营安纯沟门镇43间工厂化食用菌车间，生产黑皮鸡枞菌、金耳、猪肚菌等食用菌。

一、主要做法

政府引导、市场运作。滦平县强化政府规划引领、机制创新、政策支持和配套服务，加快形成政府推动、部门配合、新型经营主体和企业积极参与的建设机制。充分发挥市场主体在产业发展、投资建设、产品营销等方面的主导作用，形成多种有效建设模式。

强化优势、补齐短板。做大做优主导产业，滦平县重点关注制约"5G+食用菌"各类因素，有效针对产业发展短板、薄弱环节和关键领域分类施策，有目的、有针对性地解决产业发展瓶颈。制定产业补贴政策，加强工厂化食用菌产业扶持。对工厂化生产的食用菌，每标准棒补贴0.5元；工厂化生产的双孢菇、黑鸡枞等食用菌，按实际种植面积每平方米补贴10元。

原始农耕、多元发展。在确保产业基地提质增效的前提下，滦平县深度挖掘历史文化、乡土文化、养生文化等潜在价值，将文化元素融入产业的后续发展。坚持开门办园、多方参与，"有边界、无围墙"，发挥农业产业化龙头企业和农民合作社等新型经营主体的带动作用，注重吸引多元主体、全社会力量参与园区建设。坚持为农、贴农、惠农，完善利益联结机制，带动农民就业增收，让农民分享园区发展成果。

科技引领、质量提升。滦平县充分发挥科技对产业的支撑驱动作用，持续完善产业技术服务体系建设，壮大科技服务团队，提升技术服务水平，以高效优质的技术服务引导企业和农户的生产经营积极性。大力推动各类科技创新创业活动，积极营造科技成果高效转化的新机制、新氛围。立足产业发展，以提质增效、转型升级为主攻方向，加快农业高质量发展，提升产业经营管理水平，提高产业增加值。大力发展多种形式的适度规模经营，持续带动农民稳定增收。

探索5G+、稳步增收。充分利用5G、物联网、大数据和云计算等数字农业信息技术，打造5G+智慧农业模式，实现智能化管理，建设自动化、景观化农业核心示范基地，在现有项目基础上，在政府的支持下，实施覆土处理车间和削菇车间的配套建设。

二、案例成果

经济效益明显。2021年4月，"5G+食用菌"智慧产业项目启动，5月初开始进行黑皮鸡枞菌生产种植，在尚未满负荷生产的条件下，当年实现年产黑皮鸡枞菌60万斤，产值达2000万元。2022年，公司在保障黑皮鸡枞菌生产的同时，积极研发市场潜力大、营养价值高、经济效益好的金耳、猪肚菌等珍稀品种，并试种成功，为下一步规模化满负荷生产打下坚实基础，实现带动其他乡镇工厂食用菌转型升级的目标。

截至2022年3月底，公司已销售产品100万斤，收入4000余万元；2022年全年可产黑皮鸡枞菌、金耳、猪肚菌分别为100万斤（35元/斤）、150万斤（80元/斤）、6万斤（20元/斤），产值约1.56亿元。

社会效益显著。"5G+食用菌"智慧产业项目技术先进、产品前景较好、收益回报稳定，带动100多名建档立卡脱贫户人员在该公司就业，每名务工人员每月收入约4000元，每月可为当地脱贫户增收40余万元。同时，2021年该公司按期向县乡村振兴局上交资产收益，扶贫资产收益通过公益岗、小型公益事业等方式全部用于巩固脱贫攻坚成果，惠及脱贫人数596户1871人。待全县工厂化食用菌车间和"微型菇房"全部转型升级发展食用菌业后，预计可带动就业500人以上，资产收益预计可惠及脱贫户1500户4000人以上。

三、经验启示

农业乃稳定之根，民安之本。坚持农业农村优先发展，全面实施乡村振兴战略，是时代之需，民心所向。滦平县委县政府积极响应党和国家号召，大力实施数字乡村、智慧农业计划，借力移动5G赋能农业产业。承德润邦农业科技有限公司充分利用滦平政策、资源、区位等优势，在滦平进行扩大生产、壮大食用菌产业、延长产业链条等方面充满信心，有效助力乡村振兴。

积极完善工厂化食用菌产业链条，推动大屯农业园区内小平菇造料中心改造提升，达到正常生产条件，推动菌棒生产本地化，打造集食用菌种研发、菌棒生产、菌菇生产、加工包装于一体的食用菌业生产基地。在政府支持下，实施邢家沟门安置区工厂化双孢菇基地和全县现有99间"微型菇房"生产基地改造提升工程，推动全产业转型升级，带动更多群众就业，助力全县脱贫攻坚成果巩固和乡村振兴战略实施。

在壮大生产基地的基础上，持续研发新的品种；同时，围绕食用菌类功能食品、营养食品，开发生产独具特色的功能食品，从而延长产业链条，进而带动产业延伸壮大，带动地域经济发展，推动一二产业高度融合。

食用菌工业化的生产模式，在环境可控制的设施条件下，改变了自然栽培靠天吃饭的状态，在市场相对稀缺的反季节进行生产，可使栽培食用菌的经济效益显著提升，确保市场的稳定供应。承德润邦农业科技公司现有的工厂化生产车间，可实现年产260万斤食用菌，产值1.56亿元。待生产稳定后，可带动全县工厂化食用菌车间和"微型菇房"发展，全县预计可实现年产食用菌810万斤，产值约3.5亿元。

16

创新"五个活化" 增强乡村治理效能

案例背景

邛江镇太平社区，在实施乡村振兴和做强做优"五个活化"工作中，走在四川省大邑县前列。太平社区距大邑城区22公里，地处西岭雪山运动康养市级产业功能区核心地带，社区面积40.76平方千米，辖21个居民小组，共1041户、3928人。社区党委下设4个党支部，党员153名。辖区内独特的人文风情和自然山水深受游客喜爱，通过创新实践活化理念和艺术场景的营造，太平社区已成为"网红社区"。

近年来，大邑县严格落实"优化资源配置、提升发展质量、增强服务能力、提高治理效能"要求，坚持因地制宜、因村施策、尊重民意的原则，立足文旅大邑发展方向，聚焦雪山下的公园城市示范区建设目标，充分发挥山丘坝自然生态资源优势，以创新践行"五个活化"为抓手，实现产业兴旺、生态宜居、乡风文明、治理有效、生活富裕。

一、主要做法

推进"组织活化",夯实基层基础。做优做强党建引领,深化"一核三治",更好聚民心、筑同心。强化基层党建引领。建立"街道、社区党委+集体经济组织"综合管理服务体系,将街区划分为35个网格,75%的网格长由党员担任。组建街区商家联盟,引入三加二读书荟等社会组织,培育社区自治组织26个、志愿者队伍8支,共同参与街区发展治理,促进新老村民融合,提升公共服务水平。

推进"资源活化",实现要素聚集。太平社区调整优化发展定位,将资源纳入西岭雪山冰雪运动功能区核心区规划建设,与西岭雪山、花水湾温泉等景区功能互补、协同发展,全力创建国家AAAA级旅游景区,变原有场镇为特色街区、促进产业社区发展。集成土地资源,盘活公有资产,整合镇村闲置办公用房,集聚人才资源,增设文旅人才,引进文创旅游服务。

推进"场景活化",实现价值提升。深挖本土文化资源,以"艺术点亮乡村"美学应用场景设计,展示场镇山居生活景象和历史文脉乡愁记忆。营造在地文化街区场景,营造旅居生活体验场景,营造网红打卡消费场景。运用空间美学理念,建设"大邑白瓷""情人滩"等网红打卡点,吸引大批游客纷至沓来。场景活化创造了物业价值和就业机会。2021—2022年,通过住房、商铺出租或自营,场镇居民家庭户均年收入由之前的7万元增长到12万元,增长42%。

推进"产业活化",实现农旅融合。通过发展壮大产业、营造特色场景,打造民宿聚落,发展运动康养,大邑县实现流量变留量,村民增收致富。同时,多方面开发农创产品,依托"大邑黄柏""出江青梅酒"等国家地理标志产品,与四川省林科院、成都中医药大学等院校合作,开发青梅果酒、大邑古茶、药香抱枕等系列农创产品,通过街区展示体验和线上销售,2021年实现营业额8000余万元、增长率达60%。

推进"机制活化",实现多元共建。坚持政府主导,强化政企合作,遵循商业化逻辑。建立"管委会+国有公司"运行机制。西岭雪山冰雪运动功能区管委会整体入驻太平社区，组建招商与企业服务部、产业发展与宣传营销部等专业团队，提供"一行一策""一企一策"专业服务。发挥大邑县城乡集团国企的支撑作用，统筹规划建设街区公共配套设施，参与项目包装策划和开发运营。

二、案例成果

太平社区抢抓国家乡村振兴和四川省两项改革"后半篇"文章的有利契机，探索实践"五个活化"的发展路径，叠加美学手法和艺术创造，将原本废弃的煤炭乡镇社区建设为诗意栖居的文化创意型社区，成为远近闻名的"网红打卡地"和新市民诗意栖居的梦想家园。太平社区先后荣获国家森林乡村、2020年度成都市乡村振兴先进社区、2021年度成都市乡村文化振兴样板村等荣誉。

三、经验启示

大邑县创新推进"五个活化"，探索拓展出文旅型乡村可持续发展的生动实践，为做好乡村振兴提供了有益的启示和经验。

"组织活化"是巩固党的执政基础的有效保障。坚持党的全面领导是做好乡村振兴工作的根与魂。组织活化是大邑创新党建引领乡村治理所作出的有益探索。通过组织活化，党建引领的乡村发展治理格局不断完善，法治德治自治体系更加健全，乡村居民的获得感成色更足，幸福感更可持续，安全感更有保障。

"资源活化"是乡村振兴持续稳定发展的源头活水。多措并举促进人口、资本、土地、文旅等核心要素集聚流动、活化利用是乡村振兴的关键。通过资源活化有效盘活存量资源，加快集聚增量资源，实现资源变资产、变股金、变流量，为乡村发展引来源头活水，充分激发乡村经济社会发展的动能潜力。

"场景活化"是促进生态资源价值转化的重要抓手。利用位于西岭雪山脚下、斜江河畔的天然地理生态和川西文化魅力优势，运用"资源本底+场景营造+全景消费"叠加新模式，突出小镇场景的更新营造，深化大地景观再造路径，打造高品质文化场景、生活场景、消费场景和体验场景，持续完善和提升社区的功能品质、形象气质和品牌价值，促进产业、文化、旅游、街区四个方面叠加升级，实现融合发展。

"产业活化"是推进农商文旅体融合发展的主要路径。邮江镇历史上主要以煤矿、林业经济为主。乡镇区划调整改革后，以建设山水型公园小镇为定位，坚持"特色镇+林盘"发展思路，通过引商聚流和业态升级，创新业态场景、功能载体、开发运营新机制，将太平街区打造为以主题精品民宿、运动康养产业为主导的旅居特色小镇，促进农商文旅体形态融合、价值叠加、优势互补、供给创新。

"机制活化"是激发乡村振兴的内生动力。大邑县将"政府主导、市场主体、商业化逻辑"作为"机制活化"的基本模式，搭建"产业功能区+特色镇+国有企业"城乡融合发展平台，建立利益链接分享机制，激发乡村发展内生动力，塑造更有温度、更有情怀、更可持续的共享乡村社区。

17

苗岭侗寨茶飘香　绿水青山闪金光

案例背景

丹寨县位于贵州省东南部，是一个以苗族为主，水族、侗族等多民族共同聚居的县。2019年4月，省政府批准丹寨县退出贫困县序列，如期实现脱贫摘帽。丹寨县纬度低、海拔高、日照少、云雾多，森林覆盖率高达70.67%，全年空气质量优良率达99.7%，土壤中含硒、锌微量元素，是发展生态有机茶叶的"天选之地"。2021年，丹寨县将茶产业作为"一县一业"优先发展。

从2015年定点帮扶丹寨县开始，中华人民共和国审计署就一直把发展产业作为实现群众增收的重要渠道。大力发展茶产业，是定点帮扶下的"先手棋"；践行"绿水青山就是金山银山"的理念，是定点帮扶打的"组合拳"。如今，在审计署派驻第一书记的甲石村，1200亩茅草坡茶园在盛夏的阳光下翠绿点金，丛丛茶树如五线谱般延伸开来。

一、主要做法

（一）党建引领发展茶叶基地，培育种植端的"金草坡"

昔日"茅草坡"展露新颜，今朝"金草坡"绿意无限。审计署以甲石村为试验田，从无到有、从有到强地打造了"甲石白茶"。

发展产业之初，群众有顾虑，村民不理解，审计署驻村第一书记坚决扛起党员重任，带领村两委成员、党员走村串寨到村民家中做工作，召开院坝会、板凳会，倾听群众的困难与诉求，帮助群众算好增收账，让群众理解产业、支持产业、参与产业。审计署千方百计协调项目资金，引进龙头企业，采取"公司+合作社+农户+基地"方式，于2015年在甲石村开山建设800亩规模的茶叶基地。

（二）聚焦延伸产业发展链条，打造加工端的"金叶子"

乡亲们"上山采茶青，下山拿茶钱"，在家门口就能赚钱。让茶叶造福更多群众，是审计署帮扶茶产业的发展远景之一。

为推进农村一二三产业融合发展，延长产业利益链条，审计署统筹县内外资源，协调引进多方力量，全面搭建起炒制加工、冷链仓储、金融支持、配电保障的综合加工体系。审计署在全县主要产茶地投建2个标准化茶叶加工厂，每日初制茶产量可达1.6吨；同时，协调投入资金60万元，在甲石村建设1座双温区冷库，充分满足产茶旺季加工与冷链仓储需求。

（三）多措并举拓展茶叶渠道，端稳销售端的"金饭碗"

"人入黔、货出山"，审计署帮扶推动丹寨茶产业实现"黔货出山"，加快茶叶产供销对接，通过融合发展线上线下两大市场，运用线上专馆、推介活动、对口销售、机关直采等方式，打造一体化产业平台，促进消费，拓展市场，助推丹寨县乡村振兴。

整合媒体资源，强化宣传推介，让丹寨茶叶"上网上线"。审计署在《中国审计》《审计观察》等刊物上登载以丹寨茶叶为代表的农产品公益广告，与国铁集团合作实现产品上线"爱购扶贫馆"，与中国农业银行合作上线"掌银扶贫商城"，与人民优选等网络平台合作进行茶叶推介宣传。

深化拓展线下市场，利用东西部协作开展订单化生产销售，甲石村茅草坡茶叶基地的农产品直供浙粤。审计署持续加大丹寨县农特产品购买力度，每年常态化在国家法定节假日开展消费扶贫日活动。2022年，审计署利用机关智慧工会平台上线丹寨茶叶等农特产品，鼓励干部职工全员参与消费帮扶。

通过多渠道的推介与销售，仅甲石村茅草坡茶园就累计为全村建档立卡户带来125万元的分红收入，为村集体带来14万元的资金收入，真金白银地让群众们端稳了"金饭碗"。

（四）挖掘特色打造地域品牌，擦亮品牌端的"金名片"

丹寨县被誉为"中国富硒锌茶叶之乡"，土壤里富含"抗癌之王、生命之花"的硒锌微量元素，茶园的茶叶生长于此，天然富含硒锌元素，品质有保障。

立足丹寨资源禀赋，挖掘地方特色，审计署致力于协助丹寨茶叶打造一条高端化、标准化、规范化的品牌发展道路。开展帮扶以来，审计署协调多家企业开展全国首创"企业帮县、整县脱贫"社会扶贫项目，推动以马寨茶园为代表的茶叶经过285项严苛检测，获得欧盟SGS认证。高品质、原生态的茶叶需要抱团发展、共创品牌，审计署积极帮助推动申报地理标志品牌。品牌建设方面，在成功塑造"丹寨甲石白茶"基础上，审计署协助打造丹寨县"丹寨云硒茶"公共品牌。目前，全县授权使用企业数量达26家，"云硒茶"知名度和影响力得到极大提升，体现了对丹寨茶产业发展的引领作用。自审计署帮扶以来，丹寨县被评为"全国重点产茶县""中国茶业百强县"。

二、案例成果

群众有实惠，集体有产业，生态有保护。通过集体山林流转的方式，甲石村进一步扩种茶叶规模至1200亩，为建档立卡户与村集体找到一条稳定增收、生态环保的产业发展道路。通过投入扶贫资金和土地流转费入股等方式，保证企业运转有资金，实现土地承包经营权股权化、集体资产股份化、农村资源本土化，盘活村集体荒山闲置资源。每年直接为群众带来土地租金收入60万元，30年合作协议期间，公司预估分红给村集体124万元。依托茶叶基地，甲石村开发公益性岗位"护林员"，每年带动群众户均增收1万元，引导群众主动守护绿水青山，走出一条生态保护与农民增收致富同步发展的乡村振兴之路。如今，茅草坡上新栽种的"黄金叶"蔚然成景，村民们在这里找到致富的新门路，茅草坡也变成名副其实的"金草坡"。

协调引进南方电网在丹寨县设立分公司，新建供电线路及下游产业扩展延伸项目工程，并为甲石村茶叶加工厂与冷库运行做好电力保障。协调中国妇女发展基金会支持丹寨县母亲水窖项目资金55万元，投建灌溉水窖解决茶叶基地工程性缺水难题。直接投入与多方筹集资金共220万元，修建硬化茶产业路，便于群众务工生产。协调农业发展银行发放贷款200万元支持茶叶基地建设。各项要素保障到位了，甲石茶产业更加蓬勃发展，带动90人在基地稳定就业，每年采茶季带动1500人次以上增收，辐射带动全县乃至邻县的群众务工，每年促进农民务工增收600万元以上。村民们的腰包更鼓了，发展茶产业的信心更足了，一片片翠叶在家门口就能变成"金叶子"。

2021年，丹寨县获"年度智慧茶业样板县域"称号，是贵州省重点产茶县之一。接下来，丹寨县将要继续推动茶产业区域公共品牌发展，实现茶、文化、旅游三大产业融合发展，推动有条件的茶叶基地融入具有浓郁民族文化、茶文化和地域特色的生态茶旅精品线路，实现茶旅文化、茶旅品牌、茶旅产品一体化，以旅兴茶，以茶促旅，擦亮属于丹寨茶叶的"金名片"。

18

抓党建促振兴　唱响新时代"团结歌"

案例背景

　　北庄村位于河北省市平山县西柏坡镇中西部，北靠太行山脉，南临岗南水库，总面积960亩，村民90户320人，其中建档立卡户43户117人，脱贫人口占比36.6%。2017年起，中央和国家机关工作委员会连续6年共选派3名优秀党员干部到北庄村担任第一书记，接续帮扶北庄村，助推脱贫攻坚和乡村振兴。

　　北庄村作为革命老区，有着独特的红色资源优势，是党中央在西柏坡时期中央宣传部等机关旧址所在地，也是歌曲《团结就是力量》的诞生地、唱响地。在习近平总书记重要回信精神指引下，北庄村弘扬团结精神，发挥基层党支部的战斗堡垒作用，强化党建引领，凝聚实干合力，巩固拓展脱贫攻坚成果，全面推进乡村振兴，走出一条"红色北庄，绿色振兴"的团结发展之路。

一、主要做法

　　北庄村立足"抓党建促乡村振兴"有效定位，在中央和国家机关工作委员会的大力支持帮扶下，大力加强农村党的基层组织建设，充分发挥基层党支部的战斗堡垒作用和党员先锋模范作用，让党旗高高飘扬在乡村振兴第一线，探索出"两规范三提升"的具体举措。

规范组织体系，增强党建引领力。高质量完成村两委换届工作，5名班子成员平均年龄由50岁以上下降到43岁，均达到高中以上学历，党支部书记、村委会主任实现"一肩挑"，1名大专学历女青年当选支部副书记，班子成员结构不断优化、充满活力。推选出新一届村务监督委员会，成立人民调解委员会、红白理事会、妇女联合会、共青团组织，举办青年人才沙龙活动，全村党员干部群众思发展、谋发展、促发展的热情空前高涨。

规范制度机制，提升群众组织力。组织开展"村情恳谈会"，以"村民说事""夜谈议事"等形式，把村民聚在一起学政策、谈村情、议大事、话安全；每年评选优秀党员、美丽庭院和星级文明户等。认真落实"四议两公开"制度，定期通报村级大额支出，商讨村庄建设和产业项目等村内大事，实行会议表决，体现民主公开，群众参与乡村治理越来越积极，覆盖的事务范围越来越广。围绕村级运转服务，制定党员联户制度，优化村级事务小微权力清单流程图，修订村规民约，构建起自治、法治、德治有效结合的乡村治理体系。

提升政治功能，强化思想凝聚力。规范党支部"三会一课"制度，认真开展主题党日、第一书记讲党课等活动，为党员过政治生日，定期组织升国旗、唱国歌仪式，达到了强信心、暖民心、聚人心的效果。修建"团结就是力量"村史馆、木虎峪纪念碑、打麦场等红色主题场所，传承红色基因，赓续红色血脉。加强综合服务站、党员活动室、卫生室建设，党员户门口挂牌，村干部坐班值班、胸前亮牌，服务流程上墙公示，村级活动场所成为服务群众的前沿阵地。

提升服务水平，发挥社会号召力。不断丰富群众文化生活，在村内播放红色歌曲，组织村民看红色电影，唱《团结就是力量》等歌曲，弘扬正能量。实施人才振兴计划，设立100万元"北庄人才创业基金"，奖励回乡创业人才。举办"农民夜校"，邀请专家开展农业、旅游、电商、民宿等技能培训，组织村民进行现场教学、实地观摩，开阔大家的思路和眼界，激发干事创业的信心和热情。

提升发展能力，激发发展内生力。选派村两委干部和群众代表参加专业培训，组织部分党员干部和群众到全国先进村庄正定县塔元庄村、阜平县骆驼湾村等地观摩学习，开阔视野、更新理念。组织回乡创业青年参加专业技能培训，提升干事创业本领；村党支部领办成立北庄力量旅游开发公司，引进专业公司对村庄红色旅游项目进行托管运营。创新利益联结机制，通过"北庄村股份经济合作社+"模式，引进社会资本合作，引导村集体和村民入股，盘活土地、房屋等资产开发项目，统一规划建设、管理运营，实现家家有收入、人人有事干。

二、案例成果

2021年，北庄村集体收入从2020年的6.5万元提升至120余万元，村民人均收入翻一番，达到2万元，实现质的飞跃。北庄村党支部被授予"河北省先进基层党组织"称号，北庄村成为"全国乡村旅游重点村""中国美丽休闲乡村"。

2018年，北庄村整村脱贫出列。2021年春节前夕，北庄村全体党员给习近平总书记写信，汇报了村里打赢脱贫攻坚战的情况，表达了继续团结带领群众搞好乡村振兴、过上更好生活的决心。2月7日，习近平总书记回信勉励平山县西柏坡镇北庄村全体党员，"把乡亲们更好团结起来、凝聚起来，心往一处想，劲往一处使，让日子过得越来越红火"。

收到回信，北庄村全体村民备受鼓舞。党员干部群众团结一心、共同奋斗，深入贯彻落实习近平总书记给北庄村全体党员重要回信精神，擦亮"团结就是力量"红色品牌，聚力打造乡村振兴示范村。

19

以智力帮扶为导向　多频道扶志扶智

案例背景

　　自2016年起，中国浦东干部学院定点帮扶贵州省江口县。学院坚持以习近平新时代中国特色社会主义思想为指导，认真贯彻落实党中央、国务院决策部署，始终以高度的政治责任感和使命感，聚焦定点帮扶工作重点，以智力帮扶为导向，主动作为创新路，持续为江口县巩固拓展脱贫攻坚成果、全面推进乡村振兴提供智力支持和特色帮扶。

　　2016—2020年，中国浦东干部学院投入帮扶资金近千万元，为江口县培训干部超过15000人次。在学院的大力帮扶下，江口县于2018年9月实现脱贫摘帽。2019年底，江口县贫困村全部出列、建档立卡贫困人口全部脱贫。学院选派的干部真帮实驻、攻坚克难，为江口县脱贫攻坚圆满收官作出贡献。学院驻江口扶贫工作队荣获贵州省"脱贫攻坚先进集体"，挂职干部获得"全国脱贫攻坚先进个人""中央和国家机关脱贫攻坚优秀个人"等荣誉。

一、主要做法

（一）强化基层党建，助力组织振兴

学院通过大规模培训基层干部等方式，大幅度提升江口县基层干部能力素质，切实加强江口县基层党建，全力助推组织振兴。深化教育培训，助力人才振兴。

学院为江口县免费开办乡村振兴科级干部专题培训班，安排江口县4名处级领导干部到学院相关主体班次插班选学。先后为江口县基层干部开设党史学习教育、乡村振兴、党建引领基层治理、农村基层干部乡村振兴等网络培训班4个，共培训5000余人次。

以智力帮扶为导向加强江口县基层党建。与江口县委组织部沟通联系，共同制定教学培训、宣讲计划，2021年以来，共完成5个培训班次和3个宣讲计划。学院无偿捐助20万元用于江口县基层党支部标准化规范化建设。

（二）领先一步探索建立防贫监测预警保障机制，有效防范规模性返贫

在江口县整县脱贫摘帽后，学院认真贯彻落实习近平总书记关于"防止返贫和继续攻坚同样重要"的重要指示，在如何帮助其巩固脱贫成果、防止返贫上下足功夫。学院组织有关专家、干部与江口县一起探索建立了防贫监测预警保障机制，为确保高质量打赢脱贫攻坚战，有效巩固拓展脱贫攻坚成果，夯实了基础。

（三）积极开展招商引资，发展县域富民产业

学院举全院之力，积极开展招商引资和助力"黔货出山"活动，推动江口县农业农村绿色发展，促进农民在家门口就业。

积极对接社会资源，引入企业来江口县投资创业。2021年以来，学院联系接洽携程集团、惠州盛利达、华瑞酒店等招商引资项目，邀请20余批上海、

广东客商到江口县考察适用地块并投资兴业。

帮助引进江口县大河边精品民宿项目，到位资金2000万元。2022年4月，重启与深圳檀悦集团15亿元投资项目合作并重新签约，到位1000万元项目履约保证金。

（四）推进乡村建设，创建宜居的农村人居环境

学院着力推动江口县乡村风貌和谐更新，增强乡土文化活力，促进农村人居环境的美化和改善。2022年，学院工作队先后20余次到各乡镇（街道）和村庄调研乡村风貌的保护与发展，邀请知名建筑设计事务所到县考察，对乡村建筑影响村落风貌的问题与镇、村交流探讨，对即将实施、启动修建、改造村寨规划提出意见建议。同时，邀请复旦大学国土与文化资源研究中心团队，策划和构建"中国武陵土家文化展示体系"。

（五）发动社会力量，创建"多频道教育帮扶"模式

学院"刘哲昕爱心团队"结对资助江口县439名贫困学生，每年向每名学生发放助学金2000元。联系协调安踏苗壮成长专项基金向挂扣村新江小学捐赠价值约15万元的爱心衣物；联系上海真爱梦想公益基金会，捐赠江口县20所学校"真爱梦想"课程，减免费用35万元；学院无偿捐助10万元给江口县教育局，用于配套课程落地。

（六）发挥宣传优势，大力推介江口县区域形象和乡村振兴经验

受中央对外联络部邀请，学院开发江口县"精准扶贫"中英文版教学案例，通过中央对外联络部向国际社会特别是亚非拉等发展中国家官员宣传中国精准扶贫经验做法，应邀为非洲学员录制江口扶贫案例。该课程以学院定点帮扶江口县的实践为案例，从加强干部培训、加强人才交流等六个方面，详细介绍精准扶贫的宝贵经验和脱贫攻坚战全面胜利的伟大成就，充分彰显中国共产党的坚强领导和中国特色社会主义的制度优势。

二、案例成果

（一）定点帮扶工作成效明显

2021年度，学院定点帮扶工作成效评价等次为"好"。2021年，学院投入帮扶资金143.5万元，引进帮扶资金2614.39万元；培训基层干部2081人，培训乡村振兴带头人266人，培训专业技术人员561人；直接购买农产品51万元，帮助销售农产品1018.57万元。2022上半年，学院对江口县投入帮扶资金244万元；帮助挂扣村引进资金（无偿）300万元；帮助引进招商项目鱼粮溪度假区，到位资金1000万元；培训基层干部2966人，培训专业技术人员979人；直接购买农产品2.8万元，帮助销售农产品710万元。

（二）防贫监测预警保障机制广受赞誉

江口县防贫监测预警保障机制先后得到多位中央领导肯定。2019年，江口县两次受邀参加国务院原扶贫办脱贫攻坚座谈会，专题汇报建立防贫监测预警保障机制。该机制被贵州省委省政府写入《关于确保按时高质量打赢脱贫攻坚战的指导意见》，并被评为2019年度贵州省全面深化改革优秀案例。2020年，学习强国平台、国务院原扶贫办公众号平台，以及《光明日报》、人民网等中央媒体，对江口县探索建立防贫监测预警保障机制、巩固拓展脱贫攻坚成果的做法进行宣传报道，得到广泛赞誉。2020年12月，江口县作为全国唯一县级层面代表参加国务院新闻办公室防止返贫监测和帮扶工作新闻发布会，向全国乃至全世界介绍江口县创新建立防止返贫监测和动态帮扶的经验和做法。

（三）乡村建设和基层党建示范引领，助力文化振兴

学院协助江口县挂扣村创建省级市域治理现代化示范村，深入推进"一中心统抓到底、一张网统管到底、网格和联户全覆盖"的工作机制。2021年

以来，挂扣村共接待省部级领导干部6批次，厅局级领导干部20余批次，得到省市县领导充分肯定。

工作要出彩，思路在创新。由于学院为中央直属事业单位，直接投入的帮扶资金并不多。学院扬长补短，发挥国家级干部教育培训平台、新型智库、定点帮扶人才等方面的优势，主动谋划，出思路，拿主意，不仅自身投入人才，还积极引入各方面智力资源，在保证直接投入资金的同时，大力引进帮扶资金，促进江口县全方位乡村振兴。

20

精准医疗爱心行动　织密基层健康防护网

案例背景

党的十八大以来，以习近平同志为核心的党中央，把脱贫攻坚作为实现全面建成小康社会的重中之重，作出一系列重大部署，充分发挥政治优势和制度优势，构筑了全社会扶贫的强大合力，如期完成新时代脱贫攻坚目标任务，脱贫地区经济社会大踏步发展，脱贫群众精神风貌焕然一新，为全球减贫事业贡献了中国智慧和中国方案。

近年来，中国农工民主党中央高度重视定点扶贫贵州省大方县工作，充分发挥界别优势，在健康扶贫方面作了大量努力，先后在大方县实施"毕节贫困山区同心助医工程""同心全科医生特岗人才计划"等健康扶贫项目，取得优异成绩。

一、主要做法

（一）出台上下联动政策

农工党19万党员中近一半来自医药卫生界。长期以来，开展医卫帮扶始终是农工党中央和地方组织参与扶贫的特色优势。2019年1月2日，农工党中央办公厅向全党印发了《农工党中央"贫困人口精准医疗爱心行动"实施方案》，要求结合各自优势，在大方县全部乡镇（街道）开展医疗帮扶活动，根据群众需求和疾病谱，送医上门，把医疗扶贫精准到户、精准到人、精准到病。

大方县委县政府高度重视项目的实施。大方县卫生健康局印发了《关于全面推进落实农工党中央"贫困人口精准医疗爱心行动"工作的通知》。在乡镇党委政府的统一领导下，乡镇卫生院、村卫生室通过家庭医生签约服务、落实贫困人口健康体检、收集相关就医信息等工作，对辖区内建档立卡户进行全员清理排查，建立建档立卡户健康管理台账疾病谱，对有就医需求的患者，建立个案台账名单。

（二）建立工作体系

服务患者。农工党各帮扶组织根据县乡初步筛查诊断分类的台账，有针对性地选派专家到所联系的乡镇诊疗救治，对行动不便的贫困群众上门开展医疗服务。对慢性病患者，在科学诊断的基础上帮助基层规范疾病管理，建立诊疗路径，指导合理用药。

提升基层执业能力。在诊断治疗过程中，农工党医疗专家团队通过带教、讲学、查房、手术示范等形式培训县乡村医疗队伍，帮助提高其医疗服务水平。

充分发挥当地远程医疗全覆盖优势。利用多年来帮助大方县建立的远程医疗系统，安排专家通过远程医疗的方式参加县医院或中医院会诊、疑难病例讨论等，减轻群众就医负担。

二、案例成果

在农工党的大力帮扶下，大方县医疗卫生事业取得长足发展，"十三五"期间，大方县被全国爱国卫生运动委员会命名为"国家卫生县城"，卫健局获

"全国文明单位"荣誉称号，深圳市委全面深化改革委员会第五次会议暨践行"塘约经验"推进乡村振兴现场会议在大方县召开。2012年，大方县获"全国农村中医药工作先进单位"称号，2018年顺利通过国家中医药管理局复审验收。健康扶贫在国家、省、市评估验收中持续保持零问题，县医院、中医院顺利通过二甲复评审，县妇幼保健院接受二甲评审。全县有11个乡镇卫生院获"全国满意群众乡镇卫生院"、1个社区卫生服务中心获"全国优质服务示范社区卫生服务中心"，达溪卫生院获"全国百佳乡镇卫生院"；5个乡镇卫生院在2020年"优质服务基层行"活动中获国家卫健委、国家中医药管理局通报表扬。县级公立医院服务能力不断提升，危重孕产妇、新生儿救治、卒中等7个中心通过评审验收，卒中中心被国家卫生健康委脑卒中防治工程委员会评为"示范防治卒中中心"。建成"5+2"重点学科14个，其中针灸科、肛肠科、肿瘤科获评省级重点学科，皮肤科、神经外科获评市级重点学科，神经外科和骨外科正在申请省级重点学科。医学技术创新不断发展，通过县级认定42项，市级认定5项。县域内就诊率从2015年的83.5%提升到2020年的90.05%。

2019年以来，"贫困人口精准医疗爱心行动"累计邀请医疗专家465人赴大方县开展帮扶，其中正高职称205人，副高职称158人；会诊患者5873人次，指导治疗用药5387人次，纠错病情929人次；同时，培训乡村医生315人次，捐赠价值370余万元的医疗设备和药品。爱心行动让常年不能出村的贫困山区群众在"家门口"就能接受来自大城市的医疗专家优质服务，向基层下沉了医疗卫生资源，帮助培养了人才，有效提高了贫困地区的卫生服务能力，得到当地党委政府的肯定和群众的欢迎。

三、经验启示

顶层设计精准帮扶。近年来，农工党中央召开一系列会议，逐步构建了"一对一"帮扶大方县所有乡镇的全党扶贫大格局。在农工党全党参与的形势下，实施了"贫困人口精准医疗爱心行动"，有效地整合引领全党医卫资源下沉大方县。各级组织各领责任田，根据所对接乡镇实际，有针对性地开展爱心行动，帮扶对象更精准，帮扶措施更到位，帮扶成效更显著。

围绕中心发挥作用。"贫困人口精准医疗爱心行动"在项目构思和试点阶段就明确了"政府主导、部门配合、群众自愿、党派帮扶"的总原则，将"大方所需"和"农工党所能"结合起来，紧紧围绕大方县健康扶贫工作中心，上门帮扶困难病患家庭，为党委政府排忧解难，得到当地的肯定和欢迎。同时，爱心行动也获得相关部门的支持帮助，进一步促进项目的顺利开展，切实起到助力地方脱贫攻坚的作用。

大力加强自身建设。在爱心行动实施过程中，农工党各级组织和广大党员通过参与健康扶贫一线工作，加深了对国情民情的了解，加深了对中国共产党的路线、方针和政策的理解，凝聚了政治共识，并转化为高度的政治自觉性，不仅保质保量完成项目"规定动作"，而且主动创新，采取新措施，形成新模式，取得很好效果，组织战斗力和凝聚力得到提升。

21

大力发展马产业 "蒙古马"变身"致富马"

案例背景

习近平总书记强调，建设国家需要万马奔腾的气势，推动发展需要快马加鞭的劲头，开拓创新需要一马当先的勇气。

精准帮扶选对人，产业振兴做对事。2022年，内蒙古自治区察哈尔右翼中旗（以下简称"察右中旗"）在建项目辉腾锡勒草原蒙古马文化产业园（以下简称"马文化产业园"）借鉴前期经验，以"壮大集体经济，拉开空间布局，分享政策红利"为导向，以10件"关键小事"助力当地村集体经济发展，为打造宜居宜业的"创业示范村"、祖国北疆的"网红打卡点"、草原生态的"靓丽风景线"，发挥了积极作用。

一、主要做法

（一）用新思考推进新产业

2022年，察右中旗旗委旗政府明确提出"产业建园，博士支援；文化兴园，中旗名片；科技强园，瞄准高端；以马养园，引领发展"，以马兴旗思路清晰，以马建园产业升级。

高起点谋划。项目以集体经济组织运行，聘用专业人员运营管理。借助银保系统的帮扶资金支持，结合当地气候地理条件、招商引资政策优惠，从理论高度、思想深度、业务维度、创新角度聚焦放大马产业的资源禀赋、发展潜力和比较优势。

高科技助力。通过主动对接、主动联建，察右中旗已与 6 家科研单位沟通，提供人才支持、智力支持和建模支持。拟组建博士服务团，内含 6 支不同专业、不同方向、不同模式的党员博士团队，紧紧围绕"党建统领、党旗引领、党员带领"的帮建原则，采取灵活调研方式，随时来旗指导。

高效率推进。项目于2022年4月立项报批，项目指挥部决心在科学设计、保质保量的前提下，充分发扬"吃苦耐劳、坚忍不拔、一往无前"的蒙古马精神，争取当年建设、当年投产、当年分红。

高质量发展。遵循生产研发文化、科普教育文化、旅游体验文化、书画音乐文化、产品营销文化、特色餐饮文化"六位一体"的设计建设方案，坚定不移走生态优先、绿色发展之路，吸收当地马匹、带动农户就业、增加产业附加值，推动马文化产业园高质量发展。

（二）以新马场激发新动力

党建统领，强化政治性。党的十九届六中全会强调，坚定不移走全体人民共同富裕道路。在马文化产业园建设中，察右中旗毫不犹豫地把听党话、跟党走摆在首位，激励党员干部在乡村振兴新征程上有新作为，永葆共产党人忠诚、干净、担当的政治本色和革命激情。

共同富裕，突出群众性。我党作为马克思主义政党，之所以能够不断发展壮大，是因为始终把人民利益放在最高位置，赢得人民的拥护和支持。为体现社会主义制度优越性，在银保系统帮扶资金支持下，察右中旗走马产业集群发展道路，让更多农牧民享受定点帮扶政策红利。

言出法随，体现法规性。在旗委旗政府坚强领导下，马文化产业园项目规划与实施按照生态优先、绿色发展的既定方针，严守林草、国土、环保等政策红线，自觉接受旗人大、旗政协和全社会监督，强力推进绿色生态高质量发展。

精准施策，倡导创造性。集中精力抓好马产业发展，实事求是抓好顶层设计，虚心接受各方科学建议，以孕马血清、马匹改良、肉马饲养三大主业为依托，提高造血功能，夯实经济基础；借鉴已成熟的养殖模式，开拓马主题旅游、马产品创新、马文化创作三大发展方向。

聚焦项目，注入文化性。察右中旗特别创作主题歌曲《察右中旗　我的家园》并制作MV，生动展示了马产业兴旺场景，扩大知名度，提高美誉度。

二、案例成果

"关键小事"之统一思想。灯不拨不明，理不说不透。面对施工季度带来的急躁、松懈、等待等状况，项目部经常召开各种形式的碰头会、动员会，鼓舞士气、拧紧螺丝，以饱满的状态、昂扬的斗志做好项目推进中的衔接工作。

"关键小事"之选题立项。提取孕马血清属于生物制药领域的高附加值产业，合理规范抽血对马匹无影响。在全旗进一步推广孕马血清项目成功经验的同时，邀请血清深加工和制药企业来旗携手创业，促进马产业提质增效，将孕马血清制药产业打造成当地标杆产业。

"关键小事"之勘察选址。产业园建设用地，要统筹考虑审批权限、征地成本、生态保护、区位优势等多种因素。2022年上半年，察右中旗先后在各苏木乡镇进行12次现场考察选址，最后确定在距黄花沟景区7公里的乌兰哈页苏木大珠莫太村实施马文化产业园项目，在交通便利的科布尔镇永和村实施孕马血清生产项目。

"关键小事"之模式创新。政府引入帮扶资金，为参股脱贫户购买入股马匹提供三分之二的资助，减轻群众负担；引入致富带头人参股合作社，并负责日常经营；既为当地群众提供就业岗位，也为当地饲草料种植打开销路。

"关键小事"之运营规划。作为银保监会定点帮扶项目，在中国保险行业协会指导下，由人保财险作为倡导者引领投资，多家机构援建，是政治效益、社会效益和经济效益相统一的民心工程，招标施工、建设质量、施工进度和运营管理全程接受社会监督。

"关键小事"之建档立卡。截至2022年6月，全旗已布局10个马产业合作社，为每位社员的入股马建档立卡，马主人仍为重点帮扶人员；定期记录马的年龄、受孕、健康等情况，信息公开，有据可查，精准管理入股马，让竞争公平，让选购透明，让社员放心。

"关键小事"之参观见学。他山之石，可以攻玉。项目部在察右前旗参观奶绵羊基地，学习管理经验，借鉴运营模式；在呼和浩特市拜访私人马具收藏馆，身临其境感受游牧文化，加强思想碰撞，对接合作机会。

"关键小事"之头脑风暴。产业建设始终坚持集智攻关、集体研究、集思广益，大家在"诸葛亮会"上畅所欲言。干部理论学习小组主要成员坚持每周定期汇报进度，互相鼓舞，提振士气，以"逢山开路、遇水架桥"的勇气，同心同德、同时同势、同向同力解决手续、征地、道路等难题。

"关键小事"之资金调配。银保监会作为定点帮扶察右中旗的中直单位，长期坚持引领16家银保系统的帮扶单位持续发力。2022年，按照旗委旗政府"集中力量办大事"原则，统筹协调、集中使用中保协、保险资管协会、保险学会、信托业协会、保险保障基金、人保财险、平安财险、上海保交所、新华保险、阳光财险、安华农险、太保财险等单位投入的帮扶资金1300多万元，并吸收政府乡村振兴衔接资金300万元，全力以赴打造占地30亩的马文化产业园。

"关键小事"之廉洁台账。项目指挥部全体人员自觉做到警钟长鸣，在项目中历练"思想、作风、廉洁、成果"四过硬，不断提高拒腐防变能力。健全内控机制，用好每一分钱，严格预算、规范流程，账目清晰、廉洁自律，勤俭节约、对党负责。

响应党中央号召，巩固拓展脱贫攻坚成果同乡村振兴有效衔接是一项光荣而艰巨的政治任务。察右中旗把"蒙古马精神"作为工作动力，把习近平总书记的殷殷嘱托转化为推动马产业发展的实际行动，让更多农牧民体会到社会主义制度优越性，壮大集体经济，分享政策红利，感受党的温暖。

22

深入推进农村客货邮融合发展

案例背景

　　习近平总书记高度重视农村交通运输发展，多次对"四好农村路"建设作出重要指示。《中共中央 国务院关于实现巩固拓展脱贫攻坚成果同乡村振兴有效衔接的意见》《中共中央 国务院关于全面推进乡村振兴加快农业农村现代化的意见》，对农村交通运输发展作出具体部署。

　　中华人民共和国交通运输部深入学习领会习近平总书记关于"四好农村路"建设和乡村振兴的重要指示批示精神，认真贯彻落实党中央、国务院决策部署，加强分类指导，开展民生实事，完善政策体系，突出示范引领，深入推进农村客货邮融合发展，促进农村运输高质量发展，为乡村振兴提供有力支撑。

一、主要做法

　　强化顶层设计，夯实发展基础。交通运输部会同公安部、财政部等8部门制定出台《关于推动农村客运高质量发展的指导意见》，指导各地打造集约共享的农村客运融合发展模式。建立健全交通运输与邮政、供销、旅游、商务等部门协同机制,统筹各类资源,构建"一点多能、一网多用、功能集约、便利高效"的农村运输发展新模式。加强农村客货邮服务标准衔接,推广应用客货兼顾、经济适用的农村客运车型,鼓励开通客货邮合作线路,实现客运车辆代送邮件快件;鼓励发展农村货运班线,满足农产品进城和生产生活资料下乡双向流通需求。

办好民生实事,增强内生动力。组织开展农村客货邮融合发展民生实事,指导各地推动农村客货邮体制机制、基础设施、运力、信息等资源共享,实现客货邮站点融合共享,推广客运车辆捎带小件快件,提升农村客运运营效益,增强自身造血能力。截至2021年底,各地建成了1373个客货邮融合站点,开通了917条客货邮合作线路。

聚焦示范引领,带动融合发展。聚焦农村客货邮融合发展,开展第二批城乡交通运输一体化示范县创建,引导各地发挥基层首创精神,深入推进客货邮融合发展。61个示范县积极推进客货邮体制机制、基础设施、运力、信息融合,凸显以点带面的示范效应。

加强分类指导,推广典型做法。指导地方交通运输主管部门深入挖掘本辖区内客货邮融合发展典型案例,总结典型发展模式与经验。印发《农村客货邮融合发展典型案例集》,宣传推广辽宁盘山"村村通公交跑活城乡快递产业"、吉林乾安"镇村公交与物流配送并网运行"等9个农村客货邮融合发展典型案例,供各地结合实际参考借鉴。

二、案例成果

跨部门协调工作机制日益健全。各地积极推动建立交通、邮政、供销、商务等多部门协同配合机制,形成齐抓共管的工作格局。安徽省交通运输主管部门会同省邮政管理局、省邮政公司开展农村客货邮融合发展座谈调研会,多部门联合统筹推进相关工作。山东省将农村客货邮融合发展纳入全省"我为群众办实事"重点民生项目清单和"六稳""六保"促进高质量发展政策清单,推进农村客货邮融合取得高效进展。湖北、宁夏等地交通运输主管部门联合商务、邮政等部门印发工作方案，共同推进农村客货邮融合发展。

场站融合新模式逐渐形成。各地依托乡镇客运站、乡镇运输服务站、物流站点、邮政服务点等既有站点，建设乡镇客货邮综合服务站，实现"多站合一、资源共享"。山西省利用城乡客运一体化站点、线路及设施创新客货邮融合环境，对乡镇站、农村物流节点、邮政网点进行融合建设。

客货邮并网运行更加深入。各地充分发挥城乡客运网络覆盖面广、班次密、费用低等优势，在保障农村旅客乘车需求和安全的前提下，积极开通客货邮合作线路。广东省以增资扩股、合资新设等方式，组建客货邮统一配送企业，在分拣场所、运输车辆、设施设备、从业人员、末端网点等五个方面进行资源整合，实现了统一运输、统一分拣、统一揽收、统一规范服务和统一管理。山西各地交通运输主管部门积极与快递公司、客运企业沟通协商，充分利用现有农村班线等有利资源规划运营线路，实现客运线路与物流线路无缝对接。吉林省交通运输部门会同相关部门创新农村物流运营模式，鼓励企业以品牌为纽带，通过联盟、加盟等方式整合分散的物流经营业户，统筹组织开展农村物流业务，极大提高了农村物流企业集约化、规范化水平。

县域农村运输信息服务水平逐渐提升。各地积极推进运输信息融合，努力打造县域农村运输信息平台，实现农村客运、物流配送、邮政快递等信息的共享对接。黑龙江省整合公交信息平台、物流信息平台、公路养护信息平台等现有资源，搭建了交通智慧平台，与邮政快递平台完成有效对接，实现县、乡、村三级农村物流信息资源的高效整合、合理配置，降低农村物流成本。

政策资金支持力度不断加强。各地结合地方实际，积极为推进客货邮融合发展提供政策和资金支持。河北省在全省范围内选取了35个县（市、区）作为客货邮融合样板，分三档给予资金支持。山东省为每个农村客货邮融合发展样板县提供100万元财政资金支持。河南省下发中央车购税资金960万元，省补资金1256万元，用于支持8个市57个乡镇综合运输服务站点建设。

三、经验启示

坚持党的全面领导是客货邮融合发展的根本保证。交通运输部坚决贯彻落实习近平总书记重要指示精神，认真落实党中央、国务院决策部署，将客货邮融合发展作为推进农村运输高质量发展的重要抓手持续推进，通过专题部署安排、办好民生实事、组织示范创建等方式，全力推进客货邮深度融合发展。

坚持多方协同是客货邮融合发展的重要依托。农村客货邮融合发展涉及客运、货运、邮政等多个领域，涉及交通运输、农业农村、邮政、供销、商务等多部门职责，需要协同联动，一体推进。地方各级政府有关部门按照交通运输部有关工作部署，建立健全跨部门协调机制，统筹协调解决农村客货邮融合发展面临的突出问题。

坚持系统观念是确保客货邮融合发展的关键所在。农村客货邮融合发展不是简单的多行业叠加，其内涵在于充分发挥客运、货运、邮政在运营线路、营业网点、运力资源等方面的比较优势和组合效率，深入挖掘发展潜力，实现运输服务与产业融合发展。这对农村交通运输的系统性提出了更高要求。

23

发展壮大村级集体经济　推动城乡融合发展

案例背景

　　彭州市位于四川省成都市西北部，呈"六山一水三分坝"立体山水格局，龙门山脉的高山云海如人间仙境，万亩高山杜鹃、600万株牡丹在北部群山争奇斗艳，10万余亩水果在中部丘陵四处飘香，80万亩大地蔬菜在南部平坝竞相生长，全国主要"南菜北运"和冬春蔬菜生产基地、西南地区最大蔬菜交易中心便坐落于此，是名副其实的农业大县、保供大县。

　　近年来，彭州市深入学习贯彻习近平总书记关于"三农"工作重要论述精神，加快推动实施乡村振兴战略，坚持以党建为引领，充分借助乡镇行政区划和村级建制调整"两项改革"，以及被国家发展改革委确定为"国家城乡融合发展试验区"的"东风"，积极探索新型农村集体经济有效实现形式，认真办好"做大蛋糕"和"分好蛋糕"两件大事，全市城镇化率不断提升，城乡居民收入比不断缩小，乡村振兴基础不断巩固夯实，城乡融合发展质效更高。

一、主要做法

（一）深入实施"一号工程"

彭州市委谋划推动，"一盘棋"统到底，将发展壮大村级集体经济列为彭州市委"一号工程"，由市委书记任市农村工作领导小组组长，下设农业农村改革和发展新型集体经济专项工作领导小组，建立市、镇（街道）、村（社区）三级扶持壮大村集体经济联席会议制度，统筹31个市级部门力量，推动乡村集体经济发展。

制定中长期奋斗目标，"一股劲"走到底。在开展"三区三线"划定基础上，划定中心镇和中心村，编制国土空间规划和村庄规划，以中心镇和中心村作为集体经济发展重要载体，实现差异化发展。

坚持政策靶向驱动，"一揽子"兜到底。近年来，彭州市先后出台《关于坚持和加强农村基层党组织领导扶持壮大村级集体经济的若干政策措施》《关于开展合并村集体经济融合发展试点工作方案》《实施乡村振兴战略推进农业农村现代化发展的若干政策措施》等文件。

强化督查考核问效，"一把尺"量到底。建立市、乡（镇、街道）、村（社区）三级考核机制，对工作成效突出的市级部门，在干部选任、评先评优、干部推优、目标绩效、资金补助等方面给予倾斜。

（二）大力开展"五大攻坚行动"

开展新思想立根铸魂深化行动。充分利用镇村微党校、中心校和"蓉城先锋"党课开讲等平台载体，分层分级开展镇村干部学思践悟习近平总书记关于"三农"工作重要论述精神专题培训。

开展"新时代担当"好支书培育行动。与高等院校签订战略合作协议，开展村（社区）干部学历素能双提升计划，第一批319名乡村干部顺利深造结业。

开展合并村农村集体资产股份化改造行动。做深做活乡镇行政区划和村级建制调整"两项改革"后半篇文章，成立镇村合并村集体资产股份化改造工作领导小组，制定集体经济组织股份化改造推进计划。

开展乡村集体资产创新管理提升行动。引导村级党组织在梳理集体建设用地、清理闲置工矿用地、腾退宅基地等方面做文章。

开展优秀人才下乡进村促进行动。出台《实施产业强市若干人才政策措施》等5个人才政策，柔性引进农业技术顾问9人，招聘乡村规划师4人，选派驻村金融助理8人，选派优秀年轻干部、选调生162人到村锻炼，吸引在外优秀人才"乡村合伙人""乡村创客"85人回乡。

（三）全面厘清"多方权属关系"

强化村级党组织领导核心作用。建立村级党组织、村级股份经济合作联合社，定期分别向镇党委、镇级农村集体资产开发管理联合社公司请示报告制度。镇村两级党组织书记与集体经济组织董事长（理事长）"一肩挑"。

构建"两级多层"复合型经营体制。在村一级成立村级股份经济合作联合社，由市农业农村部门统一登记赋码。在镇一级成立农村集体资产开发管理联合社公司，由各村级股份经济合作联合社组建。

理顺村级"三重组织关系"。制定村级党组织、村民委员会、村级集体经济组织议事决策工作规范。明确村民委员会承接一定的政府职能，做好村民的管理服务工作。

（四）创新强化"三项要素保障"

创新"直达型"财政扶持。强化涉农资金整合、创新财政投入方式，对发展态势良好的集体经济组织和科技创新团队给予20万至200万资金支持，提供乡村振兴农业产业发展贷款风险补偿金675万元，保障贷款风险。

创新"定制式"土地供给。每年单列8%的土地利用年度计划，支持农村集体经济新产业新业态发展和农民集中建房整理项目实施。在城乡建设用地增减挂钩试点项目中预留拆旧复垦规模的30%，用于农村集中安置和产业发展建设新区。

创新"低成本"金融助力。针对村级集体经济资金不足的问题，市镇村三级党组织联动，利用集体建设用地使用权、农村土地经营权等八类资产进行融资，策划推出农业农村、文化旅游、中小企业3类30余个金融产品。

二、案例成果

经过多年实践，彭州市探索形成了4种较为成熟的乡村集体经济发展模式。在这4种模式的带动下，全市集体经济"空壳村"基本消除，村级集体经济由弱变大、由大变强的"橄榄型"结构不断巩固扩大，助推农业农村现代化。截至2022年，全市共有农村集体经济组织2631个，其中村级188个，组级2443个。2021年，清理核实农村集体资产49.99亿元，农村集体经济组织收入达7.1亿元，集体经济年收入10万元以上的村130个，100万元以上的村61个，过亿元的村1个。

三、经验启示

坚持党的领导+群众自治。乡村基层党组织是落实集体经济发展的"最后一公里"，基层党组织坚强有力的领导直接决定集体经济发展的时度效。

坚持上级推动+政策驱动。对于绝大多数乡村而言，发展乡村集体经济难在起步，起步之难在于获取激活发展的"第一桶金"。

坚持守正固本+改革创新。要促使乡村集体经济拔节生长，大开大合、大破大立是不可避免的"成长的烦恼"，也是"凤凰涅槃"的必经之路，但要始终坚持稳中求进、守正创新的原则。

坚持当前创收+长期增效。农村集体经济组织不同于公司，也不同于政府机构或社会组织，呈现价值取向多元化特征，既有加快经济增长的经济功能，又有维护地方社会和谐稳定的社会功能，还肩负维护党的政治基础的政治功能。

24

立足特色资源　发展现代农业产业体系

案例背景

　　黄家沟村位于陕西省略阳县金家河镇政府以西11公里，345国道横穿全境，全村面积30平方千米，辖10个村民小组。2015年以前，村民收入以外出务工为主，村集体经济几乎为零。

　　2015年以来，国家国防科技工业局（以下简称"国防科工局"）连续选派优秀挂职干部任黄家沟村第一书记，助力黄家沟村立足当地特色资源，将发展壮大村集体经济作为打赢脱贫攻坚战、助推乡村振兴的关键一招，不断探索和创新，逐步发展起以食用菌、天麻种植和乌鸡养殖为主体，电商、冷链运输一体运营为辅助的现代农业产业体系，村集体经济积累一度达到200万元。

一、主要做法

　　近年来，在国防科工局的定点帮扶下，黄家沟村始终坚持"党建引领、市场导向、生态先行、科技优先"的基本原则，在发展理念、人才培养、市场开发等领域全方位探索尝试，持续壮大村集体经济，走实农村产业振兴路。

坚持党建引领，"把党组织建在产业上"是黄家沟村发展壮大集体经济的"金钥匙"。黄家沟村发展村集体经济的实践证明，农村基层党组织有没有凝聚力，取决于能不能随时给群众解决实际困难；农村基层党组织有没有号召力，取决于能不能给群众带来致富的希望。

坚持市场导向，解决好"种什么"和"卖给谁"是发展村集体经济的前提条件。农业产业化是农业发展的必由之路，必须坚持以市场为导向、以提高经济效益为中心，通过专职化生产、一体化经营和企业化管理，打造一条龙的经营体制。在实施乡村振兴战略的起步阶段，村一级发展集体经济有很多优势。比如，各级财政、帮扶力量持续的投入和支持，很好地解决了固定资产投入问题，生产成本大幅度降低，村里只需要解决好"种什么"和"卖给谁"的问题，也就是把生产环节做好、把市场渠道打通。

坚持生态先行，统筹规划是村集体经济可持续发展的根本保障。"绿水青山就是金山银山"，2019年，黄家沟村把绿色循环发展作为推动转型发展和壮大村集体经济的重要途径，全面叫停域内矿山企业，实行山长制、河长制，加强山林河地的管护。成立村级股份经济合作社，按照"一年见雏形、两年求突破、三年成体系"的"三变"改革思路，把村里的500余亩闲置土地、荒滩、荒坡和三处办公厂房等资产进行清查，估价500余万元。

坚持科技优先，全面提升农产品科技含量是壮大村集体经济的根本途径。从传统走向现代，是农村转型发展的目标。可以看到，农业机械、农村电商、设施农业等正在逐步进入农村。黄家沟村集体经济不断发展壮大，除了做足市场功夫，对现代农业技术和设施的应用也不可或缺。近年来，黄家沟村立足自身丰富的林地资源优势，围绕食用菌、天麻、乌鸡等主导产业，采取多种形式与科研院校、农业企业等建立长期稳定的合作关系，吸引专家教授到村开展农业科技实验示范和技术推广服务，以新技术、新品种的引进、实验、示范和推广为突破口，全面提升农产品科技含量，促进农业和科技的有机结合，以及科技成果的转化和应用。

二、案例成果

2019年，黄家沟村成立村级股份经济合作社，吸纳30余名党员率先加入，依托国防科工局帮扶资金和消费扶贫渠道，立足当地特色资源，同步发展乌鸡养殖、天麻种植和食用菌种植三项产业。按照"党支部+合作社+致富带头人"的发展模式和"支部抓统领、党员做先锋、群众齐参与"的经营思路，在每个产业上成立党小组，负责产业重大事项、重大问题的商讨和决策；从村支部委员中选聘一名优秀党员，负责该项产业的生产、管理和销售等具体工作。

以黄家沟村食用菌种植项目为例，该村在发展食用菌产业之初，争取到国防科工局和市、县资金支持，一次性投入200多万元，建造了大棚和冷库，购置了制菌、烘干、运输设施，很好地解决了村里资金短缺问题，有效地降低了发展风险和准入门槛。

通过成员身份界定，向1282人发放了股权证，全体股民入股16万元，构建了"归属清晰、权能完整、流转顺畅、保护严格"的农村集体产权制度体系。2020年实现盈利12万元，2021年实现盈利26万元，2022年上半年实现盈利30余万元。在全县率先编制"十四五"美丽乡村建设规划，确定了以食用菌种植、天麻种植、乌鸡养殖和电商平台等为主导的"一村三品一平台"村集体产业发展思路，并逐步推进实施。

目前，与汉中山里人家生态农业开发有限公司合作，开发三国人物志系列蜂蜜产品；与陕西汉王药业股份有限公司合作，建立略阳天麻育种繁育基地，掌握了鲜天麻保鲜技术；与甘肃康县原野农产品公司合作，成功研发野生猕猴桃原浆酒系列产品；与略阳县锦绣农业发展有限公司合作，开发青钱柳保健茶产品；与陕西百味网电子商务有限公司合作，建立纯种黑河乌鸡养殖基地，开发出乌鸡汤、乌鸡酱等系列产品。

三、经验启示

黄家沟村在发展村集体经济的过程中，仍存在许多制约进一步发展的问题。一是党员结构不合理。党员的学历层次普遍不高，后备力量储备不足，致富带头人培优存在短板。二是从土地资源看，除已被征用或利用的国有土地外，所剩实际可利用的土地已不多，撂荒地占总耕地面积比例较大，且多为山坡地。三是民生保障任务繁重。从近年来各项支出情况看，民生建设支出占全年各项支出比重的八成以上，特别是基础设施建设和环境整治支出增幅较大，村集体负担较重。同时，以消费帮扶为主的农产品销售渠道不具备可持续性，高额的物流成本也是发展农村电商难以突破的瓶颈。

未来，在稳步推进产业发展的同时，黄家沟村要持续做好以下工作。

第一，抓好党建工作，加强基层党建是发展壮大村集体经济的重要前提。选优配强基层党组织带头人，加强队伍管理和党组织建设。在党性强、作风好的致富带头人、外出务工经商人员、退休老干部和其他乡贤中，寻找人才、使用人才，注重选拔返乡创业青年、大学毕业生进班子，加强村级后备力量储备，为发展壮大村集体经济蓄能。

第二，发展村集体经济，坚持把不断壮大村集体经济作为解决问题的关键一招。积极探索集体经济发展新途径，遵从先易后难、自小而大的原则，起步阶段瞄准风险低、用工多、见效快的项目。

第三，要兴办惠民实事，发展村集体经济的目的就是要让农民群众得到实惠。要依托村集体经济积累，大力推进农村公共事业，让村民共同参与，共享改革发展成果。

25

"蔬菜产业+"让"菜篮子"成为"钱袋子"

案例背景

《中共中央　国务院关于做好2022年全面推进乡村振兴重点工作的意见》提出，要"保障'菜篮子'产品供给"，并将"菜篮子"作为接续全面推进乡村振兴，确保农业稳产增产、农民稳步增收、农村稳定安宁的重要内容。

腰站镇是河北省围场满族蒙古族自治县蔬菜产业强镇，是河北省北部最大的时差蔬菜生产基地。近年来，腰站镇深入贯彻落实习近平总书记关于"三农"工作的重要论述，用好"蔬菜产业+"，在"提高产品质量、提高产品竞争力、推进规模化种植、畅通销售渠道"四个方面做文章，助推双苷蔬菜种植产业发展，通过"菜篮子"，装满农民的"钱袋子"，为乡村振兴注入强劲动能。

一、主要做法

（一）蔬菜产业+科技，做好提高产品质量的文章

科技是第一生产力，是第一竞争力，是实现高质量发展的动力源泉。腰

站镇立足科技支撑，提升蔬菜产业质量。

充实技术队伍，提升科技服务质量。建立省级科技特派员工作站，配备科技特派员17名，同时加强对菜农的技术培训，采取"点菜式、订单式、一站式教学"方式，提高种植水平，重点培育种植技术能手239名。

加大设施蔬菜种植，提升种植技术能力。引导农户扩大冷棚菜、日光温室、地膜菜、轮作菜面积；加快制定无公害蔬菜生产计划，推广绿色蔬菜生产技术，新增冷棚260余亩，被省农业农村厅认定为无公害农产品基地，27个蔬菜产品被农业农村部质量安全中心认定为绿色无公害产品。

增加蔬菜花色品种、优良品种种植，提升产品竞争力。引导农户调整蔬菜种植结构，大力发展名优新蔬菜品种和无公害蔬菜生产，加速蔬菜品种的更新，在稀特菜、野生菜上做文章，做到人无我有，人有我优，人优我廉，增强市场竞争力。目前，蔬菜种植品种30多种，错季年产量超8000万公斤。

（二）蔬菜产业+品牌，做好提高产品竞争力的文章

随着蔬菜产业的发展，腰站镇蔬菜要想走出家门，在国内市场具有较强影响力，就要实施品牌战略。镇政府下大功夫积极引导协调，加大宣传力度，带领农民建立腰站蔬菜品牌，逐步提升市场竞争优势。

发挥政府作用，推进品牌建设。立足资源优势，以制定长期的规划和发展战略为基础。建立政府牵头的规划蓝本，围绕市场需求，整合资源，筛选出适合本地的拳头品种，形成地方特色菜。逐步将边墙山西红柿、清泉大葱、五家豆角等特色蔬菜品牌，建设成有较强市场竞争力的优势品牌。

整合品牌资源，打造大品牌格局。对已有一定知名度的边墙山西红柿、清泉大葱、五家豆角等蔬菜品牌进行重点支持和宣传，把优势品牌做大，把大品牌做强。强化"腰站蔬菜"意识，鼓励各蔬菜种植、生产个人和单位在产地名称前冠以"腰站"字样。

明确市场定位，主攻京津中高端市场。充分利用京津加工销售蔬菜企业多、实力雄厚、需求量大的有利条件，发挥环绕京津的区位优势，引导本

地合作社，加强与京津企业蔬菜基地对接与合作，使优质品牌蔬菜逐步占领京津中高端市场。腰站蔬菜外销北京、天津、上海等地，实现年产值近6500万元。

（三）蔬菜产业+规划布局，做好推进规模化种植的文章

按照"突出特色、统一规划、区域布局"原则，突破"小而全"生产格局，推进规模化、专业化生产。组织农户及合作社参与市场调研，顺应消费者对蔬菜优质化、多样化、高档化、无公害化的消费需求，从盲目种植，向订单种植转变。

（四）蔬菜产业+信息网络，做好畅通销售渠道的文章

把"拓展信息网络，推动蔬菜产业发展"作为促农增收的发展战略，进一步提高蔬菜产品外销能力，确保蔬菜产品种得好、销得快、价格好、效益高。

按照有形市场与无形市场相结合、硬件建设与软件建设相结合的原则，对蔬菜市场进一步规范管理，合理布局，有效调控，加强蔬菜批发市场的基础设施和配套设施建设，完善市场功能，加强与各大中城市的联系，建立销售网点，衔接外地市场，发挥市场中枢作用，扩大覆盖面。

规范建设批发、销售市场7家，新修新改道路30余公里，通组路硬化率达到100%，实现交通运输畅通无阻。同时，畅通信息网络销售渠道。在利用村级惠农网络平台基础上，政府参与引导农户建立全国销售市场微信群，动态了解各地种菜信息，及时为老百姓提供种植、仓储、物流、销售信息。通过实时信息，降低销售成本，增加群众收入。2022年上半年，种植蔬菜收入同比增加近千万元。

二、案例成果

强化基地建设，重点打造了生态农业种植和时差蔬菜种植为主导的产业

基地9个，配套建设蔬菜冷藏保鲜库12个。2022年总投资3800万元，建设占地面积达1.78万平方米，能预冷3万吨蔬菜的农产品产地冷藏保鲜库一座，为蔬菜错季上市、提高远路运输能力提供保障。

根据实际情况，逐渐形成一村一品、一组一业规模化经营新格局，建立集约化程度高、规模适度的蔬菜生产基地，实现连片种植，集约经营管理，促进规模生产，提高种植效益。目前，有9个行政村建立规模化种植发展模式。

畅通订单销售渠道，树立蔬菜大生产、大流通、大市场的观念，建成"合作社+订单+基地+品牌"的产销对接模式，大力发展"订单农业"，按照市场需求，将蔬菜产销融为一体，实现收益最大化。同时，通过生产、包装、运输等环节解决了群众短期务工问题，使群众在家门口增加收入，受益群众达2300多人次。

三、经验启示

种植规模化是发展双茬蔬菜种植产业的基础。由于农村蔬菜种植生产经营分散、农民缺乏灵敏的市场信息和有效的营销渠道，千家万户的小生产很难在千变万化的大市场中立足。要使蔬菜产业做大做强，就必须规模连片、园区推进。腰站镇蔬菜产业之所以能够异军突起，重要原因之一就是通过土地承包经营权的有效流转，整合农户分散的土地，根据市场需求，采取"农户+合作社+基地+市场"的规模种植、集约经营方式，使零星分散的农田成了大中城市蔬菜供应基地和企业初级原料基地，推动资源优势向经营优势转化。

合作联结化是发展双茬蔬菜种植产业的关键。共同利益是市场与农户联合发展的基石。腰站镇通过"农户+合作社+基地+市场"，引导农户用土地、劳动力、资金等要素以入股的形式参与蔬菜投资经营。

生产科技化是发展双茬蔬菜种植产业的支撑。科技是所有产业发展的生命，没有科技含量的产业，必然缺乏生命力。腰站镇在发展蔬菜种植的过程中，注重推行标准化种植，积极推广高产、优质、高效、生态配套种植技术，稳步提高了蔬菜种植科技含量，提升了蔬菜品质。

产品品牌化是发展双苴蔬菜种植产业的有效途径。做大做强优势特色产业，关键在于产品被市场所认可，拥有一定的市场占有率。腰站镇在培育壮大优势特色蔬菜种植过程中，注重以技术创新和质量管理为手段，以名优产品营销为重点，着力抓好产品推介和产销衔接，大力实施名牌战略和精品战略，有效提高了蔬菜产品的市场占有率。

26

数智惠农服务美好生活

案例背景

下姜村位于浙江省杭州市淳安县西南部山区,是习近平同志时任浙江省委书记的基层联系点。习近平总书记曾多次到下姜村实地考察,写信鼓励下姜干部百姓,关注下姜发展、牵挂村民冷暖,并作出一系列重要指示批示,推进下姜村跨越式发展,实实在在当起下姜村脱贫致富与乡村振兴的引路人。下姜村也成为相继六任浙江省委书记的基层联系点。

在电力加持下,下姜村已成为生态环境和乡村文明共生共荣的"网红村","下姜村"品牌已经成长为"大下姜"。这个走在前列的明星乡村,通过创新建设"乡村振兴联合体",发挥头雁效应,带动周边乡村走上致富之路。

一、主要做法

(一)打造一张坚强电网,推动城乡一体新进程

夯实大下姜坚强网架。国网浙江省电力有限公司杭州供电公司(以下简

称"国网杭州")优化主网网架布局，深化城乡一体电网同规同网，推动资源按规划向乡村新社区集中，超前规划布点。2021—2024年计划投资1.31亿元，新建110千伏进贤输变电工程、35千伏下姜输变电工程，优化大下姜网架布局。均衡乡村配电网发展，推广多分段适度联络方式，推进大下姜区域5条大分支线末端联络改造，实现大分支联络率100%。打造本质可靠台区，优化电力设施设计方案，推进台区户联线改造，实现电力设施与村容村貌协调融合。

加快建设新型电力系统。国网杭州推进配电自动化建设，开展大下姜区域10千伏配电自动化智能分线开关改造、环网室"三遥"DTU安装，实现配网运行状态可观可测、故障自动隔离自愈。推广高新设备应用，试点推广"5G+量子"加密智能开关与合闸速断功能的应用，实现配电网故障快速定位、隔离与非故障区域的快速恢复，有效缩小故障影响停电范围，提升故障抢修效率。打造低压柔直互联智能微电网示范，推动能源清洁低碳转型，建立源网荷储互动的调控运行新模式，提升电网调节能力。

加强电网运维抢修。国网杭州实施数字化运维巡视，在下姜村部署固定机巢，以机巢为中心，全面开展无人机自主巡检。推行中低压主动抢修。基于配电自动化装备，实时监控配电网运行数据，开展主动抢修作业。深化"抢修帮"应用，推动抢修业务数字化，实现服务关口前移。

全面开展不停电作业。以洪盟忠劳模工作室为代表，引领不停电作业新技术、新工具研发，提升不停电作业"软实力"，实现大下姜区域计划工作"零"停电，提高用户用电体验。2022年供电可靠性达到99.9984%，户均停电时长17分钟，媲美杭州城市核心区域水平。

（二）开发一个智慧大脑，助力乡村治理新体系

共享，数据互通助力精准决策。国网杭州打造下姜村电力驿站乡村智慧能源服务平台，与大下姜平台无缝对接和信息共享，为各级政府科学决策提供数据参考。

共治，联建特殊群体关怀机制。国网杭州联合政府共同推出"电力关爱

码"。实时监测全县23个乡镇、1228户独居老人用电行为，赋予"红黄绿"三色码，绿码代表正常、黄码红码代表异常。

共赢，定制服务实现价值共创。国网杭州推出智慧能源服务，不断拓宽数据范围，深入挖掘分析，提升社会综合能效和安全用能水平。为各级政府、企业单位、酒店民宿等利益相关方提供专业化、多样化和定制化的服务，创造多元价值，携手伙伴实现互利共赢。

（三）建立一套服务模式，服务百姓美好新生活

拓展责任边界，实现表前表后全覆盖。依托"党员+台区经理+青年志愿者"联动机制，国网杭州形成"党员责任区、服务网格化"机制，实现全县域表前表后服务全覆盖。在电力驿站设置一名党员指导员，统筹指导表前服务工作。

撬动多方资源，聚合力破解服务难题。针对当前存在的乡村建房暗藏隐患、社会电工资质不足等表后服务难问题，国网杭州推动政府出台《淳安县农村用电安全员管理办法（试行）》。

转变履责视角，主动靠前服务更精准。针对地域面积广、村落零散、办电距离长、服务对象需求多样等问题，国网杭州在下姜创新推出电力驿站"四个办"，即红船志愿者"代您办"，网上国网App"线上办"，红船电力驿站"就近办"，以及微信群对接用户"上门办"。

（四）绘制一张绿色图谱，塑造美丽乡村新风貌

政企合作，夯实绿色发展顶层设计。国网杭州推动绿色出行，携手政府签订《新能源电动汽车充电设施系统建设与运营协议》和《电动公交车充电站合作协议》，推动智慧车联网、智慧能源服务系统向乡村地区延伸，建成充电桩418个，形成环千岛湖150+公里电动汽车生态圈。

社会参与，培育公众低碳节能意识。国网杭州推出民宿"活力指数"，实施动态监测和综合能耗分析，协助政府和民宿做好经营管理，有效降低民宿

能耗。

（五）拓宽一条赋能路径，助推乡村经济新发展

资源整合实现农业全方位赋能。整合政府、企业等多方优势资源，实现覆盖生产、加工、销售的农业全方位赋能模式。在生产端实施"产业助力"工程，与大棚业主签订综合能源协议，提供电能采集监测、智能运维及能效优化方案等服务，推动建成农业电气化大棚。

因时制宜实现农业个性化服务。依托红船党员服务队，根据时令特征，制定"二十四节气服务彩虹表"，为农村产业发展提供个性化服务。服务内容更精准，强化活动主题策划，主动与村委、农户衔接沟通，收集二十四节气用电服务需求，将服务时间节点与各乡村产业生产时令一一对应。

二、案例成果

供电更可靠，提升电力可靠幸福感。供电可靠性得到提升，国网杭州供电公司以持续"提高用户满意度"为目标，打造最优用电环境。2020年，下姜村供电可靠性达99.9946%；2021年，下姜村供电可靠性继续提升，达99.9998%，相当于杭州城区的供电可靠性。利用电力数据开展"主动抢修"，抢修覆盖率达到100%。

生态更宜居，打造绿色乡村新样貌。引领绿色出行新风尚，推动政府合作共建充电桩418个，满足多方充电需求，包括公共充电桩182个、公交充电桩80个、自有充电桩156个。2021年，充电量达475.6万千瓦时，减少燃油消耗96.74吨，减少二氧化碳排放6182.4吨。

生活有保障，满足美好生活新期待。关怀乡村弱势群体，不让任何一个人掉队，实现"大下姜"区域178户独居老人关爱码应用，快速处理各类异常预警，现场核查排除异常，有效保障"大下姜"区域独居老人的日常生活安全。开展全县1228户独居老人"关爱码"应用全覆盖。浙江省委主要领导在调研电力驿站时，肯定了"关爱老人"服务，认为这项工作的意义很大，不

仅是用电管理，更是对老人的健康管理。这项服务举措于2019年1月由国家能源关于漠视群众利益问题专项检查督导时作为为民服务典型案例上报国务院。

自2019年开展电力驿站建设以来，国网杭州通过探索泛在电力物联应用，构建智慧、绿色、低碳、环保的农村能源生态，建设层次更高、范围更广的新型乡村电力消费市场，助力农业更强、农村更美、农民更富，实现经济效益、生态效益、社会效益"三赢"格局，在下姜村以电力服务巩固拓展脱贫攻坚成果同乡村振兴有效衔接。

27

光伏上屋顶　惠农千万家

　　2021年6月，国家能源局综合司下发《国家能源局综合司关于报送整县（市、区）屋顶分布式光伏开发试点方案的通知》，并于同年9月公布名单，河南省襄城县作为国家首批整县（市、区）屋顶分布式光伏开发试点县，率先开工建设屋顶光伏，涉及16个乡镇，充分发挥了当地优质的太阳能资源与光伏产业链优势，实现整县推进"光伏上屋顶，惠民千万家"的快速落地。

　　襄城县屋顶分布式光伏建设是助力实现国家"双碳"目标，推动乡村振兴的重要措施。襄城县充分利用本地党政机关屋顶、学校屋顶、商业屋顶、居民屋顶等资源，预计开发规模达300兆瓦，实现碳减排约390万吨。通过屋顶光伏建设，襄城县整合各类资源集约开发，带动当地产业发展，探索出农业生产型乡村向绿色、低碳、智能县域发展的道路。

一、主要做法

（一）政府统筹引导，建立有效推进机制

针对分布式光伏资源分散，参与方多，推进进度慢、开发难度大等问题，河南省带头提出了"1+1+N"的模式，即由1家大型能源央企为主导，引入1家投资银行提供绿色金融服务，N家优质平台公司共同开发建设，通过成立联合工作组，提高开发效率，保障短链高效运作。

襄城县将屋顶分布式光伏建设工作作为乡村振兴重点工作，充分调动多元市场主体的效率优势和灵活特征，形成统筹有序、分工合理的工作机制。一方面，建立推进机制。牵头成立相关职能部门、电网企业、开发企业共同参与的工作专班，强化力量配置和工作协同，统筹推进项目建设，切实保障试点各项目标任务顺利完成。另一方面，进一步完善开发方案。深入摸排适宜建设的屋顶资源，同电网企业研究确定试点建设规模和分年度建设时序，强化政策激励和监管措施，增强整体开发方案的可操作性。

（二）坚持规划设计引领，实现动态协同管理

针对整县光伏开发涉及建筑物类型较多、建筑质量参差不齐、产权归属较为复杂等特点，襄城县提高系统思维能力，加强全域总体开发方案的顶层设计，保持新能源快速开发与相关规划稳步衔接，因地制宜推进屋顶资源合理利用、整体谋划、分步实施。稳步有序地推进全域光伏规模化开发，装机增长与用电负荷发展适应，确保分布式光伏项目在配电网系统平衡，就地就近消纳。

（三）坚持城乡普惠共享，构建光伏开发资源池

全面加强城乡统筹规划，同步开展"光伏+"示范工程，为城镇及乡村用能提供"保姆式"服务。

首先，投资方襄城豫能与银行合作，着力加强资金风险及成本管控，让

利农户增收，真正实现"屋顶无闲置，户户有收益"。

其次，与当地投资发展平台合作，以整县光伏建设为切入点，为全县重点项目和企业发展提供投资开发、设计建造、人才团队、业务管理、技术支持等"一揽子"服务，积极探索"协同建设、收益反哺"模式，循环有序推动城乡重大基础设施建设，提升城乡普惠共享水平。

（四）坚持科技创新驱动

襄城县同华为数字能源等科技创新的企业合作，利用物联网、大数据、人工智能等技术，建立能源监控、运维及服务一体化的数字平台，实现集中监控电站运营、远程控制电气设备、实时告警设备故障等功能。集成瓦特技术、热技术与云技术、人工智能技术，积极探索分布式光伏派单运维模式，组件级监控模式，全量电站体检模式等，提升运维效率50%以上，支撑各类市场主体能源业务数字化、智能化、集成化发展。

二、案例成果

（一）带动当地光伏上下游全产业链发展

襄城县依托资源优势，在光伏制造业领域，集聚了硅烷生产、太阳能组件生产等一批具有代表性的上下游企业，产业集群建设步伐不断加快。襄城屋顶光伏项目，增加央企、国企、民企的共同协作，打造高质量区域经济，提升市场活跃度，实现组件、电缆、配电设备等企业盈利达19.8亿元，带动新能源上下游全产业链协同发展，切实推动产业链、创新链、供应链、要素链、制度链深度耦合，助力河南省"十大产业链"战略落地。

（二）打造"光伏+"乡村振兴多场景

屋顶光伏发电，给农村农户、工商业、企事业、学校等各类生产生活单元提供清洁能源，提升乡村百姓经济收益和生活的幸福指数。打造"光伏+乡村""光伏+教育""光伏+园区""光伏+水务""光伏+烤烟"等特色工程，形成一批可参观、可复制的示范样板，有力推进了河南省"双碳"工作，落实节能降碳工作，助力乡村振兴。

（三）保障农户长期稳定收益

利用农户屋顶发展光伏，开创由银行代办统一发放租金的方式，银行直接支付至农户本人银行卡，消除了挪用风险、拖欠风险，获得了农民群众的肯定和认可。此外，采用高安全、高可靠的产品，在有限的屋顶面积下，实现更高发电，保障屋顶电站25年生命周期内稳定运行，提供长期持久收益。

（四）科技助力建设低碳县

襄城推进项目插上科技腾飞翅膀，实现数字化、智慧化、科技化于一体建设。采用领先的智能能源控制器、配置优化器等设备，实现智能安全防护，有效提升装机和发电量，光伏直流装机提升20%—70%，单瓦发电量提升5%—30%。

三、经验启示

通过屋顶光伏建设，襄城县立足本地产业优势，统筹整合当地产业链资源，本地国企、民企通力合作，助力全县低碳发展，建设全国低碳智能县域标杆，起到示范带头作用。该项目总投资约12亿元，可实现碳减排约390万吨，进一步优化当地能源生产消费结构，稳步提高乡村清洁能源使用占比，构建清洁、高效、稳定的乡村能源体系。

该项目以绿色能源与乡村振兴、生态文明建设深度融合为目标，可为当地每户村民年均增收1000元以上，为区域内工商业降低用能成本约1亿元，为襄城每年创造税收约6.6亿元；同时，助力乡村特色产业落地，增加就业机会，可有力提升当地人民生产生活水平，美化城镇景观村容村貌，助力全国实现"碳达峰""碳中和"目标及乡村振兴。

28

产业发展促增收　苹果树变致富树

案例背景

乡村振兴是国家战略，乡村产业振兴是重要任务。支持脱贫地区发展特色产业，有利于拓宽农民增收渠道，促进就业；有利于推进农业供给侧结构性改革，提供高质量的农产品，满足人民日益增长的美好生活需要；有利于促进乡村经济发展，实现乡村振兴。

河北省易县曾是燕山—太行山集中连片特困地区，2020年与全国一道打赢脱贫攻坚战，进入巩固拓展脱贫攻坚成果同乡村振兴有效衔接新阶段。易县坚持产业发展促增收基本路径，围绕乡村治理和乡村建设进行大胆尝试和有益探索。牛岗乡台底村坚持以发展苹果富民产业为切入点，以三产融合为落脚点，通过特色产业发展为村全面进步夯实了基础。

一、主要做法

在产业发展中，牛岗乡台底村先行先试，创新带贫机制，探索出"三三三"的产业发展方式，牛岗苹果"牛气"销售，村民、集体实现了富起来。

（一）三权入股定方向

台底村由村党支部牵头，成立苹硕林果种植农民专业合作社，实行"支部+合作社+基地+农户"模式，实施"三入股"经营方式，实行股份制经营，有效地破解了产业发展遇到的难题。

土地入股。村合作社把分散在一家一户的零星土地集中起来进行统一规划、统一管理，破解了分散式经营的问题，贫困户通过委托代管、土地流转、土地互换三种方式入股合作社，为实现规模化种植、集约化管理、产业化发展奠定了基础。台底村合作社174户成员入股土地550亩，荒滩造地100亩。

资金入股。为了解决后续资金投入不足的问题，鼓励群众资金入股，合作社将入股资金折合成股权份额计入合作社成员账户，成员可享受合作社盈余分配。截至2022年上半年，台底村合作社共计资金入股28.9万元。

劳务入股。合作社成员参加合作社劳动的用工个数折合成资金形式，成员既可支取工资报酬，也可以将资金入股到合作社，计入资金股。目前，台底村合作社劳务入股折合资金13.8万元。

（二）三统一管理定标准

按照标准化生产的要求，合作社统一购买了割草机等生产设备，避免了机械设备重复购买所造成的资金浪费；统一购买有机肥、地膜等生产物资，质量有保障，价格还优惠；统一技术管理，专业培训，专人管理，保障技术，既降低了生产成本，又提高了管理水平。

（三）"三位一体"定收益

农民赚"三金"。租金，通过土地入股、土地流转等方式拿到租金，劳动力从土地束缚中解放出来。薪金，因年龄、身体、家庭等原因不能外出务工的可到合作社打工，参加劳动，拿到薪金，实现了劳动力资源就地转化，农民由传统农民变身为农业工人。台底村有20人长期在合作社务工，临时用工每年2000人次以上。群众根据所持土地、资金、劳务股份享受合作社分红，拿到股金。同时，合作社优先聘用脱贫户劳动力，2021年支付用工劳务费160万元。

合作社收益有保障。合作社章程规定，经合作社成员同意，在按股权份额为社员分配盈余的同时，合作社可根据盈余情况从中提取一定比例的公积金用于扩大生产经营，进一步加快合作社的发展。

村集体收益有保障。合作社还可以提取一定比例的公益金，用于改善农村人居环境，加强农村道路、人畜饮水、教育教学、医疗卫生等基础设施和公共事业的建设。同时，围绕打造"牛岗"品牌，连续开展了"我在牛岗有棵苹果树"认领、私人订制、团购订单等多种活动，牛岗苹果每斤增收3元以上，实现了产销两旺。村民人均可支配收入由2012年的2350元增长到12000元，村集体经济收入每年达20余万元。

二、案例成果

牛岗乡台底村以产业为抓手，以新发展理念为指导，创新农业经营机制，成立农民专业合作社，充分调动群众的积极性和主动性，主动投身决战贫困、奔赴小康的战斗中来。台底村在2017年率先脱贫，深刻践行了"脱贫不是终点，而是新生活、新奋斗的起点"，立足产业基础，围绕把村扮美扮靓、五业同兴进行了深入实践。全村现有苹果650亩，年产量200万斤，产值800万元。该村已经由单一的林果种植专业村向果品深加工、乡村旅游转型。该村合作社被评为"国家农民合作社示范社"，台底村成为保定北部知名的苹果品牌基地、网红打卡地、河北第一个乡村门球基地，实现了农民富、农村美、农业强的目标。

三、经验启示

乡村要振兴，基层党组织要有力。乡村发展快，关键在于有一个凝聚力、战斗力强的基层党支部，既能谋事，又能干事，还能干成事。乡村振兴工作需要基层党支部接续战斗，一届接着一届干；需要咬定青山不放松的干劲和不达目标不罢休的拼劲，功成不必在我，功成必定有我。

乡村要振兴，产业必先行。产业发展是振兴工作的基础，只有立足当地资源禀赋和传统优势，创新发展模式，千方百计地增加农民收入和壮大村集体经济，村级组织才能放开手脚，谋划和推进乡村建设、乡村治理，补齐农村发展和建设的短板，实现五个振兴。

乡村要振兴，要有农民主体、市场思维。乡村振兴一定要以农民为主体，群众需要什么，就要解决什么。运用市场思维，充分发挥市场化运作优势，确保村级事业有专业队伍、专业机制、专业服务，常态化管护运营，实现长期稳定健康发展。

29

发挥中医药资源的独特优势

案例背景

　　长春中医药大学自2016年承担吉林省通榆县兴隆山镇长发村帮扶任务以来，始终认真贯彻落实党和国家脱贫攻坚工作部署，以习近平新时代中国特色社会主义思想为指导，精心策划、扎实开展帮扶工作，取得了一定成效，实现169户贫困户全部脱贫。

　　2021年，学校继续帮扶长发村，接续巩固拓展脱贫攻坚成果同乡村振兴有效衔接。为了响应"健康中国"战略，长春中医药大学充分发挥中医药在乡村振兴工作中的独特优势，激发乡村内生动力，从"输血救人"到"造血自救"，形成以"加强产业扶持、提升健康水平、弘扬优秀文化"为主要内容的具有中医药特色的帮扶工作模式。

一、主要做法

（一）创新项目形式，开展产业帮扶

长春中医药大学依托脱贫攻坚阶段援建的长发村志安种植（养殖）合作

社，投资15万元建立5公顷中草药种植示范田，种植品种有黄芪、桔梗、板蓝根。同时，合作社协助县政府开展板蓝根庭院种植推广项目，种植面积近400亩。

（二）依托中医药资源优势，开展健康帮扶

长春中医药大学附属医院多次深入帮扶长发村开展实地调研，了解掌握百姓因老、因病、因残致贫等基本情况，围绕"目标具体、措施具体、进度具体、责任具体"的原则，制定精准帮扶工作方案，凝聚各方力量做好、做实医疗帮扶工作，结合实际情况，有的放矢，对症下药开展系列医疗健康服务。

建立健康档案。本着改善村民健康状况、提高百姓健康生活水平的原则，为当地百姓建立医疗健康档案，及时跟踪，及时咨询、及时治疗，切实减轻村民就医负担。

开通绿色通道。百姓因病导致生活支出较大的情况较为普遍，学校发挥附属医疗单位公益性和社会担当，针对长发村百姓开通绿色就诊通道。一方面安排专人引领门诊患者就诊、检查、缴费等，缩短就诊时间，争取做到当日往返，减少其他支出；另一方面根据村委会出具的证明材料，对低保户、特困供养户、脱贫户或存在致贫返贫风险的住院患者给予费用减免，减免额度为患者自费部分的百分之十。

建立线上线下相结合的健康帮扶新模式。充分发挥学校优质的医疗资源，每季度至少组织一次乡村振兴健康义诊活动，采用线上线下相结合的方式，通过驻村工作队日常的排查和了解，有针对性地选择义诊专家和治疗药品，使义诊工作价值最大化，达到百姓在村即可享受三级医院医疗服务的目的。

开展健康宣教活动。进一步发挥中医药独特优势，践行未病先防的中医理念，在农闲时节，组织学校、附属医院治未病、养生专家开展健康宣教活动，从生活起居、情志、饮食调护、用药、康复等方面予以健康指导，避免生活误区，树立全生命周期的保健意识。

建立附属医院互联网医院服务站。针对村内百姓普遍年龄偏大、文化程度不高、慢性疾病偏多的情况，依托附属医院互联网医院平台，在村部建立互联网医院服务站。驻村工作队每天在岗服务，确保百姓随时就医、购买院内制剂、健康咨询等，做到小病、慢病不出村。对年纪较大且子女外出务工不在身边的老人，驻村工作队负责帮其到镇里领取快递的药品，打通服务的"最后一公里"。

加强区域内医疗人才的培养。通榆县兴隆山镇现有卫生院一个，村级卫生室十个，医护人员多为专科、卫校毕业，主要从事基础疾病的诊疗和公共卫生工作，由于单位等级较低，很难有到三甲级医院进修学习的机会，继续教育工作亟待解决。学校依托丰富的教学、医疗资源，为全镇医护人员、医学生开通免费进修、实习通道，与附属医院联合开展远程视频业务培训，提升区域内医护人员的专业能力，更好地为百姓服务。

二、案例成果

学校投入的中草药示范项目和庭院种植项目给百姓作出示范，增加了百姓收入，确定了种植中药致富的前景，极大调动了百姓的种植积极性。

帮扶以来，附属医院为帮扶村350余名患者建立健康档案；为10余名患者开通医疗绿色通道，减免部分医疗费用；协调投入16万余元援助村卫生室设备升级；开展健康教育及医学科普讲座；陆续派出优秀医生百余人，举办远程+实地专家健康义诊活动，诊治患者近千人次，发放药品价值10余万元。

三、经验启示

长春中医药大学自帮扶吉林省通榆县兴隆山镇长发村以来，始终致力于依托学校中医药资源优势，开展医疗帮扶，助力乡村振兴。通过开展义诊送医送药、畅通就诊绿色通道、宣讲中医药文化、搭建中医药文化科普平台、推广中草药种植、提升村卫生室诊疗条件、加强中医药人才培养等措施，长春中医药大学推动长发村医疗振兴整体提升，取得显著成效，也总结了一定经验。

在健康中国战略和乡村振兴战略双重背景下，大健康产业的蓬勃发展为中医药助力乡村振兴带来机遇。长春中医药大学通过发展中药材种植和产品深加工，培训乡村中医增强基层医疗服务水平，加强中医药乡村文化建设，扩大乡村中医药健康产业链等途径，不断探索助推乡村振兴的新举措。

开发中药材副产品产业。吉林省中药资源丰富，种植历史悠久，根据白城地区土壤和气候条件种植适宜的中药材，发展以集约化、科技性、高质量种植为核心的种植产业，规范道地药材种植。采取以农户为中心，企业和合作社共同运营的模式，吸引大中型中药企业、中医药院校、医疗机构、药材市场等建设中药材种植基地。以中药材种植为引领，对中药材进行深加工，开发中药材副产品，实现产品多样化。通过制定完备的扶持中药材产业发展规划，配套完善加工、生产、销售等环节，拓宽农民致富之路。

增强基层医疗卫生服务水平。提升农村居民健康水平是中医药助推乡村振兴战略的出发点和落脚点，提升基层医疗卫生服务水平是关键一环。接下来，学校拟充分挖掘乡村优秀的传统民间医生和传统药方，积极开展民间中医培训计划，依托中医药院校专业教育，规范化培训乡村医生，增加乡村中医师承人员，培养一批具备知识化、专业化、职业化的新乡村中医，提升医疗卫生服务水平和能力。另外，持续组织中医药服务团队，不定期深入基层开展诊疗活动。

扩大乡村中医药健康产业链。学校将依托医疗资源优势，带动帮扶村发展中医药相关的文化产业，打造养生节、药膳节、中医药文化节等一系列主题活动，探索建立"医、药、养、游、食"多位一体的综合性中医药健康产业服务品牌，形成规模和品牌效应，从而形成中医药健康产业链，拓宽中医药乡村文化传播渠道，使中医药乡村文化产业成为具有较强渗透性与辐射性的新动能产业。

30

发挥新闻传播优势　深化特色帮扶

案例背景

　　中国记协始终坚持以习近平新时代中国特色社会主义思想为指导，深入贯彻落实习近平总书记关于深化定点帮扶工作重要指示精神，全面贯彻落实党和国家决策部署，认真履行中央单位定点帮扶责任，聚焦巩固拓展脱贫攻坚成果同乡村振兴有效衔接的目标任务，坚持"摘帽不脱钩"，继续帮扶文县开启全面推进乡村振兴新征程。

　　2022年1月，中国记协印发了《2022年定点帮扶工作计划》，在相互沟通基础上制定了6个实施项目，有序推动帮扶措施落细落实，在新闻帮扶、产业规划与培育、教育帮扶和人才培养等方面精准发力，走出了一条以新闻帮扶为主线，产业发展、教育帮扶、人才培育多措并举的特色帮扶之路。

一、主要做法

　　发挥新闻传播优势，大力开展宣传推介。2022年，中国记协围绕文县文旅资源丰富、特色农产品富集等优势，向全国讲好文县故事。2022年上半年，新华社、中央广播电视总台、甘肃日报社等多家主流媒体发表关于文县的新闻报道500多篇。新华社播发《听：天籁童声背后的故事》通讯报道；春节期间，中央广播电视总台在央视《新闻联播》《朝闻天下》《晚间新闻》《新闻30分》等栏目共播出文县新闻24条；《甘肃日报》头版刊发《点点微光照亮乡村振兴路——中国记协续写帮扶文县新故事》。

无偿投入帮扶资金，整合资源倾心帮扶。中国记协自1998年定点帮扶甘肃文县以来，克服文县山大沟深、山高路险和自身财政预算紧张等困难，坚持"中央要求、文县所需、记协优势"的原则，找准帮扶点，持续发力助推文县社会经济发展。2022年以来，中国记协无偿投入帮扶资金36.2万元，帮助文县发展特色产业，举办助力乡村振兴培训班，培训文县各级党政干部250人，引导机关工会采购文县特色农产品。

挖掘社会资源投入定点帮扶，借力推进乡村振兴。甘肃文县、德勤咨询、中国记协三方签订《陇南市文县人民政府、重庆德勤公益基金会与中华全国新闻工作者协会战略合作框架协议》。拟在2022年至2025年，由德勤咨询向文县提供500万元支持（150万元现金、350万元咨询服务项目），主要通过规划咨询、专家支持及技能培训等多种途径，合力开展人才培养、旅游产业规划、乡村振兴示范村建设等工作。

加强教育帮扶，大力推进人才培养。中国记协始终坚持以"扶志扶智"为重点，不断促进文县教育事业高质量发展。多渠道筹集资金、积极协调腾讯集团、清华—伟新教育基金、机器岛智能科技公司、世纪海航（厦门）科技有限公司、沈阳日报社等来文县开展教育帮扶活动，捐赠腾讯"未来教室"、中小学编程教学AI助手、第三代AI点读笔70套、13.5英寸儿童液晶早教启智画板700个、儿童绘本读物1400册、青少年图书4025册、钢琴2架，各类捐赠总价值达到150万元。

二、案例成果

2022年8月22日，中国记协协助文县在北京举办以"不忘初心结对帮扶 共建共谋乡村振兴"为主题的文县农特产品和文旅资源推介会，实现了文县历史上第一次进京办活动。会上，中国记协、德勤中国与文县三方签订了《战略合作框架协议》；腾讯集团向文县捐赠价值100余万元的教育帮扶项目，将在文县建设一座集AR、VR、3D打印于一体的"未来教室"；沈阳日报社向文县两所学校捐赠进口钢琴2架；现场推介销售文县中药材、油橄榄、茶叶、花椒等农特产品。

在三方战略合作框架协议内，德勤咨询重庆公司与文县文体广电和旅游局签订《文县碧口大景区旅游规划服务合同》。2022年已实施合同总额196万元的旅游总体规划及样板区概念性规划设计服务，派出规划设计团队来文县调研，召开文县碧口大景区旅游规划座谈会、文县碧口大景区旅游总体规划及样板区概念性规划设计报告汇报会，共同推动碧口大景区顶层设计。已落实帮扶资金30万元，在文县一中设立"德勤奖学金"，2022—2024年分三年资助50名学生。

中国记协倾情帮扶就像一缕缕春风、一滴滴甘露，在巩固脱贫攻坚成果、助推乡村全面振兴的道路上，以宣传推介为载体，以资金支持、产业规划与培育、人才培养为手段，不断提升文县知名度，改善文县教育基础设施条件，提升公共服务水平，推进产业发展，为文县经济社会实现高质量发展注入了不竭动力，奋力谱写新时代定点帮扶文县工作的新篇章。

31

做好"小土豆"的"大文章"

案例背景

内蒙古自治区察哈尔右翼前旗（以下称"察右前旗"）位于内蒙古自治区中部，地处北纬41°，海拔1400米，夏季平均气温18℃，昼夜温差大、光照充足，是马铃薯黄金种植带。

自2016年定点帮扶察右前旗以来，全国人民代表大会机关坚决贯彻党和国家决策部署，落实全国人民代表大会常务委员会领导指示，紧紧抓住国家推动马铃薯主粮化开发战略机遇，在察右前旗做好"小土豆"的"大文章"，积极支持察右前旗做大做强马铃薯产业，为助力察右前旗脱贫摘帽、全面推进乡村振兴、推动经济社会发展作出重要贡献。

一、主要做法

积极争取项目资源，助推马铃薯产业发展。全国人大机关充分发挥接触面广、联系渠道多等自身优势和特点，深入研究国家产业发展总体布局和政策，找准察右前旗区位优势和发展定位，以马铃薯产业为基础，努力争取各方面支持。近年来，成功申请创建国家马铃薯良种繁育基地、国家现代农业产业园、全国首批农业现代化示范区、国家农业绿色发展先行区、国家乡村振兴示范县，落实马铃薯育种创新能力提升、国家数字种植业创新应用基地建设（马铃薯）、畜禽粪污资源化利用等项目。

大力培育优良种薯，打造马铃薯的"中国芯"。为有效解决马铃薯单产水平低、专用品种少的问题，在全国人大机关帮扶项目的大力支持下，察右前旗积极对接国家现代农业马铃薯产业技术体系首席科学家金黎平、中国马铃薯航天育种研究院、中国农业科学院、上海交通大学等专家科研团队，与薯都裕农、民丰、华颂等育种企业合作开展科技攻关和新产品研发。

推广订单化种植，让村民增产又增收。察右前旗立足自身得天独厚的自然资源优势，大力推动马铃薯种植业发展，引导薯都凯达、华颂、瑞田等龙头企业，实行"企业+基地+农民"的订单经营模式，解决了马铃薯价格波动大、售卖难的问题。

增强马铃薯精深加工能力，拓展延伸产业链条。在全国人大机关的持续帮扶下，察右前旗马铃薯加工产品已从最初仅有的淀粉，拓展到全粉、薯条、薯片、方便粉丝、马铃薯醋、薯纤维、薯蛋白等多个品类；马铃薯主食产品也由最初的马铃薯馒头拓展到酸奶饼、月饼、饼干、面包等多个产品。

不断拓宽销售渠道，完善利益联结机制。全国人大机关在积极购买察右前旗马铃薯等农产品的同时，联系全国人大代表和大型企业帮助拓宽销售渠道，协调人民日报新媒体中心把察右前旗纳入乡村振兴传播计划，助力品牌宣传，累计为察右前旗17家企业150余种优质农产品开辟线上、线下进京销售渠道；先后在京东、天猫、苏宁、拼多多等电商平台开设特产馆，帮助20余家企业的100余类、300余种优质农产品实现线上销售。

二、案例成果

直接引进资金2.32亿元，带动全旗8家自治区级龙头企业，42家合作社，11家家庭农场，2.1万余农户、4万余人受益。以国家现代农业产业园为例，2021年，产业园内农民人均可支配收入达到1.93万元，较全旗平均水平高出

30%，农民收入持续较快增长，生活水平不断提高。

累计培育出适合当地种植的民丰红、民丰12号、华颂7号、冀张薯12号等31个品种，国家现代农业产业园核心区马铃薯亩产超过3吨，接近发达国家水平，逐步实现种业科技自立自强、种源自主可控，有力保障种业安全。

有效带动41个村集体3371户11051人参与订单农业，马铃薯规模化种植面积达11万亩，亩均利润达1300元，推动2973户9862名脱贫人口稳定增收，一改过去"靠天吃饭"的面貌，把"土蛋蛋"变成鼓起群众"钱袋子"的"金豆豆"，村民、集体实现了富起来。

产业链条进一步拓展延伸，基本形成马铃薯良种繁育、规模种植、精深加工、仓储流通、产品销售于一体的全产业链模式。在马铃薯全产业链的带动下，集聚吸附当地32家马铃薯生产加工企业形成良种繁育、农资装备服务、生物有机肥生产、产品包装、电商物流等上下游配套的马铃薯产业集群，带动周边近2.2万人紧密嵌入马铃薯产业链和价值链中，满足了脱贫人口在家门口就业的需求。

随着销售渠道的拓宽和品牌知名度的提升，察右前旗农产品销量和售价大幅提升，实现了优品优价。全旗农产品线上平台销售额达1.5亿元，年均增长25%，企业效益年均增幅达20%。随着企业的发展壮大，察右前旗7000余户农户通过订单采购、务工就业、企业分红和捐赠等形式，与企业建立紧密的利益联结机制并稳定受益，其中3200余户脱贫户人均增收1000余元，脱贫成效更加巩固。

三、经验启示

坚持因地制宜。推动乡村产业振兴，认清区位优势十分重要，要注重地域特色，特别是抓好当地长期发展、有底子的产业，进一步挖掘资源禀赋，着力打造"一村一品、一县一业"发展新格局。以察右前旗马铃薯产业为例，锚定目标，构建起从育种、种植、加工到销售的全产业链，确保品质、打出品牌，带动农民增收。

坚持重点突破。种子是粮食安全的关键，习近平总书记一直高度重视种子问题，多次作出重要论述和重大部署，强调要靠中国种子来保障中国粮食安全。全国人大机关在帮扶察右前旗的过程中，坚决贯彻落实习近平总书记相关重要论述精神，精准发力，帮助协调多个种薯相关的帮扶项目，促进察右前旗种薯繁育能力大幅提升。

坚持以人为本。习近平总书记多次强调，"小康不小康，关键看老乡"。近年来，全国人大机关各方面大力支持，察右前旗勇于担当、积极作为、扎实工作，成功申请了多项国家专项资金支持，得到了社会多方面捐赠。促进产业发展的同时，也构建起紧密的利益联结机制，让更多基层群众受益。大力引导国家专项资金支持的企业，在用工安排、农产品采购等方面向当地群众倾斜，与他们同发展、共致富。

32

心怀家国情怀　践行社会责任

案例背景

　　迈瑞医疗是医疗器械与解决方案供应商。作为国产医疗器械的先行者，迈瑞医疗始终秉持"客户导向、以人为本"的理念，持续探索如何更好地改善国民医疗条件、降低医疗成本，普惠于民。

　　深耕医疗行业，常年驻扎在临床一线，迈瑞医疗深刻地认识到我国广大农村地区，尤其是欠发达农村地区想要振兴，就必须扎扎实实做好教育、发展产业。因此，除了捐赠医疗设备，迈瑞医疗还持续加强针对农村地区的教育支持和产业建设，通过捐建学校、践行公益医疗、建设开发区等形式投身乡村振兴工作，积极助力乡村发展。

一、主要做法

（一）造福桑梓地，捐建兴教育

2022年10月，迈瑞医疗董事长个人捐资为砀山中学建设新校区，捐建签约仪式在安徽省砀山县举行，新校区建成后，同学们将在更好的学习环境中成长成才，成为报效社会的栋梁之材。

砀山中学新校区选址于砀山经济开发区，南临迈瑞大道，用地面积约220亩，总建筑面积约12万平方米，建设规模为90班寄宿制高中。根据规划，砀山中学新校区参照传统学堂书院的空间布局，总体布局为一心、一轴、两带、三区，教学综合楼位于校园中部，与其他区联系便捷，正对校园主入口；共享区位于南侧，包含西侧的图书行政楼、学术交流中心及东侧的艺体中心，可对社会开放；生活区临近北侧，环境幽静，包含食堂及两侧的学生宿舍。新校区的建设既能大幅改善师生的学习、工作和生活环境，也将大幅扩容砀山中学的教学"容量"，科技、绿色、传承的砀山中学新校区也将成为砀山经济开发区建设的标志性项目。

（二）助力地方产业振兴

2022年4月，砀山迈瑞医疗科技产业园正式开工。产业园现代化的精密机加厂房在2023年第一季度启动生产；所有配套设施、国际会议中心和全生态果园在2024年底交付使用。

早在2020年12月，迈瑞医疗与安徽省砀山县正式签约，迈瑞医疗将投资建设砀山县迈瑞医疗科技产业园，拟将高端医疗制造业引入砀山县，打造国际一流的现代化零部件精密加工生产基地。据初步测算，迈瑞砀山基地有望为当地带来近千个就业岗位。2021年末，砀山县迈瑞医疗科技产业园已完成第一批员工招聘，并将持续从砀山县选拔人员并送至深圳进行生产技能学习培训，为当地构建人才储备体系。

（三）积极践行公益

中华慈善总会于2011年发起先心病儿童救助行动，旨在救助中西部农村地区贫困家庭、民族地区的先心病患儿。慈善总会协同各地民政局、慈善会对当地0—18周岁疑似先心病儿童进行摸底、登记，迈瑞医疗积极配合，组织医疗专家深入当地进行筛查，协调符合手术指征的患儿前往爱心医院，接受免费的手术治疗，直至其康复出院。

二、案例成果

多年来，迈瑞医疗已在砀山县陆续开展医疗、教育、乡村振兴等各种类型的公益活动，助力当地医疗教育水平提升。早在2004年，迈瑞医疗就为砀山县的砀山中学、李屯小学等学校捐款600余万元；2010年再次向砀山中学捐赠600万元教育基金，用于学校图书馆建设。此外，迈瑞医疗还在安徽淮北、金寨和甘肃会宁等地捐建了多所希望小学。

目前，砀山迈瑞医疗科技产业园建设进展顺利。建成后，园区将成为迈瑞医疗继国内深圳、南京、武汉之后的第四大制造基地，主攻骨科领域，生产符合人体植入物标准的高规格骨钉，并通过精密加工和常规加工为其他基地提供核心零部件，支持各类主营业务产品的装配。医疗器械市场规模大、科技含量高、产业链条长，迈瑞医疗科技产业园的建设对砀山开发区产业建设、就业发展具有重要意义。

截至2022年，先心病儿童救助行动项目已筛查56万名儿童，为其中近4000名先心病患儿实施了手术治疗，已全部康复出院，投入手术费用超过1.2亿元人民币。迈瑞医疗加入2022年救助行动，为全国各站筛查活动提供移动彩超设备和技术支持，用产品和技术守护童心。2022年已参与河北顺平、山东临沂两地筛查，为120名疑似患儿进行先心病筛查。

迈瑞医疗30余载的奋进征程，始终把推动农村发展作为己任，近年来，更是全力助推乡村振兴战略全面落地，全面践行落实企业社会责任。迈瑞医疗在创造利润，履行对消费者、社区、环境的企业责任的同时，积极践行社会责任，增强了企业的竞争力，谋得了企业长期发展的强劲动力。

33

搭建新平台　农民作主角

案例背景

　　夏潭村位于江西省赣州市赣县区五云镇，总面积10平方千米，人均耕地1.05亩，2014年人均年收入3600元，是一个典型的赣南贫困小山村。2015年起，中华人民共和国自然资源部（原国土资源部）定点帮扶夏潭村。2019年经上级部门验收确认，44户贫困户全部摘帽，人均年收入增至1.1万元，村集体年收入达20万元，夏潭村顺利脱贫。

　　2021年，自然资源部根据党中央"四个不摘"要求，继续向夏潭村派驻第一书记。为实现乡村"五个振兴"协调推进，现任驻村第一书记带领村党支部在筹建矿泉水厂、修复河道，推进乡村产业振兴、生态振兴的同时，精心开展一系列以人为核心的新时代文明实践活动，有力地推动了乡村组织振兴、人才振兴、文化振兴。

一、主要做法

（一）组织振兴

自然资源部在夏潭村搭建理论政策"讲台"，让村民党员担当"讲师"，推进乡村组织振兴。

夏潭村党支部制定学习宣讲会方案和安排，每半月一场，每场五分钟。由驻村第一书记主持，请一名党员介绍学习理论著作时印象最深的一段话，并结合自身理解谈体会，提出党支部和个人践行举措建议，最后请一名在场学习的党员谈感想。学习宣讲会全程录制视频，并分享至夏潭村党员和村民微信群，供在外务工无法参会的党员和全体村民学习。

组织夏潭村"惠农惠民政策研讨会"。针对市、区、镇等上级政府发布的惠农惠民政策，邀请村内利益相关村民介绍政策优惠细节、具体落地举措和村委会协助事项。在早稻种植补贴中，邀请村早稻种植大户和零散种植的村民分别谈早稻种植时间、面积、方式、农机租赁等对补贴收益的影响，精准引导全村早稻种植。

常态化放映各类理论宣讲视频。夏潭村党支部充分利用广场大型LED屏幕（12平方米），精心收集人民网、新华网等主流媒体优质视频资源，定期在全村公开放映。

（二）人才振兴

自然资源部在夏潭村搭建荣誉表彰"奖台"，让优秀村民成为"明星"，推进乡村人才振兴。

发掘并广泛宣传村民模范事迹。驻村第一书记在日常走访中偶然发现，夏潭村老村医从23岁知青来村到73岁结束行医，一个外乡人整整守护夏潭村民健康半个世纪。吴楠与村医李剑、村教师熊焰秀夫妇对老村医进行了深度访谈，并撰写了文章《第一书记手记|老村医守护村民们健康半个世纪》。

表彰村优秀大学生，营造重教尚学乡风。在赣南流传着"地贫栽松柏，家贫子读书"的古训。2021年，夏潭村成功考出5名大学生，十分难得。为营造重教尚学乡风，鼓励更多家庭关心子女教育，激励更多学子勤奋读书，夏潭村在驻村第一书记所在司局支持下，成立"司党支部奖学金"，并于2021年8月12日隆重召开优秀大学生表彰会，为5名大学生及其家长颁奖状、发奖金、佩绶带。

成立夏潭榜样评议会。村党支部召集村老党员、老教师、老战士、老干部和德高望重的村民共同组建夏潭榜样评议会，制定了评议章程和流程标准，评选出水稻榜样、冬瓜榜样、孝老榜样、军属榜样、教师榜样、乡贤榜样等六大榜样。榜样的照片和事迹在村史长廊展示，供村民在日常休闲时随处可见、随时可学，形成示范带头作用。

（三）文化振兴

自然资源部在夏潭村搭建文化休闲"舞台"，让妇女儿童乐作"主角"，推进乡村文化振兴。

连续开展"宝贝出村"活动，让留守儿童更多接触山外的世界。驻村第一书记主动对接省内爱心企业，在爱心企业赞助下，联合区团委、区教育局每学期开展两次"宝贝出村"活动，先后带领夏潭村自然资源幼儿园儿童和家长到赣州市森林动物园看大熊，到赣州市游乐园乘凉玩碰碰车，在村育苗基地由画家指导画春笋。

创作村歌编排广场舞，让留守妇女享受丰富的文化生活。驻村第一书记创作夏潭村歌，演唱并制作视频。夏潭村妇女们非常自豪，专门为夏潭村歌编排了广场舞，村党支部还更新了带有点歌功能的大型音响，为参加广场舞的妇女们统一购买服装。

定期开展烘焙和手工制作活动，创造温馨亲子时光。在"宝贝出村"研学过程中，爱心企业组织的饼干烘焙和手工制作广受孩子和家长喜爱。夏潭村党支部购置了烤箱、冰箱、烘焙食材和手工拼图等，在新时代文明实践站每月交替组织亲子烘焙活动和亲子手工活动。

定期开展电影放映活动，丰富村民日常文化生活。夏潭村党支部充分利用广场大屏，陆续放映《建党伟业》《我和我的祖国》等影片。

二、案例成果

打通党建"最后一公里"，党支部威信极大提升。自然资源部在夏潭村开展理论学习宣讲会、惠农惠民政策研讨会和各类理论宣讲视频放映活动，乡音发党音、党心入民心，务工不误学、离乡不离党。在工地现场、在田间地头，随处可见村民休息时拿出手机观看学习分享会视频的场景，有效缓解农村在外务工党员无法经常性集中学习和党支部引领村民群众学习不足问题。

开通村民"榜样直通车"，村民精气神极大提升。通过榜样的示范引领作用，夏潭村营造浓郁的人人学习榜样、人人争当榜样的氛围。全村早稻种植、蔬菜种植、拥军优属等工作在全区名列前茅，得到省市区镇各级党委政府的高度肯定。夏潭村荣获江西省第七届"文明村镇"、五云镇"综合工作先进集体"等荣誉称号。

直通村民"精准需求处"，全村获得感极大提升。通过精准观察村民需求，精准满足村民需求，夏潭村积极开展"宝贝出村"、村歌广场舞、烘焙手工制作和电影放映等活动，妇女、老人、儿童都踊跃参与，并积极打造全区精品活动。夏潭村新时代文明实践站被评为"江西省五星级实践站"，夏潭村荣获赣县区"先进志愿服务村"、赣县区"三八红旗先进集体"等荣誉称号。

三、经验启示

真心将村民作为主角，村民群众才真心认同。开展各项活动能否切实提升村治理能力，检验的标准是村民群众是否真心认同。认同感源自存在感，存在感源自真情实感。夏潭村在放映活动视频时明显发现，村民对于有自己镜头的画面就会感兴趣，对于有自己画面的视频反复看也不会腻，而对于和自己无关的视频，即使制作再精美也不感兴趣。活动组织同样如此，村民群众对于专门为自己谋划的活动，参与度就高；而对于与自己无关的活动，就兴致不高。因此，夏潭村在谋划为民服务活动，提升乡村治理能力过程中，坚持少固执一些"我认为"，多思考一点"村民想要"，真正聚焦村民所思所想所盼，从他们追求幸福、快乐、满意的具体事情入手，一件事情接着一件事情办，一年接着一年干，以真情暖人心，以服务聚民意，帮助村民解决实际问题，解决生活困难和精神困惑，在服务村民中教育引导村民，在解决问题中做好思想政治工作。在村民真正需求处多做好事实事，把好事实事做到村民心坎里，切实提升乡村治理能力。那些和村民无关的活动，流于形式、劳民伤财，反而会弱化乡村治理能力，夏潭村对于这类活动是坚决避免的。

充分整合社会力量，各项活动才丰富持续。村民的需求是多样的、渐进的，因此满足村民需求也不是一蹴而就、一劳永逸的。这就需要形式上丰富多样，时间上常态化，就需要大量人力、物力、财力的投入，而这种投入规模，仅靠村集体经济是无法持续支撑的。夏潭村各类活动的组织和支出，从一开始就立足于整合社会力量，由驻村第一书记对接各级单位和爱心企业支持，目前已形成一整套完整有效的运行程序，实现可持续运作。以"宝贝出村"活动为例，驻村第一书记对接爱心企业赞助，提供足额经费，并发动企业资源，全程为活动提供场地和教师等，邀请区级相关部门出席，活动后在公众号发布宣传。在精心的项目包装中，爱心企业通过广泛的宣传提升了自身的社会影响力，各相关部门职责内工作得到了丰富，夏潭村妇女老人儿童获得实实在在的益处，夏潭村党支部的凝聚力和号召力也得到切实的提升。夏潭村"宝贝出村"品牌活动也在江西省有社会责任感的企业之间广受好评。

34

在"美时代"共创"美生活"

案例背景

在推进乡村振兴的进程中，国有企业应以强大的社会责任感践行"大企业有大担当"的精神，在"美时代"共创"美生活"，充分发挥企业优势、协调资源、注入资金，多措并举、因地制宜助推当地产业发展，有效地巩固脱贫攻坚成果、助力乡村全面振兴。

产业发展是巩固拓展脱贫攻坚成果同乡村振兴有效衔接的实质举措。茅台集团积极响应党中央、国务院决策部署，充分发挥企业资源优势，紧紧围绕道真、仁怀、赤水、湄潭等帮扶地区发展实际，因地制宜助推当地发展特色产业、延伸产业链条、增加产品附加值。

一、主要做法

（一）多措并举助推道真产业发展

助力食用菌产业。立足道真"菜县菇乡"产业发展定位，2020年，茅台集团捐资3000万元用于帮扶6个村壮大村集体经济，每个村修建食用菌大棚50个。2021年，茅台集团捐资5000万元，经销商捐资4000万元，助力道真食用菌产业高质量发展，其中，3000万元用于上坝乡食用菌现代化产业园；3700万元用于巴渔工业园香菇菌棒成熟培养房；2000万元用于上坝乡、旧城镇修建食用菌大棚200个。道真食用菌产业重点围绕"党政主导、专班专抓、社企共建、群众参与"发展模式，食用菌规模达1.5亿棒以上，位居全省前列，带动1.2万人稳定就业。

推广高粱产业。结合公司发展需求，道真兴农公司经考察合格，顺利纳入茅台系列酒用高粱供应商，高粱供应由2019年的2000吨增加至2022年的7185吨，带动农户7000余户增收致富，搭建了"政企合作、互利共赢"的崭新局面。

发展特色产业。通过"1+10+1"党建帮扶模式，茅台集团形成了"党委带头、基层党组织负责、全员参与"的帮扶格局。2021年，茅台集团捐资300万元用于扶持壮大村级集体经济；2022年，协调经销商捐资383.36万元推动帮扶村实施蜜蜂产业、黄花产业等"一村一产业"项目。茅台帮扶的8个村的村级集体经济达20万元以上。

（二）因势利导助推全省产业发展

夯实第一车间。有机高粱是茅台酒生产的主要原料之一，茅台集团把仁怀市、播州区、习水县、金沙县划定为茅台酒有机高粱基地，种植面积近100万亩，累计投入13.7亿元用于有机高粱基地建设。2022年，茅台酒用有机高粱收购价调整为11.2元/公斤，较上年提高22%，带动农户近10万户增收总计数亿元。

强化供应保障。按照有机、绿色、优质、高效、生态、安全的要求，茅台集团与黔东南苗族侗族自治州人民政府达成白酒产业优质辅料（稻草、谷壳）供应基地战略合作框架协议，在黔东南州建设优质辅料供应基地，保障茅台酒生产优质辅料需求，增加粮食生产综合效益，实现辅料基地种粮农户增收。2022年，上调稻草收购价至147元/吨，上调谷壳收购价至455元/吨，为省内外农副产品增加附加值872万元。

做好末端衔接。茅台集团积极践行绿色发展理念，依托循环产投公司，以"酒糟变饲料"为切入点，在遵义市播州区、习水县等地投资建设饲料生产项目，向贵州黄牛集团提供糟粉、干发酵饲料、鲜酒糟、曲草饲料等，助力贵州黄牛产业发展。2022年，向省外销售饲料1.24万吨，价值1700万元。与黄牛集团签订4000吨曲草销售协议，上半年已完成2948.5吨，价值162万元。

拓宽销售渠道。根据员工食堂采购需求，2022年，茅台集团采购仁怀市蔬菜保供基地牲畜禽肉397.5吨、果蔬1170.34吨，价值2395.24万元，辐射带动1920余人就业；采购黄牛集团牛肉3.23万斤，价值112.3万元；利用春节团拜、节日员工采购等契机，在公司食堂、工会线上服务平台等渠道为道真、仁怀、赤水、湄潭等地区的农特产品搭建展销平台，帮助销售农特产品。

升级配套产业。全力推进白酒产业配套入黔，茅台集团通过牵线搭桥、政策推荐等，助力贵阳、遵义等地工业园吸引20余家包材供应商来黔投资建厂，解决城乡就业3800余人。同时，以生态农业公司为载体，因地制宜推进丹寨蓝莓产业深加工，成功打造"蓝莓悠密"果酒饮料品牌。

二、案例成果

茅台集团严格按照"金融撬动、交通拉动、产业带动、党建联动、人才驱动、教育推动"的帮扶思路，全方位、多角度、立体式给予道真支持和帮助，累计投入帮扶资金4.3亿元，顺利助推道真精彩脱贫、成功"摘帽"，48个贫困村全部出列，6.3万贫困人口全部"清零"。茅台集团因此获得道真县委县政府及35万仡山人民"投入最多、参与最广、做得最好、群众最认可、用情最真"的良好评价和高度赞誉。2020年，茅台集团荣获"全国脱贫攻坚组织创新奖"；2021年，茅台集团荣获"全国脱贫攻坚先进集体"。

茅台集团始终秉承"大企业大担当"的精神，率领子公司积极投身道真县乃至全省巩固拓展脱贫攻坚成果同乡村振兴有效衔接，突出精准、创新模式、全员发动，共计出资约5亿元，直接助力贵州20余万农户增收脱贫、带动合同制用工近百万人，为贵州彻底撕掉绝对贫困标签，实现乡村振兴良好开局作出突出贡献。

35

筑牢农村党员教育主阵地

案例背景

　　河北省武邑县位于河北省东南部，地处黑龙港流域，曾是革命老区，也曾是国家级贫困县，2017年摘掉贫困县帽子，2019年实现全部脱贫。巩固拓展脱贫攻坚成果同乡村振兴有效衔接，任务艰巨，使命光荣，给基层党组织和广大党员干部提出了新课题。

　　面对全面推进乡村振兴的新形势、新任务、新挑战，为着力破解农村党员干部接受教育机会少、党性锻炼不够、先锋模范作用不突出、致富带富能力偏弱等问题，河北省武邑县积极推进农村党校建设，充分发挥农村党员干部的乡村振兴"主力军"作用，探索实施"1+10"培训机制，创建50所农村党校，实现农村党员干部教育全覆盖，打通了农村党员干部教育培训"最后一公里"，为全县乡村振兴提供了强有力的人才支撑和组织保障。

一、主要做法

（一）高标准建设，农村党员教育主阵地挺进最前沿

武邑县深刻领会习近平总书记关于党校工作重要论述的重大意义和深刻内涵，全力把党校阵地教育培训干部的独特优势保持好、发挥好。

做优制度设计。在广泛开展走访调研的基础上，武邑县综合研判全县524个行政村党员数量、区位条件、产业基础，研究确定"县级抓统筹、乡级抓整合、村级抓创建"的工作思路，创新制定"1+10"培训机制，全力推进农村党校建设，确保以高效便捷方式实现农村党员教育培训全覆盖。

明确创建标准。为确保工作落实有抓手、不走样，推动农村党校建设标准化、规范化，明确了创建"十有"标准（有醒目牌匾、有领导机构、有规章制度、有教学计划、有电教设施、有党建书籍、有培训档案、有师资队伍、有教学基地、有运行经费），集中打造集党性教育、理论教育于一体的50个农村党校，将培训阵地前移到村，送学上门。

（二）精细化管理，农村党员教育主阵地高质量运行

坚持从培训阵地、师资队伍、考核监督等方面入手，拿出真态度、硬措施，全力保障农村党校高质量运行，确保习近平总书记"新形势下党校工作只能加强，不能削弱"的重要指示落到实处。

就地取材"建阵地"。坚持因地制宜、因村制宜，不搞一哄而上大拆大建，不过度增加镇村负担，依托村级组织活动场所、闲置小学等农村现有资源，适当改造提升，作为农村党校培训阵地。

（三）全方位提升，农村党员教育主阵地赋能新动力

武邑农村党校开办以来，已经基本实现了党校建起来、教学办起来、成效显出来的办学目的，正在成为推进乡村振兴的强力助推器。

推动党的创新理论在基层落地生根。坚持党校姓党，坚定不移将党校工作的重心放在党的理论教育和党性教育上，针对基层受众群体特点，注重回答群众普遍关注的问题，注重解答学员思想上的疙瘩，善于用百姓话语，简单明了析事论理，深入浅出释疑解惑，把"大道理"讲成"小故事"，把高深的理论说成"大白话"，增强理论传播的感染力，杜绝空对空、学用"两张皮"问题，实现党的旗帜在农村党校上空高高飘扬，有效推动国家政策更快落实。

推动基层党组织建设更加坚强有力。统筹整合农村党校、党群服务中心、便民服务站点、农家书屋、种养培训基地等资源，开辟了基层党员干部持续"补钙壮骨"新渠道，实现农村党支部和农村党校同步建设、相互促进、双向提升。村级党校成为组织生活的平台、政策宣传的平台、技能培训的平台、为民办事的平台、纠纷调解的平台、民主议事的平台、人才培养的平台、民意反馈的平台、廉政监督的平台。

二、案例成果

专兼结合"强师资"。师资库以当地"土专家""田秀才"为主，以县委党校专职教师为辅，同时选聘县处级干部、乡镇区领导班子成员、县直单位主要负责同志、涉农部门技术骨干和乡村产业振兴带头人等五类人员加入师资队伍，入库人员已超900人。

倒逼实效"严考核"。一方面，将农村党校建设、提升和培训情况一体纳入乡镇党委党建工作年度考核、乡镇党委书记抓基层党建述职评议的重要内容，有效夯实了乡镇党委主体责任。另一方面，健全完善教学培训、学员管理、档案管理等制度，加强对农村党校使用率和教师授课效果的考核，对专职、兼职教师的授课内容、次数作出明确规定，各村级党校每期培训结束后，开展参训学员满意度测评，有效压实了教师课堂"第一责任人"职责。全县农村党校共培训基层干部、农民党员、入党积极分子及有一技之长的"职业农民"等各类学员10000余人次，各方面反响良好。

推动农村党员干部队伍致富带富能力的提升。通过农村党校大培训，每名农村党员基本掌握了1—2门致富技能，结对帮扶困难群众25000余人，1600余名农村党校学员成为基层党组织的"领头人"，助力武邑县2021年农业总产值达到50.9亿元，增长7.9%；农村居民人均可支配收入达到12776元，增长12.8%，位居省市前列。农村党校教育党员、培训干部、加强基层党组织建设、服务发展的主阵地、主渠道作用得到充分彰显。

三、经验启示

坚持"实事求是"原则，是农村党校建设的基本遵循。农村党校建设要立足农村实际，注重整合利用现有资源，培训阵地应设在村级组织活动场所或闲置学校，培训师资要以"土专家""田秀才"为主，培训设施要因陋就简方便实用，不贪"高大上"，不搞"新特奇"。协调推动县直机关单位培训资源下沉，在人才、物力、财力上给予适当倾斜，多"吃偏饭""开小灶"。

坚持"客观需求"导向，是农村党校定位的立足点。在教育培训课程设置上，要精准对接党员干部客观需要，把党的创新理论培训放在首位，把党史学习教育和党规党纪培训作为必修课，把农业农村政策和实用技能培训作为专业课，把培育文明乡风、良好家风、淳朴民风贯穿其中。

坚持"接地气"要求，是农村党校保持生命力的关键。客观把握农村党员干部学历文化层次，要用好"土专家""田秀才"，说"百姓话"，讲"小故事"，传"新科技"，深入浅出，"春风化雨"，确保党员干部听得懂、学得好、用得上。

坚持"强村富民"目标，是农村党校矢志不渝的努力方向。积极做好教育培训"后半篇"文章，围绕武邑县"三区一基地"战略定位，对接"四个农业"和"五大片区"建设，引导党员干部投身乡村振兴主战场，成为种植、养殖、农副产品深加工、家庭手工业、硬木雕刻、金属橱柜、电商等行业的从业者和领军人，真正实现集体强起来、产业聚起来、群众富起来。

36

健康乡村中医行　带动乡村医生成长

案例背景

2016 年起，上海市中医药学会、中华中医药学会全科医学分会、上海中医药大学立足基层、紧扣需求，构建学习平台，整合学术资源，建立和完善乡村医生培训体系，开展"健康乡村中医行"公益培训项目。项目组为偏远贫困地区培养留得住、技术好的乡村医生，解决基层看病难、看病贵现象，为建设健康乡村、实现乡村振兴奠定人才基础。

自2016 年项目启动以来，乡村医生培训由上海市郊区向中西部偏远贫困地区拓展，项目组通过送教上门、来沪集训、线上与线下结合等多种形式，累计培训乡村医生近5000名，其中近4000名为扎根云南、贵州、宁夏等西部地区的乡村医生。

一、主要做法

（一）以中医药技术扶贫促乡村振兴

针对偏远贫困地区群众因病致贫、因病返贫，以及基层医生待遇低、人才流失严重等情况，项目组制定有针对性的中医药适宜技术培训计划，通过"简便验廉"、易于掌握的中医药技术扶贫，提升乡村医生中医药服务能力，缓解患者"看病难、看病贵"的现象。

中医药适宜技术易学易用，成本低疗效好，在提升乡村医生中医药服务能力的同时，能增加乡村医生个人收入，为边远地区留住基层卫生人才，播撒乡村振兴和健康中国战略的宝贵火种。

（二）项目设计科学合理，可持续性强

针对学员的特殊情况，项目定位为公益培训。项目组邀请偏远地区乡村医生来沪免费（交通、食宿、培训费全免）面授，以及回当地后网络直播学习，传授易学易用效果好的中医药非药物治疗适宜技术。为实现培训项目的可持续性，项目组成立上海中医药大学善小教育培训学院，依托上海市中医药学会、中华中医药学会全科医学分会社会团体，组建专家讲师团，并联合善小公益基金会，由善小公益基金会募集资金，为边远地区乡村医生中医药适宜技术培训服务提供专项基金。

德育与技术培训结合，强化政治学习和品德培养。为最大限度避免人才流失，使学员回乡能真正扎根农村，培训课程加入德育内容。在来沪培训学员中，建立临时党支部和班委会，发挥党员的先锋模范作用和密切联系群众作用。在每天专业课开始前，集体晨读"了凡四训"，将中华优秀传统文化融入日常工作生活。

（三）充分开展前期调研，科学设计课程内容

2017年，上海中医药大学和善小公益基金会专程赴云南基层医疗卫生机构调研。调研组实地走访了云南省永德县中医院、永德镇卫生院和永德村卫生室等县乡村三级医疗机构了解需求。结合当地乡村医生的实际情况和群众常见病、多发病，组织专家专门设计了"云南乡村医生中医适宜技术培训"系列课程。

为降低乡村医生行医成本，提高经济收益，项目组将中医药法第二十六条允许乡村医生"自种自采自用"的扶持措施落到实处，设计"草药辨识"课程，向乡村医生讲授当地常见的草药辨识、功用主治和炮制方法，使医患双方得到实惠。针对小儿患病不耐针药的特点，充分发挥中医推拿优势，开设"海派儿科推拿手法和常见病治疗"课程，向学员传授对小儿常见病行之有效的推拿手法。针对当地农民头顶负重的日常劳作习惯，设计"颈肩疼痛的诊断与治疗"课程，通过精准诊断和利用物理治疗（手法）手段，达到疗效。同时，开设了"妇女特殊时期常见病的中西医康复治疗""耳穴的定位与主治""中医体质辨识"，以及中国非物质文化遗产"中医导引学——古本易筋经"等课程，并安排每期学员到本市社区卫生服务中心交流考察，现场学习。

（四）探索数字化教学模式，为乡村医生成长赋能

项目组在现有乡村医生网络学习平台上，依托上海中医药大学"国医云"数字中医药创新中心，推进"人工智能+教育"的学科平台建设。利用数字化实践场景植入技术，为乡村医生打造智能学习助手，形成智能化、沉浸式的中医药教育模式，实现数字化服务乡村振兴，赋能乡村医生队伍建设。

二、案例成果

（一）培训人数持续增长

2016年，上海市乡村医生中医药知识与技能培训惠及1000余人；2017—2022年，与善小公益基金会合作，为云南、贵州、湖南、新疆地区共2987名乡村医生举办44期培训活动，惠及傈僳族、白族、回族、纳西族、藏族、怒族、普米族、维吾尔族等民族；2018年，与君和堂中医连锁集团合作，培训宁夏固原市乡村医生35名；2019-2022年，受中国商飞股份有限公司委托，为宁夏西吉县培训乡村医生956名。

（二）产生良好社会效益

"健康乡村中医行"公益培训为偏远地区培养了一批扎根当地、带不走的好医生，有效提升了当地中医药服务能力，努力做到"小病不出村、小病不拖成大病、防病于未然"，产生了良好的社会效益。

当地政府大力支持。由于前期工作基础扎实，云南省将此项工作纳入常规工作项目，获得了中央转移支付的专项资金支持，未来将进一步扩大受益面。宁夏西吉县政府专程发来感谢信，认为培训项目促进了当地医疗卫生的发展。

培训项目惠及面广。除上海地区外，已为云南、贵州、宁夏等地培养了近4000名扎根基层的乡村医生，涉及宁夏西吉，贵州威宁，湖南安化、沅陵，云南昭通、怒江、迪庆、大理等二十多个县（市、区）的乡村，傈僳族、白族、回族、纳西族、藏族、怒族、普米族、维吾尔族等多民族群众受惠。

云南昭通鲁甸县学员表示，回乡后他将学到的小儿推拿手法用到治疗中，感冒发烧的孩子在推拿后体温就从38.7度降到37.1度；还有学员在培训中学习到腰痛和肌肉受力点持续牵拉有关，回乡指导村民改变负重姿势，效果立竿见影，巧妙解决了乡亲们的切身病痛，被当地传为佳话。

37

"五色谱"工作法尽显乡村五美

案例背景

江苏省无锡市滨湖区马鞍村位于无锡市西南部，是一个历史悠久的古村落，也是一个一二三产业健全、发展水平相对平衡、村级收入稳定的村居合一的混合型行政村。近年来，马鞍村依托当地丰富的农林资源，通过培育重点支柱产业，稳步推进现代农业发展。

马鞍村以党建为引领，创新实施"打造红色引擎、守好绿水青山、建设金色家园、塑造蓝盾形象、激发橙色活力"五项重点工作，以"五色谱"工作法优化乡村治理，取得了实实在在的成效，荣获国家级流动人口服务管理示范社区、省级水美乡村、省级民主法治示范村等荣誉称号。

一、主要做法

（一）打造红色引擎，党的建设引领布局形态美

加强体系建设，引领基层治理。为全力推进新农村建设，提升农村人居环境，提高百姓生活品质，马鞍村党总支充分发挥基层党组织领导基层治理、

团结动员群众、推动改革发展的战斗堡垒作用，组织党员、村民代表等共同对马鞍村现状及未来发展方向进行研究商议，因地制宜制定人居环境提升工作方案，引领农村党群共商共治共建氛围。

创新党建阵地，深化党史学习教育。马鞍村党总支依托"山水马鞍，幸福党建"特色党建品牌，在蔡巷自然村打造"幸福农田"红色实践基地、马鞍村党史村史馆等党建阵地，突出乡村党建元素。

推进法治建设，深化基层民主。抓好"四民主、三公开"制度建设，加大法治宣传力度，密切党群关系，不断完善全村法治建设工作，实现村级事务管理的公开化、规范化和民主化，提升村民参与村务管理和自我管理的能力。

（二）守好绿水青山，因地制宜提升绿色产业美

厚植特色优势，做优绿色高效农业。近年来，马鞍村围绕本村的农业传统产业，大力推行产业结构变革。全村发展以桃树、葡萄等种植为主的经济作物，共有桃树500亩、葡萄园50亩、苗木70亩。

加大综合治理，强化生态环境保护。在控污截源方面，完成9个自然村共计17个污水点源处理点，进行雨污分流，提高处理率。在农业面源污染治理方面，全村农田实现高标准农田主沟渠建设全覆盖，控制农田排水出口，建设排水口净化槽，改善农田灌溉条件和排水系统，降低农业面源污染对河道的不良影响，并加强河道驳岸治理。

（三）建设金色家园，多措并举助力富足生活美

推进全能社工建设，构建服务新格局。辖区被划分成3个大网格和14个微网格，马鞍村细化网格服务，按照工作人员一岗多责、分片包干、责任到人的要求，推行全能社工走访制度。马鞍村发挥"网格化+铁脚板+大数据"作用，融合"智慧社区平台"、基础数据、手持终端，及时处理居民事务、了解民情民意。

建立协商民主平台，促进居民自治。为提升居民"社区主人翁"意识，马鞍村提高社区自治能力，建立"党建工作网、社区管理网、居民自治网"三网融合治理体系，搭建"三级党群议事"平台，引导党员群众共同参与社区事务商议。

（四）塑造蓝盾形象，强基固本确保宜居生态美

打造片区精细管理，提升卫生环境面貌。马鞍村将9个自然村和辖区企业划分为3个片区，分别进行针对性精细管理，在3个片区内全部实施保洁服务市场化。

抓牢基础设施建设，让美好生活触手可及。马鞍村完善市政配套，完备休闲设施，结合自然村原有自然风貌，增设临水平台、公共绿地、林间步道和局部景观小品，利用墙体外立面，制作宣传彩绘，打造具有乡土气息的休闲庭院。

严格物业监督考核，促进环境长效管理。马鞍村聘请专业公司加强市政配套设施设备管理，严格按照规范流程操作。建立健全对物业公司的监督考核体系，由物业公司、村委和村民共同对物业工作进行量化评价，不断提高物业工作水平，促进全域环境卫生面貌整体提升。

（五）激发橙色活力，文明新风促进乡风和谐美

建立志愿者服务团队，倡导生活新风尚。为弘扬志愿服务精神，马鞍村培育了一支数量有规模、服务有分类、人员有注册的志愿者服务队伍，围绕辖区内有困难、有需要的人群，开展结对帮扶、志愿服务，建构起爱心网络。

创立爱立方文艺团队，丰富文化生活。马鞍村采用"社区工作站+爱立方梯队"的联动模式，培育"爱立方"特色文化团队，融合资源，在社区中引导居民以正确的方式、积极的心态参与社区活动，提高社区居民自治能力和主人翁意识。

提升睦邻服务综合体，完善居民服务。打造"友邻客厅"，重新规划功能

区，包括党群联盟服务中心、老年文化活动中心等"六大中心"，集合"党建服务联盟"进行资源分配，结合各时间段不同的服务群体，制定个性化"服务菜单"。

二、案例成果

发展绿色高效农业，不仅收获了林果飘香和经济效益，更涵养了地下水源，美化了人居环境。依托美丽乡村建设、红色实践基地、葡萄哥果园等资源，马鞍村大力发展乡村生态旅游业，吸引城市居民体验乡村生活，促进富民增收。

从硬件上对新农村建设、党群议事、党员志愿服务、党风廉政建设等党建工作进行文化展示；从软件上结合乡村文化特色，开展"春种、夏采、秋收、冬藏"等系列党群活动，寓教于乐，在丰富多彩的活动实践中深化党史学习教育和党风廉政建设，展现建党百年的历史，马鞍村村史，营造浓厚党建氛围。

抓实民生实事工程，改善百姓生活。深入开展因病致困救助、计划生育服务、特殊群体帮扶、社会保险覆盖、失业人员培训等工作，推进"福村宝"医疗互助项目。2021年度，"福村宝"参保人数已达到2577人，参保率达70%，相比2019年首次参保上升了13%，村民实实在在享受了"福村宝"项目带来的好处，参与度也越来越高了。

马鞍村因地制宜，依托丰富的农林资源，积极培育绿色优质农产品，以茶叶、水蜜桃、葡萄等果品为重点，稳步推进现代农业发展。积极对标"布局形态美、绿色产业美、富民生活美、宜居生态美、乡风和谐美"要求，以"创五彩马鞍，显乡村五美"为总目标，将"打造红色引擎、守好绿水青山、建设金色家园、塑造蓝盾形象、激发橙色活力"作为五项重点工作，促进经济社会全面健康发展。

38

数字生活新服务　经济社会效益双丰收

案例背景

　　牢牢把握数字技术创新发展新机遇，推动数字技术同农业发展、农村治理和农民生活深度融合，方能为加快农业农村现代化提供坚强科技保障。

　　近年来，浙江省衢江区紧紧围绕省委省政府推进数字化改革总体部署，以数字生活样板县创建为契机，围绕建成四省边际地区县域数字生活新服务生态体系这条主线，聚焦数字商贸、数字政务和数字健康三个重点领域，数商协同、扬长补短、先行先试，积极参与各级试点示范项目创建工作，入选浙江省"第一批商务领域共同富裕试点"，创建浙江省"数字生活新服务样板县"，实现了县域商贸发展"齐步走"、经济社会效益"双丰收"。

一、主要做法

（一）数字商贸领域

紧抓主体培育，打造数字商贸新业态。依托浙江（衢州）农产品电子商务创新发展示范区，衢江区提升农产品电商产业园等已建成平台配套设施，形成电商企业主体集聚。积极鼓励电商领域创新创业，有针对性地扶持一批营销模式新、带动能力强、发展速度快、市场认可度高的电商企业。电商产业园内共有87家企业，其中捷风科技是2021年引进、致力于城乡供应链服务和农村物流基础设施建设的科技型企业，线上深度融合重塑农村生产生活中各类商品的流通环节。

积极聚能造势，打造网络零售新引擎。衢江区开展一系列促消费活动，加速消费市场回暖。充分调动行业协会、平台企业积极性，撬动社会资源，举办"爱购衢江·网上过年"网上年货节活动、"数字生活·衢州有礼"数字生活嘉年华、"数商兴业·共富衢江"——数字嘉年华系列活动等。2022年5月衢江区"双品网购节"活动期间，衢江区通过线上商城和社交平台派发商家消费券价值6万元，吸引线上参与人数达14万人，累计在线下单3400余单，成交额29.3万元。

（二）数字健康领域

精密部署，打造数字健康衢江。积极开展全国健康促进区创建工作，成立领导小组，下发创建实施方案，明确职责，分解目标任务，落实责任。创建工作被纳入区委区政府对乡镇的综合目标考核内容，区督考办定期开展督导，促进工作顺利推进。开展国家卫生乡镇创建工作，6个乡镇申报创建国家卫生乡镇，目前已有3个乡镇通过市级评估。

优化迭代，打造智慧医疗平台。推进"互联网+医疗服务"优化升级，21家基层医疗卫生机构实现检查检验报告电子化推送，五大共享中心"基层检查、上级诊断"模式覆盖全区，总院承担分院送检服务共23.23万份。数字化改革"老年人两慢病数字健康服务"被省卫生健康委员会列入数字化改革基层创新储备库项目，居民电子健康档案"浙里办"开放率达60.64%。

（三）数字政务领域

统一标准，推动服务事项下沉。以群众、企业就近便利办事为出发点，全面梳理各类政务服务事项下放、进驻、受理延伸至乡镇（街道）政务服务中心。及时完成下沉乡镇（街道）审批服务事项标准化受理手册编制，明确办事流程、所需材料、办理时限、咨询电话，统一发放乡镇（街道）综合受理窗口。统筹协调推进全区9个派出所窗口及人员撤并进驻乡镇（街道）政务服务中心，设置"一窗通办"专窗全面办理105项户政、治安、交管、出入境等公安事项，规模较小乡镇深入推进"不设专窗、不派专警、不拉专网"模式。

健全模式，推动服务队伍建设。全面优化基层政务服务队伍，健全"乡镇受理专员+村级代办员"模式，各乡镇对村级代办员和政务中心窗口人员均出台相应考核机制和激励办法，保障基层政务服务队伍人员稳定。加强对乡镇大服务模块的指导，组织区级部门业务骨干赴岭洋、灰坪、云溪、廿里等乡镇开课宣讲，提升业务协同意识，增强乡镇"块统"能力。指导各乡镇组建"最多跑一次"改革进乡村振兴讲堂宣讲团，以组团联村、百名局长进讲堂活动为契机，开展政务服务专题宣讲。

二、案例成果

打造数字消费新高度。开展"爱购衢江·网上过年"网上年货节活动，通过网络视频传播的方式，引导大家在网上购买年货，话题相关视频共有5102.5万次播放量，带动销售额421万元。2021年618消费节期间，在东方商圈策划开展"数字生活·衢州有礼"数字生活嘉年华，以线上直播和线下体验形式，实现日均客流量7万人次，日均销售额达60万余元。当年双十一期间，开展"数商兴业·共富衢江"——数字嘉年华系列活动，商家出台各类促销活动，其中东方商贸客流量同期增长15%，销售业绩同比增长25%，特别是线上增值活动在整档活动中总共售出105.5万元，银泰云柜销售环比增长200%。

创新数字应用新场景。在调研摸底的基础上，共梳理衢江区五大创新应用场景——项目导航器、经济运行监测"一键达"系统、数商兴农综合服务平台、信用智治综合管理体系和卓尔未来市场，同时对其进行细化和功能的延伸，争取应用场景尽快落地。其中，数商兴农综合服务平台通过开放数字平台、商品平台、物流运力平台等服务体系，贯通县乡电子商务体系和快递物流配送体系，实现农产品上行和工业品下行的双向流通。

建成一批数字领域新试点。2021年3月，衢江加入浙江省数字生活新服务样板县第一批试点，2021年度综合评估报告中，"数字生活新服务"工作领域，衢江在全省31个县（市、区）中排名前三。"衢江红燃点计划"项目入选2022年数字生活新服务项目；"数商兴农应用"列入浙里消费跑道试点。

39

探索惠农利益联结　推动农民持续增收

案例背景

四川省成都市温江区始终将促进农民持续增收作为推动乡村振兴的重要环节，在承担国家城乡融合发展试验区"5+3"改革的基础上，创新探索构建惠农利益联结，积极畅通土地、资本等要素流通途径和流转利用途径，促进农民持续增收。

近年来，温江区构建农民持续增收长效机制，取得一定的成效，以全域、全局思维进行规划设计，盘活资源要素，积极探索、实践求真，走出符合区域特色、行业属性、产业现状的振兴路。

一、主要做法

（一）盘活存量资源，探索构建"资产入股"模式

盘活土地资源，推进土地产权折价入股。按照"三自两化"原则（自发、自愿、自主，市场化、专业化），结合承包地二轮延包即将到期的实际，探索同步推进土地承包权长久不变和土地经营权长期流转试点，通过"公开决议、稳固承包关系→入股经营、确立主体资格→资格审查、吸引优势资源→签订

合同、防控经营风险"的"四步走"路径，引导集体经济组织、农户以土地经营权作价入股项目，推动土地由分散经营向统一经营转变，实现土地"资源"变"资本"。例如，和盛镇兰亭社区将土地经营权持证入股社区集体经济组织，由村集体统一经营或对外租赁经营，实现了规模化经营。

盘活绿色资源，探索生态价值转换入股。积极探索生态资源的社会人文价值、产业经济价值，创新构建生态价值转化评估机制，对区域林盘、花木、水系、湖面等生态资源进行价值评估，有效推动"生态股"向"资产股"转化量化。例如，万春镇幸福村集体经济组织评估量化村道、绿道、湿地、林盘等生态资产，并折算为集体资产股权，成功以生态资产入股幸福音乐公园、田园圣恩等项目，2021年实现生态资产分红收益65万元。和盛镇陈家渡村紫薇公园项目，集体经济组织以政府投资形成的基础设施和生态绿道等资产入股专业合作社，探索建立生态价值转化利益联结机制，2021年紫薇花节期间实现旅游总收入450万元，村集体分得约50万元。

（二）创新利用方式，探索构建"产居共生"模式

"整体开发"模式。针对较多村民有意愿腾退宅基地的情况，温江区通过土地整理项目，让农户将分散或闲置的宅基地腾退出来，在村内另划宅基地集中安置腾退农户，节约出的宅基地通过法定程序转为集体经营性建设用地。通过此种方式，温江区吸引社会资本向乡村投资，引导社会资源向乡村集聚，腾退农民以户为单位、按照标准进行安置，节余集体经营性建设用地入市，土地溢价留在村集体，可作为公共服务及配套设施的建设费用，也可对外投资。全区采取"整体开发"模式实现集体经营性建设用地入市，保障了岷江书院、二三里、依田村等乡村振兴产业项目用地。

"旧房切割"模式。针对农户宅基地面积较大、实际使用面积较少的情况，切割部分面积用于经营。在双方互不影响的前提下，以"背靠背"的方式改建原有民房，同时满足项目经营和百姓生活需求。村集体入股企业与农户签订用于经营的宅基地地块使用权租赁合同，农户享受"保底+分红+务

工"收入。

（三）夯实制度基础，构建金融服务闭环模式

构建两个服务平台。通过"互联网+农村金融"模式搭建"农贷通"金融综合服务平台和区镇村三级农村金融服务中心（站），以线上线下业务一体化的方式提供融资对接服务，实现农村金融产品发布、信贷需求征集、支农政策集成、信用信息汇集共享等功能，完善农村产权交易鉴证、评估、担保、保险、风险分摊、收储、处置等流程，实现农村资源和金融资源的有效对接。

实施两种服务模式。一是构建全产业链金融服务模式，由政府牵头，聚合辖区内金融机构、产权交易中心、担保机构、保险机构等特色产品，驻点为成都国家农业科技园区民营小微企业、农户、各类新型农业经营主体提供融资咨询、洽谈等"面对面"对接业务，实现金融有效供给。二是实施信用激励服务模式，搭建全区产业化龙头企业、专业大户、农民合作社、家庭农场、股份经济合作社等适度规模新型农业经营主体信息平台，运用大数据方式进行信用评级，形成农村新型经营主体信用评价等级，发挥金融支持奖惩的重要作用，提升各类市场主体的诚信意识。

二、案例成果

2021年，温江区农民实现人均可支配收入35637元，城乡收入比缩小至1.51∶1。温江区获评全国农民合作社质量提升整县推进试点县（区）、四川省农村改革先进区、四川省要素市场化配置改革第一批试点区。四川省人大在温江区召开《四川省农村集体经济组织条例》座谈会，并将温江区成功经验纳入2021年10月1日正式施行的条例中。国家发展改革委、农业农村部对温江区构建的农民多渠道增收利益联结机制进行了刊载推广。

温江全区初步构建起极富活力的乡村产业生态，为农民持续增收赋予更多、更新动能，为全市乃至更大区域贯彻落实乡村振兴战略贡献了可复制、易推广的范式。

三、经验启示

实施乡村振兴战略，农民是主体。乡村振兴战略的目的是让乡村人民群众的生活好起来。因此，在推动乡村振兴的各项工作中，必须始终坚持农民主体地位不动摇，把农民的切身利益摆在首位。乡村的发展，要由居住于这个地方的人民群众来共同决定。无论是发展产业、引进投资，还是资本合作，都不能忽视农民这个重要群体，必须始终以维护农民的核心利益为工作指南。

促进农民持续增收，是实现共同富裕的客观要求。生活富裕是乡村振兴战略的中心任务，是缩小城乡差距的主要途径，是实现农民精神生活共同富裕的重要基础。乡村振兴战略是一个长期且复杂的系统工程，是一个需要多元主体参与共建共治共享的长期过程。多措并举拓宽增收渠道、挖掘增收潜力、培育增收动能，以多方共赢的创新模式盘活资源，链接多元主体，是确保农民快速且持续增收的重要手段。

有效发挥村集体作用，是项目持续推进的关键环节。集体强不强，先看"领头羊"。培养并依托基层领导干部积极调动干部群众的积极性、主动性和创造性，不断增强发展活力，广泛营造崇尚实干、带头致富、加油鼓劲的正向激励氛围，将村集体资产充分利用起来，夯实基层战斗堡垒，带领人民群众谋发展、引项目、筹资金，实现村级集体经济发展迈上新的台阶。

因地制宜灵活施策，是取得成功的必要条件。在乡村经济发展的过程中，要创新施策，让每一项政策都带有浓郁的地方特色，根据实际工作中遇到的不同情况，分门别类制定具有可操作性的实施细则，方能有效满足各方主体的不同需求。

40

打造数字化共配物流体系　龙游力争上游

　　浙江是快递业"两进一出"工程全国试点省份。物流业作为乡村基础性、支撑性产业，对完善农产品和农村现代流通网络具有重要意义。一方面，农村物流业更加快捷、高效，有助于缩小地区差距，促进城乡融合发展；另一方面，农村物流的发展是推动共同富裕的"加速器"，构建农产品出村进城、工业品下乡物流配送一体化服务体系，对于实现乡村振兴具有重要意义。

　　按照国家电子商务进农村综合示范项目相关要求，浙江省龙游县以县乡村三级物流体系项目建设为抓手，全力建设"龙游县乡村物流共配中心"。目前，共配中心规划开通了东、南、西、北四条配送路线，设立150个村级物流服务站点，配送范围覆盖龙游县所有行政村。通过智慧化管理系统，配送站点负责人可以用手机将快递一键入库。村民在家门口就可享受收寄快递的便捷服务，再也不需要跑上几公里到乡镇快递点取件，网购逐渐成为村民的消费习惯。

一、主要做法

政府主导，企业实施。龙游县聚焦快递进农村"最后一公里"，针对各快递公司因为末端农村路线长、件量少、成本高等问题不愿意配送到村的包裹，由政府兜底配送。龙游县经信局主导，成立乡村物流共配中心，结合国家电子商务进农村综合示范项目，通过购买服务的形式，确定一家市场化企业负责乡村物流共配中心的运营。

实地调研，精准选址。经过3个月的实地调研，龙游县选择153个人流量大，能保证营业时间的乡村小店作为村一级共配服务站点，制作统一的门头和标识，并将配送制度、农产品寄件价格等上墙公示。同时，在全县科学规划四条配送线路，保证每天一次的配送频率，配送范围覆盖龙游县所有行政村。2020年11月，成功统筹县内四通一达、邮政、德邦等18家物流企业，由县直投到村。

市场化运作，推动共同富裕。各快递公司给予配送企业一定的配送费用以支撑日常运营，配送企业对于物流站点保管的包裹按件计酬，增加了农民收入，同时为乡村小店带来了更多的人流量，增加了小店销售收入。村民在家门口就可以享受城市同等的物流服务，农产品寄件价格通过统收统寄的形式降低了40%。例如，江浙沪首重加续重由原来的"8+2"元降低为"5+1"元，低于城区寄件价格，有效推动农产品包裹上行，增加农民收入。

数字化赋能，优化服务。打造将快递物流信息由县延伸到村的"乡村物流智达通"应用，打通政府、快递物流企业、乡村百姓之间的数据壁垒，以数字化推动农村物流配送服务在线化、可查询、可分析、可监管，进一步补齐县乡村三级物流配送体系短板。通过浙里办、龙游通App或微信小程序，村民可在乡村物流智达通系统上查件寄件，咨询快递售后服务等。

二、案例成果

推动消费升级，畅通国内大循环。以村级物流服务站作为村级快递收发点，新建153个村级物流服务站点，配送频率一日一次，全县快递进村业务覆盖率从2020年的10%提升至100%，月均投递进村包裹15万票（不包括城中村和集镇中心村），同比增长833%，为农村百姓解决了快递进村的"最后一公里"问题。同时，不断在原有电商快递业务基础上，增加搭载农产品上行、商贸产品配送、废旧物品回收等服务。

带动农民增收，助力乡村振兴。通过资源整合，有效衔接农户与市场，促进农产品供需两旺，实现龙游农产品寄件费用降低40%，日均农产品上行包裹达600个以上，同比增长600%，有效推动了乡村特色产业发展，激活了乡村市场主体。据统计，自龙游县实现快递进村业务全覆盖以来，助推培育本地农村电商主体300多家、农产品电商店铺400多家。

实现智能治理，打造共同富裕场景。积极打造全国首创的由县直投进村的二级电商物流共配网络，减少乡镇短驳的成本，配送效率更高，运营成本更低。目前，我国四通一达等主流快递公司及菜鸟裹裹系统的物流信息只能到县区一级或乡镇级站点，龙游县围绕便民服务、资源整合两个方面，打造"乡村物流智达通"系统，实现将快递物流信息由县一级延伸到村的数字化应用场景。

41

全力建设数字生活服务新高地

案例背景

近年来，浙江省常山县聚焦数字商贸、数字文旅、数字健康、数字政务四大重点，用足用好省级数字生活新服务样板县创建资金，在数字商贸领域挖掘亮点，全力建设数字生活服务新高地，开辟电商促进共同富裕新路径，实现让"绿水青山"触网，为"金山银山"接单。

2021年，常山县实现网络零售额21.97亿元，同比增长68.9%，在全省加快发展26县中位列第二名，球川镇、青石镇获评省级数字生活新服务特色镇，浙江艾佳果蔬开发有限责任公司获评2021年度"浙江省新零售示范企业"。

一、主要做法

建设具有常山特色的社群体系。衢州小够网络科技有限公司实施小够社区服务站项目，打造以便民信息为基础的综合性一站式生活服务平台，在常山城区建设28个小够社区服务站、搭建小够社区线上平台，为群众提供便捷的服务，为本地商家提供商品销售及本地服务交易平台。

打造传播常山故事的直播基地。浙江泓影文化传播有限公司实施浙江泓影直播电商基地项目，紧跟直播行业发展新潮流、新态势，建设传统戏曲+电商直播基地，完成搭建传统戏曲数字化传播（"云赏越"直播大厅）、常山农特产品在线推广（"泓选"带货直播大厅）、鲜辣美食文化可视化呈现（"常滋味"鲜辣美食故事摄影棚）等沉浸式、融合型、互动型的直播应用场景。

建立符合地标特色的智慧商圈。衢州市常山东方广场商贸有限公司实施常山东方广场智慧商圈项目，建设银泰云柜体验店、搭建玉米淘淘小程序，打造一站式数字化商城。

推动传统商贸企业的数字转型。浙江省常山县世纪联众商贸有限公司实施传统零售商贸数字化转型项目，以世纪联众连锁超市实体门店为基础进行新零售数字化转型。

推进县级政务服务的智慧高效。浙江常山农村商业银行股份有限公司实施"四个办"政务服务项目，以常山农商银行营业网点和丰收驿站为服务主渠道，打通常山农商银行柜员体系和"政务服务2.0"办事员体系，构建优质便捷的普惠服务体系，实现全县政务服务在常山农商银行营业网点专窗的"一窗受理，集成服务"。

发展实现富民强县的特色产业。常山县农村投资集团有限公司实施乡村振兴特色产业园大数据中心项目，以产业数字化、数字产业化为发展主线，以"常山三宝"为切入点，围绕涉农经营主体、农村经济合作社、电商企业进行数字化转型升级。

重塑实现预付消费的应用场景。中国联合网络通信有限公司常山县分公司实施预付卡消费场景建设项目，建立对预付费卡发卡商家管理全覆盖、消费者用卡投诉处理全覆盖的一体化、智能化、长效化的智慧平台，搭建服务后台及诚信码1.0体系，接入浙政钉和浙里办，在大数据驾驶舱中实现系统数据可视化展示，使消费者投诉有门，实现职能部门对发卡商家的精细化管理。

构建探路基地直采的生态链条。浙江艾佳果蔬开发有限责任公司实施农产品供应链体系建设项目，依托公司生鲜果蔬生产基地、冷藏贮运、冷链配送、市场网络的基础优势，搭建"原产基地+加工基地+冷链物流+超市专柜"模式，实现果蔬从基地到餐桌始终保持生鲜、优质、安全的品质。

二、案例成果

项目建设扬起电商共富之帆。高标准、严要求、全局化推进浙江泓影直播电商基地、常山东方广场智慧商圈、传统零售商贸数字化转型、小够社区服务站、"四个办"政务服务和谷舞仁生共享果蔬店新零售等6个项目，竭力打造共同富裕常山样板。截至2022年6月，累计完成数字生活新服务项目投资总额1000多万元，打造智慧商圈1个、直播电商产业基地1个，布设社区智能生鲜柜80台、社区智慧服务站点28个，各个项目次第花开。

数字赋能巧解电商共富之密。以数字化赋能新服务、新场景带动新消费，推动生活性服务业数字化转型，常山农商行通过就近办、上门办、掌上办、自助办线上服务场景，为常山百姓提供便利服务，累计办理便民服务近100万件；东方商圈通过打造"银泰云柜""玉米淘淘"等数字化场景，创新消费体验；小够社区站点通过打造小够驿站、小够拼团等线上场景，带动全社区团购新消费与新服务。

平台集聚打造电商共富之路。常山县通过打造产业基地、乡村振兴特色产业园和数字生活新服务特色镇等聚集载体，以点带面推进生活服务产业与数字化技术手段相融合，实现"一业振兴、百业并举"的良好局面。

三、经验启示

以政策为引导，完善制度设计。常山县在申报省级数字生活新服务标杆县初期即建立常山县数字生活新服务领导小组联席会议制度，多次修订、完善《常山县创建省数字生活新服务标杆县实施方案》，着力打造数字生活新服务辐射高地。

以项目为载体，推进标杆创建。常山县高标准、严要求、全局化推进浙江泓影直播电商基地项目、常山东方广场智慧商圈项目、传统零售商贸数字化转型项目、小够社区服务站、"四个办"政务服务项目和谷舞仁生共享果蔬店新零售项目等6个项目。

以场景为依托，新服务带动新消费。以数字化赋能新服务，以新场景带动新消费，推动生活性服务业数字化转型，常山县在激活居民消费、扩大高品质供给、培育消费新热点、优化和融合线上线下消费环境、发挥消费基础性作用等方面取得了一定成效。

以集聚为载体，产业融合促发展。常山县通过打造产业基地、数字生活新服务特色镇等聚集载体，以点带面推进生活服务产业与数字化技术手段相融合，对于形成品牌效应和规模效应具有重要意义。

42

高标准农田创先机　乡村振兴添"金"彩

案例背景

　　耕地是粮食生产的命根子，农田质量是粮食安全的根基。党的十八大以来，以习近平同志为核心的党中央把粮食安全作为治国理政的头等大事，提出"确保谷物基本自给、口粮绝对安全"的新粮食安全观。确保重要农产品特别是粮食供给，是实施乡村振兴战略的首要任务，而高标准农田建设是巩固和提高粮食生产能力、保障国家粮食安全的关键举措。

　　江苏省常州市金坛区高标准农田建设工作以乡村振兴战略为统领，落实高质量发展"走在前列"的目标定位，按照"藏粮于地、藏粮于技"的要求，以问题为导向，探索适合当地现代农业发展的建设体系，不断创新，因地制宜，以务实的工作作风细化目标任务，走出一条农业增效、农民增收、农村增美的新路子。

一、主要做法

（一）突破条田限制，筑起百姓"金粮仓"

高标准农田建设是集农机、农艺、水利等技术于一体的农业综合系统工程，是稳定提升粮食产量、促进农民增收的重要举措。金坛区部分耕地高低不平，零散杂乱，多是小块不规整的巴掌田，机耕道等农业配套设施建设滞后，影响了规模化经营和机械化作业。久而久之，农业生产成本增加，收益减少，农民群众不愿种地，田也撂荒了。

为了给农民群众带来看得见的实惠，给农业现代化发展打开突破口，金坛区打破原有土地条田化限制，加快推进高标准农田建设项目，通过土地平整工程，推平连块田埂、田间小路和水渠，统一配套建设灌溉管网、林带、道路等设施，变土地"条田化"种植为"集约化"经营，实现了农业机械化生产，赋能农业产业化发展、规模化经营，筑起百姓"金粮仓"。

（二）建立工程管护机制，稳住"金扁担"

金坛区按照"谁受益、谁管护，谁使用、谁管护"的原则，划定工程设施保护范围，明确管护责任，坚持因地制宜、建管并重。建立统一的、规范的高标准农田工程建设永久性标志牌，并且加大对高标准农田建设工程管护工作的宣传，增强干群对项目工程的管护意识，发挥镇（街道）、村（社区）作用。同时将高标准农田建设项目工程管护工作纳入农村环境综合整治范畴，进一步强化对高标准农田建设工作的考核，确保工程效益长期稳定发挥；确保工作到位，做到建成一片、管好一片、受益一片。

（三）开展示范点建设工作，打造"金名片"

加强高标准农田建设，是实施乡村振兴战略，保障国家粮食安全的重要举措，也是富民增收、改善农村人居环境的重要抓手。

金坛区积极探索将高标准农田建设融入美丽乡村建设，促进田园生态、农民生活生产条件同步改善。金坛区开拓创新，开展了高标准农田建设示范点建设工作，下达《2021年度金坛区高标准农田示范点建设实施指导意见》（坛农发〔2021〕115号）文件，坚持建管并重原则，完善农田基础设施，优化工程长效管护机制。重点支持以粮食生产为主、连片规模较大、工程管护落实较好、自然禀赋良好、预期成效显著的已建成高标准农田项目区，统筹整合资金，加大投入力度，力争建成农田基础完备、管理责任落实到位、示范效应强的高标准农田示范区。

二、案例成果

2018年金坛区金城镇培丰村5000亩高标准农田建成后，干群管护意识强，管护工作实，管护效果突出，促进了高标准农田工程健康运行，长期发挥效益，使该片高标准农田成为全区粮食生产功能区和粮食绿色高质高效创建项目的核心区，在稳定粮食生产、带动农民增收方面发挥了引领带动作用，让"金扁担"挑得更稳。

奋进新时代，一幅美丽的乡村振兴绿色画卷正铺展开来。通过高标准农田建设，金坛区用新举措构建新格局，牢牢稳住粮食安全的"压舱石"，让高标准农田创先机，为乡村振兴添"金"彩。站在阡陌纵横的农田边，目之所及皆是一段段平坦的机耕道，一条条蜿蜒的灌溉渠，以及一片片平整的土地。广大农民有了更多的获得感、幸福感、安全感，金坛这片美丽的沃土焕发勃勃生机。

三、经验启示

设计支持强，为项目建设增底气。金坛区优选设计单位，把好准入关。由于高标准农田建设项目的初步设计编制是一项技术综合性较强的工作，为确保高标准农田项目建设达到预期效果，金坛区对设计单位的专业资质、设计人员的设计水平有着严格的要求。在开展初步设计工作时，坚持规划设计先行，注重现场勘察，广泛听取各方面意见，以"实用适用"为导向，对高标准农田建设项目进行高标准规划设计，让设计方案经得起实践检验，让农民群众得到实惠。

制度筋骨壮，为项目建设添保障。金坛区严控准入机制，设置招标条件，高效完成招标任务；提前安排好监理、工程审计、质量检测等比选工作，让参与项目管理的机构，提前做好介入项目管理的准备；规范审批程序，在权限范围内履行计划调整、变更、结余资金使用等报批手续，坚决杜绝擅自调整变更项目计划的行为。优化模式、简化流程、缩短时限、提高效率，多措并举确保施工进度。明确主体责任，确保施工进度，将权力下放到项目建设单位，实行项目法人制，进一步明确乡镇的主体责任，组织好乡村清障和矛盾调解工作，规划好进出场道路、临时用水用电等工作，中标单位进场后可以立即施工。

管理举措实，为项目建设保质量。严格执行高标准农田建设项目各项管理制度，把质量管理贯穿于工程建设的全过程。监理单位必须对进场的原材料进行检测，检测合格后方能进场施工。单元工程完工后，项目单位聘请有资质的机构对工程质量进行检测，待检测合格后才能进行下一单位的工程施工。区级主管部门定期组织召开工程监理例会和现场督查推进会，对施工过程中存在的安全隐患、质量问题等进行督查反馈，限期整改，及时复查。定期深入项目建设一线督查工程质量、建设进度和安全生产措施情况，对发现的问题及时整改并复查；对于不按要求整改的建设单位通过约谈项目负责人、发督办通知等方式保障工程建设有序推进。

43

推动百合品牌化产业化发展

案例背景

习近平总书记指出，要加快发展乡村产业，适应城乡居民消费需求，顺应产业发展规律，立足当地特色资源，拓展乡村多种功能，向广度深度进军，推动乡村产业发展壮大。2022年的中央一号文件强调"聚焦产业促进乡村发展"，并对持续推进农村一二三产业融合发展、大力发展县域富民产业、推进农业农村绿色发展等提出一系列具体要求。

在推动百合品牌化、产业化发展的路上，甘肃省榆中县立足"名、优、特、精"产品升级，形成"百合羹""百合膏""百合干"等多个产品，努力满足众多人群消费需求。与此同时，榆中县积极开拓销售市场，不断提高百合市场占有率，促使产品不仅畅销国内，而且销往日本、韩国等国家，以及中国香港、中国台湾等地区，拥有较广阔的市场。在着力推动线下销售的同时，榆中县积极搭建网上交易平台，逐步实现线上线下相结合的一体化销售，"兰州百合"知名度进一步提升。

一、主要做法

建优质种球繁育基地，保障产业源头质量。2022年，依托百合种球繁育项目，和平镇邵家泉村、小康营乡、园子岔乡、哈岘乡、贡井镇等乡镇建立百合种球、脱毒种球繁育试验示范基地80亩，并建立两个脱毒种球快繁生产实验室，年生产脱毒种球20万粒，通过试验示范，带动产业区农户建立百合种球良种繁育面积达到200亩以上，有效保障了榆中县百合产业发展的种业基础。

建标准化种植基地，保障产业商品质量。建立百合标准化示范基地，在园子岔、上花岔、和平、龙泉等乡镇依托龙头企业、合作社、家庭农场等新型经营主体，按照统一品种、统一标准、统一生产、统一标识、统一品牌、统一销售的"六统一"要求，建立13个百亩百合标准化生产示范基地，示范带动面积两万亩以上，绿色认证2000亩以上。

建产业联盟组织，保障科技服务能力。强化科技创新引领，按照百合生产、加工、流通、科技、示范、服务等全流程环节升级发展要求，聚集企业、高校和科研院所优势资源，夯实农业科技自主创新的物质技术基础，发挥领军型龙头企业示范引领作用。

农产品保鲜储藏设施逐步壮大，产业链条不断延伸。农产品产地仓储建设项目持续推进，榆中县建成百合保鲜库40座，储藏能力达1.4万吨，其中榆中北山建成百合保鲜库31座，储藏能力达1万吨。保鲜库可有效解决农产品集中上市价贱伤农、产后损失严重等产销对接脱节的问题，促进了农产品收购、运输、储存、销售系列环节，实现反季节销售和常年均衡供应，稳定农产品价格，延长产业链条。

建立监管体系，保障农产品质量安全。推动形成标准化生产、网络化监管、全程可追溯发展格局，全县配备质量安全协管员231名，实现蔬菜主产乡（镇）全覆盖，建成蔬菜质量安全检测站68个，蔬菜农药残留例行检测和日常检测合格率均达98%。

建立品牌培育体系，打造百合金字招牌。全面提升"三品一标"认证比例，有效增加百合产业在市场竞争中的筹码。由"百合联盟"牵头对接兰州百合协会，对农产品商标、包装、规格、标志等内容进行统一规范，变"散兵游勇"为"正规军"。在产品外销环节，引导百合行业协会加强对产品等级分类、包装形象、装栏规格等重要因素抽检，坚决打击"掺杂掺假""以次充好""分级混乱"等行为，逐步挽救本地百合产品形象受损的不利局面。

建立稳定的销售渠道，构建产业利益联结机制。坚持"内富品类、外拓门路"的思路，内外合力、创新发展。以培养、开发终端市场新消费需求为目标，持续强化同神果科技、米家山、爽口源等百合企业的深度合作，持续丰富百合产品消费选择。借鉴陇南和环县等地的电商经济先进经验，主动对接拼多多、京东、扶贫832平台等网络销售渠道，积极参与各种消费扶贫项目，实现"百合上线，效益富农"。注重挖掘百合内在文化内涵，对外积极寻求百合羹、百合膏、百合口服液等寓意美好、附加值高的精深加工产品业态合作。

加大宣传推介，强化产品品牌建设。通过承办甘肃特色农产品贸易洽谈会、中国·兰州（榆中）高原夏菜新品博览会，组织龙头企业、合作社等新型经营主体参加省内外农业盛会，对兰州百合进行宣传推介展示，提高知名度、美誉度和市场占有率。

二、案例成果

通过构建科技集成创新平台，开展技术创新、模式创新，建设兰州百合产业化联盟组织，拓展百合产业全产业链科技智库，榆中县解决制约百合产业发展的关键技术问题，引进培育一系列新品种（系），研发一系列新技术。组建13个重点农业产业专家技术指导团队和30人的县级农业科技特派员技术团队，为广大龙头企业和种养大户提供综合、系统的全方位科技服务。

严格抓好百合质量管控，引导群众走"绿色生产"路线，在百合种植过程中多施农家肥和有机肥，少施化肥、低残留农药，不施高残留农药，争取市县农业部门支持，做好百合用药知识培训、种植技术培训、定期取检等工作，确保百合产业可持续发展。目前，榆中县形成了以"兰园芳莲""云裳仙子"为代表的百合品牌。

三、经验启示

落实农业保险是推动产业健康发展的基础保证。榆中县全面组织落实百合产业自然灾害和价格指数保险政策，有效增强了农户抵御自然灾害、重大病害风险的能力。因此，要继续落实好产业政策保险，确保农户通过产业发展稳步增收。

组建产业化联盟是组织抓手。按照同行业同产业分工协作、优势互补原则组建产业化联盟，在推动百合行业资源整合、产业抱团发展方面取得初步成效。因此，要更加注重组织和发挥好产业化联盟作用，继续引领产业发展、助推产业兴旺。

组织农业龙头企业帮带农户发展是关键实招。实施产业扶贫，政策是基础，企业参与是根本。动员和组织有能力、有温度的龙头企业、合作社等参与产业扶贫，既有力推动了全县百合产业发展，又有效落实了无缝对接、精准帮带、一个不落的产业扶贫帮带农户增收任务。因此，要更加注重和发挥好企业社会责任，持续发展壮大百合产业，助力乡村振兴。

44

党建引领致富路　乡村振兴谱新篇

案例背景

中建二局作为中国建筑集团有限公司定点帮扶甘肃省康乐县的牵头单位，始终牢记央企使命担当，积极主动作为，坚决扛起定点帮扶政治责任，不折不扣坚决落实党中央、国务院决策部署和集团公司党组安排，充分发挥资源禀赋，坚决打好产业、就业、教育、消费和党建帮扶"组合拳"。

自2017年，中建二局派出驻村第一书记帮扶何家沟村以来，三任驻村书记接续奋斗，致力于探索何家沟村老百姓脱贫致富的康庄大道。如今的何家沟村山青树绿、公路蜿蜒、鲜花艳丽、房屋整洁，村民生活富足，村集体产业稳步壮大，何家沟村在乡村振兴的大道上阔步向前。

一、主要做法

聚焦班子建设，提升党支部战斗力。中建二局自派驻村第一书记以来，就把加强村党支部班子建设作为首要任务来抓，以村党支部标准化建设为契机，致力于提升村党支部战斗力和组织力。中建二局积极开展支部结对共建活动，党委先后安排西南公司、华北公司、三公司与何家沟村党支部结对共建，帮助村党支部制定党建引领致富路"125"总体方案，即"一个重点、两项原则、五个抓手"（一个重点：抓党建、促扶贫；两个原则：巩固支部建设、加强民族团结；五个抓手：抓好一个建设，开展两个活动，实施两项计划）。

聚焦教育培训，增强发展内生动力。扶贫先扶志、扶贫必扶智。驻村第一书记先后为何家沟村量身打造了"决战决胜脱贫攻坚综合方案"和"梦想家园'益'计划"，旨在通过"扶志+扶智"，教育引导群众提升脱贫致富内生动力。

聚焦产业发展，确保收入稳步增加。产业是乡村振兴的物质基础，为农民持续增收提供坚实的支撑。为了让何家沟村村民有持续稳定的增收门路，驻村第一书记一直在寻找让何家沟村老百姓走上脱贫致富康庄大道的方法。首任驻村第一书记经过逐户走访，摸索出村里留守妇女和剩余劳动力纳手工鞋垫，中建二局帮助销售，发展手工小作坊的增收之路。

聚焦生态文化，提升获得感幸福感。驻村扶贫干部时刻想群众之所想，急群众之所急，带领村两委班子成员、帮扶干部深入落实上级党委、政府决策部署，扎实开展"3+1+1+1"脱贫攻坚冲刺清零行动。驻村第一书记带领村两委班子成员开展破旧房屋拆除、环境卫生整治和植树造林等"建设美丽乡村"活动，并联合中建二局通过扶贫超市积分评定，带动村民提高家庭环境卫生和村社公共环境卫生意识，同时评选表彰整洁模范之家，有力地发挥了模范带动作用，村民形成"改善人居环境，打造美丽乡村"的共识。

二、案例成果

以菌类合作社为依托，建设"新时代村民文化技能培训站"。先后组织100余人次参加烹饪、焊工、菌类种植等就业技能培训，帮助合作社务工人员、"三类"户村民提升就业本领，变被动的"要我学"为"我要学"，转变了"等、靠、要"思想。结对单位为何家沟村第一位女大学生马兰花提供大学四年学费资助，并为其协调实习和大学毕业后就业工作岗位。中建二局累计为20余名贫困学生发放金秋助学金6.05万元，先后为何家沟村小学和幼儿园捐赠爱心校服、爱心暖炉等价值15万元的各类物品。通过一系列的教育培训行动，树立了"知识改变命运"的思想，有效阻断贫困的代际传递，增强了村民就业技能，实现了"培训一人，就业一人，一家脱贫"。

按照"中央定点帮扶、县级领导包抓、群众广泛参与"的模式，康乐县于2019年10月开始建设集生产、加工和销售于一体的建合菌类种养殖农民专业合作社。筹集资金包括中建集团和中建二局帮扶资金268.1万元，村集体资产10万元，村民入股股金31.2万元，共有123户村民通过缴纳现金入股，占全村总户数的77.36%。

线上和线下两种销售渠道共同发力，彻底打通农特产品销路，避免产品滞销。一方面，建立"中建云筑扶贫商城"和"海惠优选"电商平台，对何家沟村农特产品进行品牌包装，打造"中建惠农"消费扶贫产品，免费为合作社开设网店销售农产品。另一方面，在中建集团公司官方微信微博、中建云筑扶贫商城、学习强国等平台，以及中建紫竹酒店、中建雁栖湖酒店，对康乐县何家沟村的香菇进行集中宣传推广，利用平台优势将产品推荐给会员单位和员工家庭。

坚持以市场为导向，拓展生产设计、包装推广、运输销售等环节，帮助打造康乐香菇特色品牌农产品，并邀请人民日报、中央广播电视总台等中央媒体进行宣传报道。目前，已有中建二局食堂、中建二局华北公司及其6家省域分公司与何家沟村菌类合作社建立消费扶贫采购联系，切实促进香菇产品变商品、收成变收入，全力打造"康乐香菇"品牌。

截至2021年12月，合作社实现年产值120万元，纯利润35万元，累计分红42万元，带动123户群众户均增收3415元。何家沟"小香菇"已经成为群众增收致富的"大产业"，何家沟成为省、州、县和中建集团观摩学习的"网红打卡"点。省委领导和中建集团领导多次到合作社调研，合作社先后接待观摩50余次，观摩学习人数达1200余人次。

三、经验启示

党建引领，能人带动发展产业。"火车跑得快，全靠车头带。"党的基层组织是确保党的路线方针政策和决策部署贯彻落实的基础，也是党的全部工作和战斗力的基础。

规划先行，完善机制夯实基础。按照《康乐县康丰乡何家沟村村庄规划（2021—2035）》，制定《中建集团定点帮扶康乐县何家沟村创建乡村振兴示范点方案》，为何家沟村量身打造一套完整的长期发展规划。将中建系统项目目标管理责任制经验引入产业发展分红机制，将合作社运营效益与理事会成员入股村民分红收益挂钩，增强理事会成员和广大村民的监督管理主体意识，共同监督合作社规范运行。

群众参与，增强自我造血功能。让村民认识到要致富首先要靠自己，转变村民"等靠要"观念，实施菌类种植产业奖补等，调动广大村民学习菌类种植、发展菌类种植产业的积极性、主动性，变被动的"要我学"为"我要学"，增强自身造血功能，激发广大贫困群众脱贫致富的内生动力。

未来的何家沟村，将进一步发挥帮扶企业优势，引进多个龙头企业，培育壮大集体合作经济组织，通过"企业+合作社+农户+基地"发展模式，采用立体种植技术、轮种等方式做大做强菌类产业，做优"康乐香菇"品牌，建立以菌类产业为主题的多元文化共融体系，展现何家沟村村民在致富道路上的奋斗场景。

45

挖掘中药材种植潜力

案例背景

中药材是中医药事业健康发展的物质基础。云南是全国重要的中药材产业大省，全省中药材种植面积、产量和农业产值全国领先。挖掘当地中药材种植潜力，将其打造为支柱经济，是助力乡村振兴的重要途径。

为帮助云南省永平县北斗彝族乡梅花村的多位中药材种植户开拓中药材生意，云南中医药大学新时代文明实践科普志愿服务队在该村建立工作站，开展中药材栽培、病虫害防治，以及中医药文化、健康诊疗等科普志愿服务活动，进一步推进校地合作，助推永平县中药产业发展。

一、主要做法

为发挥云南道地药材的产业优势，壮大"云药"品牌，推进中药材科学化、规模化生态种植，针对三七和滇重楼两大云南名贵道地药材的绿色生产关键技术问题，在国家级、省级6个科技计划项目的支持下，云南中医药大学项目组历时10年，构建了三七和滇重楼绿色生产关键技术创新体系，并取得一系列创新成果及显著的推广应用成效。

根据当地中药材种植龙头企业实际，项目组建议大理为民中草药种植有限公司加强重楼资源收集保存、分类鉴别研究，重点发展滇重楼，关注长柱重楼和球药隔重楼的发展；建议永平岚福源公司考察基地选址，遴选矮秆滇重楼，淘汰毛重楼等混杂种，重点发展矮秆滇重楼，适度发展白及；支持永平丰裕农业发展有限公司发展新型设施滇重楼种植，合作申报中华中医药学会团体标准《云南重楼设施生态种植技术规范》，协助该公司申报重楼、灵芝发明专利2项；服务永平鸿林公司种植天麻，引进乌天麻和红天麻良种，开展乌红天麻杂交制种工作，以生产乌红杂交天麻为主，提高管理水平，加强旱季保水保湿，保证阴湿的种植环境。

二、案例成果

工作站重点服务永平县鸿瑞农业科技开发有限公司发展滇黄精种植，多次深入公司基地北斗镇梅花村和上寨村，指导企业和农户种植滇黄精、滇重楼和白及等中药材。药材种植面积为1000多亩，累计培训技术人员100余人次，实现经济效益2400多万元，带动当地种植户10余户，人均年增收2000多元。永平县鸿瑞农业科技开发有限公司发展成为省级农业产业化龙头企业。

帮扶期间，工作站举办各种药材科技培训26场次，参训人员达1800余人，接受咨询100余次，解决种植和管理方面技术难题30个，带动中药材种植农民专业合作社32个，带动群众达3000多人。增进工作站与企业、大客户的沟通交流，搭建校企合作平台，集产、学、研、销于一体，充分发挥工作站的平台作用。

三、经验启示

只有把论文写在大地上，让成果惠及百姓家，打通实验室和农田的连接通道，让中药材种植的先进技术更接地气，中医药专家助力乡村振兴的路子才会越走越宽。季鹏章博士扎根田间地头，围绕云南中药产业高质量发展和农民在中药材种植中的"卡脖子"技术问题搞科研、求突破,在田间地头写论文、出成果,农民朋友把他视作科技贴心人、致富引路人,成就一段中药专家助力乡村振兴的佳话。

云南素有"生物资源王国"和"生物物质基因库"的美誉。当前,云南省正把推进中药材优质原料基地建设作为推动云南省"十四五"生物医药产业高质量发展的三大重点任务之一,做优基地,大力实施道地中药材提升工程。云南中医药大学作为云南中医药产业发展和科研的重要支撑力量,鼓励专家学者深入田间地头搞科研,用好科技成果评价这个指挥棒,让科技成果真正转化为现实生产力。

46

探索"互联网+医疗"健康帮扶新形式

案例背景

信息化在推动优质医疗资源纵向流动、转变服务模式和改善居民就医体验等方面具有重要作用。近年来，河南省汝阳县不断探索"互联网+医疗"健康帮扶新形式，以大数据为手段，构建智慧医疗体系，通过远程医疗、辅助诊断、智慧健康小屋等新技术为基层医疗赋能，"让数据多跑路，让群众少跑腿"，有效缓解群众看病难问题。

汝阳县坚持把人民健康放在优先发展的位置，结合县域"深山区多，群众看病跑得远、不方便"的实际，大力发展以"互联网医院"为主体的远程医疗体系，完善分级诊疗制度，探索"互联网+医疗"，走出一条弥补城乡医疗资源差距、方便山区群众就近诊疗的精准医疗服务之路，基本实现"健康进家庭、小病在乡村、大病到医院、康复回基层，90%病人就医不出县"的医改目标。

一、主要做法

（一）做优平台，建立远程医疗服务体系

建设"互联网医院"。借助"宽带中原示范县"优势和工信部对口帮扶机遇，汝阳县与河南科技大学第一附属医院建立深度合作关系，对全县各村卫生室的网络设施进行重新搭建，建设"远程诊疗"点236个，实现县、乡、村三级医疗机构全覆盖。

搭建统一配药平台。针对诊疗人数日益增加、村卫生室原有药品不能满足"互联网医院"诊疗需求的问题，汝阳县设立统一的药品监管配送中心，对药品实行统一管理和采购配送，确保村卫生室保有的国家基本药物不低于200种，满足基层群众的基本用药需求。

构建全民健康信息平台。围绕"便民、助医、辅政"目标，汝阳县建立便捷高效、信息共享的"全民健康信息平台"，全县居民全生命周期的所有健康数据都能够在平台上查询。

（二）做强基础，提升县域医疗服务能力

汝阳县坚持制度建设、硬件改善、队伍强健多点发力，构建优质高效的县域医疗卫生服务体系；同时，大力实施卫生基础设施建设，提升服务能力。

汝阳县加大投入力度，实施县人民医院新院区建设，完成国家标准化心血管病诊疗中心及省市重点专科建设，成为全省首批县级三级综合医院；实施妇幼保健院整体搬迁，使其创建为全省首批二级妇幼保健院；提升改造中医院，中医药事业得到长足发展；对15个乡镇卫生院进行服务能力提升，为5个山区乡镇卫生院购置了彩超、DR等诊疗设备；对村卫生室进行标准化建设，实现所有村卫生室产权归集体所有，房屋面积达到省定标准，内部设施统一配备的目标。

（三）做实保障，推动医改工作提质增效

健全医疗卫生分级服务体系。以"互联网医院"平台为纽带，建立市级医院、县级医院、乡镇卫生院和村卫生室分工协作、各负其责的服务体系，进一步打通市县乡村四级医疗机构优质医疗资源多向流动渠道。

建立远程诊疗值班制度。市级医院每天在线医生50余名，三家县级公立医院每天坐诊医生10余名。村医遇到疑难病例，可通过网络医院平台向县级医院申请会诊，也可以转诊至市级医院在线坐诊医生，对于急重患者可通过绿色通道安排专家会诊。

二、案例成果

汝阳县依托"互联网医院"，较好地充实了县域医疗卫生服务体系，取得了明显成效。

一是解决了基层群众看病难、看病繁、看病贵的问题，降低了群众负担。基层患者"足不出户"就能面对面与省、市级专家充分交流，一方面缓解了看病的长途奔波和排队等待之苦，节约了大量的时间，减轻了经济负担；另一方面便于患病群众得到及时的治疗，防止小病拖大、大病拖重。"互联网医院"运行以来，及时救治心梗患者50余人，守护了人民的生命健康。同时，家庭医生定期对慢性病患者、65岁以上老人等重点人群进行上门巡诊，切实发挥了基层医疗"守门人"的重要作用。

二是很好解决了村卫生室及村医队伍如何建、如何用、如何管的问题，提升了基层医疗服务质量。受历史因素影响，汝阳县村级卫生室长期存在"产权不清、房屋破旧"问题，难以满足群众就医需求。实施标准化改造，既促进村卫生室达标提质，又彻底解决产权归属问题，确保基层卫生服务的公共属性。

三、经验启示

必须在医改中结合地域特色，勇于走出契合本地实际的新路子。推动全

面深化改革，应坚持遵循改革基本方向和一切从实际出发的有机统一，在大方向上坚决落实党和国家决策部署，不打折扣、不掺水分，具体内容设计必须考虑现实基础和地区差异。汝阳县贯彻落实中央和省委关于推动分级诊疗的安排部署，从本地实际出发，结合山区多、群众寻医问诊不方便的突出问题，探索出建设"互联网医院"方便基层群众就医的路子。

必须在医改中注重科技赋能，用现代信息技术为医疗服务拓展空间。随着人工智能、云计算、大数据等为代表的新一代信息技术迅猛发展，医疗和高新科技融合发展，科技赋能医疗已是大势所趋。汝阳县之所以创新探索出一系列好做法、好经验，是因为实现了信息技术与医改的有效融合，在聚焦解民忧、纾民困、暖民心的同时，顺应了"智慧医疗"快速发展的趋势。

必须在医改中服务中心工作，因时顺势解决城乡医疗资源分配不均问题。坚持以全局视野看问题、想办法，善于在把握大局中破难题、克难关，是全面深化改革的制胜关键。汝阳县"互联网医院"是在脱贫攻坚中解决贫困群众看病难题、防止因病致贫、因病返贫的生动实践，既得益于脱贫攻坚多种政策的叠加支持，也受到工信部等对口帮扶部门的帮助引导。

必须在医改中推进系统集成，综合施策多措并举确保取得扎实成效。全面深化改革不是某个领域某个方面的单项改革，必须统筹谋划深化改革各个方面、各个要素，注重协同配合和整体效果，防止单兵推进。汝阳县在推进医改中，有效兼顾了公立医院的财政投入机制、村医队伍的培育激励机制、医保医药的联动改革机制等，推动改革整体取得明显实效。

47

以法治护航沃柑产业发展

案例背景

广西壮族自治区南宁市武鸣区位于北回归线上，素有"中国沃柑之乡"的称号，下辖的双桥镇系沃柑种植的主要产区，辖区内有数十万亩的沃柑种植果园和延绵数公里的沃柑交易市场，年产销沃柑约80万吨，产值约60亿元，远销海外。

随着沃柑产业不断壮大，相关的纠纷也日益增多。针对果农担心买到假冒伪劣农资，劳务者担心个人权益得不到保障，消费者担心买到农药超标的沃柑，"武鸣沃柑"品牌受侵害影响沃柑交易，产销过程中陷入纠纷影响合同履行，矛盾化解周期长影响采购等问题，双桥法庭持续深入学习贯彻习近平法治思想，充分发挥人民法庭立足基层、贴近群众的优势，以"护航沃柑产业发展"为总抓手，探索形成"多元共治、源头治理、高效解纷"的工作机制，打造"沃柑法庭"，回应广大果农果商果企的司法需求，服务区域支柱产业发展壮大。

一、主要做法

（一）多元共建共治，护航沃柑产业发展

针对农户"武鸣沃柑"品牌侵害之忧，武鸣区坚持多措并举，以司法力量保护"武鸣沃柑"品牌。

联合谋划。联合多部门形成合力，打击、曝光销售假冒伪劣沃柑果苗、农资农药等行为，快速解决拖欠劳务人员工资问题，建立诚信交易秩序。

依法倡导。下果园、进果企、上果街发放《致广大果农和果商的一封信》，督促果农严守沃柑种植、采收及贮运等环节的标准条例。引导果农、包装商依法依规施放农药、保鲜剂，确保武鸣沃柑品质安全。

以审促治。双桥法庭在案件审理中注重普法释理，向农户果商宣传保护"武鸣沃柑"地理标志的重要性，以及错误使用地理标志的危害，从源头守护武鸣沃柑交易秩序。

（二）抓牢源头治理，精准化解纠纷

针对农户"无讼"生产经营之思，武鸣区坚持分类施策，多层次进行"源头治理"，减少果农果商诉讼纠纷。

强化法律援助。指导农户果商规范签订合同，传播诚信交易理念，从源头预防纠纷。武鸣区委区政府及司法所等多方联动，开设"武鸣沃柑产业法律服务室"，推进"一站式联合接待、一揽子联合调处、一条龙持续化解"，为纠纷双方提出法律意见。

丰富普法途径。武鸣区创新性地将法律知识与壮族山歌融合，在圩日、节日邀请果农对唱。引用经典名著《西游记》元素，推出普法系列短剧，在寓教于乐中传递懂法、用法、守法理念。开设"网络法治小论坛"，邀请"族老"以汉语、壮语双语直播审理沃柑案，与主办法官共同普法说理、答疑解惑，携手培育乡村"法律明白人"。

培养农户法治思维。武鸣区开设"沃柑法律培训班"，农闲时节深入村屯以案释法，以案学法，提升群众法律意识。同时，积极联系村两委，指导完善村规民约，共建无讼少讼沃柑村屯。

（三）聚焦主责主业，高效调审沃柑纠纷

针对农产品季节性强、不易保存等特点，回应果农高效化解纠纷之盼，武鸣区探索形成涉沃柑纠纷"快调—快立—快审"机制。

依法快调快处。武鸣区设立法官联络点，成立"沃柑纠纷调解室"，邀请当地"族老"与农户果商代表入驻，对土地租赁、劳务合同等常见纠纷"即来即调即走"，不误农时。推行"诉前调解+司法确认"模式，用好"贝侬调解""族老调解"和公证手段，及时开展司法确认，推动形成"社会调解优先、赋强公证在前、法院诉讼断后"递进式矛盾纠纷分层过滤体系。

开设"瓦哆（壮语）立案窗口"。设立涉沃柑纠纷"快立"绿色通道，安排熟悉当地风俗习惯、懂壮语的法官为果商农户提供诉讼服务。在农忙时节深入沃柑树下、果园田间，利用无线终端帮助受侵害农户及时立案维权，兼顾农户生产与依法维权诉求。

开展便民快审。将沃柑购销旺季的每周三定为"沃柑审判日"，在沃柑街上集中公开审理沃柑纠纷案件，令纠纷就地高效化解，取得"审理一案，教育一片"的良好效果。

二、案例成果

（一）沃柑市场法律服务更健全

"沃柑法庭"成功推动武鸣区委出台《关于乡村振兴"中国沃柑看武鸣法治护航万里行"工作方案》，有效实现沃柑产业法律服务全覆盖。武鸣区充分发挥人民法庭立足基层、贴近群众的优势，携手广大果农果商果企共同维护"中国沃柑看武鸣"特色优质产业品牌。

2022年6月，武鸣区双桥法庭被最高人民法院选为全国法院"打造枫桥式人民法院，积极服务全面推进乡村振兴"典型案例；同年9月，"武鸣沃柑"入选2022中国区域品牌（地理标志）名录，沃柑品牌建设得到广泛认可。

（二）沃柑纠纷化解机制更贴心

"沃柑法庭"自成立以来，成功调解黄某908棵沃柑树被烧毁、陆某400棵沃柑树被采石场损毁、刘某退购10万斤沃柑、85人集体诉黄某解除土地租赁合同等典型案件，当事人均握手言和；共为1万余名果农果商提供免费法律咨询服务，果农果商法律意识得到显著提高，切实为群众纾难解困。"沃柑法庭"圆满化解256件诉前沃柑纠纷，近三年受理案件数量年均降幅达25.7%，积极回应本地农业农民司法需求。成功审结沃柑纠纷217件，其中调解106件，撤诉65件，平均审理时长13.2天，涉及标的额5925万元，以实际行动助力沃柑产业健康发展。

（三）沃柑法庭好声音更入心

"沃柑法庭"共开展下果园、进果企、上果街普法宣传活动数十次，相关事迹获新华社、人民网、人民法院报、中国长安网等多家媒体报道。武鸣区协助最高人民法院、广西高院，拍摄《中国法院"二十四节气"——大暑·北回归线上的"沃柑法庭"》，生动直观地展现沃柑法庭法官"以法护果"的工作。

武鸣区主动延伸司法服务，加强共商共建，共创建315个无沃柑纠纷诉讼村屯。辖区内的沃柑种植大村——杨李村、下渌村先后获得"全国村镇建设文明村庄""全国精神文明建设先进村"等荣誉称号。

三、经验启示

服务乡村支柱产业须以党建为引领。积极打造"沃柑先锋"党建品牌，主动提升办案理念，践行新时代"马锡五审判方式"，实现从"坐堂问案"到"深入群众"的转变，从"案件办理"到"诉源治理"的转变。充分发挥党员先锋模范作用，设立"一窗一点一室一审判日"的党员示范岗，主动将司法资源下沉乡村基层，实现快速化解涉沃柑产业纠纷的同时不误农时。

服务乡村支柱产业须坚持品牌建设。乡村要振兴，产业是支撑。武鸣区人民法院双桥人民法庭因地制宜，立足地处沃柑产销大镇实际，倾力打造"沃柑法庭"新亮点，联合当地党委政府，号召果农果商自觉加强品牌意识，推进沃柑市场诚信体系建设。

服务乡村支柱产业须提升调审能力。武鸣区人民法院构建"调解为主、速裁支撑、精审兜底"模式，坚持把非诉讼纠纷解决机制挺在前面，以"沃柑纠纷调解室"为主阵地，选配专业能力强、通晓汉壮双语的法官，解决群众语言交流障碍，快速化解沃柑纠纷。立足沃柑交易市场发展实际，成立沃柑纠纷专业审理团队，统一裁判尺度。

48

筑牢防止返贫"堤坝"

案例背景

2015年，根据民政部办公厅、国资委办公厅《关于开展"同舟工程——中央企业参与'救急难'行动"的通知》（民办发〔2015〕29号）文件精神，中国海洋石油集团有限公司（以下简称"中国海油"）充分发挥在社会救助工作中的作用，积极探索中央企业参与"救急难"工作的方法和路径，充分认识并重视"同舟工程"的意义，从2016年起，拨付专项资金，制定实施方案，依托中国海油公益基金会全面实施"救急难"项目工程。

该项目工程是中国海油落实党和国家以人民为中心执政理念的具体实践，展现了"同舟共济、共渡难关""一方有难、八方支援"的社会风尚。项目开展过程中，中国海油不断创新工作方式，推进"救急难"走深走实。

一、主要做法

（一）采取"三扩一缩"工作模式，增进民生福祉

中国海油扩大项目工程救助范围，将救助对象范围从对口帮扶县扩大到23个县（市、区），首次实现省域全覆盖。扩大救助群体，不限于原建档立卡户，涵盖城乡患重特大疾病或遭遇其他"急、难"情况的贫困妇女、儿童及其家庭。2021年，中国海油加大投入力度，投入专项资金1000万元，金额超过此前5年投入总和，同时计划在"十四五"期间捐赠"救急难"专项资金5000万元。缩短审批时间，开发网上申报系统，规范救助流程，提高审批效率，将审批时间控制在21个工作日内，让更多妇女、儿童及其家庭及时得到帮助，解决好服务群众"最后一公里"问题。

根据实施方案，在项目实施过程中，中国海油组织专人对申请人情况进行初审和复核，对救助申请表、申请本人及监护人的各类证明材料、救助金拨付通知、救助金签收表等相关申请材料进行逐项核验，严格规范执行项目运作程序，使救助资金安全有效拨付。

在项目实施过程中，中国海油秉持了"同舟工程——'救急难'行动"项目的救"急"与救"难"的宗旨，对于个别家庭的"急"与"难"情况给予二次救助。中国海油公益基金会依托当地政府部门的走访核实，对有重特大疾病患者或有上学子女等情况的特别贫困的家庭进行救助金的二次发放，帮助他们早日度过困难。为贫困妇女儿童及其家庭"雪中送炭"，真正体现"救急难"项目的扶贫济困的宗旨。

（二）坚持制度先行，完善项目管理

中国海油联合海南省妇联，做好基础工作，保证项目顺利有效实施。

印发相关文件。通过施行《中国海油"同舟工程——'救急难'行动"海南地区实施方案（2021年）》《中国海油"同舟工程——'救急难'行动"救

助项目（2021—2025年）执行管理办法》，规范项目的实施和管理流程，提高资金使用效益。

成立项目执行办公室。对海南省各市县妇联提交的救助申请材料的规范性和完整性进行复核，及时召开项目审核会确定救助名单。

（三）凝聚社会力量，形成帮扶合力

中国海油依托中国海油公益基金会平台，与海南省妇联、海南成美慈善基金会通力合作，凝聚社会力量，协调对口帮扶县市的社会救助资源，发挥好第三次分配作用，扛起共同富裕使命担当，织密民生保障网。实施"救急难"项目以来，中国海油累计救助患重特大疾病及遭遇其他"急、难"情况的贫困妇女、儿童及其家庭成员共计1758人次。"救急难"项目有效缓解有困难的妇女及其家庭在就医和生活上的困难，点亮了她们积极生活的信念，有效避免了困难群众因病致贫返贫，发挥了"救急难"托底线、保民生的兜底作用。

下一步，中国海油将把"救急难"作为一项长期任务持续抓好，不断提升帮扶县市群众的获得感、幸福感、安全感。充分发挥社会救助在构筑基本民生安全网的作用，为实现人民对美好生活的向往不懈努力。

二、案例成果

2016—2020年，中国海油累计投入"救急难"救助资金800万元，累计救助患重特大疾病及遭遇其他"急、难"情况的贫困妇女、儿童及其家庭成员共计574人次。2021年，投入专项救助资金1000万元，总救助人数853人次。

中国海油扎实推进"我为群众办实事"实践活动，确定"3+10"项重点项目清单，即办好社会民生3项"头等大事"，做好职工群众10件"心头难事"。社会民生3项"头等大事"的其中一项是巩固拓展脱贫攻坚成果同乡村振兴有效衔接，助力解决民生、教育、就业等领域的"短板"问题。在民生领域，中国海油按照"守底线、抓衔接、促振兴"总要求，坚决守住不发生

规模性返贫底线，加快推进乡村振兴步伐。

中国海油坚持宗旨使命、强化责任担当、突出优势特色，积极履行央企政治责任和社会责任，着力巩固拓展脱贫攻坚成果同乡村振兴有效衔接，在海南省投入资金打造"救急难"民生兜底保障项目，助力解决民生、教育、就业等领域的"短板"问题。"救急难"项目获评"海南省我为群众办实事十大典型案例（第一批）"。

49

育才促进致富　赋能乡村振兴

案例背景

　　大别山中集灵秀，荆楚风光在罗田。地处大别山腹地的湖北省罗田县风景秀丽，由于地理条件限制，罗田呈现了"八山一水一分田"的面貌，山区人口占比大，居住分散且偏远，基础设施薄弱，贫困发生率高，曾是国家级贫困县。

　　在党和国家脱贫攻坚、乡村振兴的浪潮中，居然之家犹如其中的一股涓涓细流，在大别山炽热的阳光下，汩汩滋润着罗田这片土地。

　　乡村振兴、教育先行。居然之家深知扶贫先扶智的道理，于2019年投资重建文斗河未来小学；2021年初，将重建成的文斗河未来小学及幼儿园整体捐赠给罗田县教育局。授之以鱼不如授之以渔。居然之家助力县域经济发展，在罗田建起了商业综合体罗田家居生活MALL，打造罗田商业发展的新名片。

一、主要做法及成效

（一）乡村振兴，教育先行

治贫先治愚，扶贫先扶智，乡村振兴必先振兴乡村教育。2019年，居然之家投资兴办罗田县文斗河未来小学。

文斗河小学（文斗河未来小学前身）创办于20世纪70年代，此前校舍残破，空间狭小，学校硬件差，设施设备极为落后。重建工程于2019年10月动工，经过一年紧锣密鼓的建设，2020年9月，焕然一新的校园交付使用。

文斗河未来小学总面积22000多平方米，建筑面积6000多平方米，绿化面积10000多平方米。校园主体呈徽派传统建筑风格，又有宽梁式现代建筑结构，更有采光通风的庭院式建设布局，完全按校园建设标准设计施工。

新学校配备了现代化互联网教学、劳动教学等设施。通过学校完备的互联网设施，学生们享受到先进的教学；而打扫教室、校园卫生等实践活动，则帮助孩子增强动手能力，树立珍惜生活的品质。

（二）振兴乡村，必先振兴县城

2017年，罗田还戴着国家级贫困县的帽子。从罗田县走出的居然之家董事长汪林朋怀揣回报家乡的初心，希望家乡有所改变。于是，一个建筑面积5万平方米的商业综合体在罗田破土动工了。

在罗田这个贫困县打造一个商业综合体，居然之家是先行者，家居生活MALL的出现弥补了罗田县高端商业综合体的空白。购物中心经营业态涵盖了精品百货、生活超市、影音院线、知名连锁餐饮等生活业态品类，以及一线家居建材品类。目前，商场入驻商户百余家，招商率达到百分之百。商场开业后，极大提高了罗田人民的生活品质，成为罗田商业发展的新名片。

该项目于2017年破土动工，2019年10月正式开业。居然之家罗田家居生活MALL不仅带动了当地的文化休闲娱乐综合业态的集结和发展，还解决了

2000多个就业岗位。经营稳定后，居然之家将实现纳税2000万元。

二、经验启示

全面推进乡村振兴，是实现中华民族伟大复兴的一项重大任务。实施乡村振兴战略，应以乡村教育事业的发展为先导。居然之家重建校园，不仅惠及当地学生，而且在一定程度上提高了当地村民的教育意识，进而有效阻断贫困的代际传递。

居然之家罗田家居生活MALL是投资家乡、回报社会的重点项目之一，不仅提高了当地百姓生活水平，还助力当地经济发展，拓宽就业渠道。与此同时，伴随着家居生活MALL在这个曾经的国家级贫困县的落地，罗田为乡村振兴提供了可借鉴的经验。

50

电商架金桥　铺就致富路

　　"小康不小康，关键看老乡；老乡富不富，关键看思路。"河北省平乡县艾村是国务院国有资产监督管理委员会重点帮扶村，该村不靠山、不靠海、不靠城，地下少矿藏、地上缺资源，一度是当地扶持不起来的"老大难"。

　　2012年，国务院国资委与平乡县结为定点帮扶关系，先后派出4任12名挂职干部在艾村"安营扎寨"。国务院国资委始终坚持因地制宜，精准施策，帮扶产业发展，千方百计增收入，通过资金输血、产业造血、创新活血"三管齐下"，蹚出一条带领乡亲发家致富奔小康的新路径。

　　短短几年间，艾村发生了翻天覆地的变化，从国家级贫困村转变为全国知名的"淘宝村"，形成"电商架金桥、铺就致富路"的经验，为巩固拓展脱贫攻坚成果同乡村振兴有效衔接提供了坚实保障。因帮扶工作成绩突出，2021年2月国务院国资委驻艾村工作队荣获"全国脱贫攻坚先进集体"称号。

一、主要做法

选育电商"带头人"蹚新路，打消村民"不信""不敢"思想顾虑。十年前，艾村群众普遍思想保守、观念陈旧，多数老百姓过着"日出而作、日落而息"的农耕生活，以售卖农产品为生。少数有经商意识的群众，也是习惯于做小买卖。他们起早贪黑赶集市，一天到晚谋生计，销量小、利润低、收入少，有时算账出现失误，一天白白忙碌。国务院国有资产监督管理委员会（以下简称"国务院国资委"）工作队进驻艾村后，从发展产业入手，深入开展入户调研工作，并结合平乡县主导产业和艾村自身特色，大胆引入不被群众看好的"手工业+电商"脱贫理念。

搞好电商"大扶持"壮规模，带动群众走上脱贫致富"快速路"。为切实将艾村电商产业做大做强，国务院国资委驻村工作队向委机关申请200万元，为艾村援建一座2000平方米的电商扶贫大院，同时，为群众购买电脑，铺设网线，创造发展电商的基础条件。电商收益归公，每年为村集体增收10万元。依托电商大院，艾村大力推行"手工业+电商"模式，带动60余户老乡在家门口就业，引导16户57名建档立卡贫困户稳定摘下"贫困帽"。

大力推广"好经验"做示范，开启全县"依靠电商奔小康"模式。随着电商产业的蓬勃发展，艾村的名气也越来越大，从刚开始的"全镇学艾村"到后来的"全县学艾村"，慕名而来取经学习的群众络绎不绝。为了更好地推广艾村经验、艾村模式，平乡县还专门在艾村建设了农村电商培训基地，田付村镇在艾村建设了"电商党支部"，国务院国资委分布在其他乡镇的定点帮扶协作组也以艾村为样板，示范带动所帮扶的乡镇、村发展电商产业，做到以点带面、全面开花，开启了平乡县"依靠电商奔小康"模式。

主动适应"新形势"快升级，抢占"直播带货"动态销售新风口。随着5G时代的到来，淘宝、快手、抖音等电商平台全面发展。国务院国资委帮扶工作队迅速调整工作思路，组织动员村内电商户抢抓直播经济风口，引导电商产业从开网店被动接单的传统销售模式向网红引流、直播带货的新型销售模式转变,电商人也从幕后走向前台、从静态销售转向动态销售。

二、案例成果

国务院国资委驻村工作队对艾村的电商产业发展进行了全程指导帮助,从如何申请网站店铺到如何销售推广运营,涵盖电商销售全部环节。短短半年时间,艾村的电商销量远超集市摊位销售,赶上"双十一"等重要销售日期,村民们能获取较大收益。乡亲们看到商机,纷纷找工作队寻求帮助,向电商"带头人"取经,自此形成了"一带二、二带三、三带百户"的"头雁效应",打开了电商进一步发展"口子",实现了开题破局。

国务院国资委工作队坚持"扶上马、送一程",主动与平乡县淘大职业培训学校和金速派电商培训中心建立长期合作关系,常年面向艾村群众开展免费电商业务知识培训,帮助他们联系货源渠道、免费设计详情主页、传授拍照技巧,让村民快速上手。短短几年间,艾村电商户发展到210余家,由电商衍生出零配件组装加工配套商户105家,全村人均收入由2014年的不足3560元,增长到1.2万元,翻了三倍多。

在艾村的示范带动下,平乡县已建成4个"淘宝镇",28个"淘宝村",共有活跃店铺8000余家,建设年吞吐量10万吨以上的大型仓储企业34家,建成400多个收发物流服务配送点,带动网销供货、快递、设计培训等相关从业人员近10万人,年交易额达到48.5亿元,电商成为名副其实的富民产业。

如今,一家淘宝店日销200单的属于活跃店铺,但是一个直播间日销1000单都是正常出货量。目前,该村200多家电商户全部开展直播业务。有的服装销售直播间,销售旺季的单日销量在2000单左右,1件衣服平均利润5元,每天净赚1万元。有的电商户发展跨境电商后,从最初的家庭手工作坊迅速成长为规上企业,由原来的授权品牌发展到目前集研发、制作、销售于一体的全链条自主品牌。

三、经验启示

"电商支部"树标杆，党建引领促发展。国务院国资委帮扶工作队坚持党建引领，选派优秀机关干部任艾村第一书记，以电商产业发展为切口，在艾村所属的田付村镇成立了邢台市首家电商党支部。电商户转入该党支部，均可免费享受技术培训、免费阅读支部藏书、免费使用业务洽谈室，搭建了电商户互通有无、优势互补平台。

只要大胆敢探索，付出就会有收获。艾村过去之所以穷，很大原因是乡亲们接受新鲜事物慢，甚至曾出现排斥心理。平乡县有着良好的产业基础，群众却未能借势借力。群众要想富，思想要转变，产业要先行。

选准赛道再奔跑，持续用力坚持好。平乡县有两个省级特色产业集群，这是群众致富最大的优势，河古庙镇距离艾村6公里，具备借力发展的基础和条件。选好产业发展的切口，电商是较好的捷径。

一枝独秀不是春，百花齐放春满园。一人富不算富，大家富是真的富。艾村取得初步成功后，以点带面，从艾村所在的田付村镇先行推广，逐步向全县扩展。据不完全统计，除了"中国淘宝镇""中国淘宝村"的商户之外，每个村都有一批年轻人通过电商实现了发家致富奔小康。

紧跟形势抢先机，转型升级稳经济。稳定县域经济大盘是当前的重中之重，电商产业发展功不可没。艾村紧跟电商产业发展走势，发展了直播带货经济，抓住了直播"风口"机遇，大幅提升了电商户销售量，有效增加了群众经济收入，为提振县域经济社会发展活力贡献了电商产业力量。

51

守好绿水青山　撑起村民致富的"钱袋子"

案例背景

云南省西畴县西洒镇瓦厂村地处典型的高山地区。过去，"山大石头多、田少收入低"是瓦厂村最典型的标签。全村面积30.6平方千米，海拔在1100—1400米，拥有各类林地41634亩，人均耕地面积仅0.86亩。2014年，该村贫困人口人均年纯收入1769元；2015年12月，最高人民检察院定点帮扶瓦厂村；2018年瓦厂村顺利脱贫摘帽；2021年，全村脱贫人口人均年纯收入10992.57元。"摘帽"后，由于缺乏产业支撑，村集体经济较为薄弱，村民收入渠道狭窄，收入持续增长遇到瓶颈。

因乡土田园特色突出，以八角树为特色的森林覆盖率达到63.18%，绿化率达到75.05%，2019年12月，瓦厂村荣获第一批国家森林乡村称号。虽然森林覆盖率很高，但由于没有充分挖掘其经济价值，村民面临收成少、见不到实际经济效益的困境，经常"偷偷摸摸"上山砍倒八角树改种其他经济作物或者直接当柴火烧。乱伐树木的情况让林业部门和村委会很头疼。如何守好这片绿水青山、保住"国家森林乡村"称号，成为最高检帮扶干部面临的头等大事。

一、主要做法

针对巩固拓展脱贫攻坚成果同乡村振兴有效衔接阶段出现的新问题、新困境，最高人民检察院定点帮扶办公室在实地调研基础上，召集帮扶干部专题研究对策、成立挂职帮扶干部临时党支部，决定"撑起群众钱袋子与守好绿水青山同向发力、互补互促，把绿色发展放在首位，因地制宜发展乡村特色产业"。

困难面前有党员，党员面前无困难。帮扶干部召集村两委干部、村小组组长、党员代表、农户代表认真研究向绿水青山要效益、促进增收致富的举措。针对村民们"如何平衡好绿水青山与钱袋子"的提问，挂职西畴县委副书记杨旭、驻瓦厂村第一书记张北战向村民们详细讲解"绿水青山就是金山银山"的理念，并与村民们共同探讨"因地制宜发展乡村特色产业"的路。经过近半个月的"激辩"，大家一致认为"守好绿水青山就是撑起钱袋子，靠山就要吃山，我们要发展八角加工产业"。

为了让村民的愿景快速变成现实，在最高检的指导下，瓦厂村成立了全县首家村集体所有的农产品加工企业——西畴县汤检益民农业发展有限公司，杨旭副书记协调山东一家烘干设备企业捐赠八角烘烤车间，选派技术人员到村开展技术指导，手把手教村干部烘烤技术，村干部学成后又将技术传授给村民。

为了帮助村干部、致富带头人打开思路，来一场彻彻底底的头脑风暴很有必要。最高检积极协调各方力量开展培训教学和现场观摩活动，联系浙江义乌何斯路村党支部书记线上授课，组织村干部等到江苏江阴、新沂等市实地学习，到红旗渠干部学院接受系统培训等。通过线上学、现场学、集中学，瓦厂村村干部、致富带头人看到了差距、学到了方法、寻到了思路，干部群众干事业、搞生产的热情空前高涨。

如何提升农产品附加值、延长产业链条，是产业发展面临的问题，帮扶干部带着村办企业负责人找到产业专家，在专家指导下注册了自己的商标——"汤检情"。为了摆脱脱贫地区产品"没有卖相"的标签、让瓦厂村的农产品更美更精致，最高检帮扶干部积极协调正义网指导村办企业设计新包装。村办企业的农产品有了数十种包装形式——罐装、袋装、盒装……琳琅满目，满足不同客户的需求。

由于产业发展基础薄、时间短，产品市场化进程较慢，村办企业靠自己打开市场的难度相当大，最高检帮扶办在了解到村里的困难后，协调山东家家悦集团、利群集团等大型商超，拓展销售市场。

二、案例成果

全村掌握八角烘烤技术的村民已有数十人。村民们有了设备，学会了技术，再也不用担心梅雨季节鲜八角因无处存放导致发霉的问题了。为了把产业"扶上马"，最高检机关除每年定额消费帮扶外，还积极协调四川省司法厅每年采购价值50万元的村办企业生产的八角。

截至2022年10月，村干部完成全员外出学习任务，致富带头人外出培训学习也成为常态。2022年10月，瓦厂村的八角产品成功进驻超市，其利润较以往散装批发提升了15%。

2022年秋季，全村2400亩八角林所产八角全部颗粒归仓、完成烘烤。通过散装批发、礼盒定制、消费帮扶、进商超等多种方式，瓦厂村的八角产品得到消费者的一致好评。初级产品变商品，在瓦厂村变成现实。通过资源的合理开发，2022年，瓦厂村村集体经济收入达450万元，净利润达50万元，较2020年提升3倍多。受益于产业发展，2021年10月至2022年10月，瓦厂村脱贫人口人均纯收入达15202.73元，较2021年增长38.3%。为进一步提升产品竞争力，瓦厂村已启动"绿色食品"标志申请工作。现在的瓦厂村，村民再也不用为漫山的"绿疙瘩"发愁，再也不用偷偷摸摸上山砍八角树当柴火。根据产业规划，2023年，瓦厂村拟新种植八角树800余亩。

提升干事创业信心至关重要，让村干部掌握村办企业管理模式、运行模式更是村集体经济成长的必然要求。为鼓励干部带头干、村民跟着干，在前期广泛征集村干部、村小组长、党员代表、村民意见后，综合公平、民生、激励等因素，工作组指导村两委通过"4321"村集体经济收入分配机制——"4"成利润归全体村民，"3"成利润留作第二年村办企业产业发展，"2"成利润用于村办企业员工分红，"1"成利润用于奖励对村集体经济作出较大贡献的人员。

52

搭建资源平台　助力产业发展

　　目前，农业已拓展多种功能、贡献多元价值。重点发展农产品加工、乡村休闲旅游、农村电商等产业，促进乡村发展，必须持续推进农村一二三产业融合发展。面对千变万化的农业市场，千家万户生产的形态，乡村如何借助科技创新赋能，塑造具有本土特色的农业品牌，既是现实所需也是时代考题。

　　2017年11月起，江苏农世兴新农村发展集团依托江苏省首批特色田园乡村建设试点村庄南京市江宁区钱家渡，创建研学和自然教育基地，并依托基地整合多方资源，举办乡村振兴系列研讨会，发起乡村振兴社会组织，推动乡村振兴区域合作，创建乡村振兴活动品牌，聚集社会资源，促进一二三产融合发展。

一、主要做法

　　整合社会资源。江苏农世兴新农村发展集团（以下简称"农世兴"）依托钱家渡基地，积极整合社会资源，先后参与发起研学旅行发展论坛、创建乡村振兴讲堂、长三角"乡村振兴+"研讨会、江苏首届农业元宇宙创新论坛等大型活动，同时策划小而美的"19"系列研讨会，整合专家、产业、文化等多方面资源，为乡村产业发展提供智力支持；参与发起江苏省品牌学会、江苏省公共关系协会、江苏省区域合作交流协会等社会组织乡村振兴工作机构，为乡村振兴提供综合服务平台。

突出品牌引领。农世兴与梅山钢铁合作，策划春耕节、丰收节等活动，创建生态农业劳动教育基地，打造研学旅行、乡村休闲、劳动教育等活动，推动梅山南门农艺园一二三产融合发展；牵线途牛旅游网、湖南卫视"小芒"电商等电商品牌，助力艾津农业、攻守蟹、西洋湖蜂蜜等特色农产品拓展市场；与博鳌全球品牌大会、《农村青年》杂志等品牌传播平台合作，以品牌引领乡村产业发展。

坚持需求导向。农世兴根据乡镇基层组织、园区、企业等个性和临时性需求，自2018年11月首届N19自然教育与研学旅行沙龙以来，先后在江苏省南京钱家渡、南门农艺园、江心洲、六合泥桥村，兴化市武泽村等地举办N19（研学与农业）、C19（乡村文化）、M19（元宇宙）等小型沙龙15场，为当地产业发展、农产品品牌建设、产品销售、产业规划、文旅产业融合发展等起到重要作用，"19"这种小而美的沙龙受到基层的热烈欢迎。

承担社会责任。农世兴在助力乡村产业发展的过程中，注重将产业与文化融合，兼顾产业与公益事业发展。发起并推动公益研学区域合作，与陕西、青海、西藏等省份实施"因为南京·相伴成长"公益研学活动，为对口帮扶工作尽心尽力；聚焦村落这一乡村文化细胞，启动"乡村行吟"乡村文化振兴品牌行动计划，挖掘"风貌、风俗、风物、风情、风味"等文化元素，为乡村文化塑形，为乡村文化铸魂，传播乡村文化，推动乡村产业发展。

二、案例成果

农世兴依托钱家渡基地发起的活动已在南京市具有一定的影响力，并逐步辐射到南京周边泰州、马鞍山、溧阳等城市的乡村；春耕节、丰收节等品牌活动受到市民的欢迎，南门农艺园成为南京市民研学旅行、乡村休闲、劳动教育等活动的热门目的地。农世兴还与艾津农业、攻守蟹、西洋湖蜂蜜等特色农产品运营公司达成合作协议，共同拓展特色产品市场。

全面推进乡村振兴，是实现中华民族伟大复兴的一项重大任务，是中国式现代化的坚实支撑。有社会责任感的民营企业应该承担起这个责任。总结农世兴助力乡村振兴的经验，主要有以下几点：各类社会组织整合社会力量是企业助力乡村产业发展的有效路径和重要手段；民营企业要深入基层，了解基层的实际情况和需求，才能更好地服务乡村，并找到自己的发展机会；注重挖掘乡村文化，注重品牌引领，给农村产业发展注入灵魂，形成个性特色。

53

从"路网末梢"到"交通节点"的蜕变之路

四川省色达县地处巴颜喀拉山南麓,位于两省(四川省、青海省)、三州(四川省甘孜藏族自治州、阿坝藏族羌族自治州,青海省果洛藏族自治州)、五县(炉霍县、甘孜县、壤塘县、班玛县、达日县)接合部,是典型的边远边界边角地区。全县面积9338平方千米,平均海拔4127米,年平均气温0.6℃,空气含氧量仅为平原地区的68%,是全国仅有的12个、四川省仅有的3个国家规定的六类艰苦边远地区之一,辖5镇11乡129个行政村和4个社区,户籍总人口6.5万人,藏族同胞占全县总人口的98.68%,是一个以藏族为主、多民族聚居的县。

近年来,色达县认真学习贯彻习近平总书记关于"四好农村路"的重要指示批示精神,紧紧抓住中华人民共和国交通运输部定点帮扶色达的大好机遇,在省交通运输厅的关心支持下,积极推进"四好农村路"建设与发展民生、团结稳定深度融合,实现了"四好农村路"修到哪里,党的温暖就传递到哪里,思想观念就更新到哪里,和谐稳定就延伸到哪里,脱贫致富奔小康、民族团结一家亲就实现在哪里。

一、主要做法

（一）定点帮扶，多方支持共筑通途

在国家、省、州交通运输部门的大力支持和全县各族干部群众的共同努力下，色达县投入资金数十亿元用于农村公路建设。截至2021年底，全县公路网总里程达到2275千米。交错纵横的公路网，汇聚了民心，支撑了民族融合和民族团结与发展。一条条高质量的农村公路，让色达县从封闭走向开放，是改善农牧民生活的幸福路和团结路，更是铸牢中华民族共同体意识的"纽带"。

（二）积极推进，交通先行夯实基础

色达县委县政府把交通先行列入县域"12345"工作思路"五大战略"之首，成立以县委书记和县长双负责的领导小组，层层抓落实，件件做到位。先后制定了一系列扶持政策，从财政投入、土地供应、公益性岗位落实等方面予以保障，并把农村公路建、管、养、运纳入政府绩效考核范围。

色达县成功入选交通运输部"四好农村路"全国示范县创建公示名单。同时，积极创建四川省乡村运输"金通工程"样板县，不断推动乡村道路运输转型升级、高质量发展，全力提升乡村运输发展的"造血"功能。

（三）"四好"并进，积极探索高原答卷

严把质量建好路。在公路建设过程中，色达县创新推行"打捆招标、影像报备、线上监管、数据把关"模式，采用信息化手段，对施工环节实行全面管理。

创新模式管好路。色达县探索建立"分级负责、部门联动、全员护路"的管路护路机制，出台《色达县推行农村公路"路长制"工作实施方案》，建立以县长为总路长的县乡村三级路长管理体系。

层层用心护好路。农村公路三分靠建，七分靠养。色达县从强保障入手，建成农村公路机械化养护与应急中心和四个片区养护站，印发《色达县农村公路管理养护办法》，建立专业养护与日常养护相结合的工作机制，县级财政每年统筹投入约1000万元用于农村公路养护工作，农村公路列养率达到100%。

城乡一体运营好路。坚持"城乡统筹、以城带乡、城乡一体、客货并举"的发展思路，建成农村客运站12个，开通城乡公交线路3条，投入农村客运车辆33辆，实现农村通客车率100%，农牧民群众"出门有硬化路、抬脚上客车"的梦想终于实现了。同时，设立农村客运专项补贴资金，确保"开得通、留得住、有效益"。

二、案例成果

（一）推动"交通+"，融合发展助力乡村振兴

交通+旅游。全面升级五色海旅游环线、珠日山路、花果山旅游路等多条景观游览线路，交通基础产业建设与"丝路甘孜·康藏秘境"相结合，提升金马草原周边道路、公共设施建设，形成四季有景的良好交通路域环境。

交通+产业。以色泥路和色年路为支撑，培育新型牧业经营主体，建成牲畜饲草基地1.2万亩、标准化牲畜暖棚670个、集体牧场8个，培育集体经济组织74个、特色养殖合作社34个，打造色达生态产业科技融合示范园区、2500亩大黄种植基地，有力推动肉制品、奶制品、毛绒制品、中药材等高原生态特色农牧产品加工。

（二）推动"金通工程"，打造综合运输服务站

为解决群众"赶车难"问题，色达先后建成农村客运站，实现农村通客车率100%。

2021年8月31日，由交通运输部支持建设的四川省翁达镇综合运输服务站投入运营，这是甘孜州首个乡镇综合运输服务站。该服务站用地面积592平方

米，建筑面积744平方米。服务站整合了客运、"金通工程"、乡村邮政、快递、土特产展示销售等多种功能，可充分发挥乡镇客运站"一点多能、一网多用、多站合一、综合利用"的优势，有效解决乡镇客运站"闲置"和利用率不高的问题，切实满足农牧民群众多方面的服务需求。

三、经验启示

（一）"四好农村路"建设是高原发展难题的重要突破

色达县平均海拔4127米，地处川青两省三州五县交界之地，曾是国家级贫困县。高海拔地区气候恶劣，长冬无夏，如何与外界联系，与国家联动，与世界连接，也是困扰着色达儿女千百年的难题。

在交通运输部等单位定点帮扶下，色达县干群积极奋进，秉承"交通强国"战略，紧抓机遇，积极探索高原藏区农村公路建设、管理、养护、运营新模式，把"四好农村路"建设作为脱贫攻坚和为民服务的重要抓手，以时不我待、拼搏进取、锐意创新、担当实干的精神为实施乡村振兴战略，推动农牧民增收，实现农业农村现代化提供坚实支撑。

（二）"四好农村路"是民族团结的必经之路

色达县的农村公路通村通组，通人流物流，更通民心，不仅将党和国家的温暖和关怀送到川青交接的偏远地区人民群众心中，将党和藏族群众的心拉得更近，更为色达县长治久安提供坚强保障。

色达县深入实施"交通先行"战略，聚焦铸牢中华民族共同体意识这条主线，扎实推动"四好农村路高质量发展"，为色达农牧民群众共同富裕建设幸福路，为色达县民族共同体意识凝聚建设团结路，让色达各族群众在"四好农村路"发展中感受党和国家的关怀与温暖。

54

创新基层治理方式　激发干群内生动力

案例背景

　　湖南省洞口县位于湘西南部，区域面积为2200平方千米，辖24个乡（镇、街道、管理区），共334个建制村、30个社区，总人口90.12万人，30个民族交错杂居，2020年脱贫摘帽。为密切联系群众，洞口县曾创造性地推出"群众工作站"，得到中央、省、市推介，特别是得到习近平同志的充分肯定，成效显著。

　　2021年以来，洞口县紧扣民计民生，紧扣群众急难愁盼，以零事故、零非访、零发案、零违建、零污染创建为主要内容，以"积分换项目"为主要抓手，不断创新基层社会治理手段，有效激发干群内生动力，村级组织、党员、群众参与乡村治理实现从"要我干"到"我要干"的华丽转身。

一、主要做法

（一）"积分换项目"基层社会治理新做法

雄关漫道真如铁，而今迈步从头越。县委班子紧盯关键人、关键事，以理念创新带动手段创新，在充分调研的基础上，运用经济杠杆"修渠引水"，升级乡村治理信访积分制，探索"积分换项目"新模式。

洞口县推行"积分换项目"新机制，研发了"一码两平台"，即一家一户基层社会治理村民积分二维码、基层社会治理村民积分考核数字化考核平台和基层社会治理积分考核平台。同时，将积分制管理覆盖县、乡、村、组、户五级，通过数字赋能，予以经费和项目资金奖励，最大限度地挖掘干群潜力，真正做到把村级组织、党员、群众推到乡村治理的"主角"位置。

（二）"积分换项目"基层社会治理新成效

"积分换项目"极大地激发了群众"共建、共治、共享"的热情，相关经验做法得到省市主要领导的肯定。《中国乡村振兴》杂志、湖南省委全面深化改革委员会办公室《改革简报》、邵阳市社会治理六项重点工作简报专题推介了洞口县"积分换项目"的经验做法。2022年上半年，在邵阳市平安建设满意度调查中，洞口县排名第一，7个乡镇排名进入全市前十；2022年，洞口县被评为湖南省信访工作示范县，推进高标准农田建设、自然资源节约高效利用、信访、林长制、交通运输、食品安全等六项工作获省政府"真抓实干督查激励"表彰。

信息化数字化的应用，将社会治理的各项事务转化为可视化、可量化的数字指标，有助于营造透明、规范的工作作风和治理文化。自基层社会治理村民积分数字化考核平台运行以来，"一户一码"赋能乡村治理，极大地提高了工作效率。

二、案例成果

2022年，洞口县委县政府顺应形势发展、呼应群众期盼，果断决定将"积分换项目"模式推广到基层社会治理全领域。在邵阳市社会治理重点工作的基础上，统筹环境整治、社会治安、耕地保护等工作，工作任务分解到户到人到事，以"小积分"激发干事创业"大能量"，换取项目资金"大礼包"，推动各类风险防范在源头、化解在基层、消灭在萌芽状态，打造共建、共治、共享的社会治理新格局。

搭建考核到户的基层社会治理村民积分考核数字化平台，集发现问题、解决问题、积分考核和积分兑换于一体，将基层社会治理工作落实到户到人到事。推行面向县直部门、乡（镇、街道、管理区）、村（社区）三级的基层社会治理积分考核平台，集问题清单、交办清单、销号清单、四色（蓝、黄、橙、红）预警、挂图作战、考评考核于一体，实行自下而上的问题处置机制、自上而下的交办督办机制，使排查出的问题隐患可视、可控、可销，工作实效积分可评，实现了基层社会治理考核新方式。

县直部门（企事业单位）层面，部门与联点村考核结果直接挂钩，实行同奖同罚；乡镇层面，按地域位置和大小分为三个系列进行考核，由所辖村（社区）的平均分和本级考核两部分构成；村（社区）层面，由乡镇所打的基础分、村（社区）人口基数分、县直行业主管部门考核加减分和指挥部督查暗访扣分四部分构成；组层面，统计综合得分，村（社区）获得项目奖后按照排名优先安排实施；户层面，通过实实在在的方式，让村民满意，实现群众共享成果，共担责任。

统筹整合多个部门项目资金5000万元，实行"积分换项目"新模式，设置"综合奖""目标实现奖""积分换项目奖"三项，以"工作经费+项目资金"的形式兑现。县直机关纳入绩效考核不单设奖；乡（镇、街道、管理区）设"综合奖"，按地区分为三类，年底根据考评等级（优秀、良好、合格）分别奖励不同等级的工作经费；对村（社区）设立"目标实现奖"和"积分换项目奖"。

2022年7月，全国政协农业和农村委员会领导、中国乡村发展志愿服务促进会领导充分肯定了洞口县数字乡村平台建设和乡村治理工作。

三、经验启示

党建引领是基层社会治理的有力保障。以共同利益为价值追求，充分发挥基层党组织的战斗堡垒作用和党员先锋模范作用，有力调动各方面的积极性，抢着干的越来越多，站着看的越来越少，切实提升乡村治理水平。

群众乐于接受是基层社会治理的重要基础。积分换项目为推进乡村治理赋能，既提升了群众的参与感、获得感、幸福感、安全感，又调动起蕴藏在群众中的聪明才智。群众通过踊跃参加得到实惠，截至2022年，洞口县共有80多万人次参与该项目，近5万人次在"爱心超市"兑换物资。

考核评分公正是基层社会治理的关键因素。指挥部科学设计考核细则，导入考核细则模板，自动化生成考核数据，智能化进行考核，减少人为因素。乡（镇、街道、管理区）、村（社区）选优配强考核评比队伍，对考核结果做到及时公示，减少主观评分项目，杜绝出现人情分、关系分的可能。通过客观、公正的考核，推动工作取得实效。

五级利益链接是基层社会治理的必要手段。县乡村组户五级利益链接相辅相成，不可分割。对户的考核关系到群众自身利益，对组的考核关系到民生项目的优先安排，对村的考核关系到工作经费和项目资金的安排，对乡的考核关系到全县排名情况和工作经费的等级，对县直部门的考核关系到绩效等级。

培养技术技能型人才　助力人才振兴

案例背景

　　农业农村农民问题是关系国计民生的根本性问题，必须始终把解决好"三农"问题作为全党工作重中之重。要坚持农业农村优先发展，按照产业兴旺、生态宜居、乡风文明、治理有效、生活富裕的总要求，建立健全城乡融合发展体制机制和政策体系，加快推进农业农村现代化。农业职业技术院校有责任有义务发挥职业教育资源和人才优势，助力乡村振兴。

　　按照乡村振兴战略总目标，结合区域经济发展实际需求，2019年，黑龙江农业职业技术学院组织人员深入部分市、县发展农业生产技术，推广农业科技，广泛调研省内农业发展人才需求及乡村基层干部提升素质和能力需求，明确学院助力乡村振兴的目标任务。

一、主要做法

（一）充分调研，找准目标任务

人才是实现乡村振兴战略目标的根本。黑龙江农业职业技术学院发挥人才培养的职能作用，以人才振兴需求为目标，结合高职扩招，培养"懂农业、爱农村、爱农民"的高素质技术技能型人才，助力乡村人才振兴。高素质基层干部是先锋，以乡村基层两委干部为主要对象，学院开展技术技能、综合素质与治理能力培训，从而提升基层干部的技术水平和治理能力，助力组织振兴。

高新农业技术是产业振兴的动力。学院发挥专业门类较为齐全、专业技术人员集中、科研教学设施相对完备等优势，以基层农业技术推广人员、新型经营主体带头人、种植养殖大户、专业合作社社员等为主要对象，开展种植、养殖、加工、营销、农业机械装备操作等专项技术培训。根据区域经济发展实际需求，针对新产业新业态融合发展、构建现代农业生产经营体系、健全农业产业链的需求，开展技术研究与应用，以及农业实用新技术研究与示范推广，助力乡村产业振兴。

（二）成立机构，建立合作机制

为了更好地发挥自身优势，助力乡村振兴，2019年11月，学院成立乡村振兴工作领导小组和"乡村振兴研究院"，同时，学院本着"先行先试，政校合作"的原则，相继与富锦、桦川、林口、同江、桦南等县政府达成共识，签约成立5个县域乡村振兴学院，明确了学院助力乡村振兴的职能和任务，共同制定各县域乡村振兴学院章程、组织机构管理运行机制，制定《县域乡村振兴学院三年行动计划》，组建农业专家服务队、乡村振兴讲师团和科技特派员团队，为发挥学院优势、助力乡村振兴提供有力保障。

（三）多措并举，培养高素质乡村振兴人才

学院按照国务院《乡村振兴战略规划（2018—2022年）》要求，成立专项工作领导小组，认真落实高素质农民学历教育相关政策，制定了高素质农民学历提升行动计划。针对乡村振兴和区域经济发展人才需求，学校设置相关专业，政校企合作制订人才培养方案，按照"标准不降、模式多元、学制灵

活"原则，采取理论教学集中授课与实践教学分散指导相结合的教学形式。

这一形式创新"校企交替、农学结合、三轮循环、旺农淡学"的乡村振兴人才特色培养模式，组建由289名专家和能工巧匠构成的校外实践指导队伍，通过送教下乡、田间大讲堂等方式提升了实践教育水平，深入探索与实践培养高素质乡村振兴人才新模式。

（四）多方合作，构建"三个一"农业技术推广体系

学院广泛调研区域内农业技术推广现状，多方论证，以提高农业技术水平为目标，政校企研深度合作，形成"搭建一个现代农业技术技能创新服务平台，组建一支农科教协同、产学研合作高素质农技推广团队，创建一个以农业技术推广为主线的产业振兴方案"的服务乡村振兴的"三个一"农业技术推广体系。

"三个一"农业技术推广体系有助于产业振兴农业技术人才培养，推动科技成果有效转化，助力农业创新型企业孵化，促进现代农业科技园区建设，形成农科教协同、产学研合作提升现代农业技术推广服务的新模式、新体系，全力助推区域产业振兴。

二、案例成果

乡村振兴人才培养卓有成效。学院积极响应号召，招收高素质农民学生12412人，其中涉农类专业7528人。按照农业农村部办公厅、教育部办公厅的要求，坚持"标准不降、模式多元、学制灵活"，同时提高人才培养的针对性、适应性和实效性。

产业振兴方面卓有成效。学院利用乡村振兴学院平台作用，在桦川、富锦、同江等地开展"减肥、控株抗倒伏优质水稻栽培技术""玉米、大豆轮作秸秆还田通透栽培技术"两项重要科研成果的转化。

科技培训服务支持。发挥学院农业专家服务队和科技特派员团队的作用，开展农业技术培训和新技术应用；乡村振兴讲师团通过广泛深入调研，根据

实际需求编制乡村振兴及惠农惠民政策文件，以及新业态发展、新技术推介、乡村治理与乡风文明、生活宜居与养老保健等模块的50多个巡讲项目。2021年，近千人次接受讲座培训，受到乡村基层干部和群众的欢迎。农业专家服务队和科技特派员队伍承担了区域内256个村屯的科技服务工作。

学院在大力开展教育教学改革培养高素质技术技能人才的同时，以助力乡村振兴为己任，在人才振兴、产业振兴等方面进行广泛探索和深入研究。2020年12月，学院按照农业农村部办公厅和教育部办公厅《关于推介乡村振兴人才培养优质校的通知》要求，组织申报乡村振兴人才培养优质校，获全省第二名。2021年12月，学院被评为黑龙江省高水平高职学校。

三、经验启示

充分利用学院专业门类较为齐全、专业人员集中、科研教学设施相对完备等优势，主动适应乡村振兴战略需求，立足区域经济社会发展，服务"三农"。学院与多个县政府有关部门合作共建高水平县域乡村振兴学院，完成好"五项目标性任务"，助力乡村振兴和地方经济社会发展。经过实践证明，这一举措是可行的。学院充分发挥职业院校人才培养功能，根据区域乡村振兴人才需求，有针对性地开展教育教学改革，多措并举培养乡村振兴人才和高素质农民。

组建政校企研多方合作的农业科技服务团队，实现农业技术研究、示范推广、生产应用，推动区域农业经济发展，助力乡村产业振兴。

"十四五"期间，学校围绕"五个振兴"，继续建设10所县域乡村振兴学院。同时，加快建设以学校和农业龙头企业为双主体的乡村振兴人才培养基地，共建科技创新平台、技术服务培训平台、政策研究宣传平台，即"一基地三平台"。充分释放"基地平台"服务效能，共聚资源力量，共享科技成果，共解实践难题，合作共建高水平县域乡村振兴学院，全方位助力地方经济社会发展和乡村振兴。

56

科技提升畜牧业健康养殖能力

案例背景

　　新疆维吾尔自治区科学技术协会（以下简称"自治区科协"）党组高度重视乡村振兴工作，注重突出科技特色、坚持志智双扶，聚焦提高农民科学素质、增收致富，建立了"常下乡、常在乡"的科技服务机制，传播健康养殖知识，打造生态文明乡村，着力解决新疆乡村产业发展振兴的关键科技问题，满足农区肉羊产业发展需求，为促进乡村产业全面升级打下了坚实基础。

　　自治区科协通过新品种引进、新技术示范推广、小微企业（农民合作社）帮扶、当地技术人才挖掘培育、科技成果转化等工作，促进一二三产业融合发展，助推农民增收，引领乡村产业、文旅共同发展，为开启新疆农业现代化新征程提供有力的科技支撑。

一、主要做法

（一）健康养殖技能培训

　　科技理论紧密联系农业生产实际，开办针对广大农牧民的基础性知识技术培训班，满足了农牧民的实际需求。同时，自治区科协突出重点，针对具备一定文化素质和实用技术的基层党员干部、科技示范户、农民技术员、致富带头人，举办较高层次的专业知识技术培训班。培训以集中讲座为主，结合现场会、座谈会、线上培训等多种形式，创建微信群课堂、QQ群课堂，充分利用新媒体开展技术指导和培训，在田间地头、牛羊圈棚以学促实践。

培训内容涵盖多胎羊饲养管理、种羊选种选配、饲草料加工、牛羊疫病防治、牛羊肉加工、机械剪毛等理论面广、实用性强的现场技术培训和服务指导。专家用通俗易懂的语言给参训学员讲解理论知识，现场解答学员在养殖方面存在的疑惑，传授养殖经验，并为学员发放汉维双语的实用养殖技术手册。

（二）特色农业技术推广服务

自治区科协结合当地实际情况，根据农牧民需求开展多方面的特色科技志愿服务。例如，牛羊高效繁育技术示范推广，即牛羊同期发情及人工授精的示范推广与技术培训，使牛羊繁殖率提高了10%；绵羊"两年三产"繁育技术的示范推广，大幅度提高母羊产羔力；牛羊科学饲养技术示范推广与培训。

通过现场技术指导、技术培训、示范推广、辐射带动，当地养殖企业、养殖工人、养殖合作社及养殖户掌握了养殖技术，地方科技创新能力大幅提升。

（三）科技助力农业稳产增产

自治区科协农技中心、乌鲁木齐市科协等单位大力支持组建科技志愿服务团队、科技志愿者服务站和大学生科技志愿者服务工作站，高质量助力巩固拓展脱贫攻坚成果同乡村振兴有效衔接。当地农牧民可以零距离接受科技工作者的志愿服务。

科技志愿服务团队通过科普讲座、科技培训、试验示范送科技下乡、"科普大篷车"等形式，为天山村200多户农牧民、基层工作者开展了"杏加工产业技术及产品研制""吊干杏高效栽培技术""开展品种改良工作 推动畜牧业振兴""铸牢中华民族共同体意识""民族团结一家亲 我是行动者"等专题活动，有效助力农业稳产增产。

二、案例成果

开办较高层次的专业知识技术培训班，理论结合实际，帮助当地农牧民学习掌握多胎羊饲养管理、种羊选种选配、饲草料加工、牛羊疫病防治、牛羊肉加工、机械剪毛等技术，提升地方科技创新能力。同时，建立"羊百科"公众号并及时发送养殖科普知识，便于农牧民随时阅读。

为了提高农牧民科学素质，助其增收致富，项目建立了"常下乡、常在乡"的科技服务机制，着力解决乡村产业发展振兴的关键问题。建立高繁绵羊新品系选育群两个，及时解决农牧民养殖问题。

推广与应用优秀种羊和养殖综合配套技术，提高农区多胎羊产业发展供种能力，打通羊产业养殖技术堵点卡点，提升农区多胎羊扩量增产，促进羊产业提质增效。示范带动养殖多胎羊21000只，累计增收达到250万元，每户实现新增收入16000元以上，人均增收8000元。同时，积极吸收技术能手、基层"三长"、高校师生、乡村科技工作者加入科技志愿服务队伍，推动社会主义核心价值观转化为农牧民情感认同和行为习惯。

建立健全科技培训工作机制，完善工作方案，分批组织专业教师开展培训，形成长效化工作机制，确保培训取得实效。项目征集农牧民亟须解决的技术问题，及时把握各类生产和科技需求，及时修订培训和服务内容。培训以集中讲座为主，结合现场会、座谈会等多种形式，力求学员在培训中掌握一门实用技术，带动村民就业创业，确保培训活动取得实效。

三、经验启示

为更好实施此项目，科技团队与自治区、市、县三级科协建立良好的合作机制，紧贴科协服务宗旨，及时动员组织林果合作社、农技人员等积极参与服务活动，加大宣传力度，打造科技助力乡村振兴的良好氛围。

科技志愿服务助力乡村振兴制度化、规范化、常态化发展，传播科学知识，做好基层科普，提升群众科学文化素质。团结广大的科研院所工作者，积极投身科技志愿服务行动，助推科技志愿服务高质量发展。

57

产学研结合　壮大葛产业

　　江西省葛资源丰富，品种繁多，有葛博士、木生葛、横峰葛、横葛系列、宋葛系列、赣葛系列等。江西横峰被称为"中国葛之乡"，"横峰葛"作为地理标志产品为人们熟知。充分挖掘葛在药用、食用等方面的潜在价值，将论文写在葛产业链上，将丰富的葛资源转化为当地支柱产业，助力乡村振兴，创造"真金白银"，一直是江西中医药大学竭力探索的课题。

　　2017年，江西中医药大学朱卫丰教授牵头启动国家重点研发计划中药现代化专项项目：中药材大品种——葛（葛根、粉葛）的开发。2018年，江西省成立葛产业技术体系，朱卫丰教授任首席专家，牵头组建了一支覆盖良种繁育、优质高产栽培、产业经济等方面的葛产业人才队伍，探索实践产业振兴助力乡村振兴的中医药路径。五年来，共引进和培育葛新品种9个，示范推广新技术10项，制定生产操作技术规程4项，建立体系试验站3个，良种繁育场7个，栽培种植示范基地8个，并开展一系列葛产业扶贫技术培训，确保葛丰产保质。

一、主要做法

（一）摸清家底明思路，破解难题开新局

在首席专家朱卫丰教授的带领下，项目团队对江西葛产业进行全面调查，发现和总结了葛品种混乱、种植缺乏标准化技术，以及葛产业化水平落后、全葛利用率低、市场开发滞后等制约江西葛产业发展的问题。聚焦品种混乱问题，朱卫丰教授团队在全省调研和分析的基础上，摸清了江西省葛种植主要品种，以及各品种的主要特点。

聚焦葛种植标准化技术问题，朱卫丰教授团队举办农业大讲堂、科技特派员培训班、种植户培训班等，建立"葛种植加工交流"微信群、"葛行天下"微信公众号等，为全省葛种植户和加工企业搭建交流平台，针对种植户和技术员开展"面对面""一对一"培训和指导，让葛规范化种植全面铺开，为葛产业发展奠定基础。

（二）强化指导抗灾害，辨证施治开良方

种植产业受天气影响大，粉葛种植亦不例外。朱卫丰教授团队针对洪涝、干旱等不利因素，及时通过各种方式和渠道发布极具针对性的技术指导，帮助种植户排忧解难、抗击灾害、确保收益。

近年来，江西洪涝灾害对怕涝的葛种植影响很大。朱卫丰教授团队在实地调研基础上，组织编写了《菜葛高产种植灾后恢复生产技术手册》，指导农户采取"一排二揭三推四促五防"的科学防范措施："一排"，即尽快抢排田间积水；"二揭"，即及时揭膜晒田；"三推"，即推迟打顶剪根时间；"四促"，即叶面喷施化肥，促进根系生长；"五防"，即根外喷施多菌灵，防止高温高湿诱发根腐病，并注意防治病虫害。

（三）优化机制助扶贫，布局产业促增收

针对葛产业化水平落后、全葛利用率低、市场开发滞后等问题，朱卫丰教授团队强化全局设计，以"产学研结合"为主抓手，在体制机制和产业布局上下功夫，采取"走近种植户解决问题"的工作机制，想方设法为经营主体和种植户增产增收提供技术和设备保障，研制开发系列产品，大力推动成果转化，持续推进葛产业向全产业链延伸，构建并实践"葛产业技术体系专家组+新型葛根经营主体+贫困户"的扶贫模式，通过经营主体吸纳贫困户参与生产活动的方式带动农民增收。

二、案例成果

截至2022年3月，朱卫丰教授团队已举办各类培训会30余次，累计培训农民和技术人员约500人次。编写《（菜）粉葛高产种植技术指南》和《粉葛种植与加工技术你问我答》送给葛农参考，制作《蔬菜用粉葛田间管理技术》视频，普及葛的种植管理技术；深入田间地头对种植户和技术员进行现场指导，切实解决农民实际问题。与当地贫困户签订技术服务协作合同，设立产业扶贫基地，推广葛种植6880亩，带动1000多户农户致富。

朱卫丰教授团队多次深入受灾的永丰县、资溪县、德兴市、横峰县、上高县和湘东区等地，调查灾后恢复生产情况。永丰县鹿冈乡高坑村葛根合作社通过实施"一排二揭三推四促五防"措施，确保葛苗成活率在95%以上，茎枯病和根腐病致死率控制在2%以内，效果显著。

三、经验启示

（一）坚持把论文写在祖国大地上

朱卫丰教授团队坚持把论文写在祖国大地上，把科技成果应用到乡村振兴上，深入农村、扎根基层，在充分调研论证的基础上，聚焦农民和企业的

实际问题，从品种优选、规范种植、技术标准入手，解决葛产业发展的根基问题。

在生产方面，项目团队引导企业建立产品质量标准，选择优质原料，通过科学规范加工，生产优质产品。在产品宣传上，以满足消费者和企业需求为导向，善用社会媒体和网络交流平台，树立精品形象，助力乡村振兴。

（二）坚持产学研深度融合

朱卫丰教授团队坚持校地、校企合作，力促产学研深度融合，推动葛产业链条延伸、全面开花。科研团队在横峰收集具有代表性的葛品种40余个，先后培育了4个葛根新品种，开发的葛根降压片等药品和葛饮料、葛饼干、速溶葛粉等食品均已上市。

校企合作方面，以葛根核心功效物质葛根多糖为例，团队发明了一种方便、提取效率高的葛根多糖的制备方法并投入应用，并发现该葛根多糖提取物具有保肝的作用，能够用于制备保肝护肝的食品、保健品或药品。该研究获得发明专利，可与企业合作开发葛根多糖系列产品。

58

"5G+信息进村入户" 手机变成新农具

案例背景

为深入学习贯彻习近平新时代中国特色社会主义思想，落实党中央、国务院有关数字乡村发展战略、数字农业农村建设、"互联网+"现代农业等一系列重大部署，中国移动多措并举，助力构建数字农业农村人才技能培训体系，在农村普及互联网知识和信息化基础技能，切实提高新型职业农民、基层农技人员、新型农业经营主体、大学生村官、返乡创业人员利用现代信息技术发展生产、便利生活和增收致富的能力。

2018年，中国移动重庆公司（以下简称"重庆移动"）通过遴选，成为重庆市信息进村入户工程运营商，负责全市进村入户工程的建设和运营。重庆移动整合相关资源，开展电商带货、手机应用、防电信诈骗等培训工作，借助本地运营优势，提前进行活动预热与营销造势，结合高素质农民培训和益农信息社信息员培训等活动，培养适应产业发展、推动乡村建设的高素质农民队伍，提升农民数字素养与技能，助力乡村振兴。

一、主要做法

重庆移动依托"渝益农"平台，搭建农村区域智能化培训系统，以益农信息社为载体，建立线上线下融合培训体系。

2019年至2022年，根据中央农业广播电视学校、中国移动通信集团公司、重庆市农业农村委员会统一部署，重庆移动承办历年重庆农民手机应用技能培训活动，重点围绕"新农具助力乡村美好生活""新农具助力农业电商发展"等主题，持续推进手机"新农具"应用技能培训，借助手机"新农具"，联合中国移动等平台引导区县开展电商运营，大力推进手机应用与农业生产、经营销售深度融合，产销供一体化改变农村的生产生活方式。

通过培训活动，农民了解重庆信息进村入户工程"渝益农"平台服务优势，学习农产品品牌包装营销技巧、手机直播带货方法，了解防止手机电信诈骗等方面的知识，能使用手机将农产品上架电商平台，采用视频彩铃宣传，通过手机新农具完善农产品供应链、推动农产品上行。

二、案例成果

（一）培训服务用户上千万，信息员成为新型职业农民

重庆移动利用云视讯、5G网络等技术，在重庆34个区县开展"农民手机培训""春耕春播""电商服务"等各类培训服务，累计培训2534万人次，为加强数字乡村人才队伍建设，促进人才、土地、资金、产业良性循环，助力乡村全面振兴发挥了积极作用。

坚持"需求导向、产业主线、全程培育"技能培训与延伸服务衔接，统筹推进新型农业经营和服务主体能力提升、农村创新创业者培养、社会事业发展带头人培育和农村实用人才带头人示范培训等行动。重庆移动根据农民生产生活需求，首先对扎根农村、贴近农民的益农信息员提供培训，达到让一个信息员影响一个村的目的。2022年，完成信息员百分百培训，转型为新

型职业农民。

持续四年的信息员培训活动，助力培育经营管理型人才，如云阳县叶红梅，带领群众将4万余株桃树结果率提升15%，打造销售推手直播团队，成熟经营经验带动村产业多样化。助力培育农民合作社带头人，如开州区彭世国，保供稳价助力滞销春橙销售9万余斤，带动本村约200人就业。助力培育农村实用人才带头人，如綦江区陶正强，在工地上扎了28年的钢筋，培训后他用智能手机利用工作之余直播，一年多的时间，积累80多万粉丝，成为本土网红大V，为家乡农产品代言。

（二）"2022年农民手机应用技能培训"观看量居全国第一

培训形式有创意、内容有新意。活动前期依托重庆益农社，由优秀的信息员，如618西部直播带货王、百万大V、农村实用人才带头人等，拍摄制作重庆农民手机应用技能活动的预热宣传片，通过中国移动集团、重庆移动、重庆市农业农村委员会全渠道发布，宣传覆盖千万名用户。现场邀请益农社信息员和直播网红达人直播吸粉，分享带货经验。开展沉浸式培训，结合潼南农特产品，网红达人现场直播带货，展现直播表达技巧。重庆移动专业培训师开展直播带货教学，讲解直播注册、设置账号、开播、平台网络匹配、开设店铺等内容。市农广校的专家对整体农村形势和潼南的现状进行剖析讲解，帮助农民了解农业发展方向。

培训效果好，惠及广大农户。"2022年农民手机应用技能培训"中国移动潼南专场通过中国农村远程教育网、云上智农、渝益农等平台直播，突破空间、时间限制，便于全国农民学习观看。整体培训让现场和线上学员大呼过瘾，意犹未尽，直播培训结束后，该视频仍持续被学习观看，播放量居2022年全国农民手机应用培训周活动第一位。

三、经验启示

（一）培训服务内容丰富

一是党史学习教育贯穿培育全程。积极学习贯彻党和政府指示精神，开展全民阅读活动，加强精神文明建设，融合党史学习教育的农技培训共54期，观看量近100万人次。

二是春耕春播农技培训提升产业发展水平。依托渝益农平台，开展益农丰产必修课专题培训服务310场，指导当地农业生产经营。

三是手机应用技能培训助力乡村振兴。组织77场线下人员手机应用技能集中培训，使手机变为新农具。2021—2022年，在璧山区、潼南区手机应用技能培训专场，线上均超过500万人次观看。

四是就业技能培训促返乡入乡。重庆移动联合重庆市人社局、就业局，助力县（区）开展大学生、农民工等返乡入乡群体就业创业培训，助力6000余人就业。

（二）充分带动信息员培训

重庆移动完成9441个益农社建设，组建了一支9441名益农信息员队伍。为培养"五会"信息员，在34个县（区）迅速开展线下培训174场，覆盖率达100%，围绕益农社四项服务，即电商、培训、便民、公益的内容和操作进行深入细致的讲解。培训后集中考核，7000余人通过现场考核认证，让信息员队伍"可进可出"，动态调整。

培训产生一批优秀信息员代表，根据实际情况和需求，量身定制培训内容，针对种植大户增加绿色优储技术、农业安全生产、直播带货等内容，针对经营主体增加电商运营、商品管理、宣传推广等内容。

（三）多元化培训模式

为满足各类参培人员需求，重庆移动举办多元化培训活动。

上门培训，一对一开展指导，手把手教授商品上架、电商营销、农产品种植和牲畜养殖等。集中面授，易组织、易约束，现场互动学习，学员进步显著。线上视频培训，便于学员自主学习，随时随地观看。

为了提升培训效率，重庆移动大力推进互动性强、地域限制小的直播培训。一支专业的直播团队使培训直播具备形式多样化的特点。根据不同的用户需求和培训目标，采用不同的直播形式。云视讯满足小规模、多会场的需求，抖音、微信视频号等直播平台可实现无地点限制的学习。专业直播团队全程控场，调整设备，维护直播间线上互动等环节，使培训活动开放、共享、可存储，让沟通和应用变得更加方便。

59

现代农业技术服务推动产业转型升级

2022年2月,《中共中央 国务院关于做好2022年全面推进乡村振兴重点工作的意见》,即2022年中央一号文件发布,要求充分发挥农村基层党组织领导作用,扎实有序做好乡村发展、乡村建设、乡村治理重点工作,推动乡村振兴取得新进展、农业农村现代化迈出新步伐。

中化现代农业有限公司宜昌分公司(以下简称"MAP宜昌")是中化现代农业在枝江落实MAP战略的主体单位,完成建设中化农业MAP枝江技术服务中心,配套政府相关农业项目支持,建设中化现代农业示范园和农业技术中试基地;与枝江市国家粮食储备公司深度合作,构建完整的水稻产业链;搭建智慧农业平台,为农业插上科技的翅膀;为枝江水稻产业的发展提供全套的技术解决方案和服务,助力枝江市农业现代化转型。

一、主要做法

（一）技术引领，迭代升级技术方案

科技是第一生产力，农业服务效果依靠核心技术。MAP宜昌从种植者的迫切需求出发，利用先进的科学手段、精密的科学仪器、创新的科学理念，为种植者解决实际种植过程中的难题，并不断进行优化和迭代升级。MAP宜昌在枝江市问安镇建成功能齐全的MAP现代农业技术服务中心，引入MAP产业技术研发中心，中心配备植保实验室、综合实验室、作物实验室、生物实验室、元素分析室、人工气候室。研发中心具备多类检验检测功能，两年来，共检测样本1000余份。

研发中心以科技助力农业高质量发展，根据测土结果设计水稻配方肥两种，推广面积5万余亩，施用配方肥的水稻平均增产7.6%，累计为农户增收500万元；人工气候室用于模拟外界极端环境，大大缩短实验进程，在水稻根系微生物研究、抑制水稻穗发芽、水稻抗倒伏等方面均有突破。

（二）政企合作，实现小农户与现代农业有效衔接

MAP宜昌坚持"政府引导、企业主导、农户参与、利益联结"的思路，聚焦水稻产业高质量发展，提供全程技术服务方案，全力推动小农户与现代农业的有效衔接。

2021年9月，农业农村部开展全国农业社会化服务典型推广活动，共推介30个典型案例，MAP宜昌在枝江市开展的农业全产业链服务模式入选。

（三）打造品牌，实现产业链价值提升

品牌影响力是产业发展竞争力的重要支撑。一个好的品牌可以带动整条产业链快速发展，从而加速相关产业的转型升级。MAP宜昌利用自身优势，大力打造"枝江玛瑙米"品牌，提升品牌价值，推动枝江稻谷产业发展。

（四）数据驱动，推动农业数字化转型

MAP宜昌在问安镇MAP技术服务中心和MAP示范农场，建设完整的信息化设施，接入千兆宽带，安装小型气象自动站、虫情监测仪和物联网采集设备，实现了远程视频苗情监控。在灌溉控制方面，实行高标准良田改造，远程控制管道管网灌溉系统。MAP技术服务中心拥有大功率农业机械12台（套），实现农机设备轨迹和作业质量实时监控，配备多光谱无人机和植保无人机各1台，以及手持便携式氮素监测仪和估产测量仪2台，满足生产管理需要。

自2021年智慧农业推广开始，MAP农场面积达到12万亩，超过任务要求4万亩，水稻种植全程数据录入面积达到6.5万亩，完成4万亩水稻种植全程记录的任务要求，新增注册种植户669人。经过两年的智慧农业推广，枝江市累计下载MAP智农App的人数超过1400人，累计23万亩水稻纳入智慧农业管理系统。科技为枝江市水稻种植生产精确护航。

二、案例成果

枝江技术服务中心周边配有1300亩试验示范园，可用于品种筛选试验、植保试验、植营试验、农机农艺结合试验、品质提升试验等各类科研活动，帮助农户解决水稻种植过程中的难题。针对农业生产最重要的选种问题，MAP宜昌累计收集56种水稻参与品种筛选试验，最终选定6个适合枝江种植的水稻品种。2021年，筛选品种的水稻推广面积达到20万亩，研发中心为其制定6套对应的水稻标准化种植技术方案，为枝江市种植户每亩降本增效300元，累计为全市种植户增收6000万元。

健全"三级推广服务体系"，即"中化农业—MAP服务站—村委会"协同服务体系。枝江市政府与MAP宜昌深入合作，一方面，出台相关政策助力MAP模式在枝江发展；另一方面，MAP服务的关键抓手——MAP服务站由镇农业服务中心负责，通过MAP服务站直接将MAP服务传达至基层。2021年，

共有4个农业技术服务中心和98个村委会参与MAP服务推广活动，各类技术培训会议共计46场，超过2.2万种植户享受到政策补贴并接受MAP服务。"三级推广服务体系"为枝江巩固拓展脱贫攻坚成果同乡村振兴有效衔接贡献了巨大力量。

三、经验启示

通过适当的政策倾斜，提升乡村对人才的吸引力。目前，涉农企业多面临高素质人才引进的困难，对参与乡村振兴的人才进行适当的政策倾斜，提升乡村对人才的吸引力，有助于农村产业发展。

搭建政企沟通桥梁，增强企业参与感。政府建立工作专班对接政企合作相关工作，牵头梳理优惠政策清单，列出支持企业参与乡村振兴的各项政策与措施，简化政策申报流程，进一步引导企业参与乡村振兴，助力农村产业发展。

60

助康复 帮就业 托起残障人士幸福生活

广东省深圳市龙华区残疾人联合会长期以来高度重视残障人士服务工作，紧紧围绕残障人士所需所盼，不断完善各项保障制度，加大残疾人事业资金投入，维护残障人士合法权益，深入探索残障人士在乡村振兴中发挥作用的路径。

深圳市雨燕残疾人关爱事业发展中心（以下简称"雨燕中心"）成立于2017年，是一家致力于让残障人士平等参与、多元融入社会的非营利性组织。中心成立5年来，助残扶贫，在乡村振兴领域的贡献得到社会的认可，获评深圳市AAAA级社会组织，荣获第十三届"中国青年志愿者优秀组织奖"、第五届"鹏城慈善奖"鹏城慈善典范机构奖项。雨燕中心通过"七位一体"、以人为本、精准服务的助残扶残方式，促进更多残障人士更高质量、更加稳定地就业。

一、主要做法

（一）助康复，开展精准康复医疗预防服务

龙华区残联牵头，雨燕中心联合深圳大学附属华南医院矫形与肢体重建外科团队、深圳市慈善会成立"重塑未来"残障人士矫形与重建专项基金，为肢体残障人士开展残障矫形与重建医疗服务，项目惠及地区逐渐扩大。

2021年至2022年，"重塑未来"在广东各县（市、区）、云南武定、贵州兴义、安徽阜阳、重庆、广西河池等地区开展医疗筛查服务，并联合相关单位为肢体残障人士提供更好的矫正治疗。目前，已累计开展76场义诊，义诊残障人士4093人，救治患者405人。

（二）强基础，持续提升职业技能培训

职业技能培训精准契合乡村发展需要，有助于培养适应农业农村发展的高素质技术人才。全面提升职业技能培训服务"三农"水平，可实现"培养一个人才、壮大一个产业、服务一方经济、致富一方百姓"的社会效益，助力乡村振兴提质增效。

广西壮族自治区河池市是深圳市龙华区的对口帮扶地区，2019年至2022年，雨燕中心团队在龙华区残联的带领下，先后30余次深入河池凤山、巴马、东兰、罗城等地，在当地开展残障人士就业培训、心理沙龙和分享会百余场，短视频乡村农产品带货等技能培训157场，培训5000余人次。

（三）挖潜力，探索就业新产业新业态

雨燕中心全面落实党和国家高质量发展要求，配合深化农业供给侧结构性改革，推动农村三产融合，促进城乡统筹发展，积极助力开发新产业新业态，促进乡村振兴提质升级，让农村既有颜值又有内涵，让农业既有效益又有活力。

为把助残事业发展引向深入，支持各地特别是脱贫地区，打造康复、就业产业链，拓展多元发展，促进一二三产融合发展，雨燕中心帮助残障人士提升个人能力，使其视野得到拓宽，潜力得到展现。

（四）促发展，实施多层次学历提升计划

人才振兴是乡村振兴的关键，人员素质提升是人才振兴的基础，教育培训是提升人员素质的根本。实施"残障人士多层次学历提升计划"，依托职业教育推进涉农残障人才培养。围绕实施乡村振兴战略的人才需求，针对地方特色主导产业、全产业链实施精准培养计划；建立健全定向培养方式和奖助学金等激励措施，助力残障人士获得学历证书、职业技能等级证书和技能培训证书，引领涉农残障人才学历提升，迈向更高水平。

（五）助培训，发展带动就业

根据国家《"十四五"残疾人保障和发展规划》和《"十四五"职业技能培训规划》《"十四五"残疾人职业技能提升计划》对提升残障人士职业素质和就业创业能力工作的要求及政策，雨燕中心联合幸福西饼食品有限公司，在深圳乃至全国各地开展残疾人士烘焙、雕花及营销技能培训，帮助残障人士掌握烘焙技能，提高就业能力。

二、案例成果

残障人士就业意识提升。扶贫先扶志，扶贫必扶智。项目通过积极心理学等课程提升残障人士的就业意识，为残障人士带来全新的认知和心态上的转变，帮助残障人士融入当地小伙伴，更乐于接受后续课程。针对从事种植养殖、产品（包含农产品）销售工作的残障人士，培训活动侧重短视频带货，助力残障人士融入新平台，开展新业务。

互联网拓展残障人士的就业渠道。雨燕中心为残障人士提供计算机基础技能培训，并分批次开展上岗技能考核，考核通过的学员获得相关企业的工

号，正式居家上班。目前，广西有500多名学员通过考核并实现就业，最高工资达到每月6000元。针对学习能力强的残障青年，组织3D打印技术培训，帮助其成为3D打印建模师并帮助其创业。

联合各类社会企业30多家，开发适合残障人士的岗位50多个，如客服、仓储管理员、设计师、手工制作者、质检员、烘焙师、钢琴调音师、化妆师等。不同文化程度，不同技术能力的残障人士可以找到合适的工作岗位，同时带动更多残障人士提升就业的意愿。

三、经验启示

为残障人士服务，要做到精细化、精准化，更加全面、深入地了解他们的真实需求。因此，在制订各项计划前，要做好详尽的调研，多次实地探访。

注重全流程的数据管理。开展服务前，雨燕中心工作人员多次实地调研，了解和掌握残障人士就业需求及其变化，分析服务对象的就业准备程度和就业可能性，以需求为基础，以评测作参考，结合多元化就业模式，提倡适应性就业，为项目的落地打好坚实的基础。

61

厚植广阔天地人才沃土　激活希望田野振兴引擎

案例背景

实施乡村振兴战略，农民是主体，人才是关键。长期以来，农村普遍缺乏经济发展"带头人"，乡村经济加快发展的步伐受到制约。

2019年以来，四川省泸州市纳溪区创新实施乡村振兴"特聘村主任"计划，127个行政村聘任133名"特聘村主任"（部分村聘任2名）。泸州市成功探索出一条"人才有舞台、乡村得振兴、企业获发展、村民享实惠"的"四赢"之路。

一、主要做法

（一）汇聚人才

人才哪里汇聚？靠"引""招""择"三条路子优选。事业发展需要强劲"人才引擎"，纳溪区坚持事业为上、以事择人、人岗相适，成立"特聘村主任"选聘工作组，全面摸清村情、人才"两个家底"，结合具体情况，双向对焦，择优选择。

一是以乡愁为纽带，引能人回村。积极引导一批具备人脉资源、经济实力并愿意回报家乡、支持家乡建设的人士担任原籍行政村"特聘村主任"，充分发挥他们"人熟""事熟""村情熟"的特点，鼓励他们回乡创业或服务，在家乡的舞台上大展身手。全区原籍"特聘村主任"共56人，占比42%。

二是以项目为牵引，招头雁入驻。选择一批纳溪区重点发展的主导产业，或者在行政村有项目的业主担任"特聘村主任"，引导其项目发展壮大，形成"企业+项目+群众"三方利益共同体，实现三者良性互动、抱团发展。现任"特聘村主任"中，有86名来自数字经济、生态食品、文化旅游等行业，直接或间接带动2000余人就业。

三是以问题为导向，择最强大脑。立足各村发展瓶颈和困难，针对性选聘退休或退出领导岗位的干部，以及具有医院、银行、规划设计院等从业经历的"特聘村主任"13名。他们具有丰富经验和精湛技术，可利用自身优势深入基层出谋划策、破解问题、化解矛盾，同地方党委和政府、村两委班子一起带动当地发展。

（二）权责划分

权责怎么划分？靠"外""上""内"三个方向明晰。权责明晰是做好工作的基础。纳溪区着力明确地方党委政府、村两委、"特聘村主任"三方权责关系，实现分头负责、优势互补，形成发展合力。

一是"特聘村主任"主"外"。明确"特聘村主任"聘任期间不占村两委职数、不享受待遇领取报酬、不参与村里日常事务的"三不"原则，主抓产业发展和招商引资，壮大村集体经济发展，带动群众增收致富。

二是地方党政对"上"。地方党委政府主要负责争取资金政策，向"特聘村主任"招引投建项目倾斜，配套建设基础设施。

三是村两委统"内"。村两委主要负责协调群众参与产业发展与项目施工，化解矛盾，争取当地群众共识，激活群众共同发展意愿。例如，护国镇梅岭村组织当地群众参与金茗茶园项目，采取"公司+专合社+农户"的方式，共同打造梅岭生态茶园，并将其列入"省级现代农业园区"培育名单。梅岭茶叶公园旅游线路被农业农村部评为全国茶旅精品线路。

（三）才华施展

才华如何施展？靠"智""力""势"三个重点赋能。找准方向才能人尽其才，充分赋能"特聘村主任"，让其在乡村广阔天地中大展身手。

一是借智谋事。"特聘村主任"具有敏锐的事务观察力、精准的形势判断力、较强的市场洞察力，聚焦当地产业、脱贫、民生等问题，帮助任职村拓展发展思路，破解发展难题。近年来，"特聘村主任"共提出有价值建议800余条，近百条建议已转化为具体政策举措。

二是借力干事。充分利用"特聘村主任"资金、人脉、信息等优势，引导"特聘村主任"盘活存量资产、招引项目入驻、做大本土品牌、带动脱贫致富，助力任职村加快发展。

三是借势共事。发挥"特聘村主任"的"能人引领"带动作用，协助村两委开展基层组织建设、扫黑除恶、人居环境整治和"四礼新风进万家"等工作。近年来，共创建市级先进基层党组织4个、市级文明村9个，建立健全村民议事会、道德评议会、红白理事会等组织500余个，化解基层矛盾700余起。

（四）绩效保证

绩效怎么保证？靠"保""激""考"三项举措提升。纳溪区坚持多管齐下、综合施策，着力调动"特聘村主任"干事创业的积极性、主动性。

一是保障工作做到位。设立区乡村振兴"特聘村主任"管理办公室，区财政每年提供10万元工作基金，用于日常活动等经费支出。推行"四个一"工作法，即区上明确1名区领导联系1名"特聘村主任"，镇（街道）确定1名党（工）委班子成员对接联系村"特聘村主任"，村两委确定1名干部每月主动汇报村发展进度。针对"特聘村主任"的招商引资项目，党委政府派专人提供一站式证照办理服务，全力支持"特聘村主任"工作。

二是激励工作做到位。设立"特聘村主任"评选表彰专项经费20万元，每年举行一次"特聘村主任"项目路演，每季度召开一次片区工作推进会。以"竞赛+交流"的方式，营造相互学习、相互赶超的良好氛围。

三是考评工作做到位。每年组织村党组织、村民委员会、群众代表对"特聘村主任"进行测评。

二、案例成果

形成乡村基层治理的共赢格局。在职能分工上，"特聘村主任"主"外"，负责引入发展项目；地方政府对"上"，积极争取发展配套、涉农资金项目，向"特聘村主任"招引投建项目倾斜。

注入推动乡村振兴的新生力量。自乡村振兴"特聘村主任"模式实施以来，城市里善经营的企业家"变身"乡下农创客，懂技术的管理者"变身"坝坝头的田秀才，组织和带动群众因地制宜，共同发展新型农业主体和农村新业态，成为乡村致富带头人。

加快农村产业经济的发展步伐。"特聘村主任"到村任职后，以其人脉资源、行业平台为依托，通过项目招引、示范引领、技术支持等方式，在促进农村产业发展中发挥了积极的作用。两年间，全区招引项目100余个，总投资达20亿元。其中，"特聘村主任"直接投资项目12个，总投资1.2亿元，带动农民人均增收1000元。截至2021年底，全区农村居民人均可支配收入达21959元，增长10.4%；村集体收入突破8000万元大关，其中凤凰湖村村集体经济收入达800万元。

探索乡村振兴人才的培养路径。《泸州市纳溪区乡村振兴"特聘村主任"管理办法（试行）》对"特聘村主任"履职管理、履职内容、履职要求、综合评价等方面作了明确要求，加快推进"特聘村主任"队伍建设走向制度化、规范化、常态化的培养轨道。

三、经验启示

找准突破点。乡村振兴既缺资金，也缺人才，更缺经营管理经验，如何打破僵局，关键还是要找准突破点。

勇于尝试创新。实现乡村振兴是前无古人、后无来者的伟大创举，没有现成的、可照抄照搬的经验。

调动多方参与。乡村振兴战略统筹乡村经济、政治、文化、社会、生态文明协同发展，是一项复杂的系统工程，不能依赖单一主体完成，必须由多方力量共同参与。

62

坚定不移支持产业园区发展壮大

案例背景

　　湖北省竹山县曾是湖北省9个国家深度贫困县之一，2020年完成脱贫摘帽，但财力仍有限。

　　近年来，广东、浙江等沿海地区卫浴产业有产业转移趋势，竹山县委县政府和挂职干部积极联络对接，但是，产业园建设面临资金难题。了解这一情况后，国家烟草专卖局定点帮扶工作部门主动与县委县政府沟通，集中力量支持这一来之不易的招商引资产业项目落地。为了孵化培育卫浴产业集群，国家烟草专卖局投入帮扶资金，支持卫浴汽配产业园标准化厂房及配套基础设施建设，解决产业园建设起步关键时刻资金紧缺的问题，帮助竹山县打造建成时间短、建设规模大、产业链条完整的招商项目。

一、主要做法

　　良好的营商环境，优质的服务口碑，使卫浴汽配产业园招商工作进一步提速。入驻企业不断增多，并有新的企业达成投资意向，等待入驻园区。国家烟草专卖局的无偿帮扶资金，助力竹山县大力推进园区扩容建设，形成了产业发展的良性循环。

在国家烟草专卖局持续帮扶下，卫浴汽配产业已发展成为竹山县域经济高质量发展的支柱产业之一。竹山县卫浴汽配产业园在乡村振兴的联农带农富农方面发挥了积极作用。通过开展"一村包多企"的包联机制，园区80多家企业创造就业岗位3000多个，带动宝丰镇及周边擂鼓镇、麻家渡镇、溢水镇等地区的80多个村2500余户近3000人（其中脱贫户1000余人）就业，人均月收入超过3000元。

卫浴汽配产业园有效吸纳农村劳动力，缓解就业增收的压力，特别是许多曾外出务工的妇女实现在家门口就业，既照顾了家庭又增加了收入。闲散劳动力有了稳定的工作和收入后，劳动致富的风气全面形成，乡村面貌与社会治理得到明显改善。

国家烟草专卖局定点帮扶工作部门锚定产业振兴工作目标，积极联系协调有关单位开展中央单位"组团式"帮扶合作，聚焦竹山卫浴汽配产业"补链、延链、强链"中的痛点和难点，想办法、找路子。2022年，竹山县卫浴汽配产业园被认定为湖北省首批承接产业转移示范园区。

二、案例成果

为持续助力竹山县卫浴汽配产业园发展壮大，国家烟草专卖局累计投入7900万元资金，无偿帮扶建设卫浴汽配标准化厂房52000余平方米，进行水、电、道路等配套基础设施改造。2020年，投入捐赠资金3550万元，一期4万多平方米标准化厂房仅用40天就建设完成，12家企业实现投产。当年卫浴汽配产业园招商入驻企业36家，规模以上工业企业两家，实现产值5160万元。2021—2022年持续投入4350万元，坚定不移支持园区扩容建设和产业成长壮大。

目前，卫浴汽配产业园已建成标准化厂房81万平方米，浙江、广东、福建等地82家企业入驻投产，培育规模以上企业34家，初步形成产品研发、金属熔铸、精深加工、智能制造、市场销售等全产业链条。2022年1月至9月，卫浴汽配产业实现应税销售收入41亿元、税收收入1.9亿元，占全县税收收入的41.5%，其中留存地方的税收金额达到9500万元。卫浴汽配产业园已成长为竹山县重要税源。

三、经验启示

帮扶单位应与定点帮扶地区人民政府充分沟通，支持定点帮扶地区发展有潜力的产业，坚定不移持续给予资金、政策等多方面的支持，做到同向发力。

帮扶单位主动衔接相关部门，做好"组团式帮扶"，推动完善帮扶产业链条，协助提高帮扶产业在定点帮扶地区的生存和发展能力。

63

组团式帮扶　打造特色精品

案例背景

乡村振兴，关键是产业要振兴。产业旺，乡村兴，抓住产业兴旺就是把住了乡村振兴的脉。发展产业不能千篇一律，要避免产业单一化，因地制宜，因村施策，发挥资源优势，打造特色精品，走出一条具有地方特色的产业发展之路。

近年来，甘肃省玉门市依托自然条件和农业资源优势，按照突破下游、带动中游、调动上游的产业化发展思路，主打特色品牌，树立"全市统筹、乡镇协同、抱团发展"的一盘棋思想，按照"连村成片、跨乡成带、一特一园、多园成群"的思路，打造万亩大基地、亿元集群、全链龙头、全域品牌。

一、主要做法

（一）强龙头，重创新，培育新型经营主体

玉门市按照"规范提升一批、扶持壮大一批、清理整顿一批"的思路，培育壮大新型经营主体，以龙头企业、合作社、家庭农场、种养大户等为重

点，采取"合作社+基地+农户"的模式，落实扶持政策，制定优惠政策，进一步提升经营主体组织化程度和市场竞争力，通过订单农业、入股分红等方式，带动脱贫群众增收致富。

截至2022年，全市规范提升合作社522家、家庭农场167家、龙头企业32家，新建保鲜库3个，带动全市1756户已脱贫户发展韭菜、葡萄、蜜瓜、枸杞、羊、芦花鸡等特色种植养殖产业。

全市32家重点龙头企业奋勇争先，普罗生物、拓璞科技等5家企业组建专门的科研机构进行新技术研发，大业草业、绿地生物等10家企业通过ISO-9000等质量体系认证，祁连清泉、玉港农林等12家企业的农产品获得"三品一标"认证，表青惠农等企业获得对外出口经营权。众多企业引领全市农产品加工转化率达到71%，带动936户已脱贫户发展增收产业，全市新型经营主体带动能力逐步增强。

（二）强品牌，重营销，增强特色产品竞争力

玉门市深入实施质量兴农、品牌强农战略，构建农产品区域公用品牌、地理标志品牌和企业商标品牌协同发展、互为支撑的玉门知名农产品品牌体系。按照"政府引导，协会运作"的模式，玉门市农产品流通经纪人协会做好"玉门珍好"区域公共品牌注册、管理、运营等工作，组织多家企业参加第二十八届兰洽会、2022"甘味"特色农产品贸易洽谈会等大型活动。2022年，玉门市参与举办首届甘肃酒泉枸杞博览会。通过甘肃农村广播节目《那山那水我代言》，玉门市宣传枸杞、人参果、韭菜、羊肉等特色农产品，拓宽农产品的销售渠道，提升了农产品的市场竞争力。

截至2022年，玉门市累计创建"甘味"农产品品牌3个，"祁连清泉"人参果、"赢瑞"辣椒、"沁馨"韭菜、"陇宇"枸杞、"昌马百草羊"牛羊肉等5个企业商标品牌成功入选"甘味"农产品品牌目录，累计认证"三品一标"农产品43个，种植面积达45.82万亩，养殖规模达到106.05万只（头），"中国韭菜之乡""中国蜜瓜之乡"等品牌影响力和商品转化率持续提升。

充分发挥农产品流通经纪人协会、枸杞协会桥梁纽带作用，在全国一线城市建立玉门农产品直销专柜，加强与北京、广东、安徽等地农产品经销组织、批发市场、流通企业对接合作，不断开辟外部市场销售新渠道，确保大宗农产品实现订单销售。

二、案例成果

2022年，玉门市以全面推进乡村振兴为目标，以巩固拓展脱贫攻坚成果和防止返贫为主线，出台扶持措施9项，开展现场调研8次，全面研究相关工作推进措施。建立巩固脱贫攻坚成果和乡村振兴项目库，设立项目129个，项目价值2.3亿元，高标准农田建设项目6.48万亩，价值1.9亿元；统筹财政衔接资金、产业集群、高标准农田等项目资金4.2亿元。

全面推动特色产业发展，带动全市中药材种植面积达16.5万亩，预计年产量约5万吨，产值约20亿元；蔬菜产业种植面积达8万亩，预计年产量约42.6万吨，产值约10.48亿元；生猪存栏达9.63万头、出栏7.93万头，产值达1.43亿元；肉羊存栏75万头、出栏37万头，产值达2.96亿元；饲草面积达21.7万亩，预计年产量约9.77万吨，产值约1.47亿元；瓜菜花卉制种面积达6.35万亩，预计年产量约0.31万吨，产值约6.12亿元；藜麦面积达0.3万亩，预计年产量约0.045万吨，产值约0.13亿元，特色产业日益发展壮大。

三、经验启示

以政策支撑为根本保证。玉门每年年初在大量调研的基础上，制定出台年度农村重点产业和重点工作扶持奖励办法，对粮食安全、种植养殖设施、农田建设、农户改造、户厕改建、土地流转、经营主体培育、重大项目等重点工作，实行日常考核、半年考核和年终考核相结合的办法，对乡镇的工作作出科学评判。考核结果作为年终对领导班子和领导干部评先晋级的重要依据。

以产业振兴为根本任务。乡村振兴战略是社会主义新农村建设的升华版，核心是通过产业发展，增加农民收入，提升农民生活质量，实现农民的美好生活愿景。玉门市立足资源条件，发挥基础优势，始终把发展"瓜果菜猪羊草"六大特色产业作为推动乡村发展的重心，探索出全产业链发展的新路。

以改革创新为根本动力。基层改革创新、大胆探索是抓改革落地的重要方法。玉门市积极探索党建引领乡村振兴路径，统筹整合各类涉农政策、资金、项目等资源，系统培育壮大"玉门珍好"特色农产品公用品牌，助力兴村强镇。全面推进乡村振兴，必须顺势而为、主动作为、奋发有为，加快推进农村土地、集体产权、新型农业经营体系、城乡融合发展等农村重点领域和关键环节改革，形成支撑乡村振兴的制度框架和政策体系。

64

以标准化规范化促进大樱桃产业升级

案例背景

　　政企联合对于推动现代农业发展建设、走好乡村振兴数字化之路提供了强大助力。进一步深化电商企业与地方政府的合作，建立政企联动长效机制，有助于夯实农村基础数据，强化平台服务支撑。双方在数据共享、品牌共建、资源共用等方面相互支持，能够拓展发展空间，提升服务能力。

　　为响应2022年农业农村部关于在全国范围内重点支持200个地理标志农产品的要求，京东推出"千县名品　国家地标"项目，聚焦地理标志农产品保护与发展，助力乡村振兴。京东超市与辽宁省大连市金普新区深入合作，共同打造大连大樱桃重点地标产业。

一、主要做法

　　京东超市与大连市金普新区、金州大樱桃协会共同发布首个大连金普樱桃企业标准。同时，京东超市与金普新区签署产地直采协议，并为大连大樱桃直采基地授牌。

　　逐年扩大的市场规模吸引了越来越多的企业和商家加入樱桃种植和销售

的队伍，但由于种植标准不统一、种植及分拣技术落后等问题，樱桃产业化发展缓慢。京东超市通过产地直采、分级筛选、定制产品、冷链运输等举措，完善大连大樱桃销售体系，帮助农户增收，实现高质量农产品与消费升级的正循环，促进乡村振兴。

2022年，大连市大樱桃播种面积达36万亩，产量超26万吨，产值突破100亿元。其中，作为大连大樱桃主产区之一，大连金普的大樱桃种植面积达15万亩，产量14万吨，产值40亿元。

二、经验启示

京东超市联合大连市金普新区开展樱桃全产业链标准化试点工作，并推出首个全产业链企业标准。

该标准从产前、产中、产后三个维度，推出十六项流程，对大连大樱桃产业进行升级。标准覆盖樱桃促早设施建设规范、樱桃防雨棚建设规范、农业温室结构设计标准、樱桃促早栽培技术规程、樱桃日光温室栽培实施细则、樱桃生产技术规程、樱桃冷链运输实施细则、樱桃冷链流通技术规程、樱桃等级规格等方面，用于解决樱桃种植设施搭建、品种选择、种植管理、采后运输技术、溯源跟踪等问题，推进樱桃生产全链条标准化、规范化，促进大连大樱桃产业升级。

65

农粮行业"领头羊"引领致富路

案例背景

民族要复兴，乡村必振兴。我们党坚持把解决好"三农"问题作为全党工作重中之重，举全党全社会之力推动乡村振兴，促进农业高质高效、乡村宜居宜业、农民富裕富足。实现乡村产业振兴，龙头企业义不容辞。

作为国内农粮行业的"领头羊"，中粮集团长期扎根乡村，坚持发挥自身产业优势，反哺乡村、惠及农民，推动乡村全面振兴。立足新阶段的工作要求，中粮集团在创新引领的理念下，发挥旗下产业、金融板块等优势，用新手段、新办法，开发新产业、探寻新模式，为推进乡村全面振兴不断探索新路子。

一、主要做法

（一）吉林长岭：找准产业"新赛道"

吉林省长岭县，十年九旱的自然条件长期限制当地农业发展。中粮集团在深入调研考察后发现，当地虽然种植农作物产量不高，但如果改种优质牧草，打造优质牧场，全县就具有发展现代畜牧业的潜力。基于这一"诊断"，中粮集团依托旗下肉食产业链的优势，不断引进技术和资源，通过合作租赁、共建产业、政企联动、盘活闲置产业、孵化乡村振兴项目等一系列举措，创新探索出"种养+"模式。

（二）黑龙江绥滨：因地制宜发展特色产业

黑龙江省绥滨县位于黑龙江、松花江两江交汇的三角洲地带，是国家级生态示范区，农业资源丰富。以前，这里农业种植规模较小、田间管理技术落后、粮食销售随行就市，经济发展较慢，农民收入一直上不来。中粮集团针对当地的农业资源特点，结合当地传统的稻谷资源优势，为该县量身定制了"引龙头、建公司、兴产业"的稻谷产业帮扶策略。投资成立中粮绥滨公司，将央企的市场、资金、品牌、团队等优势，与绥滨当地生态、土地、粮食等资源有机结合起来，探索出"公司+合作社+农户"的扶贫模式。2018年以来，中粮集团开创了以农户带地入社、合作社以资入股的"让贫困户当股东"产业新模式。

（三）浙江千岛湖：茶业发展助力地区振兴

秉持以人民为中心的发展思想，大力推进乡村振兴，中粮集团在带动区域茶产业发展方面全面发力，因地制宜打造特色品牌，科技助力提升生产效能，政企联动创新合作模式。同时，借助品牌及渠道优势，进一步助力茶产业振兴、茶农增收致富，用一方绿叶带富一方百姓。

二、案例成果

中粮集团在吉林长岭积极启动生猪养殖项目，与农户开展合作养殖，并提供猪苗、饲料、技术、育肥猪订单回收等服务，让农户买猪、养猪、卖猪都不愁。结合长岭县养殖业的发展情况，中粮集团还与长岭县签订生猪屠宰项目合作协议。整个产业链项目落地后，70%的员工实现本地化，可保障2500

人就业。在当地建设高标准养殖场，通过租赁合作养殖，每年租赁收益按10%进行返还。投产半年后，累计为当地创造收益2500万元，覆盖全县232个行政村，每村收益增加13.88万元。在新产业的发展中，农户收入明显提高，得到了实实在在的好处。

经过十几年精心培育，中粮集团带动浙江千岛湖茶园5000多亩，受益农户2500多户。其中，扶持当地茶叶种植大户成立五家茶叶合作社，培育12个无公害茶厂，农户茶青收入比周边乡镇高出30%，"中茶龙冠"品牌重新焕发光彩。

当前，中粮集团在黑龙江青冈、河北大名、新疆麦盖提、云南耿马、山西五寨、湖北罗田等地陆续开展"保险+期货"项目，承保玉米、大豆、花生等农副产品，合同名义金额超过2亿元，赔偿农户及合作社金额近千万元。

三、经验启示

运用新技术，升级农户经营新模式。在传统模式下，农户在卖粮过程中总会遇到行情不好掌握、卖粮款不及时到账等难题，面对"收成好不一定收益好"的怪现象，"卖粮难"成为农户的一大难题。为了解决此难题，中粮集团开发了"农粮物联"平台，使农民能够实时掌控作物生长、粮食物流、农产品销售等情况，从而使农民同时"看见"田头和市场，种粮、卖粮变得更加"轻松"。

引入新力量，开发金融服务新助力。随着农粮产业的不断发展壮大，农粮行业市场化程度日益提高，农民对金融服务的需求不断增大，长期存在的"贷款难""融资难"等问题更加突出。中粮集团联合各地方银行，为农户、农民专业合作社、农业核心企业等机构提供贷款服务，而且不要求"强担保"，有效解决当地农业经营"融资难"问题。

66

"云改数转" 智慧赋能结硕果

  数字乡村和智慧农业共同推进乡村振兴。农业农村数字化重构下的乡村振兴为市场参与者打开新局面，带来新机遇。坚持推进乡村振兴战略，积极建设数字乡村，需要充分发挥云网、技术、产品、人才和服务优势，深入推进数字技术与农业农村融合发展，构建起广域覆盖、功能丰富、服务高效的数字乡村和智慧农业信息服务体系，为促进乡村治理能力提升，推动农业产业高质量发展，增强农民群众的幸福感、获得感和安全感发挥重要作用。

  中国电信积极响应国家号召，2020年首次提出"云改数转"战略，以业务、管理模式变革为核心，将提升客户服务、运营效率、深度合作、企业价值作为目标，重点突破营销服务、云网运营、资源配置，规模化推进生态平台构建；通过"重点突破"与"规模推进"并举，推进数字化转型，实现企业价值的提升。

一、主要做法

（一）打造新品牌，拓展新业务

中国电信数字乡村品牌建设紧跟乡村振兴战略步伐，立足产业数字化、管理高效化、服务在线化、应用便捷化，面向县（市、区）、乡（镇、街道）、村（社区）推出业务品牌"村村享"，打造加强基层党建、提升乡村治理、改善人居环境、便捷百姓生活的综合信息服务平台。

近年来，中国电信不断与多家科研单位合作，运用云计算、物联网和人工智能技术，数智赋能智慧农业。围绕智慧农业新技术、新应用、新业态、新模式，不断探索实践，新业务供给不断拓展。

2012 年，中国电信与中国农科院合作研发建设全国农技云平台和"小牧童"奶牛智慧养殖系统并投入大规模应用。2021年，中国电信与武汉大学合作建设病虫害识别系统。同年，中国电信组织内部专业公司持续开展农业生产数字化创新，规划建设智慧农业云平台，不断丰富智慧种植、智慧养殖、智慧渔业、智慧农机等信息化应用服务。浙江吕山湖羊智慧养殖项目、浙江瑞安 5G 农业大脑、江苏盐城智慧牧场、江苏昆山智慧水产，以及农产品质量安全监控溯源等一批有代表性的数字农业项目，为促进农业降本增产、农民持续增收发挥显著作用。

（二）头部客户引领，发挥运营商资源

中国电信勇当国家农业农村信息化建设排头兵，与客户共同打造农业农村大数据公共平台基座。农业农村大数据平台是以大数据、云计算技术为手段，以"一个标准规范、八个功能模块、N个应用"为顶层设计，以农业、农村、农民三个领域为主线，有效整合农业管理、生产、经营、服务等领域各类涉农资源，为各级政府开展"三农"工作提供决策参考的重要平台。

中国电信充分发挥自身优势，以场景化解决方案提升新技术应用水平。

5G技术。中国电信在全球运营商中率先发布《5G技术白皮书》，牵头制定《5GSA部署指南》，在国内率先提出SA组网策略。5G与AI、物联网、VR/AR等技术结合，在农业生产中发挥了重要作用。例如，广州白蕉镇水产养殖项目充分利用5G技术，通过在水中铺设智能物联网等设备，养殖户可实时获取水质分析、设备运行状态、鱼虾健康状况、产量预测、养殖风险等情况，从而提高养殖产量和防控病害，保持良好的水产养殖环境。

云计算技术。中国电信是"一省一池"全国唯一云服务商，云计算业务已初步形成全国"2+4+31+X+O"资源布局，云主机总量超1000万个vCPU，云存储总量超3500PB。

大数据技术。整合农业农村数据资源，开放合作，形成农业农村大数据产业链，实现数据能力规模发展，赋能数字乡村。

物联网技术。物联网技术已成为现代农业的支撑，丰富的农业物联网应用和海量的传感设备在农业各领域广泛应用。

区块链技术。利用区块链去中心化、公开透明、数据不可篡改、数据共享、点对点传输等技术特点，农业生产做到来源可查，去向可追，责任可究，如山东潍坊韭菜区块链项目。

人工智能技术。中国电信打造了"5G+无人机+农业机器人"的云上智慧无人农场，构建了"5G+天翼云+AI"的云眼视频智慧物流中枢，迅速建立起5G+AI在农业农村领域的典型场景，如浙江余杭瓶窑镇数字化为农服务平台项目。

二、案例成果

承接国家课题，打造试点示范。中国电信联合农业农村部信息中心打造全国首个"区块链+韭菜项目"，入围中央网信办发布的首批"国家区块链综合创新应用试点"，为"区块链+蔬菜"项目规模复制创造有利条件；联合农业农村部大数据中心共同研究关于粮食作物种业全产业链大数据的课题，启动种业大数据平台建设；携手北京平谷农业中关村产业联盟，充分发挥信息化手段，助力农科创投番茄大世界、北寨红杏设施农业项目建设，共同打造"农业中国芯"。

探索关键技术，参与制订行业标准。在推进乡村振兴的过程中，中国电信为推进农业发展的技术申请多项专利，如《一种基于Scrapy框架的网络数据的采集方法及装置》《一种用于人员走访的实时监控装置及其实时监控方法》《基于卡尔曼滤波与深度学习的视频中全时段车辆检测跟踪方法及系统》《一种基于深度学习的车窗定位方法》《一种用于农村环境的异常事件推送方法及装置》等，应用于农村生产生活和环境治理等领域。2021年4月12日，中国电信发布了《数字乡村白皮书V1.0》，得到农业农村领域领导、专家的一致认可。

数字化平台和技术提高了农业生产效率、农村治理水平和农民生活品质，整体带动和提升了农业农村现代化发展，既顺应了全社会数字化转型发展的大趋势，契合了亿万农民群众的新期待，又成为新发展格局下发挥好"三农"压舱石作用的重要举措，为加快数字中国建设、实现中华民族复兴伟大贡献了科技力量。

67

"轮值村医"帮扶　守护村民健康

案例背景

消除贫困、改善民生、逐步实现共同富裕，是社会主义的本质要求，也是中国共产党的重要使命。党的十九大以来，脱贫攻坚在力度、广度、深度和精准度上都达到新的水平。

广西中医药大学第一附属医院是一所大学附属医院，同时是广西最大的综合性三甲中医医院。医院党委近年来先后选派7名第一书记、9名精准扶贫工作队队员和4名精准扶贫增援队员驻村开展帮扶工作。

广西壮族自治区隆安县南圩镇四联村、联伍村在2019年如期实现脱贫摘帽，啃下了脱贫攻坚的"硬骨头"。为了进一步提升贫困地区医疗卫生服务能力，保障群众享有基本医疗卫生服务，防止因病致贫、因病返贫，医院党委决定在帮扶地开展"轮值村医"健康帮扶专项活动，建立一种更符合中医医院特色，更符合专家工作实际，更符合当地百姓健康需求的健康帮扶机制，把属于大城市三甲医院的优质医疗资源，原原本本、持续不断地复制和输送到大石山区，让医疗资源触手可及。

一、主要做法

（一）深度调研，制定方案

没有全民健康，就没有全面小康。为了有效减轻群众就医负担，提高中医药服务能力，2019年起，广西中医药大学第一附属医院加大了对四联村、联伍村两个定点帮扶村的调研力度，将调研的重点放在了改善当地医疗卫生条件上。调研团队对当地村民的健康状况和当地医疗卫生环境进行了全面摸底，找准基层卫生健康工作中的"痛点"，努力打通健康路上的"最后一公里"。

（二）轮值村医，守护健康

2020年至今，广西中医药大学第一附属医院党委采用专项拨款和社会爱心企业帮扶经费相统筹的方式，共投入20万元修缮升级了四联村、联伍村两村的村卫生室，并捐赠价值15万元的中医技术设备和中药饮片、免煎颗粒、院内制剂等药品。2020年和2022年，四联村卫生服务中心和联伍村卫生服务中心先后重新挂牌启用，成为广西中医药大学第一附属医院的乡村振兴健康帮扶基地。

为了进一步通过"造血式"的健康帮扶，将三甲医院的优质医疗资源惠及大石山区的人民，2020年9月，医院党委在全国首创开展"轮值村医"健康帮扶专项活动，全院范围内遴选自愿报名的党员医务骨干，每周驻村开展健康帮扶工作。

（三）精准扶智，点亮希望

在开展"轮值村医"健康帮扶活动的过程中，医院党委充分用好"党建带群团"的优势，和医院团委设计"教会一个安全保护知识，创作一幅中药叶画，讲述一次中医经典故事，会唱一首红歌，推荐一本好书，教会一套中医健身操"的关爱留守儿童"六个一"系列活动，开展"向阳花开 点亮未来""传承党团红色精神，扬帆启航新征程"等暑期社会实践活动。同时，通过开展宣传中医养生保健小常识，捐赠配套学习用品等活动，医院党委在孩子们的心灵中埋下理想和希望的种子。活动期间，同步在村里深度开展健康知识传播，引导群众树立正确的健康观念，倡导科学文明的生活方式，有效遏制因病致贫、因病返贫，促进帮扶村从脱贫攻坚向乡村振兴迈进。

二、案例成果

广西中医药大学第一附属医院调研了解到，当地的村民患肝病、胃病、高血压、肺病较多，由于地处偏远、交通不便，加上经济拮据，有的村民小病挨成大病甚至重病。两个帮扶村虽然都建设有村医室，但村医室的硬件条件比较简陋，连基本的设备和药品都无法保证。同时，农村医疗卫生人员的能力远不能满足当地百姓的医疗需求。在几次调研过程中，随行专家手把手地带教，当地村医较快地掌握了一些中医的诊疗技法。

截至2022年，"轮值村医"活动已开展80余批次，近400名专家轮值，服务群众5000余人次，为当地村医及隆安县各级医疗机构授学110余人次，活动辐射范围覆盖整个隆安县及周边乡镇，并持续扩大。"轮值村医"专家库也由成立最初的70余人扩展到500余人，成为一支涵盖康复医学科、针灸科、肾病科、儿科、妇科、脑病科、肝胆外科、急诊科的全科型专家团队，超过7成的专家具有副高及以上职称，"轮值村医"团队仍在壮大中。当地村医通过近两年的跟学，已能熟练运用部分中医外治手法（针灸、拔罐）为当地村民治疗。"轮值村医"的"带教"范围覆盖周边乡镇村屯，邻里村屯及隆安县中医医院的医生多次到联伍村"跟师"学习，并邀请专家到县医院查房并开展学术交流，探讨疑难病例。

"轮值村医"健康帮扶专项活动，实现了优质诊疗服务资源下沉，助力基层乡镇卫生所练好强硬的"基本功"，也极大地改善了当地群众的健康状况，提升了他们的健康素养。这一帮扶模式也得到社会的持续关注和广泛认可，学习强国、中国中医药报、广西日报等多家媒体对活动进行了报道，自治区统战部等单位和部门曾到联伍村调研村卫生室建设和帮扶模式，医院获得自治区党委组织部2018—2020年度全区驻村先进后盾单位的荣誉称号，第一书记兰庆同获评为自治区脱贫攻坚先进个人。

三、经验启示

经过全党全国各族人民持续奋斗，我们实现了第一个百年奋斗目标，在中华大地上全面建成了小康社会，历史性地解决了绝对贫困问题，正在意气风发向着全面建成社会主义现代化强国的第二个百年奋斗目标迈进。"健康乡村"是"健康中国"的基石，我们要用自身优势为"健康乡村"添砖加瓦，让人民的美好生活更全面、更稳健。

过去，广西是全国脱贫攻坚的主战场；现在，广西是乡村振兴的主阵地。满足基层群众就医需求，提高基层医疗机构服务水平，是建设"健康乡村"、助力乡村振兴的重要任务。"轮值村医"的帮扶模式，可以充分发挥三甲医院医生的"传帮带"作用，从村医的能力培养入手，从村卫生室的建设升级入手，直接将优质的医疗资源下沉到基层，实现当地村屯卫生室、乡镇卫生院与"轮值村医"派出单位的互联互通与资源共享，建立起长效帮扶机制，从源头上帮助基层医疗卫生机构提升服务能力，并逐步形成基层首诊、急慢分治、上下联动的分级诊疗模式，真正实现让村民在家门口就能享受三甲医院的优质服务。

未来，"轮值村医"的遴选、评价、激励机制将进一步健全，如在职称评审、岗位聘用、评优评先等方面给予政策倾斜，激励更多优秀医疗骨干加入"轮值村医"的专家团队，不断巩固和拓展健康帮扶成果，奋力在乡村振兴上开新局，让群众有实实在在的获得感和幸福感，让乡亲们能以健康的身体和昂扬的精神风貌，共享新时代的伟大成就。

68

乡村振兴走基层　三产融合强赋能

案例背景

乡村振兴，产业兴旺是重点。习近平总书记强调，要推动乡村产业振兴，紧紧围绕发展现代农业，围绕农村一二三产业融合发展，构建乡村产业体系。在全面建设社会主义现代化国家新征程上，加大对江苏省乡村振兴战略的研究具有重要的理论价值和现实意义。

为积极响应党中央、国务院关于新时代乡村振兴的战略部署以及对于发展三产融合的重要号召，河海大学部分本硕博学生组成"河海乡村振兴调研团"，先后调研江苏省淮安市盱眙县龙虾产业、宿迁市沭阳县花木电商产业、盐城市东台市围垦旅游产业三产融合情况，走进产业发展一线，探索三地三产融合的实践经验，奏响江苏省乡村振兴的奋进旋律。

一、主要做法

盱眙龙虾重产业，二次创业续新章。调研团走进盱眙龙虾博物馆，深入了解龙虾文化，在盱眙龙虾创业学院探究龙虾产业相关培训情况、直播营销模式。聚焦虾稻共生养殖，调研团走进管仲镇的家庭农户与养殖基地、走访官滩镇合作社、霍山村。调研团走访许记味食发展公司，了解"原料基地+中央厨房+物流配送"模式。围绕三产融合发展与普惠金融应用，调研团分别与盱眙农商银行、盱眙龙虾产业集团开展座谈交流，探究龙虾产业"二次创业"新路径。

沭阳花木重转型，数商兴农谋新篇。虞姬故里，花乡沭阳，调研团走进沭阳红方花木苗圃基地，以及耿圩镇蝴蝶谷、家庭农场等，实地了解花木种植现状；走访豪杰干花厂、明启工艺品厂房，了解花木加工的巨大潜力。调研团与政府领导、宿迁苗木商会开展座谈交流，结合电商、数字化赋能展开研讨，助力沭阳花木产业高质量发展。

东台围垦重修复，生态旅游开新局。在东台市沿海经济区政府，调研团与相关领导就经济区三产融合、政策支持等方面进行座谈，调研团了解到政府"三港联动、工业主导、综合开发、错位发展"的思路，为乡村振兴及产业融合定道路、强支撑、保实行。调研团走进江苏省新曹农场、江苏省仓东农业发展公司，与有关负责人交流座谈，切实感受围垦农业、养殖业发展现状，了解农业智能化转型步伐。调研团在江苏省沿海开发（东台）有限公司调研十余万亩匡围地运营现状及发展规划，实地参观条子泥生态种植示范基地、滩涂湿地，感受美丽江苏的绿色生态。

二、案例成果

三产融合助发展，乡村振兴创新风。循着盱眙、沭阳、东台特色产业融合之路，河海大学学子总结调研成果，结合专业知识从产业兴旺的维度，客观分析江苏省实施乡村振兴战略的路径，为三地三产融合高质量发展建言献策，为江苏省加快实现农业农村现代化、打造全国乡村振兴样板勇担青年使命，贡献河海力量。

三、经验启示

以问题导向引领调研方向，是我们党一以贯之的优良传统。要有所研究，就必须有所调查，要想调查到一手资料、真实情况，就必须深入实际、深入基层、深入群众、深入问题，才能更好、更有效地把调查研究做深、做实、做细。

"河海乡村振兴调研团"深入产业融合一线，开展调查研究，理论联系实际，打好调查研究基本功，把一二三产业融合调查清楚，为巩固拓展脱贫攻坚成果同乡村振兴有效衔接想对策。未来，调研团将进一步探索相关领域发展，助力当地乡村振兴。

69

乡村振兴路　良坊有良方

产业是乡村振兴的原动力，大力发展乡村特色产业，要依托当地特色资源，因地制宜推进各类生产要素优化配置，促进农业生产、加工、流通、休闲及其他服务业有机融合，丰富特色加工、精品农业、乡村旅游等产业业态。要树牢市场化、产业化的理念，大力培育特色农业龙头企业，走好品牌化、规模化、特色化发展道路，带动农民增收致富。

良坊镇基于当地山多地少的自然条件，以当地肉牛饲养传统为基础，千方百计在产业上谋篇布局，为打赢脱贫攻坚战找到制胜之路。肉牛饲养产业正是良坊镇对全镇镇情"望、闻、问、切"之后，开出的一剂产业扶贫"良方"。

一、主要做法

六年来，肉牛饲养产业以"三合作""六统一"为基础，为当地贫困户脱贫致富提供了"源头活水"。所谓"三合作"，即企业与农户合作，企业与合作社合作，企业与村集体合作；"六统一"，即统一牛犊采购，统一提供精饲料，统一提供饲喂方法，统一防疫监管，统一技术服务，统一保价收购。

良坊镇成立翔发农业专业合作社联合社，由农业产业化龙头企业胜龙牛业提供技术支撑。企业在新疆、内蒙古、东北等地建设大型繁育基地，统一采购优良品种架子牛。规模化采购不仅可以降低成本，而且能确保肉牛品种优良。成立了全混合日粮公司，由江西农业大学制定饲料配方，粗细搭配做好营养套餐，农户按成本价购买回去可直接喂养。同时，统一提供标准化饲喂方法，形成标准化养殖体系，降低养殖难度。配套建立的莲花县肉牛交易中心、养殖隔离中心、技术研发中心，为农户养殖肉牛保驾护航。聘请农科院教授定期为肉牛养殖户进行种养技术培训。公司按照不低于市场价格的保护价回收育肥牛，并以1元/斤的标准额外奖励农户。

这种农企合作模式，一举解决脱贫户"不会养、不敢养、不好卖"的担忧，更为全县肉牛产业高质量发展奠定了坚实的基础。截至2022年，"公司+合作社+农户"的合作养殖模式，在良坊镇清塘村、梅洲村、高坵村等12个村的养殖项目，带动300余户脱贫户年均增收4000元以上。

二、案例成果

土地流转盘活荒山。良坊镇属于山丘地貌，传统农业耕作产出率并不高。胜龙牛业通过土地集中流转，一举盘活了当地土地资源。目前，该镇已完成流转土地5400亩，并一次性支付给农户30年流转费用共486万元。劳动力被吸纳到基地就业，其中32名困难村民长期就业，临时用工超200人。

扶贫资金入股分红。基于村级扶贫资金少、产业发展单打独斗难以为继的困境，联合社成立了扶贫产业基地，接收全镇各村产业扶贫资金入股胜龙牛业，按照8%至12%的比例分红。截至2022年，胜龙牛业已与良坊镇18个村签订产业合作协议，对400万元帮扶资金进行集中经营，为1092户脱贫户实现了增收目标。

牧草产业助农脱贫。农户种植青贮玉米、皇竹草等，由企业提供优质种子和种植技术，对少数资金确实有困难的，采取优惠、垫资等形式予以大力扶持，既保障了养殖饲料的供应，又解决农户劳动力的出路，牧草直接由公司收购，村民每吨可增收200余元。目前，良坊镇等地发展了2000余亩皇竹草和青贮玉米产业，带动农户1000余户。

扶贫助学筑梦前行。为发挥"造血"优势，着力培养脱贫群众树立自食其力的观念，充分调动脱贫群众的积极性、主动性、创造性，使其增强自我发展的内生动力，2020年，胜龙牛业优先针对莲花县贫困户学生进行为期两个月的专业培训，培训后根据个人能力定向分配工作，并有机会成为胜龙牛业合伙人。

三、经验启示

选准产业是实现产业扶贫的"靠山石"。产业扶贫千万条，符合实情第一条。在选择产业时，切不可盲目照搬照抄，不能只追求短平快，而要审慎地从地方实际出发，立足长远发展，吃透村情、乡情、县情，只有找准路，才有出路。

找对方法是实现产业扶贫的"撒手锏"。产业落地很重要，如何让产业在扶贫中发挥"主力军"作用同样重要。在产业扶贫中，切不可只管产业来而不管产业留，不可只管产业留而不管产业活，否则，产业扶贫无异于纸上谈兵。

联农益农，是实现产业扶贫的"生命线"。产业扶贫，是脱贫户实现自身"造血"的有效途径。由于缺乏分工和规模效应，贫困群众抵抗市场风险的能力很弱，小生产与大市场矛盾突出。在促进产业的合作化、分工化和规模化的过程中，一定要让脱贫户真正嵌入产业发展，让脱贫户与产业发展同步受益，让脱贫户成为更大的受益者。

紧盯机遇，是实现产业扶贫的"风向标"。产业扶贫只是脱贫攻坚战中的闪光一页，在巩固拓展脱贫攻坚成果同乡村振兴有效衔接中，产业更应有大作为。良坊镇的"扶贫牛"项目，并没有在脱贫攻坚战之后偃旗息鼓，而是久久为功，继续绵绵发力。

70

种下七彩苗木　激发乡村活力

案例背景

　　花木产业既是国家鼓励的绿色朝阳产业，又是可带动"夕阳劳动力"就业的绿色产业。中国花卉苗木产业已连续8年年交易额达万亿元。近几年，美丽乡村项目对花木的需求量巨大，花木产业也为乡村振兴添砖加瓦。

　　2020年初，湖北省丹江口市、当阳市积极响应党和国家关于巩固拓展脱贫攻坚成果同乡村振兴有效衔接的号召，引入花木种植企业，采用"政府引导+公司+合作户+保护价回购"模式，在当地开展苗木种植销售合作，两轮种植获得一致好评和推广。

一、主要做法

　　丹江口市和当阳市引入花木种植企业有苗科技，采用"政府引导+公司+合作户+保护价回购"模式，利用当地农户房前屋后的自留地，种植色块类苗木。公司提供繁殖培育的种苗，种植技术指导培训和保价回收的销售渠道，根据市场需求，规模化、标准化生产。

　　合作农户种植的苗木在达到约定的出苗标准和周期后，不论苗木市场的价格是否波动，都由有苗公司按照约定价格进行回收，确保农户的收益不受影响。

整个生产过程中，有苗科技的资金投入占总投入的54%（包含种苗总价的70%+管理费+销售费用+市场风险保障）；各级政府根据情况投入的引导资金占总投入的10%—26%（苗木总价30%+辅材），完成2轮生产后，有苗科技退回政府引导资金。农户投入占总投入的20%—36%（化肥+农药+水电设施等）。苗木销售金额扣除公司和政府相应投入部分，其余结算至合作户。

二、案例成果

目前，六里坪镇种植色块苗木的合作户年产值可达到1600万元，平均每亩地有6300—13000元收入。未来，在多方共同努力下，六里坪镇孙家湾村将成为鄂西北地区生态精品农业明星村。

"政府引导+公司+合作户+保护价回购"色块苗木种植销售合作模式，激活乡村人员潜力，充分利用农村荒山荒坡及房前屋后的闲置资源，有效带动农户增收，促进乡村振兴，改善乡村人居环境，带动农村庭院经济，盘活农村闲置物资和人力资源。

三、经验启示

色块苗木种植项目形成"花木产业进农村，千家万户在家门口共创业"的新局面。同时，花木种植不与粮食作物争地，激活了农村非粮用地的活力，大幅提升农民收入。从种植方式来看，打破传统苗圃的大面积用地方式，化整为零，1亩即可参与。公司全程参与监控管理，及时解决生产中的技术问题，保障出圃率。对于农民来说，这一项目效益高且风险低，每轮每亩有6300—13000元纯收入。相对于传统苗圃，这一项目周期短，每轮一年多即可见效益。公司定价回收，销售市场风险由公司承担，农户放心生产，十堰市丹江口市六里坪镇、宜昌市当阳市、荆门市京山市、孝感市应城市等地均有成功案例。

乡村振兴，产业兴旺是重点。"政府引导+公司+合作户+保护价回购"的共同合作模式，促进花木产业发展；人人尽责、人人享有、多劳多得、定价回收的运营方式，围绕农民群众最关心最直接最现实的利益问题，提供了解决方案。

乡村振兴，人才最关键。有苗科技不定期举行各种形式的现场教学和免费培训，大力吸引返乡人员转型成为新型技术人才，并大力扶持他们进行平台创业，造就更多的乡土专业人才和创业者。

乡村振兴，生活富裕是根本。共同合作模式使偏远地区农户的纯收入达到江浙等发达地区农户的1万元/亩的水平，不仅提高了农民的收入，也为实现共同富裕添砖加瓦。

71

贡献数智力量　绘就振兴画卷

案例背景

在乡村振兴背景下，现代信息技术与农村建设有效融合，已成为新农村建设的一项重要举措，有力地推动农村数字化建设进程。

作为脱贫攻坚重点地区四川省阿坝藏族羌族自治州唯一的上市公司，国网信息通信股份有限公司（以下简称"国网信通"）始终把助力脱贫攻坚作为公司的重点工作。依托自身数字化技术、属地人才队伍和资金资源优势，国网信通以"数字底座+能源应用"为核心，以阿坝州为重点地区，在安徽、河北、西藏多点发力，探索出一套"数字+农村"科技赋能、"数字+能源"智慧用能、"基金+助学"人才强基、"消费+帮扶"增收惠民的乡村振兴"组合拳"。

一、主要做法

"数字+农村"科技赋能，助推农业农村现代化建设。国网信通深度聚焦农村产业发展、农业现代化水平提升和基础设施建设需求，依托人工智能、物联网、大数据、数字孪生等信息化手段和技术优势，打造农业生产电气化、农村电网现代化等示范工程，提升地区农村建设、农业生产和基层管理等领

273

域电气化、现代化、智能化水平，将乡村振兴与新型电力系统建设相结合，持续贡献数智力量。

"数字+能源"智慧用能，打造绿色低碳乡村。国网信通积极响应"双碳"战略部署，以"数字底座+能源应用"为核心定位，聚焦乡村智慧用能、光伏扶贫，为能源智慧管理和新能源消纳提供数字化、智能化技术支撑和应用服务，将乡村振兴与"双碳"有效结合，全力服务绿色低碳乡村建设。

"基金+助学"人才强基，增强发展内生动力。人才振兴是乡村振兴的关键，乡村教师是乡村人才振兴的骨干力量。国网信通高度重视乡村人才建设，坚持"造血"与"输血"并举并重，"内力"与"外力"同频共振，加强对乡村教师的培训，助力民族地区乡村振兴和经济发展。

"消费+帮扶"增收惠民，绘就宜居兴旺新画卷。国网信通因地制宜，多措并举，通过"线上+线下"方式带动阿坝州特色产品"走出去"，在植物保护、村民就业、环境保护、生态建设等方面助力阿坝州乡村振兴，打造宜居、宜业、惠民的乡村环境。

二、案例成果

实践成果进一步转化，农民百姓富裕富足。分布式光伏电站智能管控，不仅节约了50%的人工运维成本，还精准定位故障电站、智能研判故障类型，最大限度地提高运维效率，及时排除电站故障，降低光伏发电损失。以试点地区安徽铜陵枞阳县为例，光伏扶贫电站装机容量4.4万千瓦，惠及0.9万贫困户，扶贫电站每月可发20万千瓦时电量，每年可增加扶贫收入约234万元，户均增收260元。

对接阿坝州当地特色产品至电商消费平台，为当地百姓增收创收。截至2021年底，3家农副产品销售公司的100余种商品入驻国家电网公司"爱如电""惠农帮"等线上平台，实现销售20余万元。

三、经验启示

坚持整体规划与落地落实相结合。国网信通股份以阿坝州为重点地区，同时在安徽、河北、西藏多地发力，聚焦乡村建设、发展过程中的痛点和难点，统筹谋划、精准施策、分类推进，形成"数字+农村"科技赋能、"数字+能源"智慧用能、"基金+助学"人才强基、"消费+帮扶"增收惠民的乡村振兴新路径。

坚持科技赋能与农村建设相结合。数据是重要的生产要素，而农业农村基础数据"信息孤岛"不利于数据价值的开发利用。国网信通以"数字底座+能源应用"为公司定位，依托大数据、物联网、人工智能、数字孪生等技术手段，实现数据集成、共享和融合。

坚持输血扶贫与造血扶贫相结合。产业是致富之源、脱贫之基，国网信通坚持把产业发展作为增收创收的核心支撑，推动农村资源优势转化为产业优势，将物资捐赠等物质性"输血式"扶贫方式，与产业扶贫、就业扶贫、教育扶贫、金融扶贫等"造血式"扶贫相结合，注重扶贫与扶志、扶智、扶业、扶技相结合，充分激发帮扶地区的内生动力。

72

乡村振兴荆楚行　全面赋能特色产业发展

案例背景

华中农业大学深入贯彻落实党中央、国务院关于实现巩固拓展脱贫攻坚成果同乡村振兴有效衔接的决策部署，充分发挥科教和人才优势，着力推进农科教紧密结合、产学研有效衔接。

2020年起，华中农业大学主动作为，联合湖北省农业农村厅，按照每年一个行动主题，精准设计重点实施内容，扎实推进"乡村振兴荆楚行"活动。围绕湖北农业农村发展的十个突出要点，华中农业大学重点实施楚才服务农业产业行动、科技成果在鄂转化行动、调研宣讲湖北行动、荆楚"三农"人才培训行动、留鄂就业创业促进行动，以科技服务力量全面赋能特色产业发展。

一、主要做法

突出思想引领，实施党建强基固本行动。深入开展湖北省"百马宣讲行动"、"五送"惠民活动等，组建多学科宣讲服务队，开展专题调研宣讲服务。2021年，组织党史学习教育、乡村振兴背景下的"三产融合"等主题宣讲120余场，受益党员干部及群众超15000人次。

对接产业需求，实施科技支撑产业行动。华中农业大学以"一位学校领导带领一个学院、一个业务部门，联系一个民主党派，组建一个工作专班，服务一个市州"的方式，主动对接湖北省省辖市（自治州、林区），推进校属各单位对接省内各地全覆盖。项目重点围绕水稻、玉米、园艺、油菜、渔业、畜牧等湖北优势特色产业，瞄准湖北农业农村发展的"短板"，精准选派校内各领域优质专家团队，主动参与加强全省农业全产业链建设、提升各环节价值链，做好补链强链工作。在具有一定功能板块的区域，重点推进补短板、强质效、延链条工作；在已形成特色优势的区域，重点推进已有品牌做大做强，形成精品。

坚持科技赋能，实施科技成果在鄂转化行动。结合湖北省农业现代示范区、乡村振兴科技创新示范基地建设，华中农业大学在湖北17个市（州、林区）全覆盖布局服务乡村振兴示范点，打造乡村振兴"试验田"。其中，学校将襄阳市襄州区何岗村确定为服务乡村振兴示范点，依托学校与襄州区多年合作基础，共建全国农业科技现代化先行县。围绕区域优势特色产业，在各地共建多个成果集成、示范、转化平台。

注重教育帮扶，实施"三农"人才培育行动。围绕地方人才能力提升需求，实施"培训一批技术人才、一批乡村经营人才、一批公共服务人才、一批乡村治理人才、一批高素质职业农民"的"五个一批培训计划"。学校与省农业农村厅共建"湖北省乡村振兴培训学院"，采取"来校集中培训、专家送培上门"等线上线下相结合的方式，开展了系列培训58场，培训人数7000多人次。

强化智力支持，实施乡村建设服务支撑行动。依托学校乡村振兴研究院，推进乡村振兴特色智库建设，出版系统阐释乡村振兴制度和政策的专著《为乡村振兴提供制度保障和政策支撑》；组织相关学科教师紧扣乡村振兴需求开展一系列前瞻性、针对性研究，为乡村振兴提供183篇资政报告。

二、案例成果

自"乡村振兴荆楚行"开展以来，傅廷栋、张启发、陈焕春、邓秀新等四位院士领衔，3000余名师生深入湖北省各市（州、林区）开展科技服务和理论宣讲，真正做到联系一批对接合作伙伴、服务一批农业经营主体、转化一批农业科技成果、扶强一批优势特色产业、培养一批农村实用人才、选树一批科技服务典型，全力助推湖北农业农村高质量发展。

三、经验启示

校地合作更加紧密。校地之间建立起常态化的沟通联系模式，地方需求与学校科技服务对接越来越频繁，校地合作越来越紧密。与地方联合建立襄阳现代农业研究院、恩施特色农业研究院、随州香菇学院、神农架农林产业研究院、房县特色产业研究院，荆门产业技术转化中心共计6个产业研究院（中心）。

校企合作更加活跃。学校先后与武汉回盛生物科技股份有限公司、武汉影子基因科技有限公司等企业签订战略合作关系，横向合作需求更加旺盛，学校开展横向科研项目的数量也大幅增加。

学校在乡村振兴的实践探索中形成了可复制、可推广的新模式、新路径，为推动荆楚大地农业全面升级、农村全面进步、农民全面发展作出积极贡献。

73

创新线上互动场景 "百县百品"助农升级

案例背景

中西部地区电商运营能力较弱的县（市、区），在农产品上行、县域公共品牌打造上存在难以突破的瓶颈。电商平台利用平台科技和流量优势，助力县域农产品品牌升级，提升当地电商综合运营能力，有效推动农业增效、农民增收，为助力县域农产品品牌升级提供经验。

"百县百品"线上助农项目，积极利用电商平台优势，以流量、声量、销量支持农村产业，创新助农帮扶模式，带动网友参与，助力乡村振兴，助力县域农产品区域公共品牌升级。

一、主要做法

创新互动场景，开辟线上助农主题阵地。"百县百品"线上助农公益项目，依托支付宝App中芭芭农场、蚂蚁庄园等线上阵地，通过肥料奖励、互动答题、"种果树得水果"等方式，增加助农互动场景，开办线上助农主题会场，带动网友参与消费助农。2021年4月至2022年7月，项目共完成14站主题活动，助力全国19省95个县（市、区）的218个特色农产品，品牌曝光量超21亿次，累计带动378万人次消费助农，助销农产品超4839吨，助销金额6700多万元。

发挥科技力量，打好农业品牌化组合拳。除带动网友消费帮扶外，"百县百品"项目还通过品牌孵化、培育、提升等多种方式，全方位助力项目地农产品品牌"树起来"和"走出去"。例如，蚂蚁集团联合中国乡村发展基金会旗下"善品公社"，对江西省石城县水南村的白莲和莲子加工品进行包装，借助流量优势，实现"石城白莲"品牌从无到有的突破；立足当地优势特色产业，助力打造"石城脐橙""石城白莲"等农产品区域公用品牌，提高农产品整体竞争力。在品牌提升方面，借助科技力量，石城县脐橙、白莲、蜂蜜等特色农产品用上蚂蚁区块链溯源技术，贴上溯源码，有了"数字身份证"。

整合流量优势，打通电商发展最后一环。针对农产品商品转化率低、管理和运营经验少、品牌打造意识和能力不足等问题，蚂蚁集团直击农产品电商流量缺失痛点，依托支付宝助农频道，发挥科技和流量优势，对选定农产品免费提供流量支持，助力农产品销售。例如，2021年4月，"百县百品"首期活动，四川石棉县的10万箱黄果柑上线不到3个小时即告售罄；2021年7月，湖北秭归县伦晚脐橙3天活动销售额近千万元；2022年7月，浙江龙游酥饼、淳安黑芝麻片等4个单品首日告罄，庆元香菇、庆元筷子、龙游手剥笋等5个单品刷新历史单日销售纪录。

二、案例成果

（一）促进合作社增效、农民增收

蚂蚁集团"百县百品"项目为具有地方特色的县域农产品带来了流量与机会，在销售收入实现显著增长的同时，合作社和农民收入实现同步增长。

一是参与项目的农民合作社均实现收入增长。在项目支持下，2021年石城县中力种养专业合作社社员户均增收3000余元。"一品优"赣南脐橙两次助农活动的销量占全年的15%，且活动结束后至产品下架，产品复购率高达60%，店铺排名稳定在行业前十名，实现了一次活动带动合作社持续增收。活动期间，"复人春"蜂蜜实现67.9万元的销售收入，合作社累计售卖13000多瓶蜂蜜、荷花粉，其中荷花粉借助活动跃居天猫行业第一，库存一扫而空，全年销售额增长约20%。

二是形成合作社增效、农民增收的良性互动局面。在项目助力下，合作社通过交易返还、二次返利等分配机制，有效带动农民增收，并通过示范效应带动更多农户加入合作社，让更多农民分享产业收入。2021年，中力合作社累计收入达101万元，其中"百县百品"项目带来44万多元的线上收入，占比43%，大幅提升了社员分红，并吸引更多农户加入合作社。中力合作社从2019年成立时的10多户发展到2021年的138户，户均分红由415元增加到780元，户均增收3000余元。

（二）助力县域农产品品牌推广，推动线上消费帮扶助农

"百县百品"助农项目除引导用户助农帮销外，还通过支付宝·芭芭农场和微博等社交平台分享、拍摄专题助农宣传片、挖掘新农人故事、创设新媒体话题、组织直播发布会等方式，持续为打造县域公共品牌助力。2021年4月，石城县返乡创业青年魏树珍创立了"一品优"赣南脐橙品牌。在两次"百县百品"活动中，"一品优"赣南脐橙成为爆款，累计销售64500多箱，带来129.3万元的销售收入，有力提升了石城县脐橙品牌在全国的知名度。

"百县百品"项目聚焦中西部欠发达地区，坚持"雪中送炭"，带动广大网友参与消费助农、互动助农。2021年7月15日，"百县百品"项目助力17万箱陕西省宜君县滞销苹果售罄。2021年9月，丰收节助农专场紧急驰援河南水灾受灾地区，农产品销售额破千万；活动中，因暴雨滞销的河南杞县大蒜在三天内售出15万斤，焦作温县铁棍山药上线不到两日即售罄。

三、经验启示

创新助农互动场景，激发全民参与热情。"百县百品"项目嵌入现有支付宝·芭芭农场平台，在原有用户施肥种树的互动链路中加入助农互动环节，

通过分享农耕知识，传播特色农产品品牌，让消费者参与了解农业生产，构建了"利己又利他，大家帮大家"的助农帮扶模式，引导网友主动参与乡村产业振兴，共同见证区域优势特色农产品的成长，真正成为乡村振兴的参与者、实践者和受益者。

创新带动帮扶模式，培育线上明星品牌。借助网络资源优势，助农产品走上流量推送的"助农双十一"热销通道，进入实实在在的助农销量及区域品牌宣传阵地。以农民合作社作为帮扶载体，发挥合作社联农带农作用，引导农民拓宽销售渠道，帮助农产品踏上线上产业路，助推农业插上"数字化翅膀"。

创新科技助农方式，促进产业持续发展。区块链溯源技术为特色农产品提供上链技术服务，先后为河北青龙县板栗，江西石城赣南脐橙、白莲、蜂蜜等特色农产品贴上蚂蚁助农链溯源码，以科技助力农产品可信、可追溯。

74

产业基础强起来　农民生活富起来

案例背景

　　乡村特色产业以地域特色资源禀赋和独特历史文化资源为基础，植根于农业农村，是具有乡村价值的乡土经济活动，以及以乡村元素作为融合发展条件的新产业、新业态。发展乡村特色产业是培育乡村消费热点、拉动内需的有力抓手，是加快推进农业农村现代化的重要举措。

　　1984年《人民日报》头版刊登读者来信，反映当时赤溪村下山溪畲族自然村的贫困状况，引起党中央的高度关注，从而开启全国脱贫攻坚行动，赤溪村也由此被称为"中国扶贫第一村"。历经十年"输血"就地扶贫，十年"换血"搬迁扶贫，十年"造血"的艰苦历程，赤溪村走出一条"旅游富村、农业强村、文化立村、生态美村"的路子。

一、主要做法

（一）壮大集体经济，筑牢发展根基

"借鸡生蛋"，壮大特色产业。赤溪村与六妙茶业合作实施畲村白茶产业园项目，村集体以农村综改资金400万元、"中国扶贫第一村"品牌资产、土地资源入股，共占股35%，既带动村级集体经济增收超百万元，又拓宽农户茶青销售渠道，推动当地茶产业发展。同时，开展"村党支部+茶企+茶农"合作模式，帮助六妙公司在赤溪村建设1300亩茶叶绿色防控示范基地。

"筑巢引凤"，增值闲置资产。赤溪村通过改造提升闲置资产使用价值，并以招商合作、租赁等方式获取收益，实现村集体经济稳定增收。

（二）立足特色产业，促进农民增收

"企业+合作社+农户"，辐射带动促增收。2019年，为破解农业产业结构单一、农村土地和劳动力闲置等问题，赤溪村引进发展食用菌产业，采用"企业+合作社+农户"模式，以"小蘑菇"带动群众"大收益"。食用菌产业落地后，除农户自行种植食用菌外，公司将统一生产的菌包按成本价提供给农户，农户成立专业合作社进行种植，公司定期派人对农户进行技术指导、开展业务培训，并做到足额收购。以秀珍菇为例，每个大棚可种植菌包4万个以上，一年可生产2季，每季每个菌包可产秀珍菇1斤，净利润2元，一个大棚一年给农户带来净利润16万元。

"土地流转+基地务工+茶青销售"，拓宽渠道促增收。为破解茶叶质量安全难以保障、参与基地管护的农户工作不积极、企业效益难以保障等问题，赤溪村将溪东自然村茶园200多亩土地流转给六妙茶业，公司投入20多万元将其改造为生态有机茶叶基地，并雇佣被流转的农户管护自己的茶园。

"产业升级+充分就业"，延伸产业链促增收。近年来，赤溪村通过发展壮大农业特色产业、乡村旅游产业，延伸产业链，推动农户充分就业。在茶

产业方面，建设畲村白茶产业园，推动白茶产业"一产接二连三"，将种植采摘、生产加工、文化旅游有机融合，释放更多就业岗位，带动农户增收；开展白茶丰收节、茶园定向赛等茶文化相关活动，试验区"白茶+"产业格局初步形成，有效促进联农带农、三产融合。

（三）创新村民自治，完善乡村治理

开展"中心村大党委"试点工作。主动搭建"资源共享、优势互补、有事互帮、共同提升"党建平台，以大党委为载体，依托中共福建省委党校、福建行政学院的"现场教学基地"，开展田间地头联建活动；延续各村"村企共建"方式，在白茶体验园、食用菌基地等产业的基础上，由大党委牵头，引进其他企业入驻各村，或者将赤溪已有项目进行可行性分析后延伸至其他四个村，建立"村企共建促经济"增收模式。此外，依托赤溪村旅游资源优势，打造五村连片旅游区，在赤溪、杜家、蒋阳、金谷、炉屯优先打造"茶韵古镇大美磻溪"示范带。

推行"晨巡晚议"工作机制。赤溪村党总支立足实际，将全村划分为八个网格片，由村两委班子成员、党员、部分村民代表认领责任片区，以网格为单位开展"晨巡晚议"活动，摸清群众困难需求，征求群众意见建议，激发群众参与村内事务的积极性。通过"一人一本账、一事一记录"，党员心中有了一本明白的"百姓账"。

二、案例成果

产业基础强起来，农民生活富起来。近年来，赤溪村主动融入环太姥山旅游经济圈，大力发展淡水养殖、茶叶加工、食用菌栽培、大棚种植等产业，打造农旅、茶旅文化融合发展新业态，初步形成以茶叶、乡村旅游为龙头的产业格局。全村共种植白茶2100亩，平均每户家庭拥有茶园5亩。2021年，春茶茶青平均每斤卖到72元，全村实现白茶收入2680万元，占全村产业收入（6591万元）的41%。2021年，赤溪村集体经济收入达255万元，农民人均纯

收入32236元。

治理水平高起来，人居环境美起来。坚持党建引领，通过党员先锋指数、"晨巡晚议日结"、"党群双向互评"、畅通群众参与议事渠道、设立"枫桥式"公安派出所、设立检察官和法官工作室等方式，推进自治、法治、德治相结合的乡村治理体系建设，重塑村民守法、村风淳朴，对公共事务人人关心、人人尽责的良好氛围。赤溪村先后荣获全国先进基层党组织、全国民族团结进步模范集体、全国文明村镇等称号。

三、经验启示

坚持以产业发展为重点。随着"福鼎白茶"品牌影响力持续扩大，价值不断提升，百姓家家户户从事茶产业。为了促进百姓增收，壮大村集体经济，赤溪村首先集中精力抓白茶产业。同时，主动融入福鼎全域生态旅游发展，立足太姥山西南麓的区位优势，改变以往赤溪"养在深闺人未识"的状态，积极做好乡村旅游文章。

坚持以人才培养为支撑。加强新型职业农民培训，依托农民技校、青年农民创业就业指导中心，强化就业培训、创业培训和技能培训，培养一支综合素质高、发展潜力大、在农民增收致富中起带头作用的新时期农村人才队伍。

坚持以美丽乡村为担当。结合乡村旅游产业，着力增强绿色优质农产品供给，构建农业绿色发展产业链价值链，建设一批以茶叶基地、山地森林为依托的生态农庄、茶庄园、森林康养等新业态，拓展农业功能，推动传统农业向生态休闲农业转变。